中等职业教育会计专业系列教材

Kuaiji Xinxihua

会计信息化

（畅捷通T3版）

孙新华　陈琰　主编

东北财经大学出版社
Dongbei University of Finance & Economics Press

大连

图书在版编目（CIP）数据

会计信息化：畅捷通T3版 / 孙新华，陈琰主编 . —大连：东北财经大学
出版社，2021.1

（中等职业教育会计专业系列教材）

ISBN 978-7-5654-4030-4

Ⅰ．会… Ⅱ．①孙… ②陈… Ⅲ．会计信息–财务管理系统–中等
专业学校–教材 Ⅳ．F232

中国版本图书馆CIP数据核字（2020）第232738号

东北财经大学出版社出版

（大连市黑石礁尖山街217号 邮政编码 116025）

网　址：http：// www.dufep.cn

读者信箱：dufep@dufe.edu.cn

大连图腾彩色印刷有限公司印刷　　东北财经大学出版社发行

幅面尺寸：185mm×260mm　　字数：513千字　　印张：22.5

2021年1月第1版　　　　　　2021年1月第1次印刷

责任编辑：周　欢　周　慧　　　　　　责任校对：慧　心

封面设计：冀贵收　　　　　　　　　　版式设计：原　皓

定价：45.00元

教学支持　售后服务　联系电话：（0411）84710309

版权所有　侵权必究　举报电话：（0411）84710523

如有印装质量问题，请联系营销部：（0411）84710711

财政部发布的《关于推进我国会计信息化工作的指导意见》指出："会计工作应当按照国家信息化发展战略的要求，全面推进信息化建设，会计工作与信息化建设密切相关，通过全面推进会计信息化建设，能够进一步提升会计工作水平、促进经济社会健康发展"。由此可见，国家对推进会计信息化建设工作高度重视，培养会计信息化人才也是当前会计教育工作的重点。

为了适应会计信息化人才培养的需求，我们依据财政部颁发的《关于推进我国会计信息化工作的指导意见》和《企业会计信息化工作规范》，结合最新的财税政策，编写了本教材，以供中等职业学校财经类专业学生学习和教师教学使用，同时也可以作为会计职业技能大赛辅导用书，还可以作为在职会计人员岗位培训和自学用书。

本教材从中职学生认知规律出发，以企业经济业务活动会计处理流程为主线，以学习任务为引导，采用"畅捷通T3企业管理信息化软件"作为教学和实训平台，围绕会计信息化工作中的账套基础设置、总账、固定资产、工资管理、购销存管理、财务报表等主要功能系统组织编写教学和实训内容。本教材具有以下特点：

（1）以"理实一体"为教材编写原则，重点培养学生的实践操作能力。本教材在编写过程中始终贯彻"以就业为导向，以能力为本位，以学生为中心"的教学指导思想，按照教育部颁布的《中等职业学校会计专业教学标准（试行）财经商贸类（第二辑）》中的"会计专业教学标准"组织编写教学和实训内容，教学任务设计紧密联系会计岗位工作实际，能够有效培养学生的岗位实践操作能力。

（2）以"项目+任务"为编写体例，使教学及实训内容设计更加合理。本教材按会计信息化软件的功能子系统设计教学项目，按实际会计工作的业务处理流程设计学习及训练任务，逻辑性、层次性强，符合中职学生的认知规律和技能养成规律，有利于教师教学和学生学习。

（3）体现最新财税政策的变化内容，突出教材的新颖性。本教材充分考虑最新会计准则和全面营改增等政策的变化内容，对典型的会计业务均设计了相应的学习和训练任务，最后的综合训练题配套了经济业务的原始凭证，使教材的内容更具有新颖性和实用性。

（4）教材图文并茂，内容编排新颖明快。本书充分考虑中职学生的学习特点，将会计信息化软件操作过程采用简要文字表述加图示的方式进行说明，做到了文字精炼、深入浅出、简明易学，便于教师教学和学生学习使用。

本书共有八个项目，可安排教学课时72课时、训练课时36课时。具体课时分配建议如下表：

项目	项目内容	教学课时	训练课时
一	会计信息化概述	2课时	
二	系统管理与基础档案设置	10课时	5课时
三	总账系统	8课时	4课时
四	固定资产系统	8课时	4课时
五	工资管理系统	10课时	5课时
六	购销存管理系统	24课时	13课时
七	期末处理	6课时	3课时
八	财务报表系统	4课时	2课时
合计		72课时	36课时

本书由青岛华夏职业学校的孙新华、陈琰担任主编，青岛华夏职业学校的房华、田甜担任副主编，参与编写的人员还有青岛华夏职业学校的赵宏、仇迪。具体编写分工如下：孙新华、陈琰负责全书策划和定稿，并编写项目六；房华编写项目一及相关训练题；田甜编写项目五、项目七；赵宏编写项目四、项目八；仇迪编写项目二、项目三。

本书由首批山东省职业教育名师工作室之一的陈琰会计名师工作室牵头组织编写，编写过程中还得到了畅捷通信息技术股份有限公司高级业务总监蔡明辉和青岛市安邦代理记账事务所有限公司的大力帮助，在此表示感谢。

由于编写人员的水平和编写时间所限，书中疏漏、错误之处在所难免，敬请各位专家、同仁和广大读者批评指正。

编　者

2020年6月

目录

项目一   会计信息化概述

————————————□ 项目概览

本项目介绍了会计信息化的含义、工作规范及会计软件等基本知识。

本项目的学习目标为：

了解：会计信息化的含义和发展过程、会计信息化的工作规范、会计信息化软件的功能及安装。

任务一   了解会计信息化的含义和发展

1.会计信息化的含义

（1）会计信息化的初级阶段是会计电算化

会计电算化是指将电子计算机技术应用到会计业务处理工作中，应用会计软件和各种计算机设备替代手工完成会计工作的活动。会计电算化是传统会计与以计算机为核心的信息处理技术的结合，也是传统会计发展到一定阶段的产物。

会计电算化应用电子计算机代替人工记账、算账、报账，与传统的手工会计相比，大大减轻了会计人员的工作强度，使会计信息处理实现了代码化和自动化，促进了会计工作的规范化，大大提高了会计工作的效率和会计信息的质量。所以，会计电算化是会计发展史中的一次革命。

（2）会计信息化是会计电算化的高级阶段

会计信息化，是指企业利用计算机、网络通信等现代信息技术手段开展会计核算，以及利用上述技术手段将会计核算与其他经营管理活动有机结合的过程。

会计信息化是顺应信息时代的要求，从企业管理的角度进行设计，对传统会计模式进行重构，并在重构的现代会计模式基础上利用现代信息技术（计算机、网络和通信等）获取、加工、传输、应用会计信息资源，从而为企业经营管理、控制决策和经济运行提供充足、实时、全方位的信息。

会计信息化是会计与信息技术的结合，它是网络环境下企业管理者获取信息的主要渠道，具有经济业务核算、会计信息管理和决策分析等功能，有助于提高企业管理者的决策能力和管理水平，从而增强企业的市场竞争力。

2.我国会计信息化的发展

（1）我国会计电算化的发展

我国会计电算化从20世纪70年代末开始，由简单的单位自制软件，到有计划的商品化软件，逐步向网络化发展。

①起步阶段（1982年以前）

1979年，长春第一汽车制造厂大规模信息系统的设计与实施，是我国会计电算化发展过程的一个里程碑。

1981年，中国人民大学和长春第一汽车制造厂联合召开了"财务、会计、成本应用电子计算机问题讨论会"，第一次提出了"会计电算化"的概念。

②推广应用阶段（1983—1988年）

1984年，财政部科研所、中国人民大学开始招收我国第一批会计电算化方向的研究生。

1988年，我国出现第一批专用软件公司，之后商品化会计电算化软件迅速发展。

③规范与提高阶段（1989—1993年）

1989年12月，我国财政部发布了第一个全国性会计电算化的规章《会计核算软件管理的几项规定（试行）》。

④普及与大力发展阶段（1994年至20世纪末）

1994年5月，财政部印发了《关于大力发展我国会计电算化事业的意见》。

1994年6月，财政部印发了《商品化会计核算软件评审规则》《会计电算化管理办法》。

1996年6月，财政部印发了《会计电算化工作规范》。

（2）我国会计信息化的发展

①1999年4月，深圳市财政局与深圳金碟软件科技有限公司在深圳举办的"新形势下会计软件市场管理研讨会暨会计信息化理论专家座谈会"上提出了"会计信息化"这一概念。之后，会计信息化的内涵不断丰富，逐步得到广大财务工作者的认同。

②2009年4月，财政部发布了《关于推进我国会计信息化工作的指导意见》，意见指出会计信息化是国家信息化的重要组成部分，对进一步深化会计改革，全面推进我国会计信息化工作提出了指导意见。

③2013年12月，财政部发布了《企业会计信息化工作规范》，对推动我国企业会计信息化提出了具体的规范要求。

④2016年以来，人工智能（AI）技术发展到了"深化学习和强化学习"的新阶段，具备了自我学习的能力。人工智能技术也使会计学科有了新的突破。2017年3月，世界著名的德勤会计师事务所宣布在会计、审计、税务工作中引入人工智能技术，我国相关部门及用友、金蝶等财务软件公司也对"人工智能+会计大数据"开展了一定的研究，会计信息化进入了智能化的新时代。

任务二 了解会计信息化的工作规范

为推动企业会计信息化，节约社会资源，提高会计软件和相关服务的质量，规范信息化环境下的会计工作，财政部于2013年12月6日发布了《企业会计信息化工作规范》，该规范包括总则、会计软件和服务、企业会计信息化、监督、附则，共5章49条，自2014年1月6日起施行。

《企业会计信息化工作规范》顺应了信息化时代的要求，摆脱了以往"模拟手工会计"的会计电算化思维，在很多方面突破了过去的规定和现行做法。同时，工作规范把会计信息化放在企业整体经营管理环境中，重视会计与其他业务活动的有机联系，强调会计信息化带来的工作流程和模式的革新。

现将《企业会计信息化工作规范》的主要内容介绍如下。

1.我国企业会计信息化的管理部门

（1）财政部

财政部主管全国企业会计信息化工作，主要职责包括：

①拟订企业会计信息化发展政策；

②起草、制定企业会计信息化技术标准；

③指导和监督企业开展会计信息化工作；

④规范会计软件功能。

（2）县级以上地方人民政府财政部门

县级以上地方人民政府财政部门管理本地区企业会计信息化工作，指导和监督本地区企业开展会计信息化工作。

2.会计软件和服务规范

（1）会计软件的含义

会计软件，是指企业使用的，专门用于会计核算、财务管理的计算机软件、软件系统或者其功能模块。

（2）会计软件的功能

会计软件具有的功能包括：

①为会计核算、财务管理直接采集数据；

②生成会计凭证、账簿、报表等会计资料；

③对会计资料进行转换、输出、分析、利用。

（3）我国会计软件的服务规范

在我国开发应用的会计软件，应遵循的服务规范主要有：

①会计软件应当保障企业按照国家统一会计准则制度开展会计核算，不得存在违背国家统一会计准则制度的功能设计。

②会计软件的界面应当使用中文并且提供对中文处理的支持，可以同时提供外国或

者少数民族文字界面对照和处理支持。

③会计软件应当提供符合国家统一会计准则制度的会计科目分类和编码功能。

④会计软件应当提供符合国家统一会计准则制度的会计凭证、账簿和报表的显示和打印功能。

⑤会计软件应当提供不可逆的记账功能，确保对同类已记账凭证的连续编号，不得提供对已记账凭证的删除和插入功能，不得提供对已记账凭证日期、金额、科目和操作人的修改功能。

⑥会计软件应当具有符合国家统一标准的数据接口，满足外部会计监督需要。

⑦会计软件应当具有会计资料归档功能，提供导出会计档案的接口，在会计档案存储格式、元数据采集、真实性与完整性保障方面，符合国家有关电子文件归档与电子档案管理的要求。

⑧会计软件应当记录生成用户操作日志，确保日志的安全、完整，提供按操作人员、操作时间和操作内容查询日志的功能，并能以简单易懂的形式输出。

⑨以远程访问、云计算等方式提供会计软件的供应商，应当在技术上保证客户会计资料的安全、完整。对于因供应商原因造成客户会计资料泄露、毁损的，客户可以要求供应商承担赔偿责任。

客户以远程访问、云计算等方式使用会计软件生成的电子会计资料归客户所有。

⑩软件供应商应当提供符合国家统一标准的数据接口供客户导出电子会计资料，不得以任何理由拒绝客户导出电子会计资料的请求。

⑪软件供应商应当努力提高会计软件相关服务质量，按照合同的约定及时解决用户使用中的故障问题。

会计软件存在影响客户按照国家统一会计准则制度进行会计核算问题的，软件供应商应当为用户免费提供更正程序。

3.企业会计信息化的实施

企业应当充分重视会计信息化工作，加强组织领导和人才培养，不断推进会计信息化在本企业的应用。企业开展会计信息化工作，应遵循的规范主要有：

（1）一般企业应当指定专门机构或者岗位负责会计信息化工作。未设置会计机构和配备会计人员的企业，由其委托的代理记账机构开展会计信息化工作。

（2）企业开展会计信息化工作，应当根据发展目标和实际需要，合理确定相关建设内容，避免投资浪费。

（3）企业开展会计信息化工作，应当注重信息系统与经营环境的契合，通过信息化推动管理模式、组织架构、业务流程的优化与革新，建立健全适应信息化工作环境的制度体系。

（4）大型企业、企业集团开展会计信息化工作，应当注重整体规划，统一技术标准、编码规则和系统参数，实现各系统的有机整合，消除信息孤岛。

（5）企业配备会计软件，应当根据自身技术力量以及业务需求，考虑软件功能、安全性、稳定性、响应速度、可扩展性等要求，合理选择购买、定制开发、购买与开发相结合等方式。

其中定制开发包括企业自行开发、委托外部单位开发、企业与外部单位联合开发。

企业通过委托外部单位开发、购买等方式配备会计软件的，应当在有关合同中约定操作培训、软件升级、故障解决等服务事项，以及软件供应商对企业信息安全的责任。

（6）企业应当促进会计信息系统与业务信息系统的一体化，通过业务的处理直接驱动会计记账，减少人工操作，提高业务数据与会计数据的一致性，实现企业内部信息资源共享。

（7）企业应当根据实际情况，开展本企业信息系统与银行、供应商、客户等外部单位信息系统的互联，实现外部交易信息的集中自动处理。

（8）企业应当遵循企业内部控制规范体系的要求，加强对会计信息系统规划、设计、开发、运行、维护全过程的控制，将控制过程和控制规则融入会计信息系统，实现对违反控制规则情况的自动防范和监控，提高内部控制水平。

（9）对于信息系统自动生成，且具有明晰审核规则的会计凭证，可以将审核规则嵌入会计软件，由计算机自动审核。未经自动审核的会计凭证，应当先经人工审核再行后续处理。

（10）分公司、子公司数量多、分布广的大型企业、企业集团应当探索利用信息技术促进会计工作的集中，逐步建立财务共享服务中心。

（11）企业应当建立电子会计资料备份管理制度，确保会计资料的安全、完整和会计信息系统的持续、稳定运行。

（12）企业内部生成的会计凭证、账簿和辅助性会计资料，同时满足下列条件的，可以不输出纸面资料：

①所记载的事项属于本企业重复发生的日常业务；

②由企业信息系统自动生成；

③可及时在企业信息系统中以人类可读形式查询和输出；

④企业信息系统具有防止相关数据被篡改的有效机制；

⑤企业对相关数据建立了电子备份制度，能有效防范自然灾害、意外事故和人为破坏的影响；

⑥企业对电子和纸面会计资料建立了完善的索引体系。

（13）企业获得的需要外部单位或者个人证明的原始凭证和其他会计资料，同时满足下列条件的，可以不输出纸面资料：

①会计资料附有外部单位或者个人的、符合《中华人民共和国电子签名法》的可靠的电子签名；

②电子签名经符合《中华人民共和国电子签名法》的第三方认证；

③还要满足的其他条件包括：所记载的事项属于本企业重复发生的日常业务；可及时在企业信息系统中以人类可读形式查询和输出；企业对相关数据建立了电子备份制度，能有效防范自然灾害、意外事故和人为破坏的影响；企业对电子和纸面会计资料建立了完善的索引体系。

从政策制度层面认可电子会计资料的有效性，免除企业对一定范围内会计资料的打印责任，是建设社会主义生态文明，促进社会整体信息化水平进一步提高的现实要求。以上第（12）和（13）条尽管内容不多，却在政策制度层面实现了无纸化的破冰，是《企业会计信息化工作规范》的重要突破之一，对企业提高会计工作效率，乃至对整个社会信息化应用的深入都将带来深刻的影响。

任务三　了解会计信息化软件的功能及安装

会计信息化平台包括硬件和软件两大部分。硬件包括计算机、服务器、打印机等设备，软件包括系统软件和应用软件，会计软件属于应用软件。

会计软件的选择是会计信息化最核心的一项工作。

1.会计软件的选择

按照会计软件的适用范围，会计软件划分为通用会计软件和专用会计软件两类。

通用会计软件一般指由专业软件公司开发，公开在市场上销售，能适应不同行业、不同单位会计信息化基本需要的会计软件。其特点是：一次开发，可供多家单位使用，价格相对较低，我国通用会计软件以商品化软件为主。

专用会计软件一般是指由使用单位自行开发或委托其他单位开发，供本单位使用的会计核算软件。其特点是：只根据本单位的实际情况而开发，只供本单位使用。

本教材选择畅捷通 T3 企业管理信息化软件［营改增版］（以下简称 T3 软件）作为会计信息化的学习和实训平台。

2.T3 软件的功能

T3 软件面向中小型企业会计信息化工作的现状和需求，以财务核算为核心，以企业管理为导向，提供中小型企业供、产、销、财、税一体化解决方案，让企业实现业务活动的全程管理与信息共享。

T3 软件由面向不同业务处理需求的多个子系统构成，其主要的子系统包括：总账、固定资产、工资管理、采购管理、销售管理、库存管理、核算、财务报表等。现对各子系统的功能简要介绍如下。

（1）总账子系统

总账是 T3 软件的核心子系统，其功能主要有：记账凭证录入和审核、登记账簿（包括：总分类账、明细账、日记账等）、结账、凭证和账簿查询等。

（2）固定资产子系统

固定资产子系统的功能主要有：固定资产卡片管理、固定资产增减变动及转移、折旧计提和分配、生成固定资产相关业务的记账凭证并传递到总账子系统、生成折旧计提明细表及其他固定资产指标统计分析表等，以保证固定资产的完整和正常使用，提高资产利用率。

（3）工资管理子系统

工资管理子系统的功能主要有：人员档案管理、工资录入、工资计算、个人所得税代扣、职工薪酬（包括工资、职工福利、工会经费、职工教育经费、社会保险费、住房公积金等）分摊、生成职工薪酬业务的记账凭证并传递到总账子系统、生成工资统计报表等。

（4）采购管理子系统

采购管理子系统的功能主要有：采购订单处理、采购发票填制、采购入库、采购成本核算、应付账款确认及核销、生成采购统计分析报表等。

（5）销售管理子系统

销售管理子系统的功能主要有：销售订单处理、销售发票填制、销售出库、应收账款确认及核销、生成销售统计分析报表等。

（6）库存管理子系统

库存管理子系统的功能主要有：存货入库管理、存货出库管理、库存盘点、库存调拨、生成库存统计分析表等，提供存货的短缺、超储、安全等预警机制动态信息。

（7）核算子系统

核算子系统的功能主要有：存货出入库单据记账、存货出入库成本核算、暂估成本处理、生成购销存业务的记账凭证并传递到总账子系统等，核算子系统是联结采购管理、销售管理、库存管理子系统和总账子系统的纽带。

（8）财务报表子系统

财务报表子系统预置了工业、商业、事业单位、小企业等多行业的常用财务报表模板，提供丰富的函数、公式，以保证实时、快速、准确地生成企业管理所需要的各种会计报表。

T3软件的功能结构，如图1-1所示。

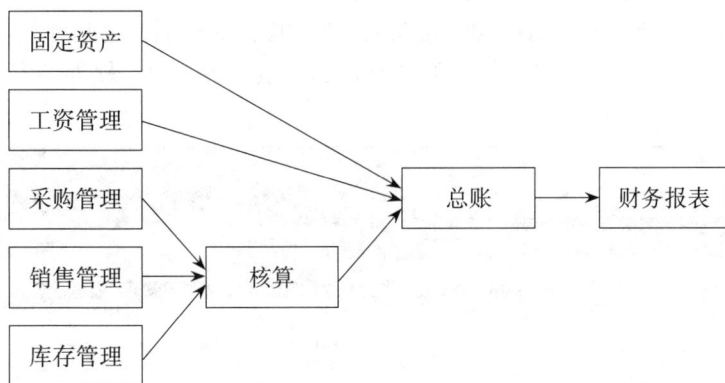

图1-1　T3软件功能结构图

3.T3软件的安装

（1）T3软件的运行环境

T3软件属于应用软件，需要一定的硬件环境和系统软件支持，其营改增版所需的运行环境见表1-1。

表1-1   T3软件的运行环境

环境		最低配置要求
硬件环境	单机模式	CPU：PⅢ 550 MHz 或以上 内存：2GB 或以上 硬盘：空闲空间在10GB以上
	服务器模式	CPU：PⅢ 800 MHz 或以上 内存：2GB 或以上 硬盘：空闲空间至少20GB以上
软件环境	操作系统 （简体中文版）	Windows XP SP3 Windows 7 Windows 8 Windows Server 2003 SP2（32位或64位） Windows Server 2008（32位或64位）
	数据库管理系统	SQL Server 2005、MSDE 2000

（2）T3软件安装前的注意事项

为确保T3软件安装成功，在安装之前需要注意以下问题：

①安装T3软件的计算机名称中不能带有汉字，不能以数字开头，不能带有"-""?"等特殊字符；

②T3软件不能和用友其他版本的软件安装在同一个操作系统中；

③安装时应关闭系统防火墙和杀毒软件。

（3）T3软件安装指南

下面以单机安装为例介绍T3软件的安装步骤。

安装时必须先安装SQL Server 2005或MSDE 2000数据库软件，然后才能安装T3软件。

①打开安装包文件夹，双击其中的"AutoRun.exe"，打开T3软件的安装向导界面，如图1-2所示。

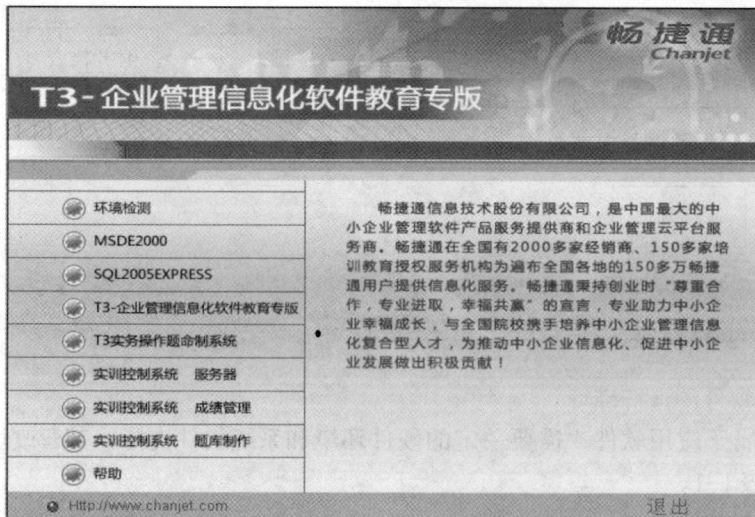

图1-2 T3软件安装向导

②首先进行安装环境检测。选择"环境检测"选项，打开"环境检测"对话框，如图1-3所示。单击"环境检测"按钮，检测完成后，如果存在问题，需根据提示完善安装环境；若无问题，则退出检测。

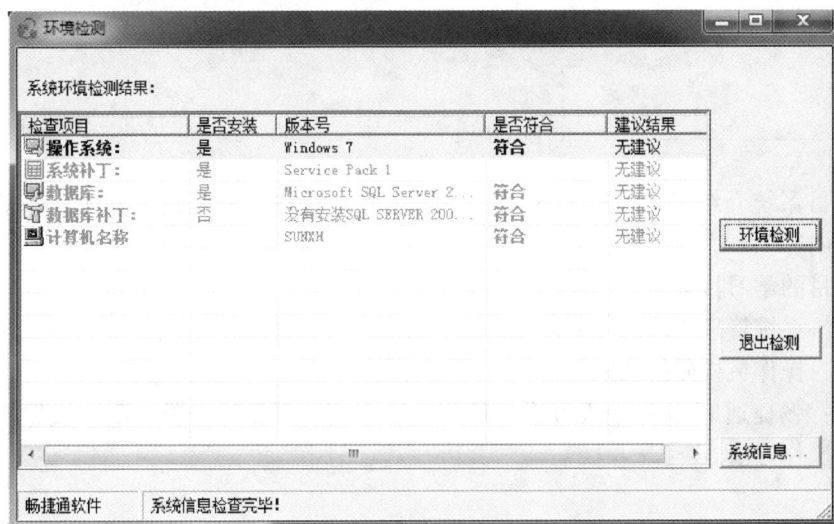

图1-3　环境检测

③选择"SQL2005EXPRESS"选项，系统自动完成数据库软件安装，然后重新启动计算机。

④在安装向导界面中，选择"T3-企业管理信息化软件教育专版"选项，进入T3软件安装的"欢迎"界面，如图1-4所示。

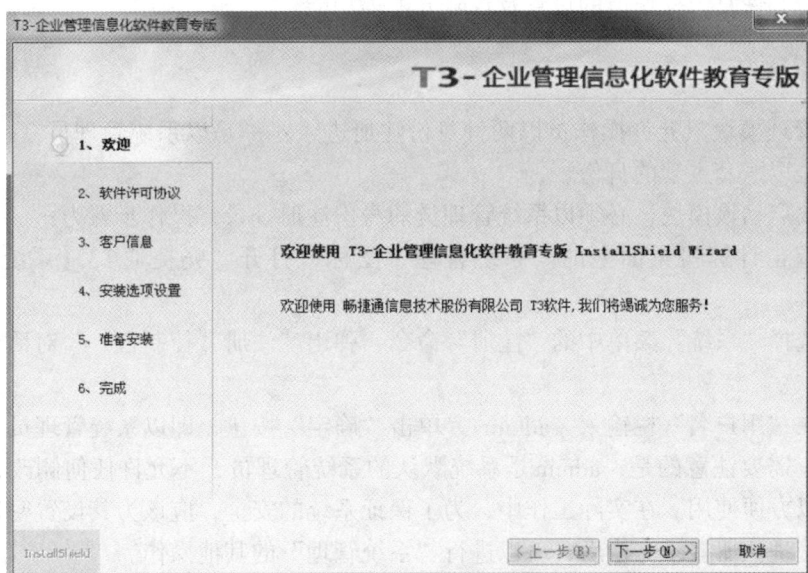

图1-4　欢迎界面

⑤根据提示逐步单击"下一步"按钮，进行T3软件的安装，最后根据提示再重新启动计算机，完成T3软件的安装过程。

项目二 系统管理与基础档案设置

────────────────□ 项目概览

本项目系统介绍了畅捷通 T3 软件中账套管理、操作员权限设置、账套基础档案设置等主要内容。

本项目的学习目标为：

了解：系统管理模块的主要功能。

理解：操作员权限的区别。

掌握：畅捷通 T3 软件中设置操作员、建立账套、设置操作员权限、设置账套基础档案等的操作方法。

任务一 系统管理

系统管理模块是畅捷通 T3 软件为各个子系统提供的公共管理平台。其主要作用是对整个系统实行统一的操作管理和数据协调，系统管理员通过该模块可以管理 999 个账套（账套就是系统为用户所建立的一整套账）。在该模块中可以实现账套的建立、修改、删除、备份和恢复，操作员的设置及权限分配等功能。

1.登录系统管理

系统管理模块只允许操作员以两种身份注册进入：一是以系统管理员（admin）的身份，二是以账套主管的身份。

第一次启动该模块，必须以系统管理员的身份注册登录，操作步骤为：

（1）双击计算机桌面上的"系统管理"图标，打开"畅捷通 T3【系统管理】"窗口。

（2）选择"系统"菜单中的"注册"命令，弹出"注册〖控制台〗"对话框，如图 2-1 所示。

（3）在"用户名"栏输入"admin"，单击"确定"按钮，即以系统管理员身份进入系统管理。需要注意的是，admin 是系统默认的系统管理员，不允许任何删改，默认密码为空，以方便使用。在实际工作中，为了保证系统的安全，应该为其设置密码。

系统管理注册登录完毕后，可以进行"系统管理"的其他操作。

2.设置操作员

操作员，指有权登录并使用系统的人。使用财务软件时，首先应明确指定各系统授

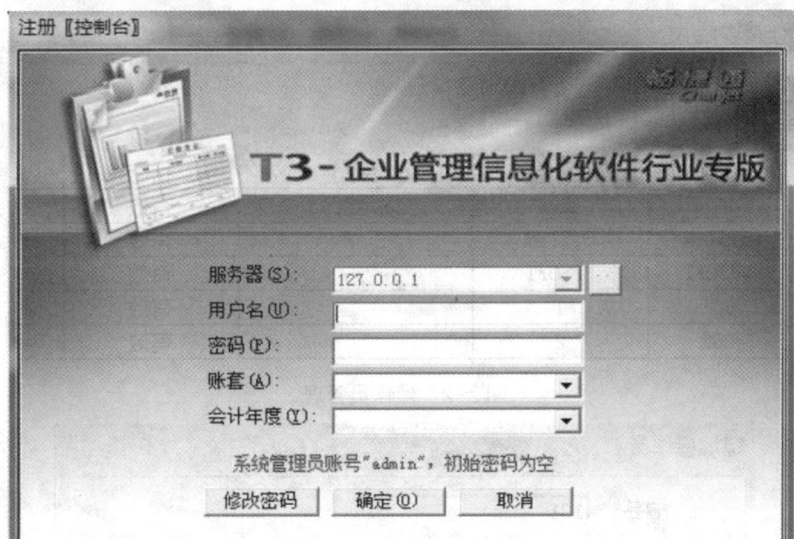

图2-1 注册〖控制台〗

权的操作人员，并对其使用权限进行明确规定，以避免无关人员对系统进行非法操作。操作员管理包括操作员的增加、修改和删除，由系统管理员全权管理。

增加操作员时，应录入操作员编号、姓名、口令和所属部门。操作员姓名应为真实姓名，因为其会出现在所处理的票据和凭证上，以便于对操作员行为进行监督。口令是操作员身份的识别标记，第一次输入时，由系统管理员赋予，操作员登录系统后，应立即修改口令，以确保口令的安全性。

任务2-1

任务清单

根据表2-1中的资料，设置增加操作员。

表2-1 操作员资料

编号	姓名	口令	所属部门
101	王刚	101	财务部
102	杨涛	102	财务部
103	赵平	103	财务部

任务指导

（1）在"畅捷通T3【系统管理】"窗口，选择"权限"菜单中的"操作员"命令，弹出"操作员管理"对话框，其中显示系统预设的几位操作员，如图2-2所示。

（2）单击"增加"按钮，弹出"增加操作员"对话框，根据任务清单录入王刚的相关信息，如图2-3所示。

（3）单击"增加"按钮，可继续增加其他操作员。单击"退出"按钮表示放弃本次操作。

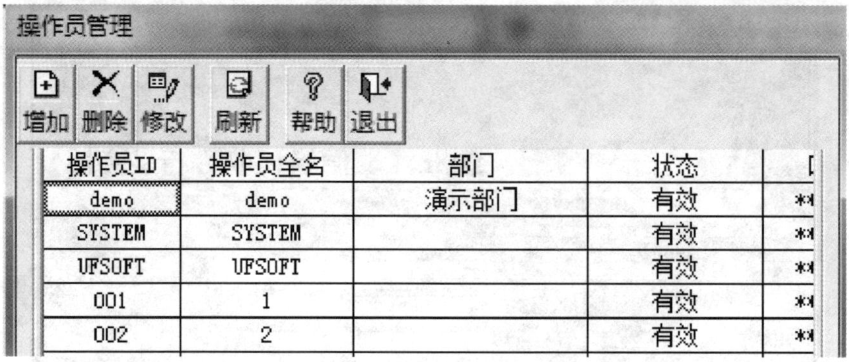

图2-2 操作员管理

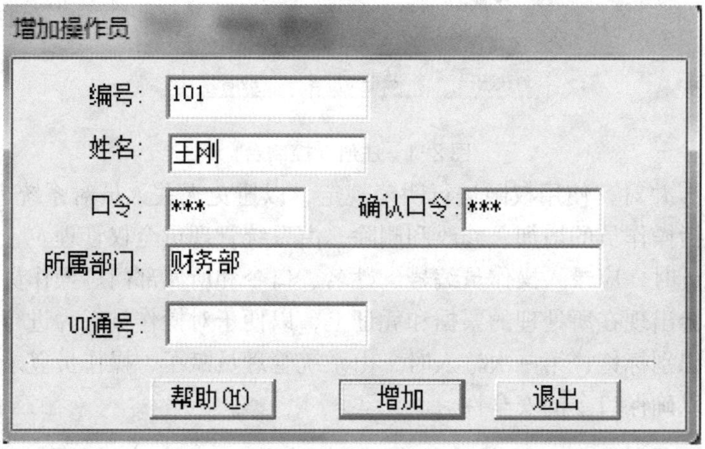

图2-3 增加操作员

操作员增加后，除操作员编号外，其他信息都可以修改，即在"操作员管理"窗口，选中所要修改的操作员，单击"修改"按钮，对相应内容进行修改后，单击"修改"按钮返回，完成修改。

另外，也可单击"删除"按钮，删除选中的操作员。但所设置的操作员一旦登录系统进行了业务操作，便不能被修改和删除。

> **要点提示**
> ● 只有系统管理员才有权限设置操作员。
> ● 操作员编号在系统中必须唯一，即使是不同的账套，也不能重复。

3.建立账套

会计电算化下，建立新的账套就是利用财务软件为一家单位建立一套计算机账簿文件。畅捷通T3软件最多可以建立999个账套，账套编号从001到999。在账套管理功能中可以完成建立账套、修改账套、备份账套及删除账套的操作。

建立账套的工作必须由系统管理员admin来完成，操作内容包括设置账套信息、设置单位信息、定义核算类型、设置基础信息、设置编码方案和定义数据精度等。

任务2-2

任务清单

根据以下资料建立山东华峰家具有限责任公司的账套。

（1）账套信息：

账套号：001；账套名称：山东华峰家具有限责任公司；采用默认账套路径；启用会计期：2020年1月；会计期间设置：1月1日至12月31日。

（2）单位信息：

单位名称：山东华峰家具有限责任公司；单位简称：华峰家具。

（3）核算类型：

该企业的记账本位币为人民币（RMB）；企业类型为工业；行业性质为2007年新会计准则；账套主管为王刚；按行业性质预置科目。

（4）基础信息：

该企业有外币核算，需要对存货、客户、供应商进行分类。

（5）分类编码方案：科目编码级次：42222。其他：默认。

（6）数据精度：默认。

（7）系统启用："总账"模块，启用日期为"2020年1月1日"。

任务指导

（1）以系统管理员"admin"的身份登录畅捷通T3【系统管理】后，选择"账套"菜单中的"建立"命令，打开"创建账套"对话框。

（2）录入账套相关信息。账套号为"001"，账套名称为"山东华峰家具有限责任公司"，启用会计期为"2020年1月"，如图2-4所示。

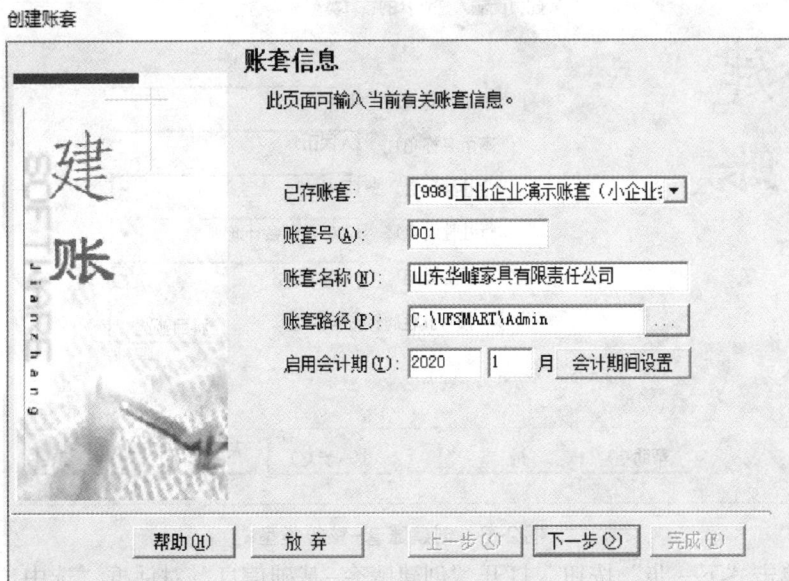

图2-4　创建账套-账套信息

（3）单击"下一步"按钮，打开"创建账套-单位信息"对话框。录入单位名称"山东华峰家具有限责任公司"、单位简称"华峰家具"，如图2-5所示。

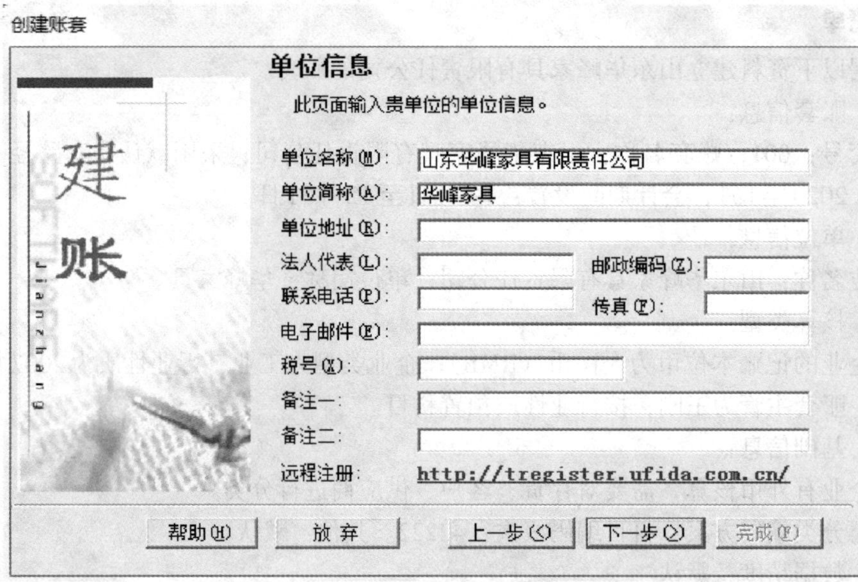

图2-5　创建账套-单位信息

（4）单击"下一步"按钮，打开"创建账套-核算类型"对话框。单击"行业性质"栏右侧下拉按钮，选择"2007年新会计准则"，单击"账套主管"栏右侧下拉按钮，选择"王刚"，如图2-6所示。

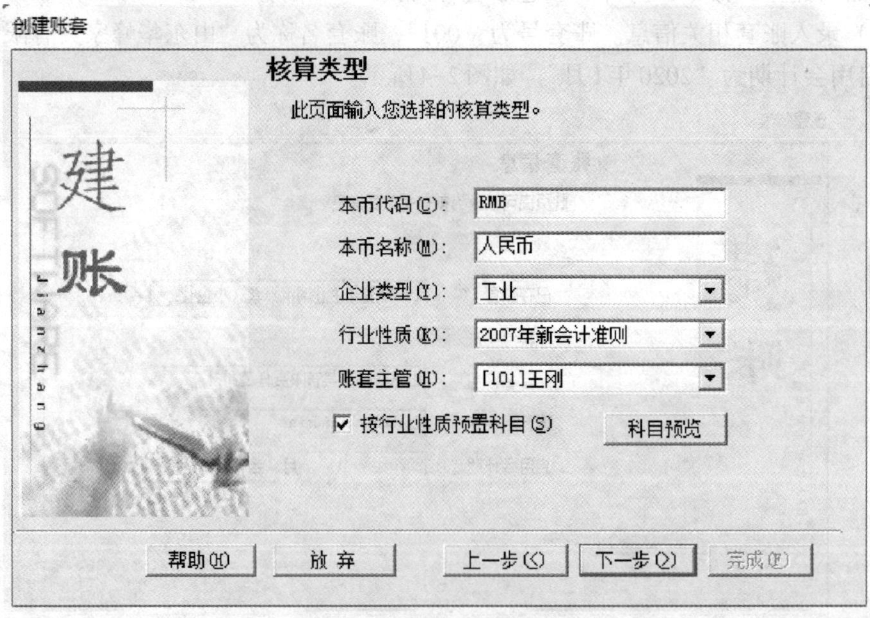

图2-6　创建账套-核算类型

（5）单击"下一步"按钮，打开"创建账套-基础信息"对话框。选中"存货是否分类""客户是否分类""供应商是否分类""有无外币核算"复选框，如图2-7所示。

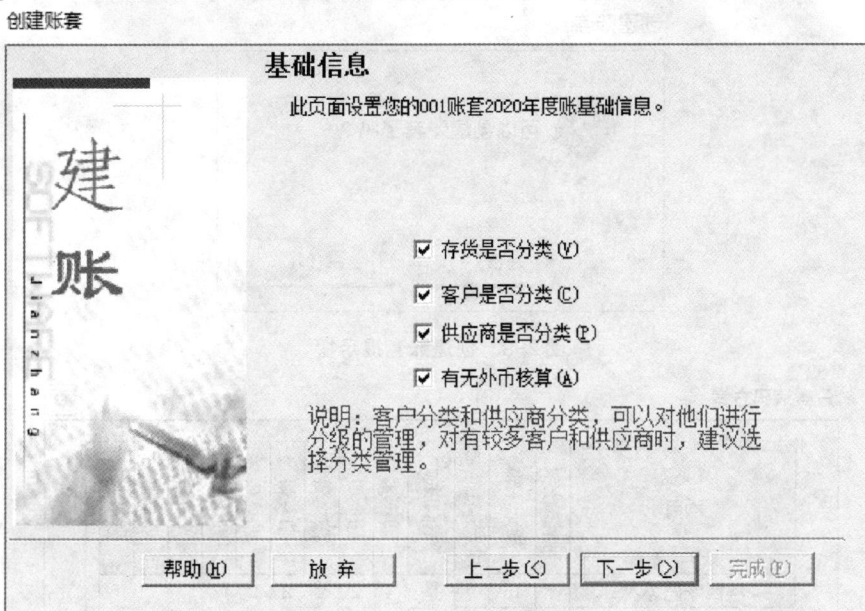

图2-7 创建账套-基础信息

（6）单击"下一步"按钮，打开"创建账套-业务流程"对话框，如图2-8所示。

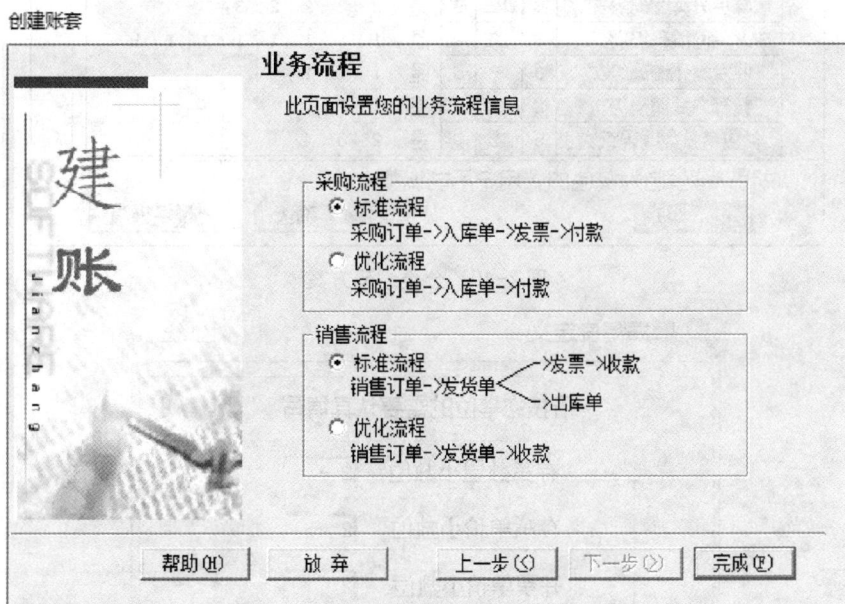

图2-8 创建账套-业务流程

（7）单击"完成"按钮，系统弹出"创建账套"提示框，如图2-9所示。

（8）单击"是"按钮，打开"分类编码方案"对话框。设置科目编码级次为"42222"，如图2-10所示。

（9）单击"确认"按钮，打开"数据精度定义"对话框，如图2-11所示。

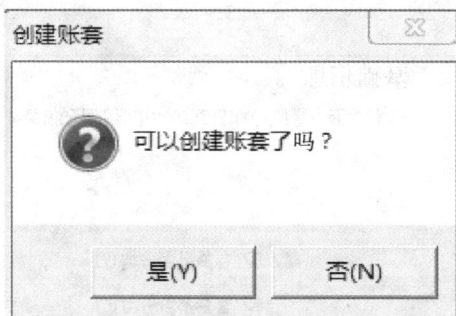

图2-9 创建账套提示框

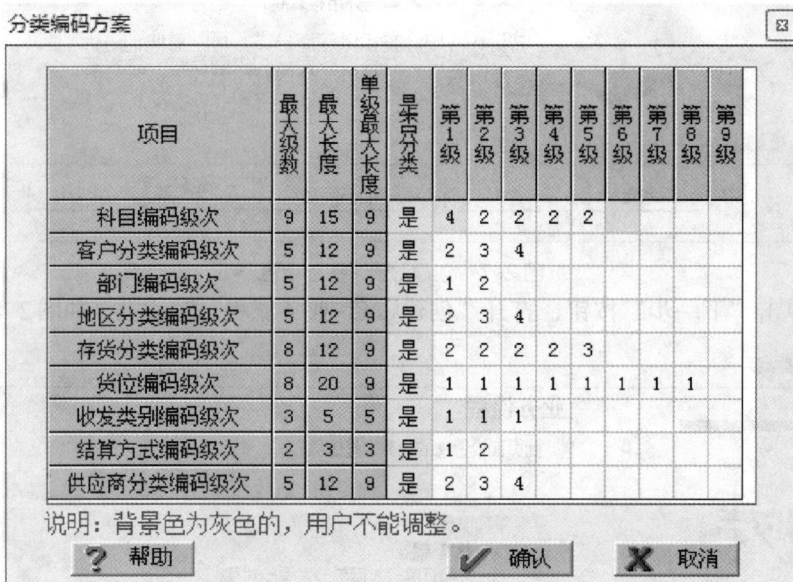

分类编码方案

项目	最大级数	最大长度	单级最大长度	是否只分类	第1级	第2级	第3级	第4级	第5级	第6级	第7级	第8级	第9级
科目编码级次	9	15	9	是	4	2	2	2	2				
客户分类编码级次	5	12	9	是	2	3	4						
部门编码级次	5	12	9	是	1	2							
地区分类编码级次	5	12	9	是	2	3	4						
存货分类编码级次	8	12	9	是	2	2	2	2	3				
货位编码级次	8	20	9	是	1	1	1	1	1	1	1	1	
收发类别编码级次	3	5	5	是	1	1	1						
结算方式编码级次	2	3	9	是	1	2							
供应商分类编码级次	5	12	9	是	2	3	4						

说明:背景色为灰色的,用户不能调整。

? 帮助   ✔ 确认   ✖ 取消

图2-10 分类编码方案

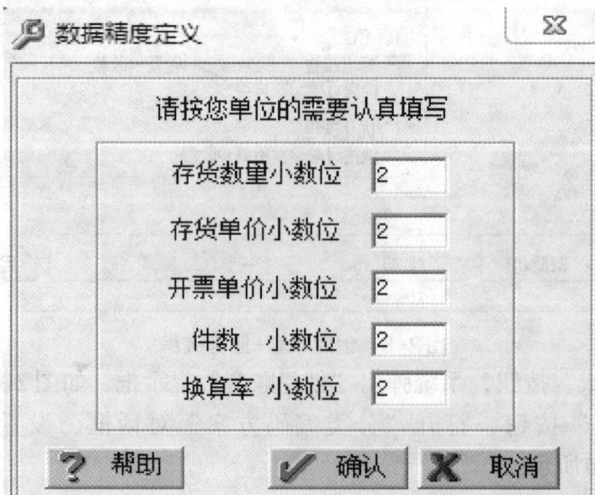

🔧 数据精度定义

请按您单位的需要认真填写

存货数量小数位 2

存货单价小数位 2

开票单价小数位 2

件数 小数位 2

换算率 小数位 2

? 帮助   ✔ 确认 ✖ 取消

图2-11 数据精度定义

（10）单击"确认"按钮，系统提示"创建账套{山东华峰家具有限责任公司：[001]}成功"，如图2-12所示。

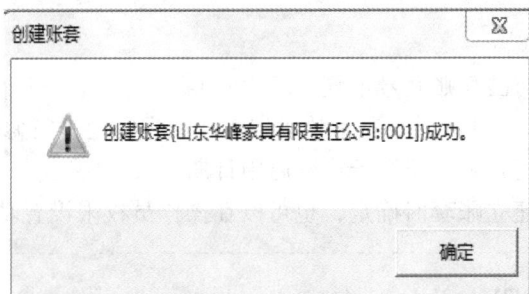

图2-12　创建账套

（11）单击"确定"按钮，系统提示"是否立即启用账套"，如图2-13所示。

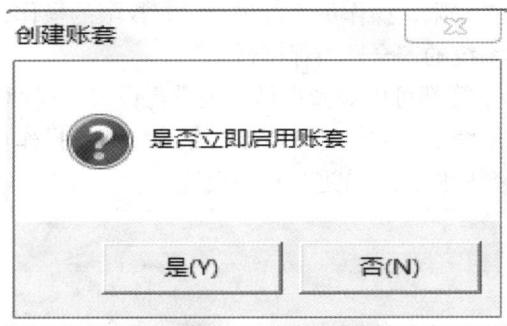

图2-13　是否启用账套提示

（12）单击"是"按钮，打开"系统启用"对话框，选中"总账"复选框，弹出"日历"对话框，选择日期为"2020年1月1日"，如图2-14所示。

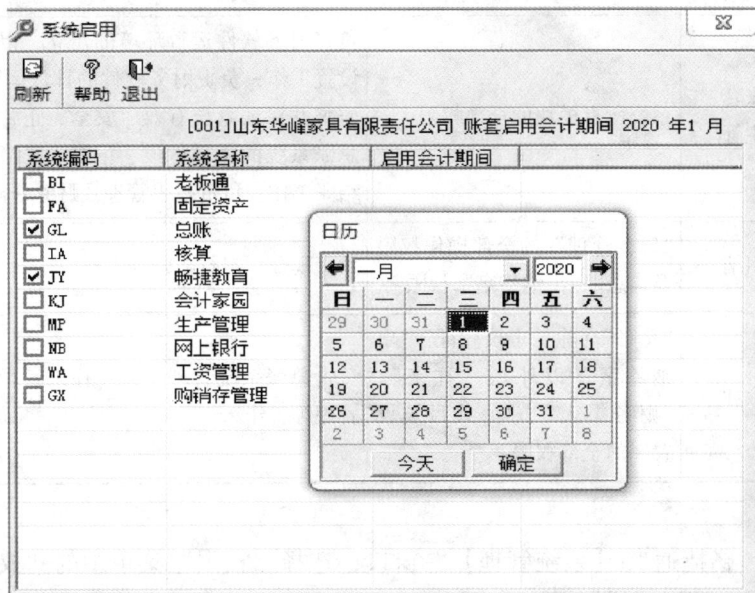

图2-14　系统启用

（13）单击"确定"按钮，系统弹出提示信息，单击"是"按钮，再单击"退出"按钮。完成总账子系统的启用。

> **要点提示**
>
> ● 新建账套号不能与已存账套号重复。
> ● 除科目编码级次的第1级外，其他均可以直接根据需要进行修改。
> ● 系统启用会计期间必须大于等于账套启用日期。
> ● 账套主管可以在建立账套时确定，也可以在操作员权限设置功能中进行设置。

4.设置操作员权限

根据操作员在企业核算工作中所担任的职务、分工来设置和修改操作员对各功能模块的操作权限。通过设置权限，操作员不能进行没有权限的操作，也不能查看没有权限的数据，以保证信息化系统的安全性与保密性。

系统管理员和账套主管都可以对操作员权限进行设置，但两者的权限又有所区别。系统管理员负责设定或取消账套主管，并可以对系统内所有操作员进行授权。而账套主管则只能对他所负责账套中的操作员进行权限设置。

任务2-3

任务清单

根据表2-2中的资料，设置操作员权限。

表2-2   操作员权限

姓名	岗位	具有权限	负责工作
王刚	账套主管	系统所有模块的全部权限	负责财务软件运行环境的建立，以及各项初始设置工作；负责财务软件的日常运行管理工作，监督并保证系统有效、安全、正常运行；负责总账系统的凭证审核、记账、账簿查询、月末结账工作；负责报表管理及财务分析工作
杨涛	出纳	"现金管理"的全部操作权限及"总账-出纳签字"权限	负责现金、银行账管理工作
赵平	会计	"总账"（除"审核凭证""出纳签字"以外）、"往来"、"财务报表"、"公共目录设置"的全部权限	负责总账系统管理工作、往来管理工作及报表管理等工作

任务指导

（1）在"畅捷通T3【系统管理】"窗口，选择"权限"菜单中的"权限"命令，打开"操作员权限"对话框。

（2）在左侧操作员列表中选择"101王刚"所在行，在右侧"账套主管"右边的下拉列表中选择"［001］山东华峰家具有限责任公司"，年度选择"2020"。此时，"账套主管"复选框已被选中，因为在建立账套时已指定"101王刚"为华峰公司的账套主管，此处无须再设置，如图2-15所示。

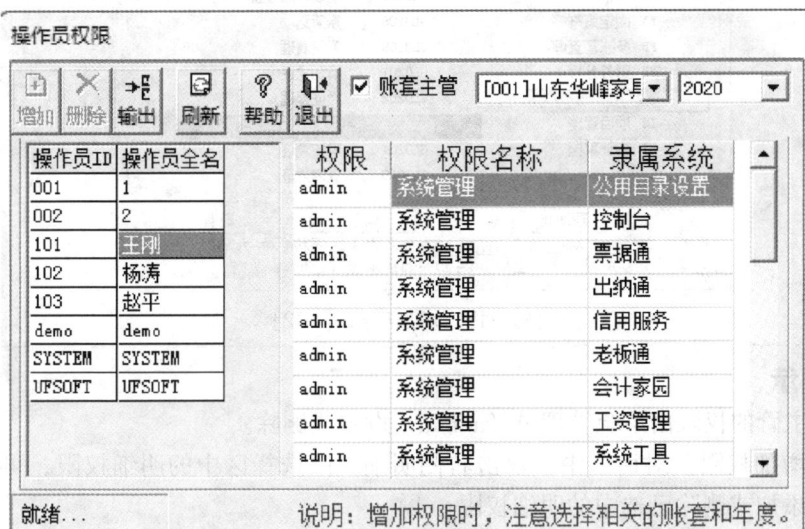

图2-15　操作员权限

（3）在左侧操作员列表中选择"102杨涛"，单击"增加"按钮，打开"增加权限-［102］"对话框，如图2-16所示。

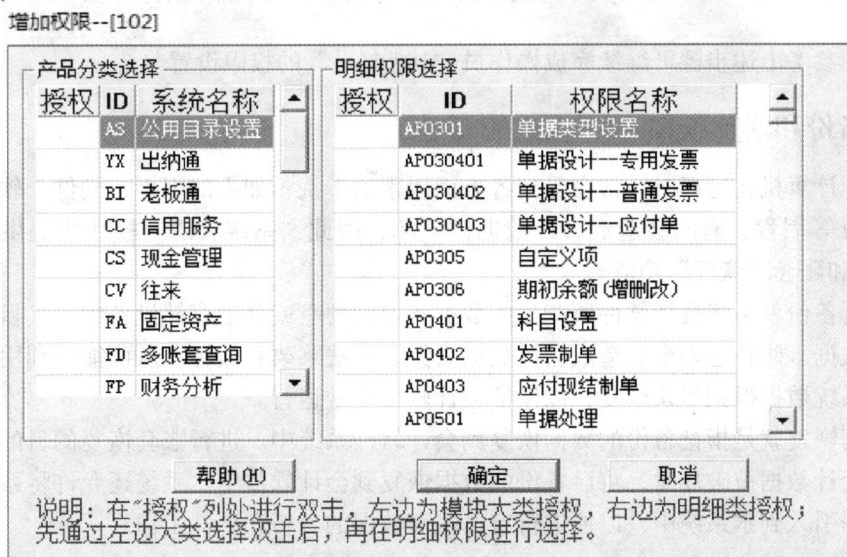

图2-16　增加权限-［102］

（4）双击"产品分类选择"列表中"CS现金管理"左侧的"授权"框，变为蓝色表示选中。右侧"明细权限选择"列表中显示已增加的权限。单击"GL总账"，双击选择右侧"明细权限选择"列表中的"出纳签字"权限，如图2-17所示。

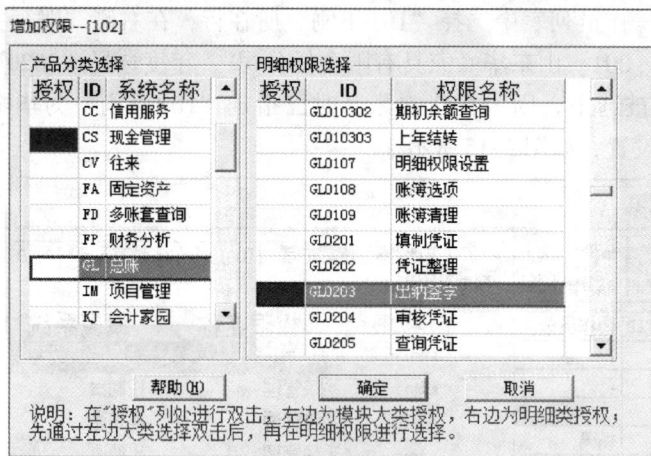

图2-17　增加权限-[102]

要点提示

● 账套主管的权限由系统管理员（admin）设置或删除。

● 在"增加权限"对话框中，双击右侧明细权限选择区中的明细权限，可以根据
需要添加或删除已选中的明细权限。

● 操作员权限一旦被引用，便不能被修改或删除。

● 在实际工作中，一个账套可以定义多个账套主管，一个操作员也可以担任多个
账套的账套主管。在设置操作员权限时，只需对非账套主管的操作员设置相应
的操作权限，而系统默认账套主管自动拥有该账套的全部权限。

（5）参考上述步骤可继续完成操作员"103 赵平"的权限设置。

5.备份和恢复账套

由于计算机在运行时经常会受到各方面因素的干扰，如人的因素，硬件、软件或计
算机病毒等因素，有时会造成会计数据被破坏，因此"系统管理"模块中提供了账套
"备份"和账套"恢复"功能。

账套备份就是将会计软件所产生的数据备份到硬盘或其他存储设备中。其目的是长
期保存数据，防备意外事故造成会计数据丢失、非法篡改和破坏，从而能够利用备份数
据，使系统数据得到尽快恢复，以保证会计软件正常运行。

账套恢复就是指把备份的数据恢复到会计软件系统中。进行账套恢复的目的是：当
系统中会计数据被破坏时，将已备份的数据恢复到会计软件中。系统还允许将系统外某
账套数据引入到本系统中，以便进行有关账套数据的分析和合并工作。

任务2-4

任务清单

将001账套数据备份到D盘中的"001账套备份"文件夹中。

任务指导

（1）在D盘中建立"001账套备份"文件夹。

（2）打开"畅捷通T3【系统管理】"窗口，选择"账套"菜单中的"备份"命令，打开"账套输出"对话框。

（3）选择"账套号"后下拉列表中的"［001］山东华峰家具有限责任公司"，如图2-18所示。

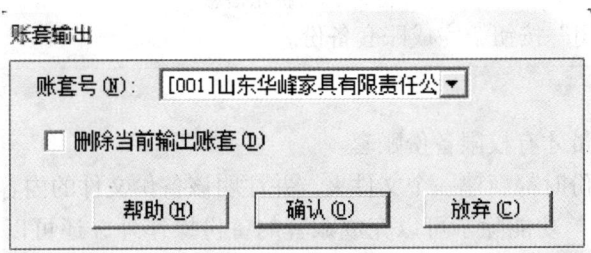

图2-18　账套输出

（4）单击"确认"按钮。

（5）经过压缩过程，系统进入"选择备份目标"对话框，选择"D：\001账套备份"，如图2-19所示。

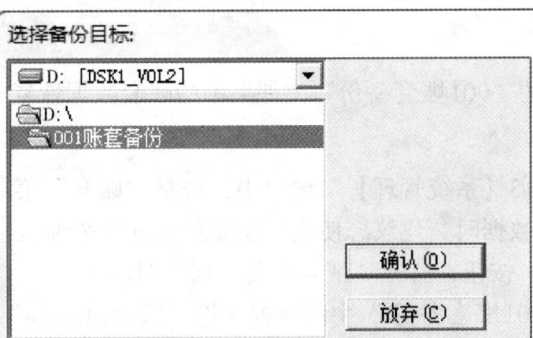

图2-19　选择备份目标

（6）单击"确认"按钮，系统弹出"硬盘备份完毕！"提示对话框，如图2-20所示。

图2-20　硬盘备份完毕

（7）单击"确定"按钮，系统提示"备份/恢复数据时，建议您使用用友安全通进行杀毒"，如图2-21所示。

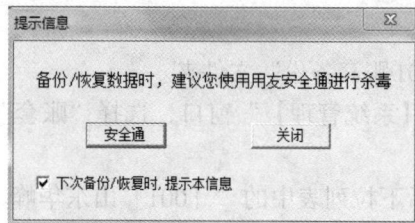

图 2-21　提示信息

（8）单击"关闭"按钮，完成账套备份。

要点提示

● 只有系统管理员才有权限备份账套。

● 建议在每次备份时都新建一个文件夹，并注明该备份文件的内容。

● 账套的"备份"功能除了可以完成账套的备份操作外，还可以完成删除账套的操作。如果系统内账套已经不需再继续保存，则可以使用账套的"备份"功能进行账套删除。

任务 2-5

任务清单

将已备份到 D 盘的"001 账套备份"文件夹中的账套数据恢复到 T3 软件中。

任务指导

（1）在"畅捷通 T3【系统管理】"窗口中，选择"账套"菜单中的"恢复"命令，系统提示"备份/恢复数据时，建议您使用用友安全通进行杀毒"。

（2）单击"关闭"按钮，打开"恢复账套数据"对话框。

（3）选中"D：\001 账套备份\"中的数据文件"UF2KAct.Lst"，如图 2-22 所示。

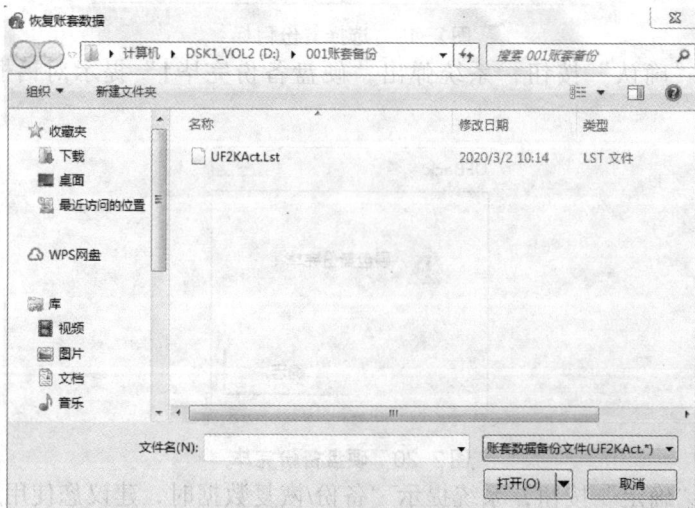

图 2-22　恢复账套数据

（4）单击"打开"按钮，系统开始恢复数据。完成后系统弹出"账套［001］恢复成功"提示对话框。单击"确定"按钮，完成账套恢复。

> **要点提示**
> ● 备份的账套数据不能直接运行，只有在系统管理中进行恢复（引入）后才能运行。
> ● 恢复数据会将硬盘中现有的数据覆盖，因此如果没有发现数据损坏，不要轻易进行数据恢复。

任务二 基础档案设置

一个账套一般要使用多个子系统，基础档案就是这些子系统共享共用的基础信息，基础档案是系统运行的基石。在启用新账套时，应根据企业的实际情况，结合系统基础档案设置的要求，做好基础数据的准备工作。

基础档案的内容主要包括部门档案、职员档案、客户和供应商分类、地区分类、客户和供应商档案、会计科目和辅助核算信息、凭证类别、项目目录、外币及汇率、结算方式、开户银行、购销存管理系统相关基础档案等。其中，购销存管理系统相关基础档案设置将在本书项目六中进行阐述。

进行基础档案设置之前应首先确定基础档案的分类编码方案，设置时必须遵循分类编码方案中的级次和各级编码长度的设定。

T3软件中，一般应由账套主管进行基础档案设置。

1. 登录T3软件

（1）以账套主管王刚（用户名101、密码101）的身份于2020年1月1日登录"T3-企业管理信息化软件"，如图2-23所示。

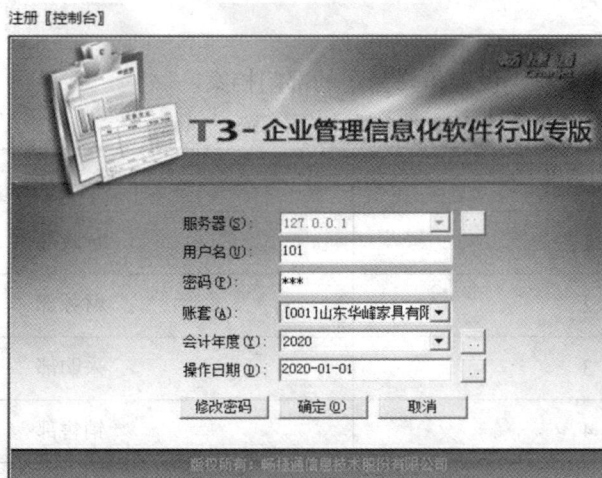

图2-23 注册〖控制台〗

（2）单击"确定"按钮，打开T3软件，如图2-24所示。

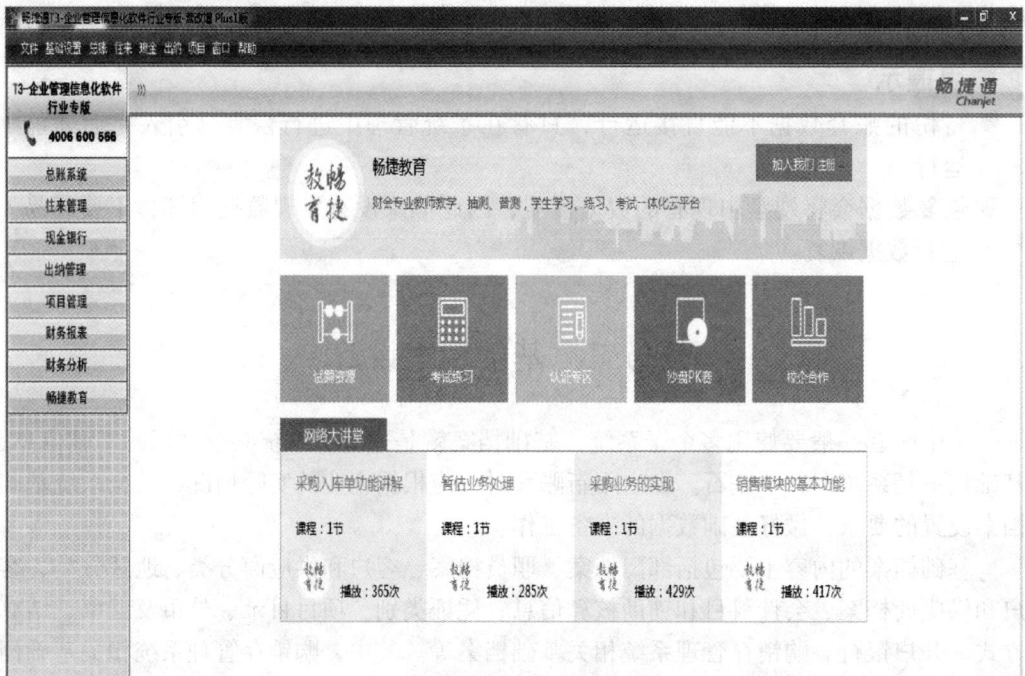

图2-24　T3软件窗口

2.设置部门档案

这里的部门可以指构成整个企业的各职能部门，也可以指各个需要实行核算与管理的单元，不一定与企业设置的现存部门一一对应。设置部门档案的目的是方便按部门进行数据汇总和分析。部门档案设置后一旦被使用，就不能被修改和删除。

任务2-6

任务清单

根据表2-3中的资料，设置华峰公司的部门档案。

表2-3　　　　　　　　　　　　　部门档案资料

部门编码	部门名称
1	行政部
2	财务部
3	采购部
4	销售部
5	生产车间

任务指导

（1）在T3软件窗口中，选择"基础设置"菜单中的"机构设置→部门档案"命令，进入"部门档案"界面。

（2）单击"增加"按钮，录入部门编码"1"、部门名称"行政部"，如图2-25所示。

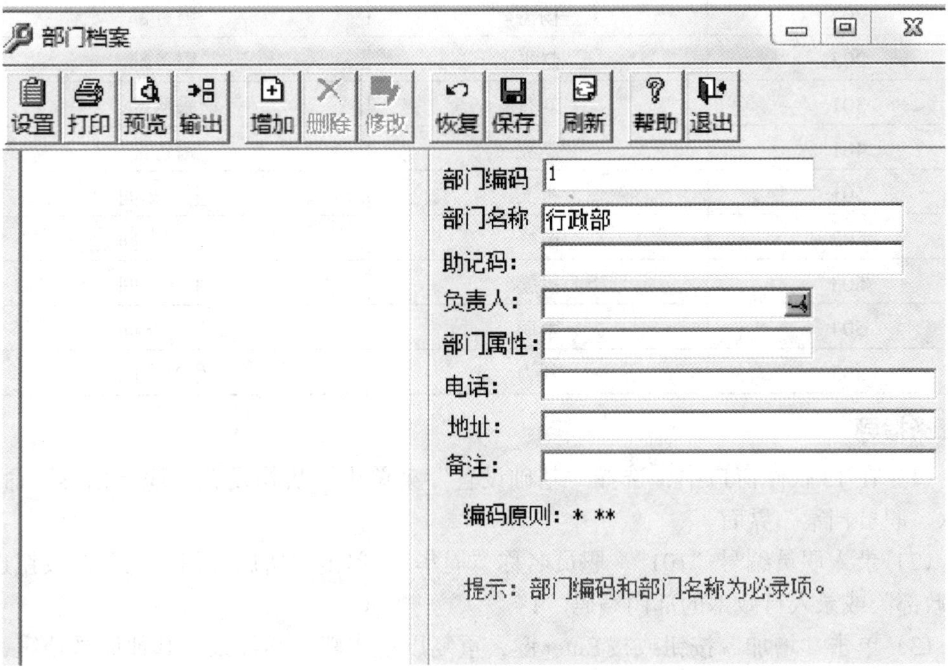

图2-25　部门档案

（3）单击"保存"按钮。

（4）重复上述步骤，继续录入其他部门档案。

（5）所有部门档案录入完毕后，单击"退出"按钮，完成部门档案设置。

要点提示

● 部门编码必须符合编码原则。

● 部门档案资料一旦被使用将不能被修改或删除。

3.设置职员档案

职员档案主要用于登记本单位职员的信息资料，设置职员档案可以便于进行个人往来核算和管理等操作。

任务2-7

任务清单

根据表2-4中的资料，设置华峰公司的职员档案。

表2-4   职员档案资料

职员编号	职员名称	所属部门
101	周华	行政部
102	张强	行政部
201	王刚	财务部
202	杨涛	财务部
203	赵平	财务部
301	刘智	采购部
401	李克	销售部
501	崔文	生产车间
502	苗峰	生产车间
503	段鹏	生产车间
504	李萌	生产车间
505	刘力	生产车间

任务指导

（1）在T3软件窗口中，选择"基础设置"菜单中"机构设置→职员档案"命令，进入"职员档案"界面。

（2）录入职员编号"101"、职员名称"周华"，单击"所属部门"栏参照按钮选择"行政部"或录入行政部的部门编码"1"。

（3）单击"增加"按钮或按Enter键，重复以上步骤，继续录入其他职员档案，如图2-26所示。

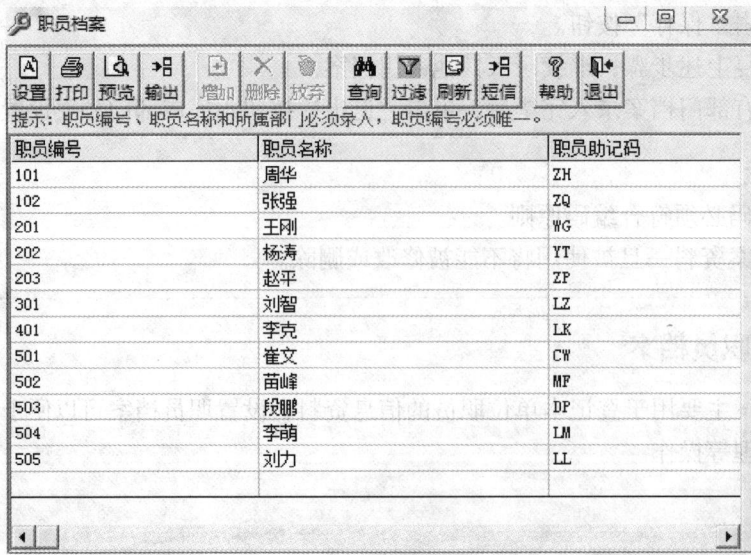

图2-26　职员档案

（4）所有职员档案录入完毕后，单击"退出"按钮，完成职员档案的录入。

要点提示

● 录入全部职员档案后，必须单击"增加"按钮（或按 Enter 键），增加新的空白行。否则，最后一个职员档案将无法保存。

● 职员档案资料一旦被使用将不能被修改或删除。

4.设置客户分类档案

当企业的往来客户较多时，可以根据企业的实际需要对客户进行分类管理。如果在建立账套时选择了客户分类，就需要先设置好客户分类档案，再进一步增加客户档案；如果在建立账套时没有选择客户分类，则可以直接设置客户档案。

任务 2-8

任务清单

根据表 2-5 中的资料，设置华峰公司的客户分类档案。

表 2-5　　　　　　　　　　　　客户分类资料

分类编码	类别名称
01	本省客户
02	外省客户

任务指导

（1）在 T3 软件窗口中，选择"基础设置"菜单中"往来单位→客户分类"命令，进入"客户分类"界面。

（2）单击"增加"按钮，录入类别编码"01"、类别名称"本省客户"，如图 2-27 所示。

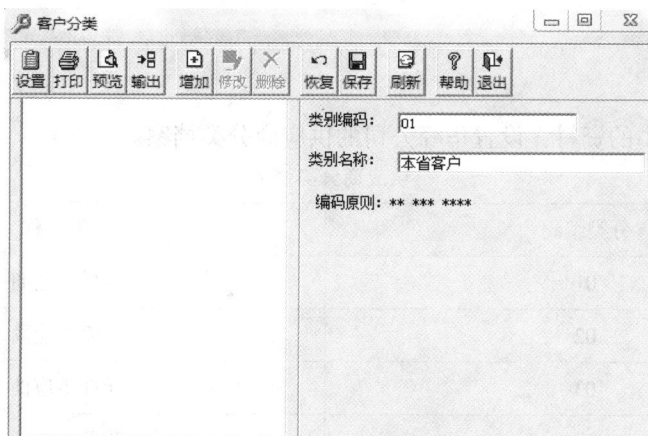

图 2-27　客户分类

（3）单击"保存"按钮。

（4）重复以上步骤，继续录入其他客户分类档案。系统显示已录入的客户分类档案，如图 2-28 所示。

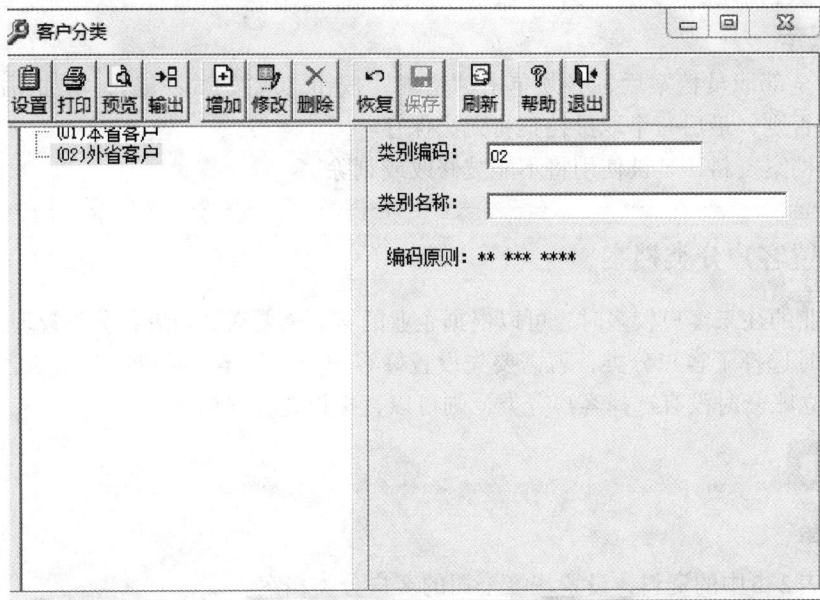

图2-28　客户分类

（5）录入完成后，单击"退出"按钮，完成客户分类档案设置。

要点提示
- 客户分类编码必须符合编码原则。
- 客户分类的编码必须是唯一的。

5.设置供应商分类档案

任务2-9

任务清单

根据表2-6中的资料，设置华峰公司的供应商分类档案。

表2-6　　　　　　　　　　　　　　　供应商分类资料

分类编码	分类名称
01	木材供应商
02	油漆供应商
03	配件供应商
04	劳务供应商

任务指导

（1）在T3软件窗口中，选择"基础设置"菜单中"往来单位→供应商分类"命令，进入"供应商分类"界面。

（2）单击"增加"按钮，录入类别编码"01"、类别名称"木材供应商"。

（3）单击"保存"按钮。

（4）重复以上步骤，录入其他供应商分类的内容。系统显示已录入的供应商分类，如图2-29所示。

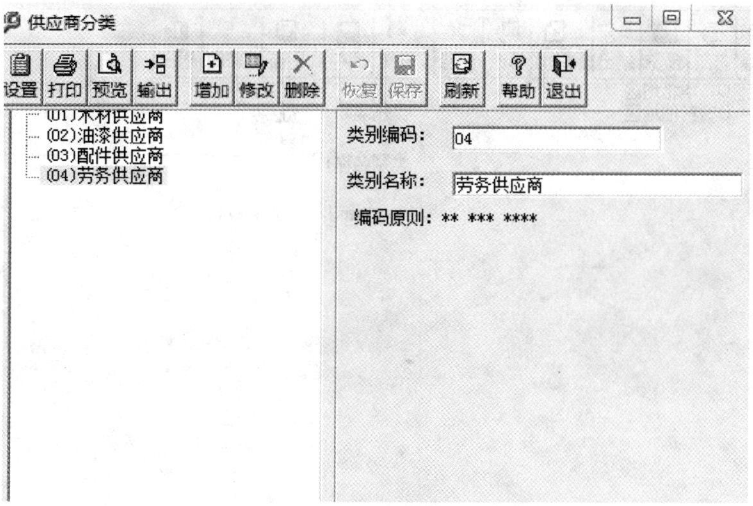

图2-29 供应商分类

（5）录入完毕后，单击"退出"按钮，完成供应商分类档案设置。

要点提示

● 供应商分类的设置方法与客户分类的设置方法相同。

● 供应商分类编码必须是唯一的。

6.设置地区分类档案

任务2-10

任务清单

根据表2-7中的资料，设置华峰公司的地区分类档案。

表2-7　　　　　　　　　　地区分类

分类编码	分类名称
01	华北地区
02	其他地区

任务指导

（1）在T3软件窗口中，选择"基础设置"菜单中"往来单位→地区分类"命令，进入"地区分类"界面。

（2）单击"增加"按钮，录入类别编码"01"、类别名称"华北地区"。

（3）单击"保存"按钮。

（4）重复以上步骤，录入其他地区分类的内容。系统显示已录入的地区分类档案，如图2-30所示。

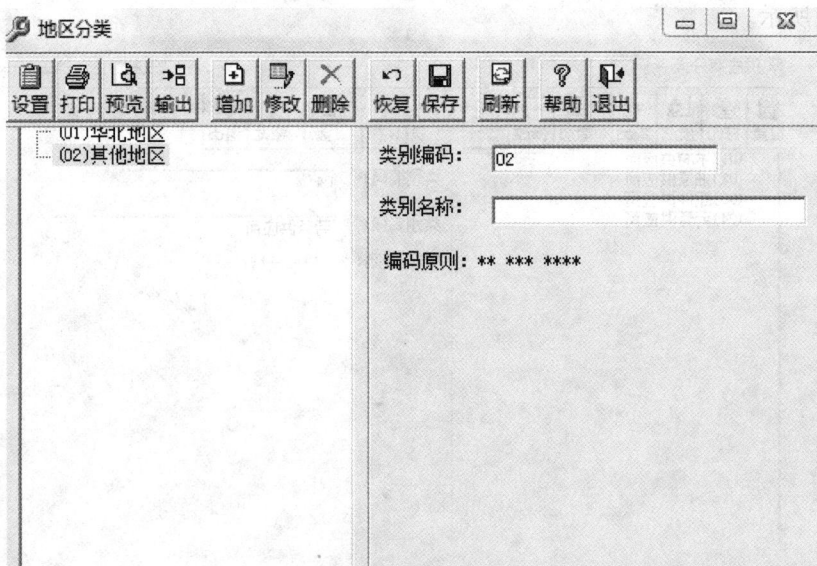

图2-30 地区分类

（5）录入完毕后，单击"退出"按钮，完成地区分类档案设置。

7.设置客户档案

客户是企业的重要资源，利用计算机进行相应资料的设置，有利于企业更好地对客户进行管理，如有变动应及时在此进行调整。

任务2-11

任务清单

根据表2-8中的资料，设置华峰公司的客户档案。

表2-8　　　　　　　　　　　　　客户档案

客户编号	客户名称	客户简称	所属分类码	所属地区码	纳税人识别号	地址	邮政编码
001	青岛远东股份公司	青岛远东	01	01	31216584	青岛市辽宁路16号	266028
002	济南顺通有限公司	济南顺通	01	01	23132175	济南市经十路8号	250001
003	河北远大有限公司	河北远大	02	01	35687956	石家庄中成路26号	050003

任务指导

（1）在T3软件窗口中，选择"基础设置"菜单中"往来单位→客户档案"命令，进入"客户档案"界面。

（2）先单击选中左框"客户分类"中的"01本省客户"。

（3）单击"增加"按钮，打开"客户档案卡片"对话框。在"基本"选项卡和"联系"选项卡中根据资料录入客户信息，如图2-31、图2-32所示。

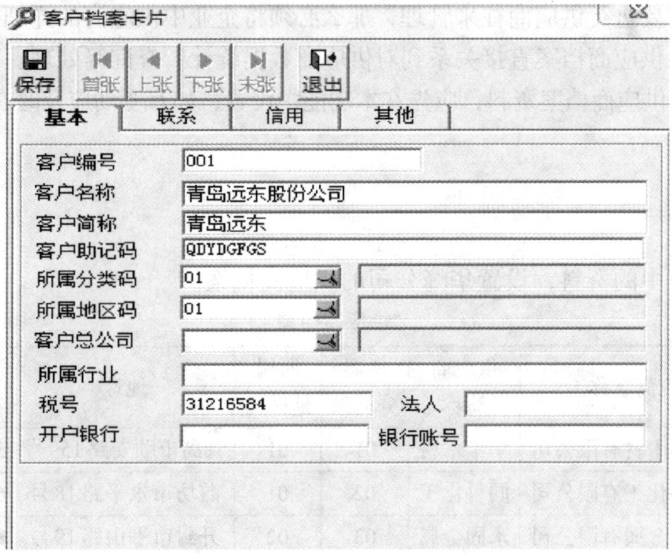

图2-31 客户档案卡片（基本）

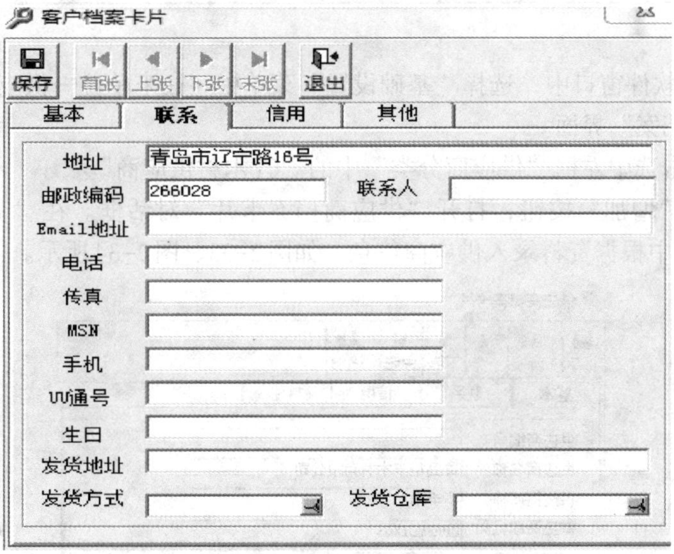

图2-32 客户档案卡片（联系）

（4）单击"保存"按钮。

（5）重复以上步骤，继续录入其他客户档案。

（6）录入完毕后，单击"退出"按钮，完成客户档案设置。

要点提示

● 客户编号必须唯一。

● 客户档案必须建立在最末级客户分类下。

8.设置供应商档案

如果企业需要进行供应商往来管理，那么必须将企业中供应商的详细信息录入到供应商档案中。建立供应商档案直接关系到对供应商数据统计、查询等处理。在采购管理等业务中需要调用的供应商档案资料，应先在本功能中设置，如有变动应及时在此进行调整。

任务 2-12

任务清单

根据表2-9中的资料，设置华峰公司的供应商档案。

表2-9　　　　　　　　　　　　　　　　　供应商档案

供应商编号	供应商名称	供应商简称	所属分类码	所属地区码	地址	纳税人识别号	邮政编码
001	青岛华丰木材有限公司	华丰木材	01	01	青岛市顺安路159号	36547892	266015
002	潍坊同科化工有限公司	同科化工	02	01	潍坊市永平路18号	65478965	110003
003	河南永固金属有限公司	永固金属	03	02	开封市平山路19号	32157862	475002
004	山东畅捷运输有限公司	畅捷运输	04	01	青岛市海成路161号	26781298	266056

任务指导

（1）在T3软件窗口中，选择"基础设置"菜单中"往来单位→供应商档案"命令，进入"供应商档案"界面。

（2）先单击选中左框"供应商分类"中的"01木材供应商"。

（3）单击"增加"按钮，打开"供应商档案卡片"对话框。在"基本"选项卡和"联系"选项卡中根据资料录入供应商信息，如图2-33、图2-34所示。

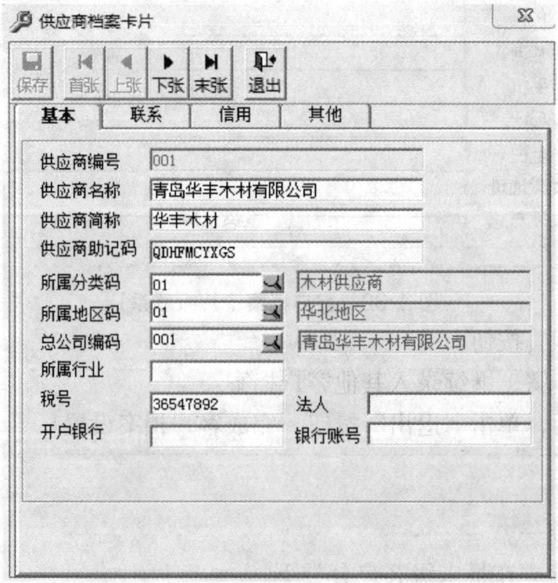

图2-33　供应商档案卡片（基本）

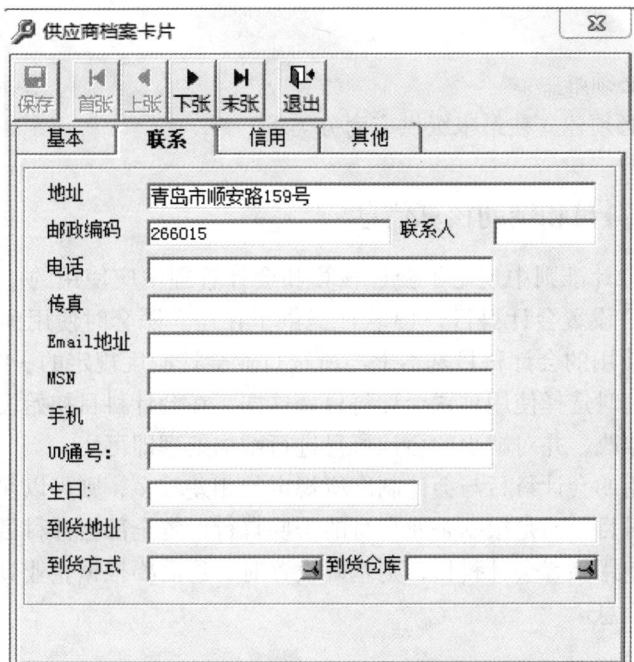

图2-34　供应商档案卡片（联系）

（4）重复以上步骤继续录入其他供应商档案，如图2-35所示。

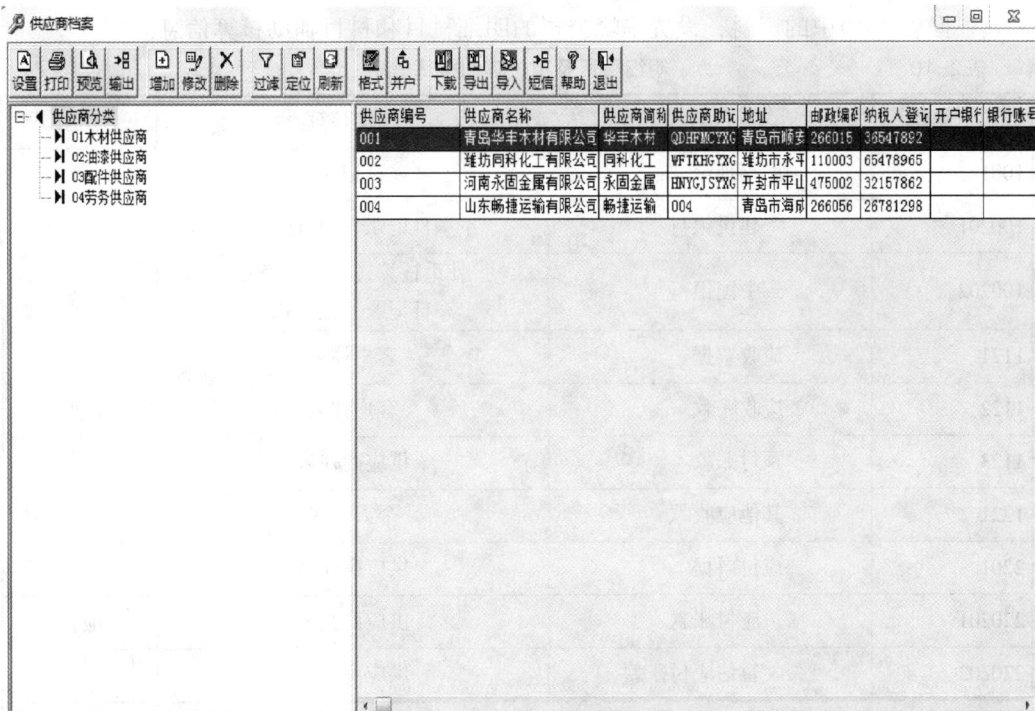

图2-35　供应商档案

（5）录入完毕后，单击"退出"按钮，完成供应商档案设置。

要点提示

● 供应商编号必须唯一。
● 供应商档案必须建立在最末级供应商分类下。

9.设置明细科目和辅助核算信息

由于现行的会计准则中规定了会计核算和会计管理中应使用的一级会计科目，因此，为了方便用户设置会计科目，T3软件提供了在建立账套时使用预置会计科目的功能，如果用户所使用的会计科目基本上与所选行业会计制度规定的一级会计科目一致，则可以在建立账套时选择使用预置会计科目。这样，在会计科目初始设置时只需对不同的会计科目进行修改，并对缺少的会计科目进行增加处理即可。

如果实际使用的会计科目与会计制度所规定的相差较多，则可以在建立账套时不选择使用预置会计科目，而是根据企业自身的需要自行设置全部会计科目。

如果选择了使用预置会计科目，则基础设置时，还需要根据企业具体情况设置明细科目和辅助核算信息。

任务2-13

任务清单

根据表2-10中的资料，设置华峰公司的明细科目和科目辅助核算信息。

表2-10　　　　　　　　　明细科目及相关辅助核算信息

科目编码	科目名称	辅助核算	受控系统
1001	库存现金	日记账	
100201	建设银行	日记账、银行账	
100202	中国银行	外币核算，币种：美元 日记账、银行账	
1121	应收票据	客户往来	
1122	应收账款	客户往来	应收
1123	预付账款	供应商往来	应付
1221	其他应收款	个人往来	
2201	应付票据	供应商往来	
220201	应付账款	供应商往来	应付
220202	暂估应付账款	供应商往来	
2203	预收账款	客户往来	应收
2211	应付职工薪酬		

科目编码	科目名称	辅助核算	受控系统
221101	工资		
221102	职工福利		
221103	职工教育经费		
221104	工会经费		
221105	社会保险费		
221106	住房公积金		
222101	应交增值税		
22210101	进项税额		
22210102	销项税额		
22210103	已交税金		
22210104	进项税额转出		
22210105	转出未交增值税		
22210106	转出多交增值税		
222102	未交增值税		
222103	应交城市建设维护税		
222104	应交教育费附加		
222105	应交企业所得税		
410401	未分配利润		
500101	直接材料	项目核算	
500102	直接人工	项目核算	
500103	制造费用	项目核算	
510101	工资		
510102	职工教育经费		
510103	社会保险费		
510104	住房公积金		
510105	水电费		
510106	折旧费		
510107	其他		

续表

科目编码	科目名称	辅助核算	受控系统
660101	工资		
660102	职工教育经费		
660103	社会保险费		
660104	住房公积金		
660105	折旧费		
660106	水电费		
660107	运输费		
660108	广告费		
660109	其他		
660201	工资	部门核算	
660202	职工教育经费	部门核算	
660203	社会保险费	部门核算	
660204	住房公积金	部门核算	
660205	办公费	部门核算	
660206	差旅费	部门核算	
660207	业务招待费	部门核算	
660208	折旧费	部门核算	
660209	水电费	部门核算	
660210	无形资产摊销	部门核算	
660211	其他	部门核算	
660301	借款利息		
660302	存款利息		
660303	现金折扣		
660304	汇兑损益		
660305	其他		

任务指导

（1）在 T3 软件窗口中，选择"基础设置"菜单中"财务→会计科目"命令，打开"会计科目"对话框。

（2）单击"增加"按钮，打开"会计科目-增加"对话框，如图2-36所示。

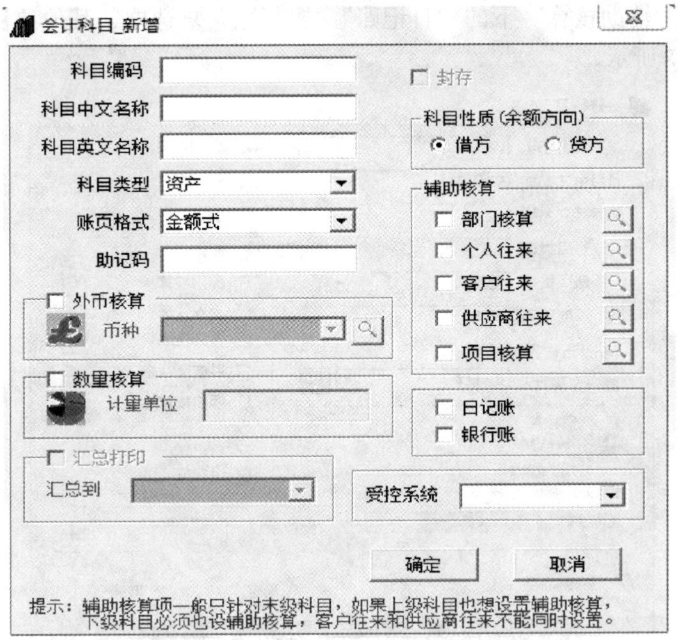

图2-36 会计科目-新增

（3）录入科目编码"100201"、科目中文名称"建设银行"，选中"辅助核算"下的"日记账""银行账"复选框，其他项目选择系统默认设置，如图2-37所示。

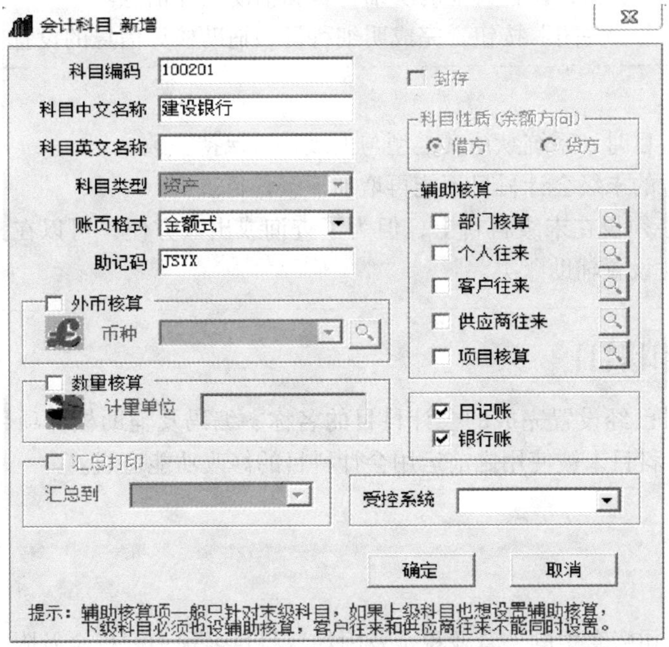

图2-37 会计科目新增-建设银行

（4）单击"确定"按钮，保存新增的会计科目信息。

（5）在"会计科目-增加"对话框中，继续录入科目编码"100202"、科目中文名称"中国银行",选中"外币核算"复选框,单击"币种"列表框的下拉按钮,选择"美元$",选中"辅助核算"下的"日记账""银行账"复选框,其他项目选择系统默认设置,如图2-38所示。

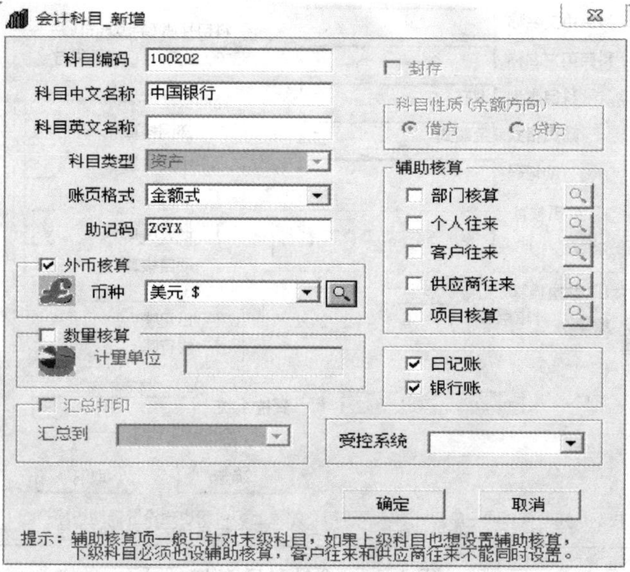

图2-38 会计科目新增-中国银行

(6)单击"确定"按钮,保存新增的会计科目信息。

(7)重复上述步骤,设置其他的明细科目和辅助核算信息。

(8)最后单击"关闭"按钮,完成明细科目和辅助核算信息的设置。

> **要点提示**
> ● 增加明细科目时,系统默认其类型与上级科目保持一致。
> ● 已经使用过的末级会计科目不能再增加下级科目。
> ● 辅助账类必须设在末级科目上,但为了查询或出账方便,可以在其上级和末级科目中同时设置辅助账类。

10.修改会计科目

如果需要对已经设置完成的会计科目的名称、编码及辅助核算项目等内容进行修改,应在该会计科目未被使用之前运用会计科目的修改功能完成。

任务2-14

任务清单

修改华峰公司账套中的"营业税金及附加"科目名称为"税金及附加"。

任务指导

(1)在T3软件窗口中,选择"基础设置"菜单中"财务→会计科目"命令,打开

"会计科目"对话框。

（2）单击"查找"按钮，打开"查找科目"对话框，录入科目"营业税金及附加"，如图2-39所示。

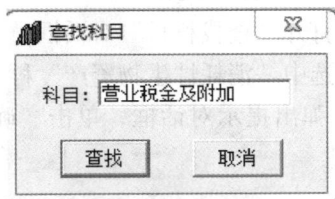

图2-39 查找科目

（3）单击"查找"按钮，选中"营业税金及附加"科目，如图2-40所示。

图2-40 会计科目——营业税金及附加

（4）单击"修改"按钮（或双击该科目），打开"会计科目-修改"对话框，再单击"修改"按钮，将科目中文名称改为"税金及附加"。

（5）单击"确定"按钮，修改完成后，单击"返回"按钮，完成会计科目的修改。

11.删除会计科目

如果某些会计科目暂时不需要或者不适合用户科目体系，可以在未使用之前将其删除。

任务2-15

任务清单

删除华峰公司账套中的"消耗性生物资产"科目。

任务指导

（1）在T3软件窗口中，选择"基础设置"菜单中"财务→会计科目"命令，打开"会计科目"对话框。

（2）单击"查找"按钮，打开"查找科目"对话框，录入科目"消耗性生物资产"。

（3）单击"查找"按钮，选中"消耗性生物资产"科目。

（4）单击"删除"按钮，弹出提示对话框，单击"确定"按钮，完成会计科目的删除。

12.指定会计科目

指定会计科目就是指定出纳的专管科目。系统中只有指定科目后，才能执行出纳签字，从而实现对库存现金、银行存款管理的保密性，并且只有指定会计科目才能查看现金、银行存款日记账。

任务2-16

任务清单

指定华峰公司的"库存现金"科目为现金总账科目、"银行存款"科目为银行总账科目。

任务指导

（1）在T3软件窗口中，选择"基础设置"菜单中"财务→会计科目"命令，打开"会计科目"对话框，如图2-41所示。

图2-41 会计科目

（2）选择"编辑"菜单中"指定科目"命令，打开"指定科目"对话框。

（3）在"指定科目"对话框中，选中"现金总账科目"复选框，在"待选科目"框中选中"1001库存现金",单击"　＞　"按钮,如图2-42所示。

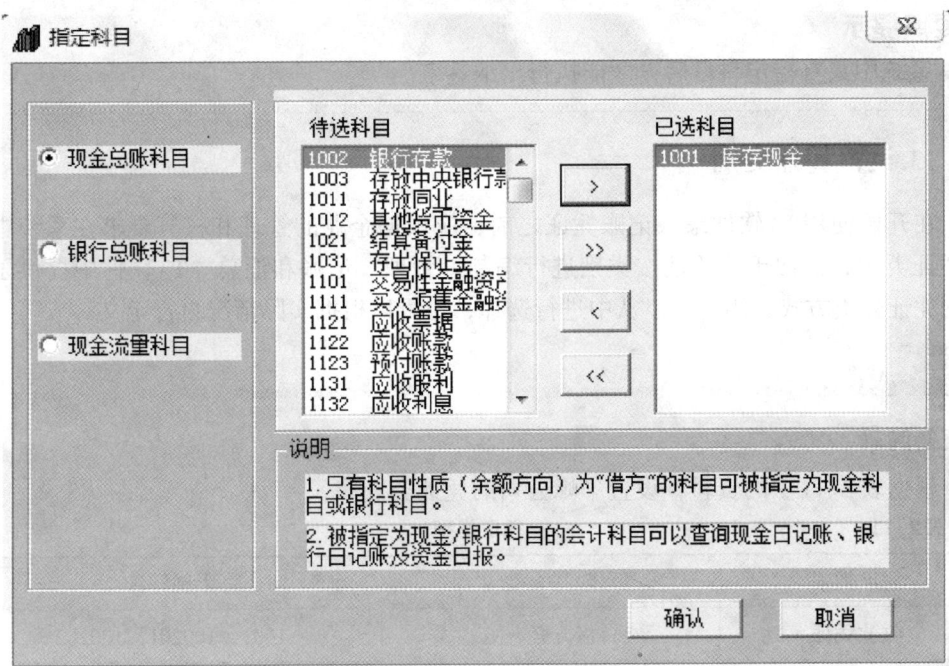

图2-42 指定科目——库存现金

(4)选中"银行总账科目"复选框,在"待选科目"框中选择"1002银行存款",单击"　＞　"按钮,如图2-43所示。

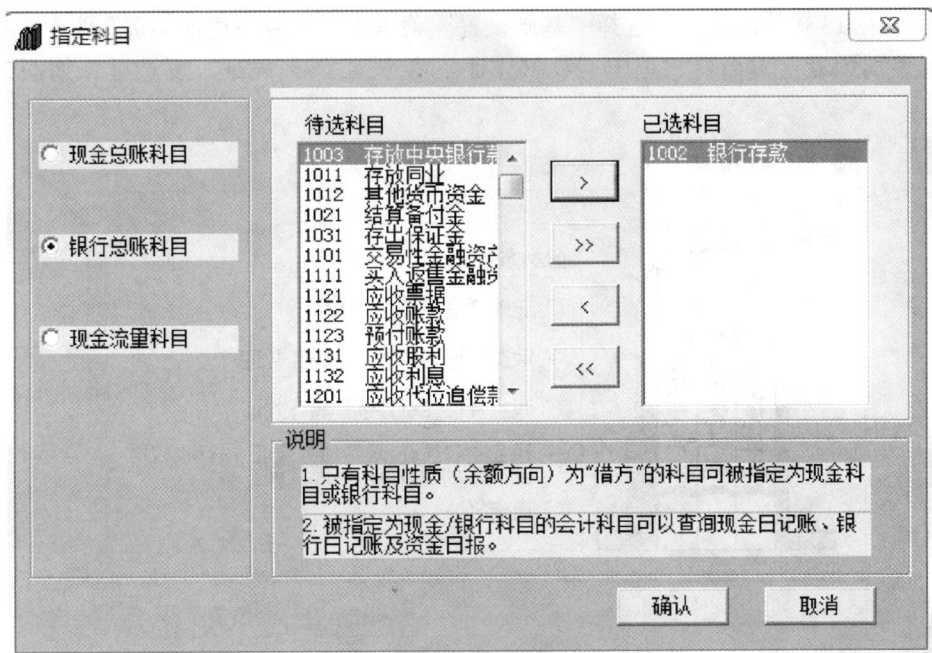

图2-43 指定科目——银行存款

（5）单击"确认"按钮，完成指定会计科目设置。

> **要点提示**
>
> ● 系统中只有指定科目后，才能执行出纳签字。

13.设置凭证类别

在开始使用T3软件录入记账凭证之前，应根据企业的管理和核算要求在系统中设置凭证类别，以便于将凭证按类别进行编制、管理、记账和汇总。T3软件中提供了常用的凭证分类方式，用户可以从中进行选择，也可以根据实际情况自行定义。

任务2-17

任务清单

根据表2-11中的资料，设置华峰公司的凭证类别。

表2-11　　　　　　　　　　　凭证类别

凭证类别	限制类型	限制科目
收款凭证	借方必有	1001，100201，100202
付款凭证	贷方必有	1001，100201，100202
转账凭证	凭证必无	1001，100201，100202

任务指导

（1）在T3软件窗口中，选择"基础设置"菜单中"财务→凭证类别"命令，打开"凭证类别预置"对话框，选中"收款凭证 付款凭证 转账凭证"复选框，如图2-44所示。

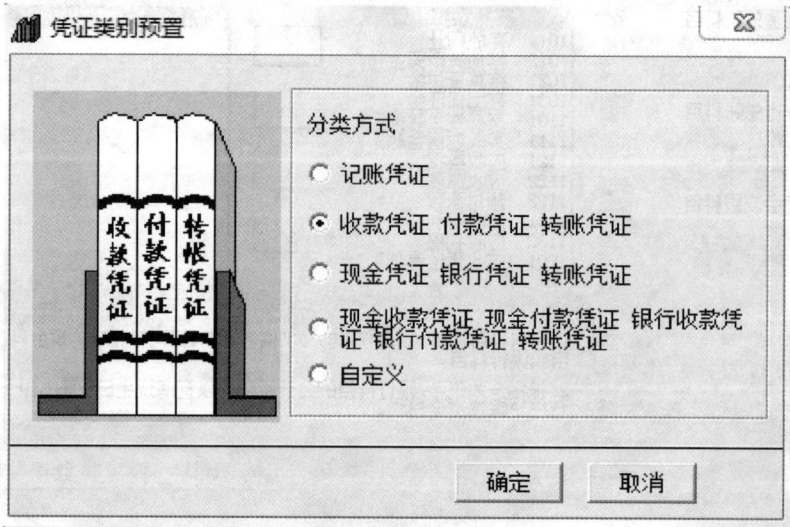

图2-44　凭证类别预置

（2）单击"确定"按钮，打开"凭证类别"对话框。分别对三类凭证的"限制类型"和"限制科目"进行设置，如图2-45所示。

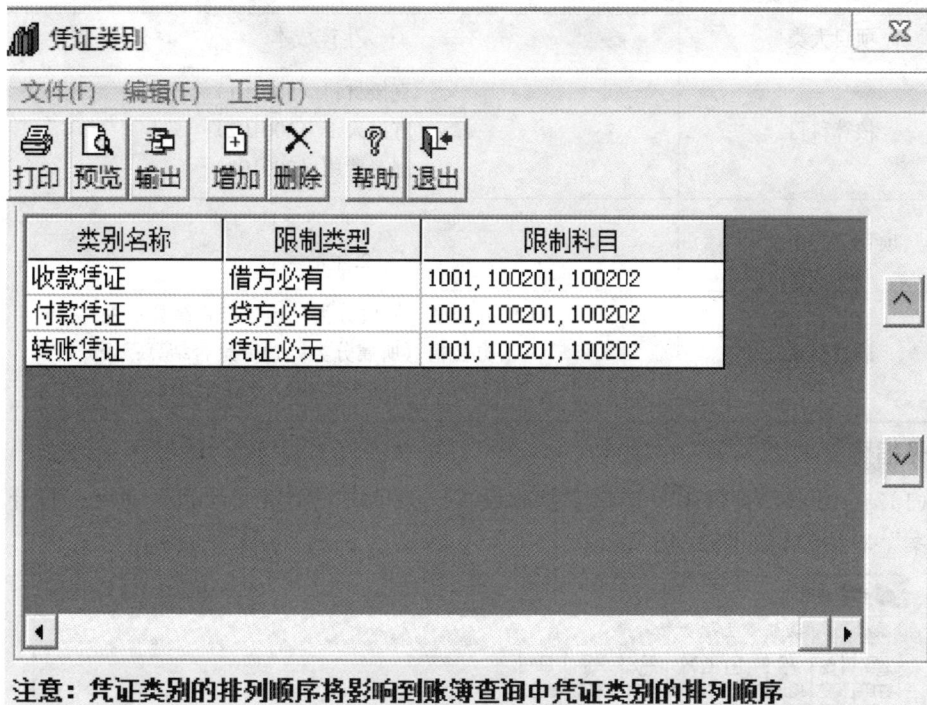

图2-45 凭证类别

（3）单击"退出"按钮，完成凭证类别设置。

> **要点提示**
> ● 限制科目数量不限，科目间用半角状态下的逗号分隔。
> ● 填制凭证时，如果不符合这些限制条件，系统将无法保存凭证。

14. 设置项目目录

项目是可以单独计算成本或收入的一种对象，如某种产品、某个工程、某项投资等。为便于管理，可以将具有相同特性的一类项目定义为一个项目大类，每个项目大类还可以进行细分类，这样可以在业务发生时将数据准确归入相应的项目。

设置项目目录主要包括定义项目大类、指定核算科目、定义项目分类和定义项目目录。

任务2-18

任务清单

根据表2-12中的资料，设置华峰公司的项目目录。

表2-12   项目目录

项目设置步骤	设置内容
项目大类	生产成本
核算科目	直接材料（500101） 直接人工（500102） 制造费用（500103）
项目分类定义	1.办公家具 2.生活家具
项目目录	101 办公桌（所属分类：1）（是否结算：否） 102 办公椅（所属分类：1）（是否结算：否） 201 餐桌（所属分类：2）（是否结算：否）

任务指导

（1）在T3软件窗口中，选择"基础设置"菜单中"财务→项目"命令，打开"项目档案"对话框，如图2-46所示。

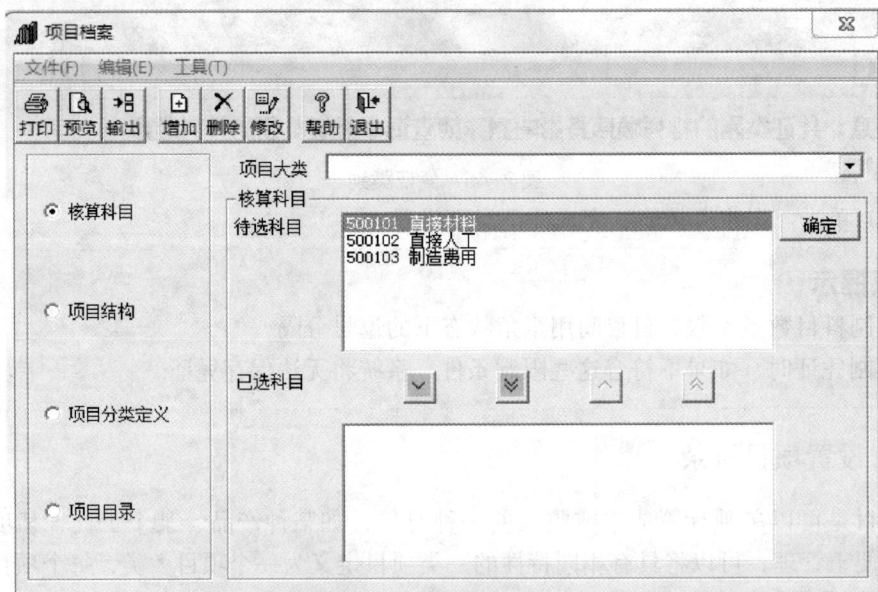

图2-46 项目档案

（2）单击"增加"按钮，出现"项目大类定义_增加"对话框，在"新项目大类名称"栏录入"生产成本"，其他设置均采用系统默认值，如图2-47所示。

（3）单击"下一步"按钮，其他设置均采用系统默认值，单击"下一步"按钮，最后单击"完成"按钮，返回"项目档案"窗口。

（4）选中"核算科目"复选框，在"待选科目"栏中选择"500101直接材料"，单击 ✓ 按钮，则"500101直接材料"成为"已选科目"。重复上述步骤，将"500102直接人工"和"500103制造费用"定义为"已选科目"，如图2-48所示。

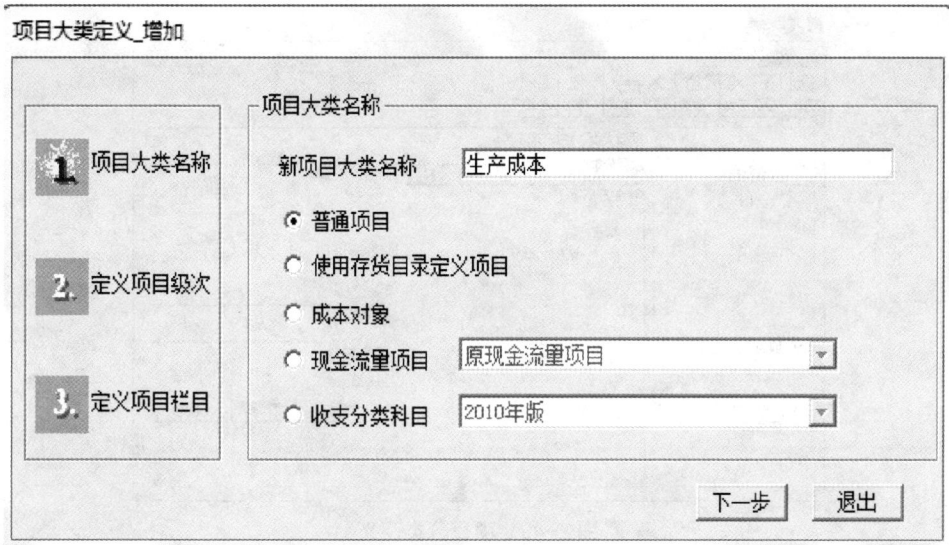

图2-47　项目大类定义-增加

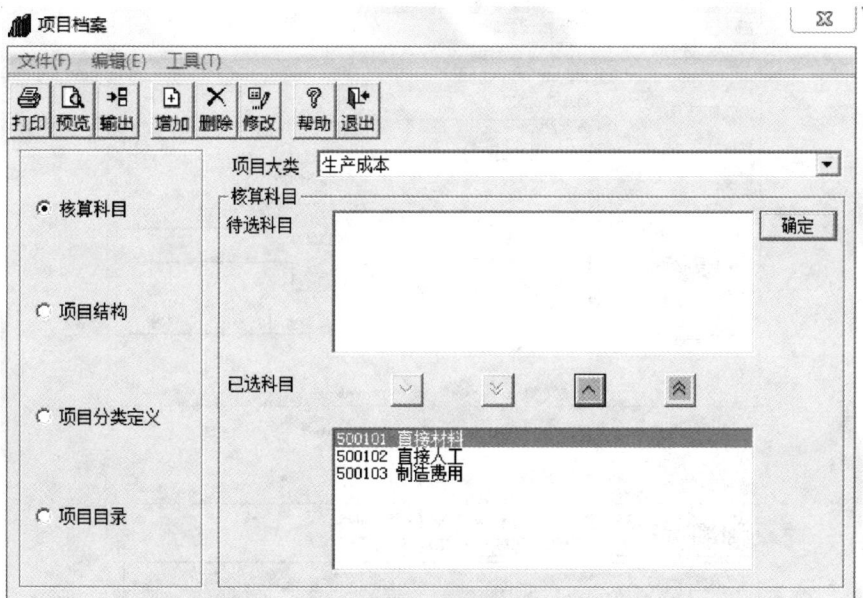

图2-48　项目档案

（5）单击"确定"按钮，保存已选的核算科目。

（6）选中"项目分类定义"复选框，打开"项目档案"对话框，如图2-49所示。

（7）单击右下角"增加"按钮，输入分类编码"1"，分类名称"办公家具"，单击"确定"按钮，保存信息。重复上述步骤，录入其他项目分类定义，如图2-50所示。

（8）选中"项目目录"复选框，单击"维护"按钮，进入"项目目录维护"对话框，如图2-51所示。

（9）单击"增加"按钮，录入项目编号"101"，项目名称"办公桌"，所属分类码选"1"。重复上述步骤，添加其他项目目录，如图2-52所示。

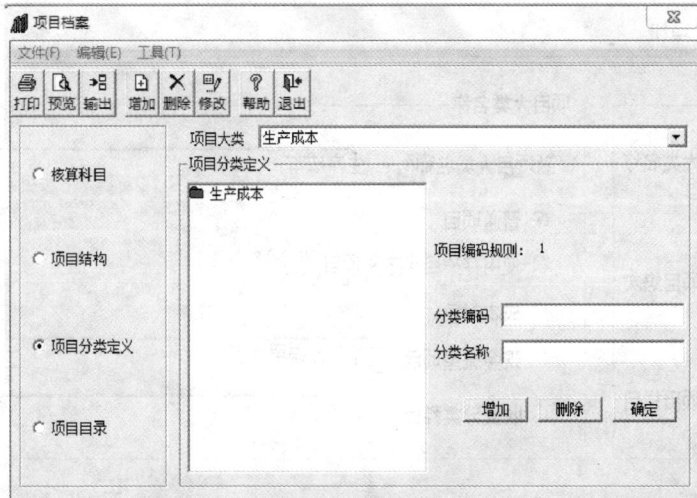

图 2-49　项目分类定义

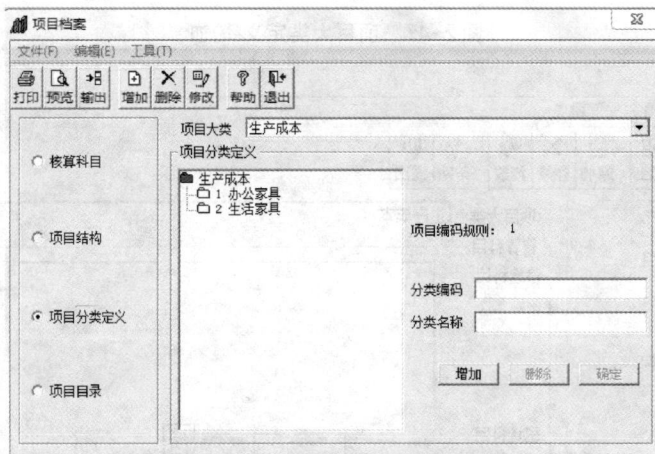

图 2-50　项目分类定义

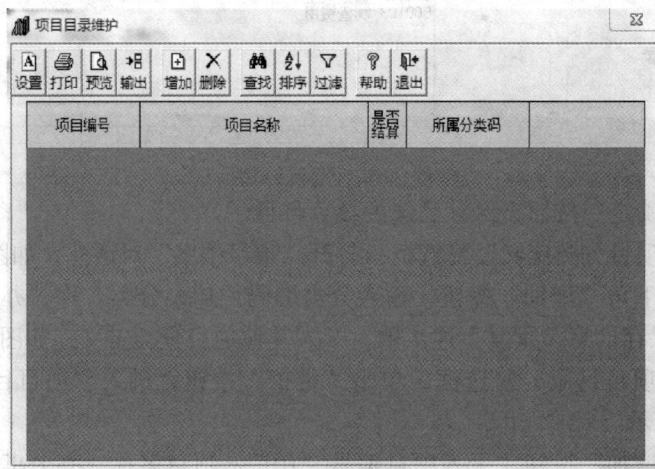

图 2-51　项目目录维护

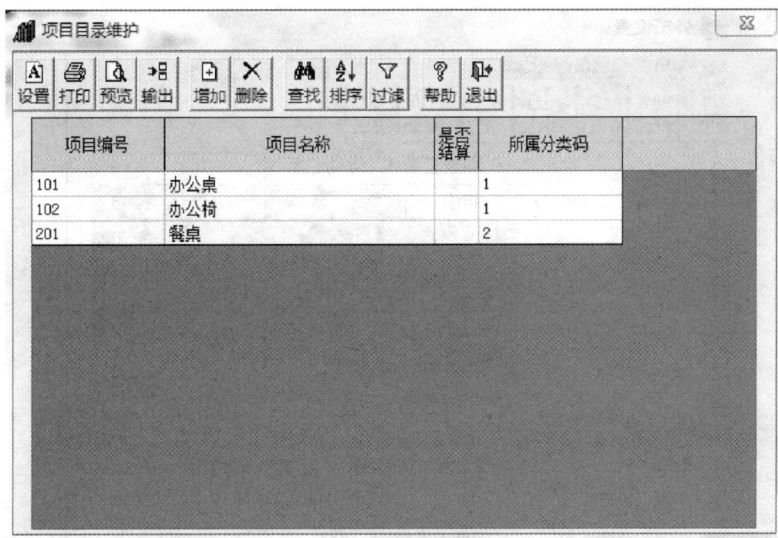

图2-52 项目目录维护

（10）单击"退出"按钮，返回"项目档案"窗口，单击"退出"按钮，完成项目目录设置。

> **要点提示**
> ● 一个项目大类可以指定多个科目，一个科目只能指定一个项目大类。

15.设置外币及汇率

对账套所使用的外币进行定义，以便制单时调用，可以减少录入汇率的次数和差错。当汇率变化时，应预先在此进行定义，否则，制单时不能正确录入汇率。

任务2-19

任务清单

根据以下资料，设置华峰公司的外币及汇率：

币符：USD；币名：美元；固定汇率为1：7.00。

任务指导

（1）在T3软件窗口中，选择"基础设置"菜单中"财务→外币种类"命令，打开"外币设置"对话框。

（2）在"外币设置"对话框中，单击"增加"按钮，录入币符"$"、币名"美元"，采用默认的折算方式"外币*汇率=本位币"，如图2-53所示。

（3）单击"确认"按钮，在"2020.01"行的"记账汇率"栏中录入"7"，如图2-54所示。

（4）按"Enter"键，保存外币及汇率信息。

（5）单击"退出"按钮，完成外币及汇率设置。

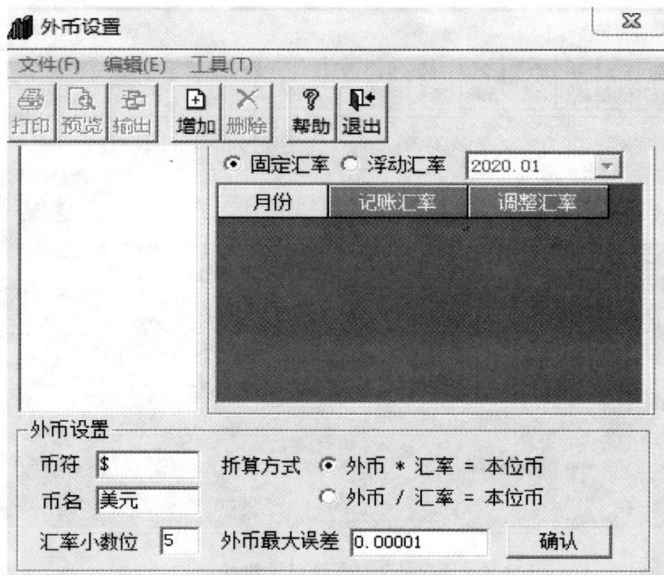

图 2-53 外币设置_币符

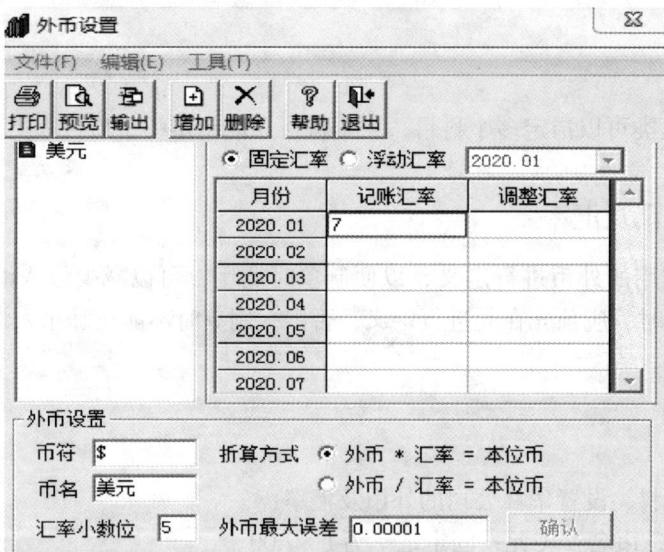

图 2-54 外币设置_汇率

16.设置结算方式

该功能用来建立和管理经营活动中所涉及的货币结算方式，结算方式最多可以分为
2 级。

任务 2-20

任务清单

根据表 2-13 中的资料，设置华峰公司的结算方式。

表2-13   结算方式

结算方式编码	结算方式名称	票据管理
1	现金	否
2	支票	否
201	现金支票	是
202	转账支票	是
3	银行汇票	否
4	商业汇票	否
5	其他	否

任务指导

（1）在T3软件窗口中，选择"基础设置"菜单中"收付结算→结算方式"命令，打开"结算方式"对话框。

（2）在"结算方式"对话框中，单击"增加"按钮，录入类别编码"1"、类别名称"现金"。

（3）单击"保存"按钮，保存结算方式信息。

（4）重复以上步骤，继续录入其他结算方式的信息，如图2-55所示。

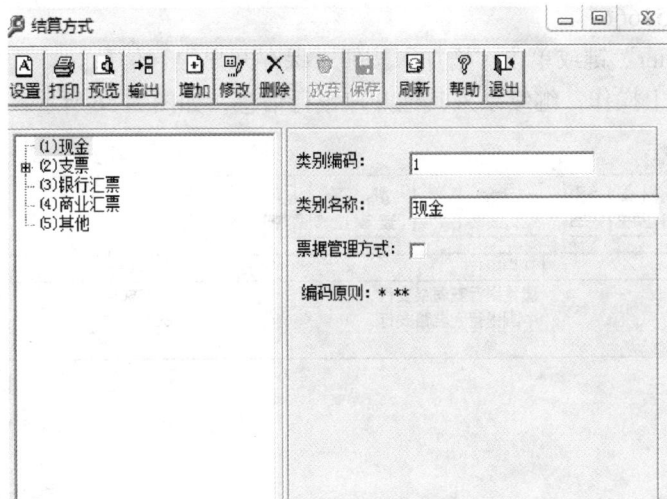

图2-55 结算方式

（5）录入完毕后，单击"退出"按钮，完成结算方式设置。

要点提示

● 结算方式的编码必须符合编码原则。

● 结算方式的录入内容必须唯一。

● 用户可以根据实际情况，通过单击复选框来选择该结算方式下的票据是否要进行票据管理。

17.设置开户银行

设置开户银行就是设置本企业在收付结算时使用的银行信息，T3软件支持设置多个开户银行。

任务2-21

任务清单

根据表2-14中的资料，设置华峰公司的开户银行档案。

表2-14　　　　　　　　　　开户银行资料

编码	开户银行	银行账号
1	建设银行安海路支行	888555666
2	中国银行大名路支行	666333222

任务指导

（1）在T3软件窗口中，选择"基础设置"菜单中"收付结算→开户银行"命令，打开"开户银行"对话框。

（2）在"开户银行"对话框中，录入编号"1"、开户银行"建设银行安海路支行"、银行账号"888555666"。

（3）按"Enter"键或单击"增加"按钮，保存开户银行信息。

（4）重复以上操作，继续录入其他开户银行信息，如图2-56所示。

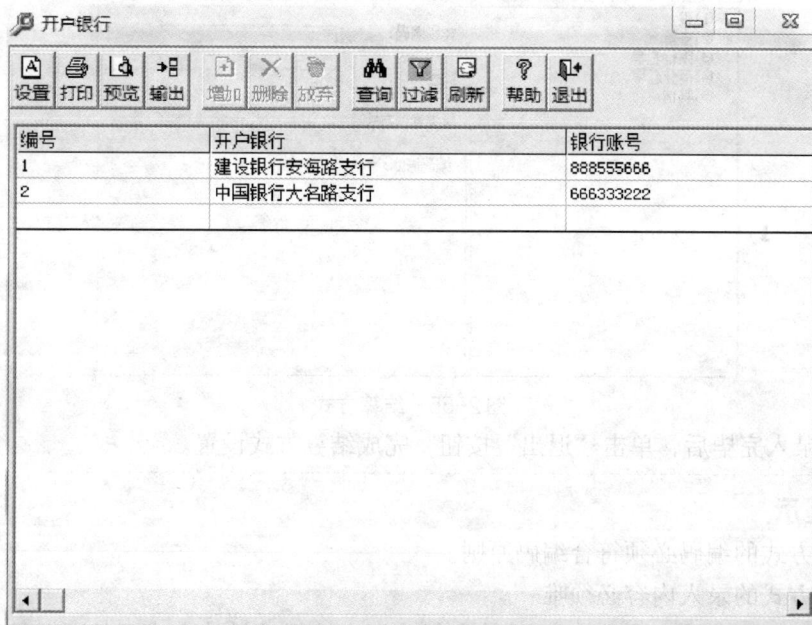

图2-56　开户银行

（5）录入完毕后，单击"退出"按钮，完成开户银行设置。

同步训练题

根据以下资料，建立上海白羽有限责任公司的账套并进行基础档案设置。

1.系统管理（以系统管理员admin的身份进行操作）

（1）增加操作员（见表2-15）

表2-15　　　　　　　　　　　　　　　操作员资料

编号	姓名	口令	所属部门
201	孙朋	201	会计部
202	华泉	202	会计部
203	田原	203	会计部

（2）建立账套

①账套信息：

账套号：002；账套名称：上海白羽有限责任公司；采用默认账套路径；启用会计期：2020年1月；会计期间设置：1月1日至12月31日。

②单位信息：

单位名称：上海白羽有限责任公司；单位简称：白羽公司。

③核算类型：

该企业的记账本位币为人民币（RMB）；企业类型为工业；行业性质为2007年新会计准则；账套主管为孙朋；按行业性质预置科目。

④基本信息：

该企业有外币核算，需要对存货、客户、供应商进行分类。

⑤分类编码方案：科目编码级次：4222；其他：默认。

⑥数据精度：默认。

⑦系统启用：启用"总账"系统，启用日期为"2020年1月1日"。

（3）授权给操作员（见表2-16）

表2-16　　　　　　　　　　　　　　　操作员权限

姓名	岗位	具有权限
孙朋（201）	账套主管	系统所有模块的全部权限
华泉（202）	出纳	"现金管理"的全部操作权限及"总账-出纳签字"权限
田原（203）	会计	"总账"（除"审核凭证""出纳签字"以外）、"往来"、"财务报表"、"公共目录设置"的全部权限

2.设置基础档案（以账套主管孙朋的身份进行操作）

（1）设置部门档案（见表2-17）

表2-17 部门档案

部门编码	部门名称
1	管理部
2	会计部
3	仓储部
4	采购部
5	销售部
6	生产部

（2）设置职员档案（见表2-18）

表2-18 职员档案

职员编号	职员名称	所属部门
101	崔凯	管理部
102	王元	管理部
201	孙朋	会计部
202	华泉	会计部
203	田原	会计部
301	方利	仓储部
401	陈明	采购部
501	李德	销售部
601	赵虹	生产部
602	王甜	生产部
603	李迪	生产部
604	李铭	生产部
605	周龙	生产部
606	陆友	生产部
607	高群	生产部

（3）设置客户分类（见表2-19）

表2-19　　　　　　　　　　　客户分类

分类编码	分类名称
01	江南客户
02	江北客户

（4）设置供应商分类（见表2-20）

表2-20　　　　　　　　　　　供应商分类

分类编码	分类名称
01	材料供应商
02	劳务供应商
03	动力供应商

（5）设置地区分类（见表2-21）

表2-21　　　　　　　　　　　地区分类

分类编码	分类名称
01	华东地区
02	华北地区
03	华南地区
04	其他地区

（6）设置客户档案（见表2-22）

表2-22　　　　　　　　　　　客户档案

编号	客户名称	客户简称	所属分类码	所属地区码	纳税人识别号	开户银行	银行账号	地址	邮政编码
001	北京元庆有限公司	北京元庆	02	02	10028110	建设银行南顶路支行	110222356	北京市南顶路12号	100115
002	上海中山商业有限公司	上海中山	01	01	30082330	工商银行兴隆路支行	660333771	上海市兴隆路23号	210018
003	广州英石商贸有限公司	广州英石	02	03	50029550	交通银行珠江路支行	810666392	广州市珠江路21号	510326

（7）设置供应商档案（见表2-23）

表2-23　　　　　　　　　　　供应商档案

编号	供应商名称	供应商简称	所属分类码	所属地区码	纳税人识别号	开户银行	银行账号	地址	邮政编码
001	杭州美锦有限公司	杭州美锦	01	01	35002307	华夏银行巷南路支行	510066882	杭州市巷南路16号	310083
002	江苏太湖有限公司	江苏太湖	01	01	36003309	农业银行湖岸路支行	310055278	苏州市湖岸路32号	215056
003	上海大通运输有限公司	大通运输	02	01	26009112	交通银行南通路支行	910088655	上海市南通路25号	200057
004	上海电力股份有限公司	上海电力	03	01	26009123	交通银行大仓路支行	610099136	上海市大仓路8号	200066

（8）设置明细科目和辅助核算信息（见表2-24）

表2-24　　　　　　　　　　明细科目和辅助核算信息

科目编码	科目名称	辅助核算	受控系统
1001	库存现金	日记账	
1002	银行存款		
100201	交通银行	日记账、银行账	
100202	中国银行	外币核算，币种：美元日记账、银行账	
1121	应收票据	客户往来	
1122	应收账款	客户往来	应收
1123	预付账款	供应商往来	应付
1221	其他应收款		
122101	预借差旅费	个人往来	
122102	应收赔款		
1701	无形资产		
170101	专利权		
170102	商标权		
1901	待处理财产损溢		
190101	待处理流动资产损溢		

科目编码	科目名称	辅助核算	受控系统
190102	待处理固定资产损溢		
2201	应付票据	供应商往来	
220201	应付货款	供应商往来	应付
220202	暂估应付账款	供应商往来	
2203	预收账款	客户往来	应收
2211	应付职工薪酬		
221101	工资		
221102	职工福利		
221103	职工教育经费		
221104	工会经费		
221105	单位社会保险费		
221106	单位住房公积金		
2221	应交税费		
222101	应交增值税		
22210101	进项税额		
22210102	销项税额		
22210103	已交税金		
22210104	进项税额转出		
22210105	转出未交增值税		
22210106	转出多交增值税		
222102	未交增值税		
222103	应交城市建设维护税		
222104	应交教育费附加		
222105	应交个人所得税		
222106	应交企业所得税		
2241	其他应付款		
224101	个人养老保险费		
224102	个人医疗保险费		

科目编码	科目名称	辅助核算	受控系统
224103	个人失业保险费		
224104	个人住房公积金		
4104	利润分配		
410401	未分配利润		
5001	生产成本		
500101	直接材料	项目核算	
500102	直接人工	项目核算	
500103	制造费用	项目核算	
5101	制造费用		
510101	工资		
510102	职工福利费		
510103	工会经费		
510104	职工教育经费		
510105	社会保险费		
510106	住房公积金		
510107	水电费		
510108	折旧费		
510109	其他		
6601	管理费用		
660101	工资		
660102	职工福利费		
660103	工会经费		
660104	职工教育经费		
660105	社会保险费		
660106	住房公积金		
660107	折旧费		
660108	水电费		
660109	运输费		

续表

科目编码	科目名称	辅助核算	受控系统
660110	广告费		
660111	差旅费		
660112	其他		
6602	销售费用		
660201	工资	部门核算	
660202	职工福利费	部门核算	
660203	工会经费	部门核算	
660204	职工教育经费	部门核算	
660205	社会保险费	部门核算	
660206	住房公积金	部门核算	
660207	办公费	部门核算	
660208	差旅费	部门核算	
660209	业务招待费	部门核算	
660210	折旧费	部门核算	
660211	水电费	部门核算	
660212	无形资产摊销	部门核算	
660213	其他	部门核算	
6603	财务费用		
660301	借款利息		
660302	存款利息		
660303	现金折扣		
660304	手续费		
660305	汇兑损益		
660306	其他		

（9）修改、删除会计科目

①将账套中的"6403 营业税金及附加"科目名称修改为"税金及附加"。

②将账套中的"1021 结算备用金"和"1031 存出保证金"科目删除。

（10）指定会计科目

指定"库存现金"为现金总账科目，指定"银行存款"为银行总账科目。

（11）设置凭证类别

设置为：记账凭证（即通用记账凭证）。

（12）设置项目目录（见表2-25）

表2-25　　　　　　　　　　　　　　项目目录

项目设置步骤	设置内容
项目大类	生产成本
核算科目	直接材料（500101） 直接人工（500102） 制造费用（500103）
项目分类定义	1.男式羽绒服 2.女式羽绒服
项目目录	101 男式短款羽绒服（所属分类：1）（是否结算：否） 102 男式长款羽绒服（所属分类：1）（是否结算：否） 201 女式短款羽绒服（所属分类：2）（是否结算：否） 202 女式长款羽绒服（所属分类：2）（是否结算：否）

（13）设置外币及汇率

币符：USD；币名：美元；固定汇率1∶6.95。

（14）设置结算方式（见表2-26）

表2-26　　　　　　　　　　　　　　结算方式

结算方式编码	结算方式名称	票据管理
1	现金	否
2	支票	否
201	现金支票	是
202	转账支票	是
3	电汇	否
4	其他	否

（15）设置开户银行（见表2-27）

表2-27　　　　　　　　　　　　　　开户银行资料

编码	开户银行	银行账号
1	交通银行秋泉路支行	116000266
2	中国银行金汇路支行	226000288

项目三　总账系统

────────────────□ 项目概览

本项目系统介绍了畅捷通 T3 软件中总账系统具备的主要功能及业务处理流程。

本项目的学习目标为：

了解：总账系统的主要功能。

理解：总账系统控制参数的含义。

掌握：畅捷通 T3 软件中总账系统初始设置及记账凭证输入、修改、作废、删除等的操作方法。

总账系统是 T3 软件的核心子系统，其主要任务是通过输入和处理记账凭证，完成记账、结账等工作，最终输出各种账簿资料，为会计报表的编制提供基础信息。

任务一　总账系统初始设置

总账系统初始设置是系统在进行日常业务处理之前应进行的一系列准备工作。初次进入总账系统，应根据企业具体情况对总账系统进行控制参数设置，以便在今后的日常业务处理过程中按预先设置的参数进行核算和管理。

1.设置总账系统控制参数

在进行总账系统业务处理之前，为了加强内部控制，需确定本公司的经济业务处理的核算规则等，并进行总账系统的控制参数设置，总账系统的控制参数直接影响日常业务的处理过程，所以在设置时应充分考虑企业日常业务的特点和管理要求，正确设置每一项参数。

山东华峰家具有限责任公司的总账系统初始设置，应当以账套主管王刚（用户名101、密码101）的身份于 2020 年 1 月 1 日登录 T3 软件进行操作。

任务 3-1

任务清单

设置"出纳凭证必须经由出纳签字"参数，取消"制单序时控制"。

任务指导

（1）在 T3 软件窗口中，选择"总账"菜单中"设置→选项"命令，打开"选项"对话框。

（2）选中"出纳凭证必须经由出纳签字"复选框，单击"制单序时控制"复选框（即取消复选框中的"√"），系统弹出"提示信息"对话框，如图3-1所示。

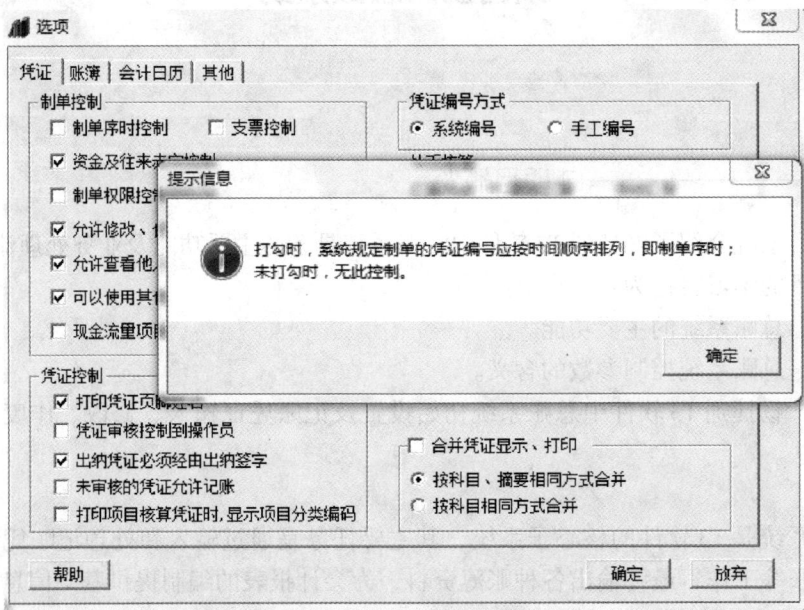

图3-1 选项

（3）单击"确定"按钮，返回"选项"对话框，再单击"确定"按钮，完成控制参数设置。

要点提示

● 在总账系统的"选项"对话框中可以进行总账系统中相应控制参数的设置。
● 如果选择了"出纳凭证必须经由出纳签字"，则还应通过"指定科目"功能指定相应现金总账科目和银行总账科目后，才能进行出纳签字。

2.录入总账系统期初余额

为了保证会计数据连续完整，并与手工账簿数据衔接，总账系统在第一次投入使用前还需要将各种基础数据录入。这些基础数据主要是各账户的期初余额和系统启用前损益类科目的累计发生额。一般情况下资产类科目余额在借方，负债、所有者权益类科目余额在贷方。

在期初余额录入界面中，期初余额栏目有三种颜色，分别是白色、黄色和蓝色。其中：

白色区域表示该科目为最末级科目，可以直接输入余额；

黄色区域表示该科目为非末级科目，不能直接输入余额，应在其下级科目直接录入余额后，计算机自动汇总显示；

蓝色区域表示该科目是有辅助核算标志的科目，需要双击该区域进入辅助账期初余额录入界面方可录入期初余额。

　　如果是数量金额类科目还应输入相应的数量和单价。如果是外币科目还应输入相应的外币金额。

　　期初数据录入完毕后，为了保证数据的正确性和满足数据间的平衡关系，还要对数据通过试算平衡进行校验。

任务3-2

任务清单

根据表3-1中的资料，录入总账系统期初余额。

表3-1　　　　　　　　　　　　　　总账期初余额

科目编码	科目名称	方向	期初余额
1001	库存现金	借	2 000.00
1002	银行存款	借	6 994 950.00
100201	建设银行	借	6 784 950.00
100202	中国银行	借	人民币数：210 000.00 美元数：30 000.00
1122	应收账款	借	
1221	其他应收款	借	
1402	在途物资	借	
1403	原材料	借	
1405	库存商品	借	
1601	固定资产	借	2 121 480.00
1602	累计折旧	贷	238 541.20
1701	无形资产	借	600 000.00
1702	累计摊销	贷	120 000.00
2001	短期借款	贷	200 000.00
2202	应付账款	贷	
220201	应付货款	贷	
220202	暂估应付账款	贷	
2211	应付职工薪酬	贷	86 200.00
221101	工资	贷	86 200.00
2221	应交税费	贷	11 000.00
222102	未交增值税	贷	10 000.00
222103	应交城建税	贷	700.00
222104	应交教育费附加	贷	300.00
4001	实收资本	贷	7 200 000.00
4002	资本公积	贷	800 000.00
4104	利润分配	贷	2 304 548.80
410401	未分配利润	贷	2 304 548.80
5001	生产成本	借	

任务指导

（1）在T3软件窗口中，选择“总账”菜单中“设置→期初余额”命令，打开“期初余额录入”对话框。

（2）将光标定位在“库存现金”科目的“期初余额”栏，录入期初余额“2000”，按Enter键保存，如图3-2所示。

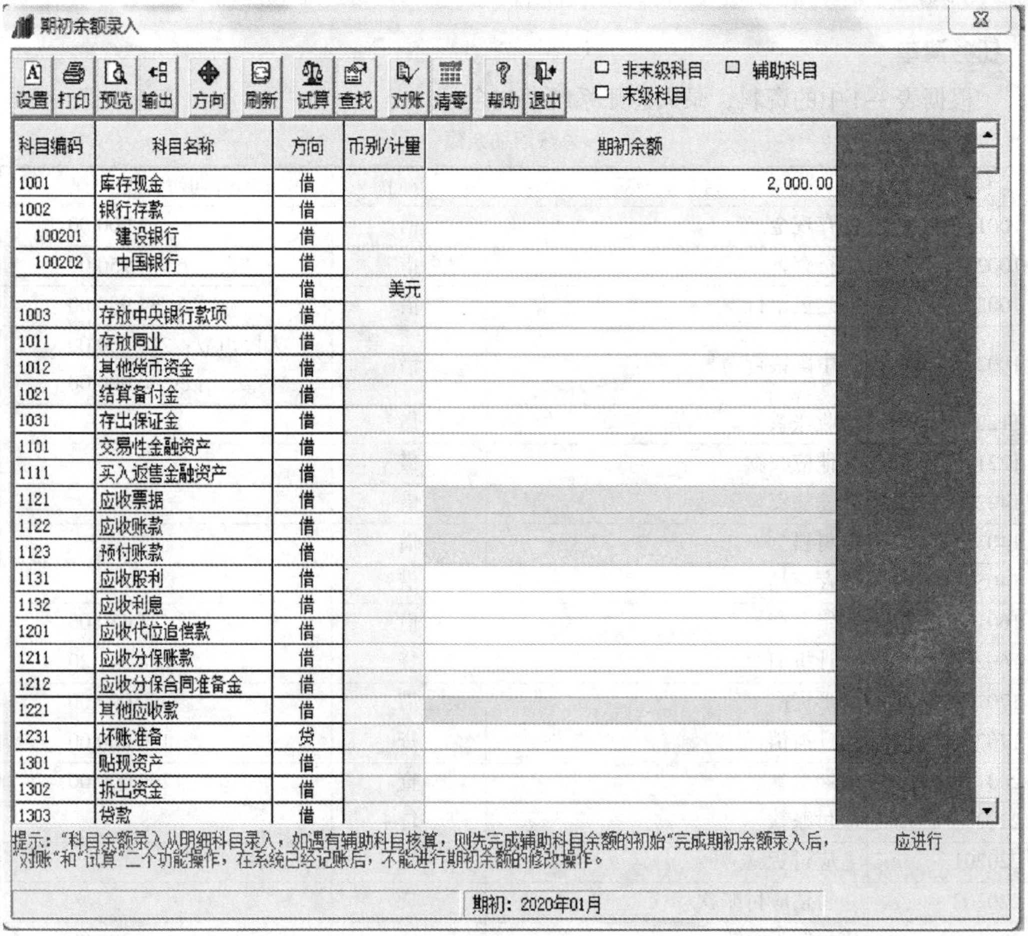
期初余额录入
设置
打印
预览
输出
方向
刷新
试算
查找
对账
清零
帮助
退出
非末级科目
辅助科目
末级科目
提示：“科目余额录入从明细科目录入，如遇有辅助科目核算，则先完成辅助科目余额的初始”完成期初余额录入后，应进行“对账”和“试算”二个功能操作，在系统已经记账后，不能进行期初余额的修改操作。
期初：2020年01月

科目编码	科目名称	方向	币别/计量	期初余额
1001	库存现金	借		2,000.00
1002	银行存款	借		
100201	建设银行	借		
100202	中国银行	借		
		借	美元	
1003	存放中央银行款项	借		
1011	存放同业	借		
1012	其他货币资金	借		
1021	结算备付金	借		
1031	存出保证金	借		
1101	交易性金融资产	借		
1111	买入返售金融资产	借		
1121	应收票据	借		
1122	应收账款	借		
1123	预付账款	借		
1131	应收股利	借		
1132	应收利息	借		
1201	应收代位追偿款	借		
1211	应收分保账款	借		
1212	应收分保合同准备金	借		
1221	其他应收款	借		
1231	坏账准备	贷		
1301	贴现资产	借		
1302	拆出资金	借		
1303	贷款	借		

图3-2　期初余额录入

（3）继续录入其他科目的期初余额。

要点提示

- 非末级科目余额不用录入，系统将根据其下级明细科目自动汇总计算填入。
- 如果某科目为数量和外币核算，应录入期初数量和外币余额，但必须先录入本币金额，再录入外币金额。
- 出现红字余额用负数输入。
- 修改余额时，直接在该余额栏录入正确数据即可。

任务 3-3

任务清单

根据表 3-2 和表 3-3 中的资料，录入辅助账期初余额。

表 3-2   会计科目：1221 其他应收款

会计科目	日期	部门	个人	摘要	方向	期初余额
其他应收款	2019-12-28	采购部	刘智	出差借款	借	7 600

表 3-3   期初在产品成本（2020 年 1 月初有 20 张"办公桌"在产品）

会计科目：5001 生产成本

科目名称	办公桌	合计
直接材料（500101）	14 000	14 000
直接人工（500102）	16 000	16 000
制造费用（500103）	10 000	10 000
合计	40 000	40 000

任务指导

（1）在"期初余额录入"对话框中，将光标移到"1221 其他应收款"科目所在行，系统提示"个人往来"，如图 3-3 所示。

图 3-3 期初余额录入

（2）双击"期初余额"栏，打开"个人往来期初"对话框。

（3）单击"增加"按钮，将日期修改为"2019-12-28"，选择部门为"采购部"、个人为"刘智"，录入摘要为"出差借款"。

（4）系统默认方向为"借"，输入金额为"7600"，如图3-4所示。

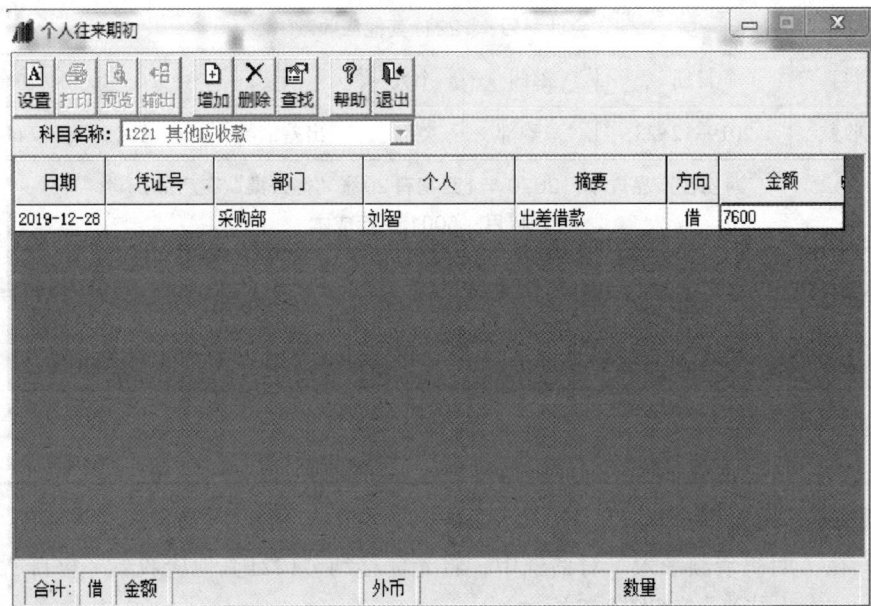

图3-4 个人往来期初

（5）单击"退出"按钮。重复上述操作，继续录入其他辅助账期初余额。

要点提示

● 只要录入最末级科目的余额和累计发生额，上级科目的余额和累计发生额由系统自动计算。

● 如果某科目涉及辅助核算，则必须按辅助项录入期初余额，具体处理过程可参照个人往来科目期初余额的录入方法。

3.期初余额试算平衡

期初余额录入完成后，为验证数据的正确性，系统会依据"所有账户的借方余额合计=所有账户的贷方余额合计"和"资产=负债+所有者权益+收入-费用"的原理，进行全部科目余额的试算平衡，以保证初始数据准确可靠。

进行期初余额试算平衡，可在"期初余额录入"对话框中，单击"试算"按钮，弹出的"期初试算平衡表"对话框中会显示试算结果。

这里需要注意的是，前述任务3-2和任务3-3中录入的期初余额仅为华峰公司部分账户的期初余额，至此暂不能达到试算平衡。在本书项目六中还将继续录入部分账户的期初余额，之后将实现期初余额的试算平衡。

任务二　总账系统日常业务处理

在总账系统中，当初始设置完成后，就可以开始进行日常业务的处理。总账系统中的日常业务处理，就是对发生的经济业务填制相关记账凭证。

山东华峰家具有限责任公司的总账系统日常业务，应当以会计赵平（编号103、密码103）的身份分别于各业务发生日期登录T3软件进行处理。

1.填制记账凭证

记账凭证是登记账簿的依据，是总账系统的主要数据来源，而填制记账凭证也是最基础和最重要的工作。

记账凭证一般包括两个部分：一是凭证头部分，包括凭证类别、凭证编号、凭证日期和附件张数等；二是凭证正文部分，包括摘要、科目、借贷方向和金额等。如果输入的会计科目有辅助核算要求，则还应输入辅助核算的内容。

任务3-4

任务清单

根据以下资料，填制记账凭证。

1月5日，山东华峰家具有限责任公司接受山东海成有限公司投资，收到该公司交来的转账支票一张，金额为500 000元，存入建设银行（转账支票号33698725，附原始凭证2张）。

任务指导

（1）在T3软件窗口中，选择"总账"菜单中"凭证→填制凭证"命令（或直接单击总账系统界面中的"填制凭证"图标），打开"填制凭证"对话框，如图3-5所示。

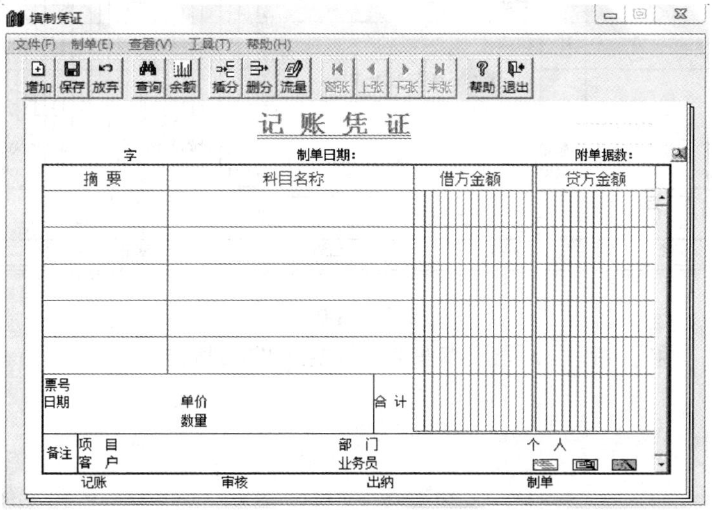

图3-5　填制凭证

（2）单击"增加"按钮（或按F5键），增加一张新凭证。选择凭证类别为"收款凭证"，录入制单日期为"2020.01.05"、附单据数为"2"。

（3）在"摘要"栏录入"接受投资"，在"科目名称"栏录入科目编码"100201"或单击参照按钮选择"100201建设银行"科目，也可以直接录入科目名称"建设银行"。然后在弹出的"辅助项"对话框中，单击结算方式右侧参照按钮，双击选择"202转账支票"，录入票号"33698725"，如图3-6所示。

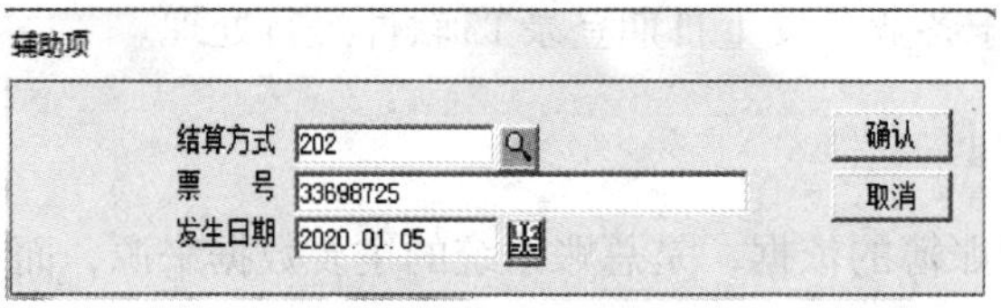

图3-6 辅助项

（4）单击"确认"按钮，返回"填制凭证"对话框，录入借方金额"500000"，按"Enter"键，继续录入下一行。

（5）在第二行"科目名称"栏输入科目名称"实收资本"。录入贷方金额"500000"（或按"="键），单击"保存"按钮，系统弹出"凭证已成功保存"提示对话框，如图3-7所示。

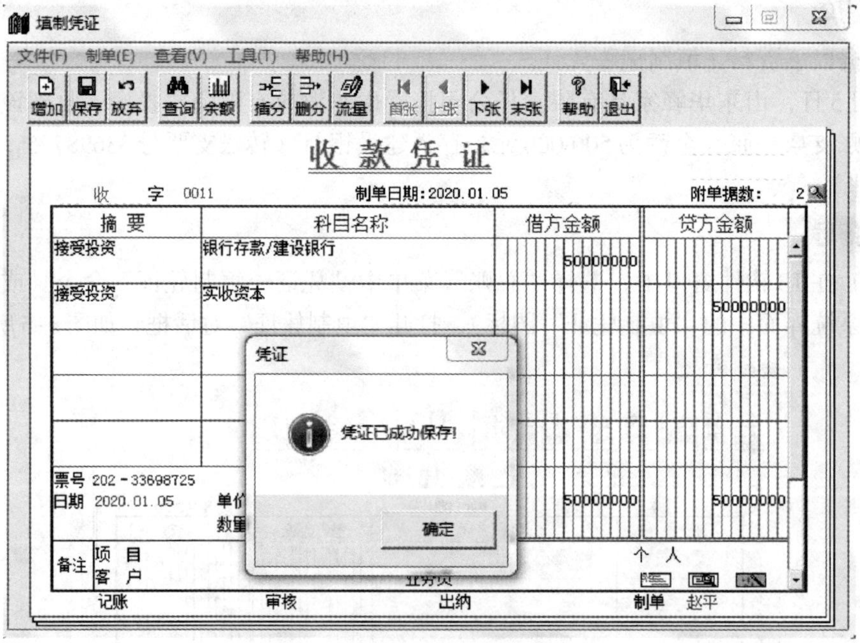

图3-7 填制凭证

（6）单击"确定"按钮，完成本业务记账凭证的填制。

任务3-5

任务清单

根据以下资料，填制记账凭证。

1月6日，山东华峰家具有限责任公司收到外商投入资金100 000美元，记账汇率1：7.00（转账支票号06471324，附原始凭证2张）。

任务指导

（1）点击"增加"按钮，增加一张新凭证，选择凭证类别为"收款凭证"，录入日期、附单据数和摘要内容。

（2）录入借方科目为"银行存款/中国银行"后，在"外币"栏中录入美元数"100000"，按"Enter"键，系统会自动计算出借方人民币金额。然后录入贷方科目及金额，如图3-8所示。

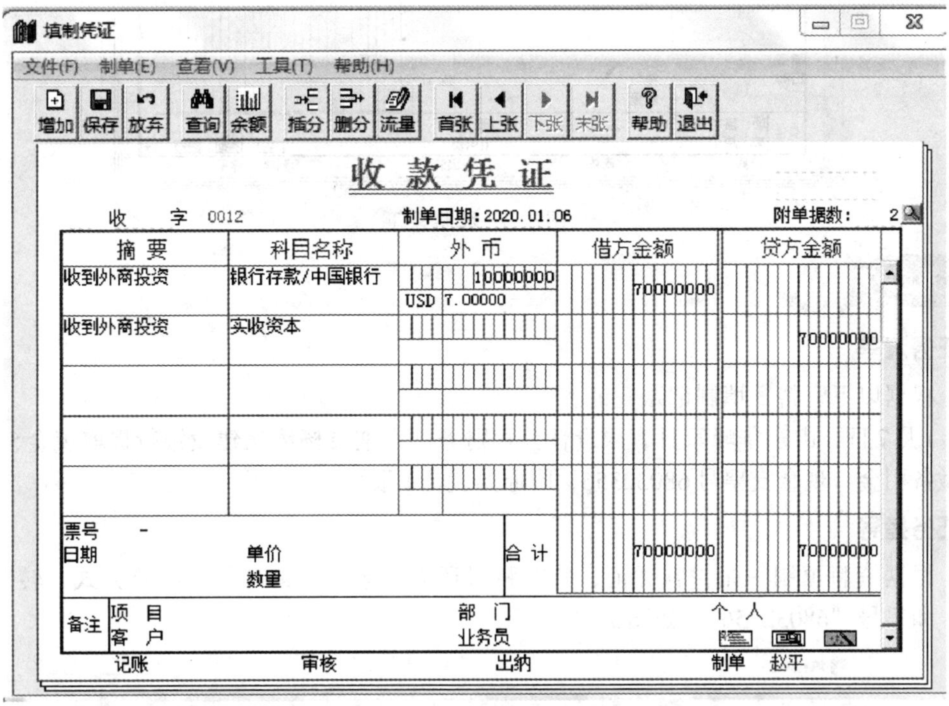

图3-8 填制凭证

（3）单击"保存"按钮，再单击提示对话框中的"确定"按钮，完成本业务记账凭证的填制。

任务3-6

任务清单

根据以下资料，填制记账凭证。

1月6日，山东华峰家具有限责任公司收到山东畅捷运输有限公司交来的现金565元，系出租包装物的租金收入，向该公司开具了增值税专用发票，租金收入为500元、增值税为65元（附原始凭证2张）。

任务指导

根据资料填制一张收款凭证，如图3-9所示。

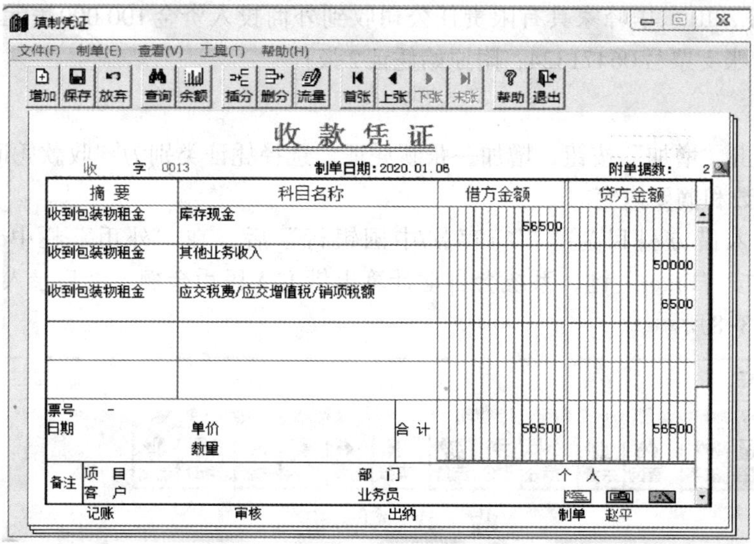

图3-9 填制凭证

任务3-7

任务清单

根据以下资料，填制记账凭证。

1月7日，山东华峰家具有限责任公司财务部出纳员杨涛从建设银行提取现金5 000元做备用金（现金支票号68032356，附原始凭证1张）。

任务指导

根据资料填制一张付款凭证，贷方科目还需要录入辅助项信息结算方式"转账支票"和票号"68032356"，如图3-10所示。

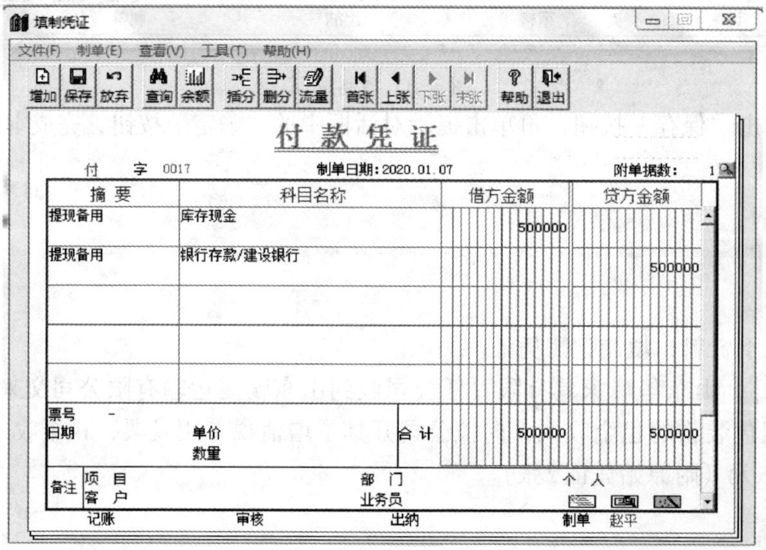

图3-10 填制凭证

任务3-8

任务清单

根据以下资料，填制记账凭证。

1月8日，山东华峰家具有限责任公司开出一张转账支票支付行政部购买办公用品费，取得了增值税专用发票，买价为2 000元，增值税税率为13%（转账支票号26623316，附原始凭证2张）。

任务指导

根据资料填制一张付款凭证，注意借方科目需录入辅助项信息部门"行政部"，贷方科目还需录入辅助项信息结算方式"转账支票"和票号"26623316"，如图3-11所示。

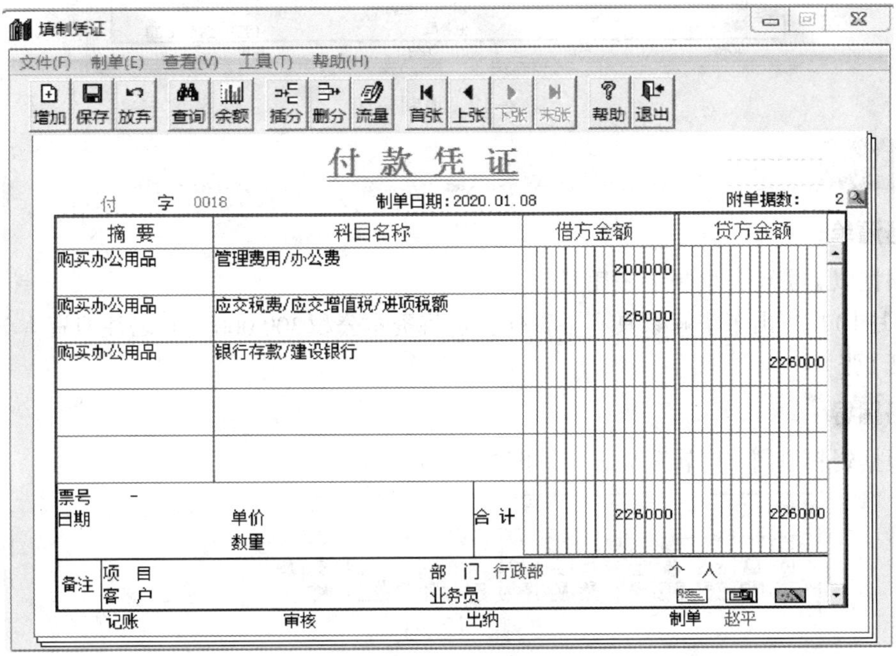

图3-11　填制凭证

任务3-9

任务清单

根据以下资料，填制记账凭证。

1月9日，山东华峰家具有限责任公司采购部刘智出差归来，报销差旅费7 800元，同时以现金补付其原借款差额200元（附原始凭证6张）。

任务指导

根据资料填制一张付款凭证，注意借方科目需录入辅助项信息部门"采购部"，贷方科目还需要录入辅助项信息部门"采购部"和个人"刘智"，如图3-12所示。

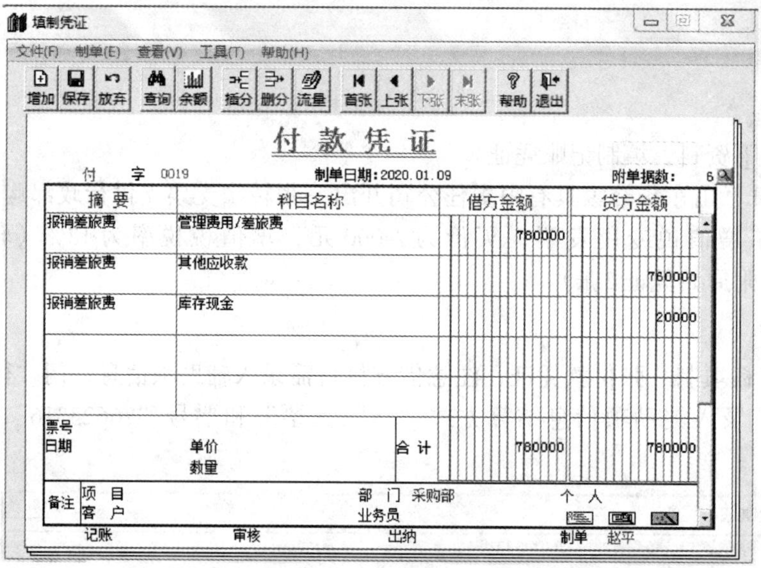

图 3-12 填制凭证

任务 3-10

任务清单

根据以下资料，填制记账凭证。

1月10日，山东华峰家具有限责任公司将资本公积300 000元转增注册资本（附原始凭证1张）。

任务指导

根据资料填制一张转账凭证，如图3-13所示。

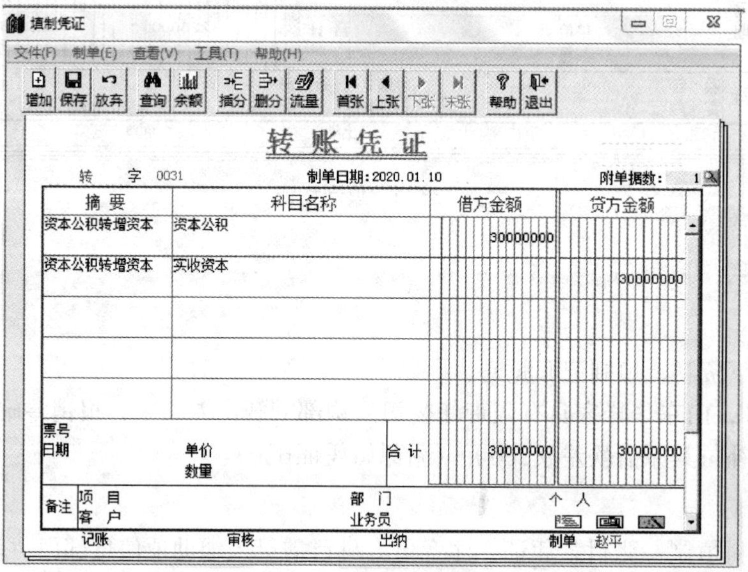

图 3-13 填制凭证

要点提示

- 科目必须输入末级科目。
- 辅助项信息应根据事先设置好的辅助核算项输入，如部门、个人、项目、客户、数量等，录入的辅助项信息将在凭证下方的备注中显示。
- 凭证金额不能为零，但可以是红字，红字金额以负号输入。如果需调整金额借贷方向，可将光标定位在当前金额相反方向，然后按空格键。
- 由于有很多经济业务的内容是相同或类似的，因此，在填制记账凭证时会填写相同或类似的摘要，系统提供了设置常用摘要的功能，可以单击"摘要"栏的参照按钮来设置常用摘要。
- 凭证一旦保存，其凭证类别、凭证编号均不能修改。

2. 修改记账凭证

输入记账凭证时，尽管系统提供了多种控制错误的手段，但有的错误操作仍是难免的。记账凭证的错误，必然影响系统的核算结果。发现记账凭证存在错误时，可以通过系统提供的修改功能对错误凭证进行修改。

对错误凭证进行修改，可分为"有痕修改"和"无痕修改"两种。"有痕修改"是采用红字冲销法先生成红字冲销凭证，再重新填制正确的记账凭证；"无痕修改"即不留下任何曾经修改的线索和痕迹。

以下两种状态的错误凭证可采用"无痕修改"方式：

对已经输入但未审核的记账凭证进行直接修改。

已通过审核但还未记账的凭证不能直接修改，可以先取消审核再修改。

"无痕修改"可以参照以下操作方法进行。

（1）在"填制凭证"窗口中，通过"查询"功能或单击"上张"或"下张"按钮，找到要修改的凭证。

（2）将光标定位到需要修改的内容即可直接修改。

（3）双击要修改的辅助项，即可直接修改"辅助项"对话框中的相关内容。

（4）在当前金额的相反方向，按空格键可修改金额方向。

（5）单击"插分"按钮，可在当前科目前增加一行科目。

（6）单击"删分"按钮，可将当前科目一行删除。

（7）单击"保存"按钮，保存当前修改的内容。

要点提示

- 若已采用制单序时控制，则修改的制单日期，不能在上一张凭证的制单日期之前。
- 若选择"不允许修改或作废他人填制的凭证"权限控制，则不能修改或作废他人填制的凭证。
- 外部系统（如固定资产系统、工资系统、购销存管理系统等）传递来的凭证不能在总账系统中进行修改，只能在生成该凭证的系统中进行修改或删除。

3.作废及删除记账凭证

日常操作过程中，若遇到某张记账凭证需要作废时，可以使用"作废/恢复"功能，将该凭证作废。

操作步骤为：

（1）在"填制凭证"对话框中，通过"查询"功能或单击"上张"或"下张"按钮，找到要作废的记账凭证。

（2）选择"制单→作废/恢复"命令。

（3）凭证左上角会显示"作废"字样，表示该凭证已作废。

（4）如果不想保留已作废凭证，则选择"制单→整理凭证"命令，根据提示选择要整理的月份。

（5）单击"确定"按钮，系统打开"作废凭证表"对话框。

（6）选择要彻底删除的作废凭证，在"删除"栏双击打上"Y"标记。

（7）单击"确定"按钮，系统将这些凭证从数据库中彻底删除并对之后的记账凭证重新编号。

要点提示

● 作废凭证仍将保留凭证内容及编号，只显示"作废"字样。

● 作废的凭证不能修改，也不能审核。账簿查询时，找不到作废凭证的数据。

● 若要恢复已作废的凭证，可选择"制单→作废/恢复"命令，取消作废标志，并将当前凭证恢复为有效凭证。

● 若要对已审核或已记账的凭证进行整理，应先取消审核或记账，再作凭证整理。

4.冲销记账凭证

已记账的记账凭证发现错误时，也可以采用"红字冲销法"更正错误：先填制一张红字冲销凭证，再填制一张蓝字正确的凭证，红字冲销凭证应视为正常的凭证进行保存和管理。

5.记账凭证的其他管理功能

（1）查询科目最新余额

将鼠标定位于当前凭证中的任一科目上，单击"余额"按钮，系统弹出对话框显示该科目的最新余额。

（2）设置常用凭证

在填制记账凭证的过程中，会有一些凭证的内容基本相同或者部分相同。如果能将这些常用的凭证存储起来，供填制凭证时随时调用，必然会起到提高业务处理效率的作用。

操作步骤为：

①在"填制凭证"对话框中，选择"制单"菜单中"生成常用凭证"命令，打开"常用凭证生成"对话框，如图3-14所示。

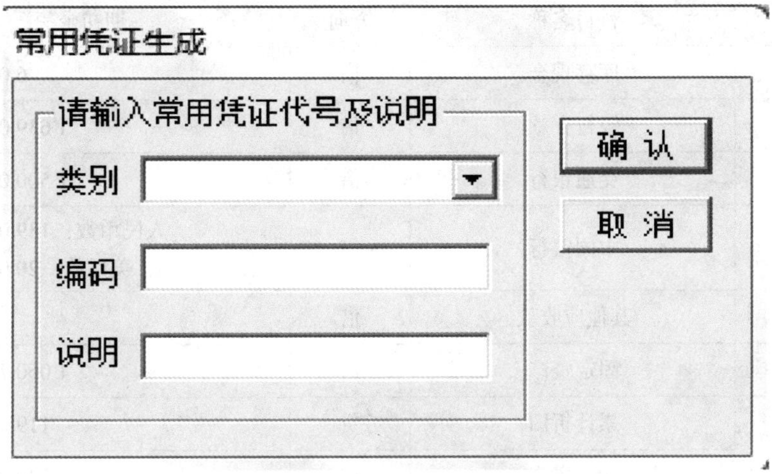

图3-14 常用凭证生成

②录入常用凭证代号及说明。点击"确认"按钮后，该张凭证即被存入常用凭证库中，实现将已选取的凭证保存为一张常用凭证，以后可按所存凭证代号调用这张常用凭证。

（3）调用常用凭证

如果在"常用凭证"中已定义与目前将要填制的凭证类似或完全相同的凭证，只要调用已存储的常用凭证并将其改成符合需要的凭证即可。这会大大加快凭证的录入速度。

调用方法为：

①在"填制凭证"对话框中，选择"制单"菜单中"调用常用凭证"命令，打开"调用常用凭证"对话框。

②按屏幕提示输入常用凭证代号，并单击"确定"按钮。

③其他操作同填制或修改记账凭证。

同步训练题

根据以下资料，进行上海白羽有限责任公司的总账系统初始设置和日常业务处理。

1.总账系统初始设置（以账套主管孙朋的身份进行操作）

（1）设置总账控制参数

①选中"出纳凭证必须经由出纳签字"参数。

②取消"制单序时控制"。

（2）录入总账及明细账期初余额（见表3-4）

表3-4 期初余额表

（注：此表为部分账户余额，试算暂不平衡）

科目编码	科目名称	方向	期初余额
1001	库存现金	借	6 000.00
1002	银行存款	借	1 639 000.00
100201	交通银行	借	1 500 000.00
100202	中国银行	借	人民币数：139 000.00 美元数：20 000.00
1221	其他应收款	借	
1601	固定资产	借	1 060 740.00
1602	累计折旧	贷	119 270.60
1701	无形资产	借	240 000.00
170101	专利权	借	240 000.00
1702	累计摊销	贷	80 000.00
2001	短期借款	贷	300 000.00
2211	应付职工薪酬	贷	194 200.00
221101	工资	贷	120 000.00
221102	职工福利	贷	18 000.00
221103	职工教育经费	贷	9 000.00
221104	工会经费	贷	2 600.00
221105	单位社会保险费	贷	32 600.00
221106	单位住房公积金	贷	12 000.00
2221	应交税费	贷	219 780.00
222102	未交增值税	贷	58 000.00
222103	应交城建税	贷	4 060.00
222104	应交教育费附加	贷	1 740.00
222105	应交个人所得税	贷	3 980.00
222106	应交企业所得税	贷	152 000.00
2231	应付利息	贷	4 500.00
2241	其他应付款	贷	27 400.00

科目编码	科目名称	方向	期初余额
224101	个人养老保险费	贷	9 900.00
224102	个人医疗保险费	贷	3 300.00
224103	个人失业保险费	贷	2 200.00
224104	个人住房公积金	贷	12 000.00
4001	实收资本	贷	2 000 000.00
4002	资本公积	贷	300 000.00
4104	利润分配	贷	567 573.40
410401	未分配利润	贷	567 573.40
5001	生产成本	借	

（3）录入辅助账期初余额（见表3-5和表3-6）

表3-5 "其他应收款"期初余额

会计科目	日期	部门	个人	摘要	方向	期初余额
其他应收款	2019-12-29	销售部	李德	出差借款	借	3 500.00

表3-6 "生产成本"期初余额

科目名称	男式短款羽绒服（120件）	男式长款羽绒服（100件）	合计
直接材料（500101）	9 800	10 600	20 400
直接人工（500102）	7 200	9 200	16 400
制造费用（500103）	6 200	7 200	13 400
合计	23 200	27 000	50 200

2.总账系统日常业务处理（以会计田原的身份进行操作）

（1）1月3日，以现金530元支付管理部的业务招待费，取得了增值税普通发票，价款为500元，增值税税率为6%（附原始凭证1张）。

（2）1月5日，销售部的李德出差归来，报销差旅费3 200元，交回剩余现金300元（附原始凭证6张）。

（3）1月8日，签发一张金额为6 360元的交通银行转账支票支付广告费，取得了增值税专用发票，金额为6 000元，增值税税率为6%（转账支票号为53300025，附原始凭证2张）。

（4）1月10日，从交通银行借入期限为12个月的借款200 000元，当日存入交通银行账户（附原始凭证2张）。

（5）1月10日，以交通银行存款支付借款手续费200元（附原始凭证1张）。

（6）1月11日，通过交通银行缴纳上月的未交增值税58 000元、应交城建税4 060元、应交教育费附加1 740元、应交个人所得税3 980元、应交企业所得税152 000元（附原始凭证1张）。

（7）1月12日，收到外商以电汇方式汇入投资资金200 000美元，存入中国银行账户，记账汇率1∶6.95（附原始凭证2张）。

（8）1月15日，签发一张金额为76 320元的交通银行转账支票购入一项商标权，取得了增值税专用发票，买价为72 000元、增值税税率为6%（转账支票号为53300026，附原始凭证3张）。

（9）1月16日，以现金支付管理部崔凯预借的差旅费2 000元（附原始凭证1张）。

（10）1月18日，签发一张金额为120 000元的交通银行转账支票，通过银行代发上月职工工资（转账支票号为53300027，附原始凭证2张）。

（11）1月21日，收到交通银行存款利息收入5 200元（附原始凭证1张）。

（12）1月23日，生产部购入办公用品，取得了增值税专用发票，买价为1 200元、增值税税率为13%，签发一张交通银行转账支票支付了相关款项（转账支票号为53300028，附原始凭证2张）。

项目四 固定资产系统

────────────────── □ 项目概览

本项目从固定资产核算和管理的要求出发，系统地介绍了固定资产系统的初始设置、日常业务处理等主要内容。

本项目的学习目标为：

了解：固定资产系统的主要功能。

理解：固定资产系统控制参数的含义。

掌握：固定资产系统初始设置、固定资产计提折旧及固定资产增加、减少等日常业务的处理。

任务一 固定资产系统初始设置

固定资产系统的初始设置主要包括固定资产系统的启用、设置控制参数、设置资产类别、设置部门及对应折旧科目、设置增减方式的对应入账科目、录入固定资产原始卡片等内容。

1.启用固定资产系统并授权

启用固定资产系统的方法和前述启用总账系统的方法是类似的。

（1）首先以山东华峰家具有限责任公司账套主管王刚（编号101、密码101）的身份登录"系统管理"，启用"固定资产"系统，启用日期设置为"2020年1月1日"，如图4-1所示。

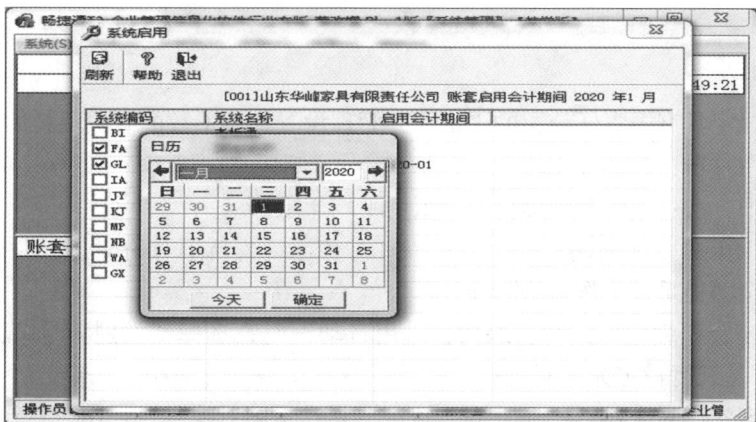

图4-1 启用固定资产系统

（2）单击"确定"按钮，再单击提示对话框的"是"按钮，完成启用固定资产系统。

（3）再继续以账套主管王刚的身份（以系统管理员"admin"的身份也可以）将"固定资产"的全部权限授予会计赵平（编号103），授权后如图4-2所示。

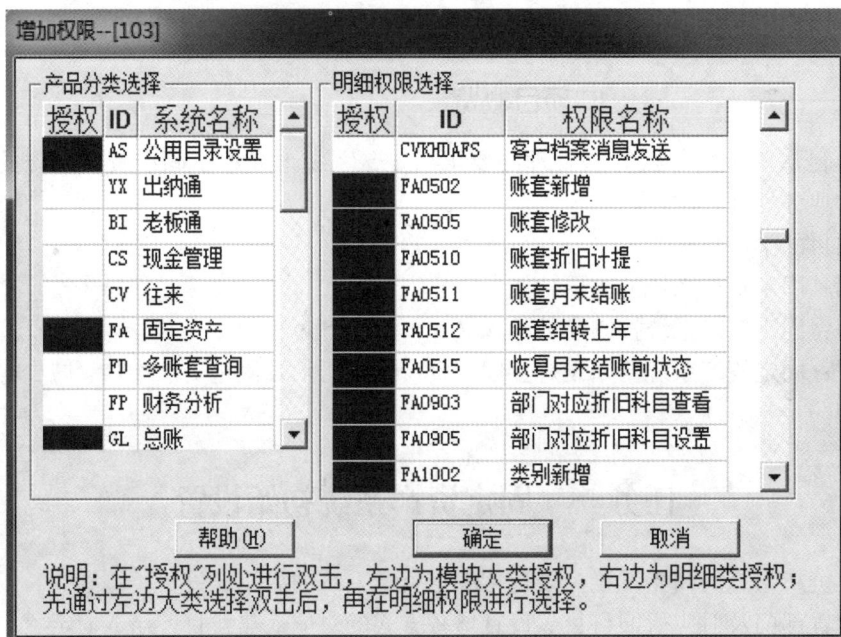

图4-2　固定资产系统授权

2.设置固定资产系统控制参数

固定资产系统的控制参数，主要包括固定资产账套初始化时的约定及说明、启用月份、折旧信息、编码方式、财务接口、完成设置等内容，是控制固定资产管理系统运行的最基本参数。

任务4-1

任务清单

山东华峰家具有限责任公司的固定资产管理设置控制参数的有关资料如下：

（1）启用月份：2020年1月。

（2）折旧方法：本账套计提折旧，采用平均年限法（一）。

（3）折旧汇总分配周期：一个月；当（月初已计提折旧月份=可使用月份-1）时，将剩余折旧全部提足（工作量法除外）。

（4）固定资产编码方式为：2112；采用自动编码，选择"类别编号+部门编号+序号"，卡片序号长度设定为"3"。

（5）固定资产对账科目：1601固定资产；累计折旧对账科目：1602累计折旧。

（6）补充控制参数：

①业务发生后立即制单。

②月末结账前一定要完成制单登账业务。

③固定资产可纳税调整的增加方式：直接购入。

固定资产缺省入账科目：1601固定资产

累计折旧缺省入账科目：1602累计折旧

可抵扣税额入账科目：应交税费——应交增值税（进项税额）

任务指导

（1）以账套主管王刚的身份于2020年1月1日登录T3软件，单击"固定资产"菜单或窗口左边的"固定资产"系统名称，弹出如图4-3的提示对话框。

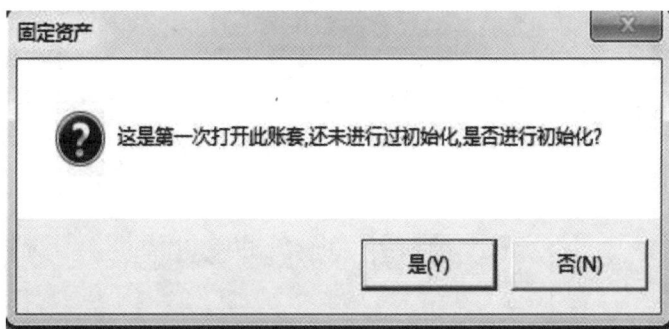

图4-3　提示对话框

（2）选择"是"，进入"固定资产初始化向导"对话框，如图4-4所示，应首先阅读其中的"约定及说明"。

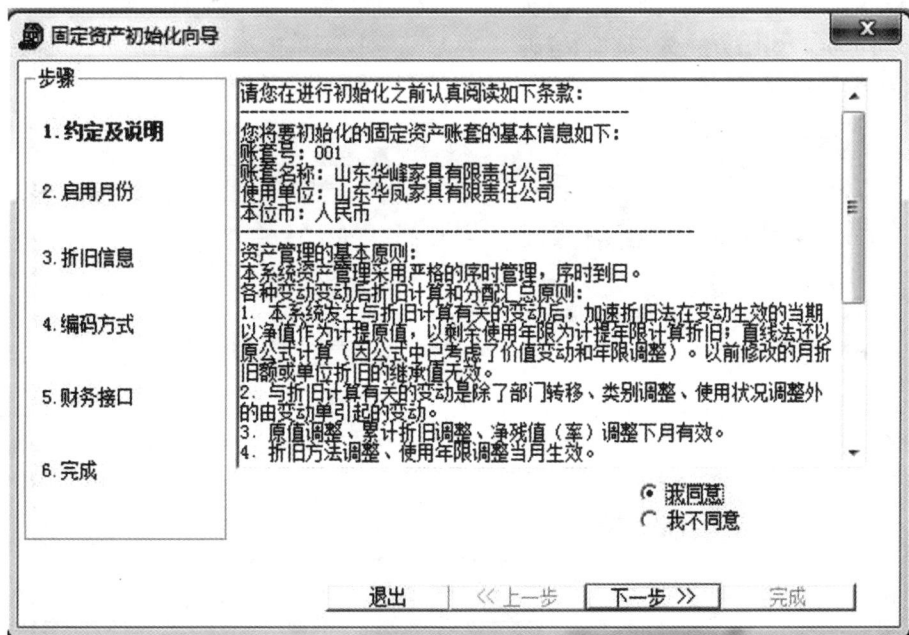

图4-4　约定及说明

（3）阅读完"约定及说明"之后，选择"我同意"，弹出"启用月份"对话框，系统默认启用月份为当前月份。

（4）单击"下一步"，弹出"折旧信息"设置对话框，系统默认"本账套计提折旧"，首先应从下拉菜单中选择折旧方法，本例选用"平均年限法（一）"，然后将"折旧汇总分配周期"设定为"1个月"，并选中"当（月初已计提折旧月份=可使用月份-1）时，将剩余折旧全部提足（工作量法除外）"，如图4-5所示。

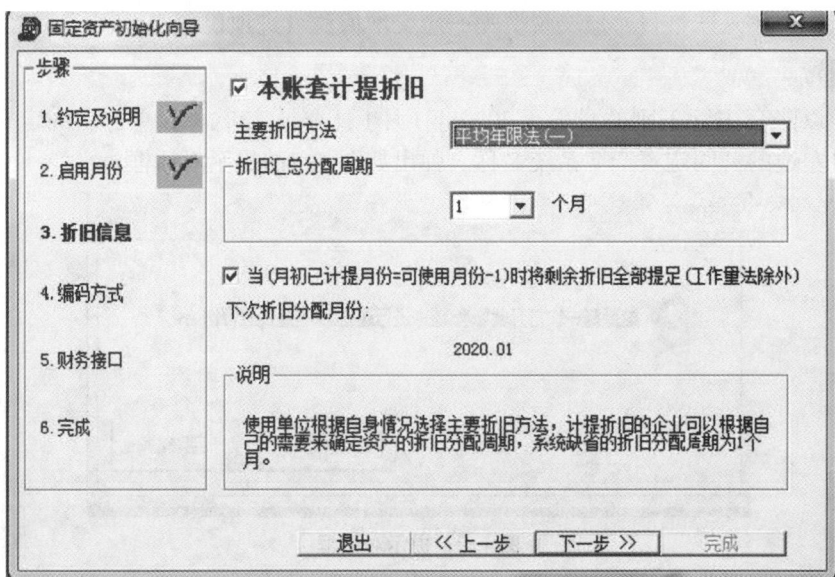

图4-5 折旧信息

（5）单击"下一步"，进入"编码方式"设置对话框，采用默认编码长度"2112"，并选择固定资产编码方式为"自动编码"，然后从下拉菜单中选择"固定资产编码方式"为"类别编号+部门编号+序号"方式，再将序号长度设定为"3"，如图4-6所示。

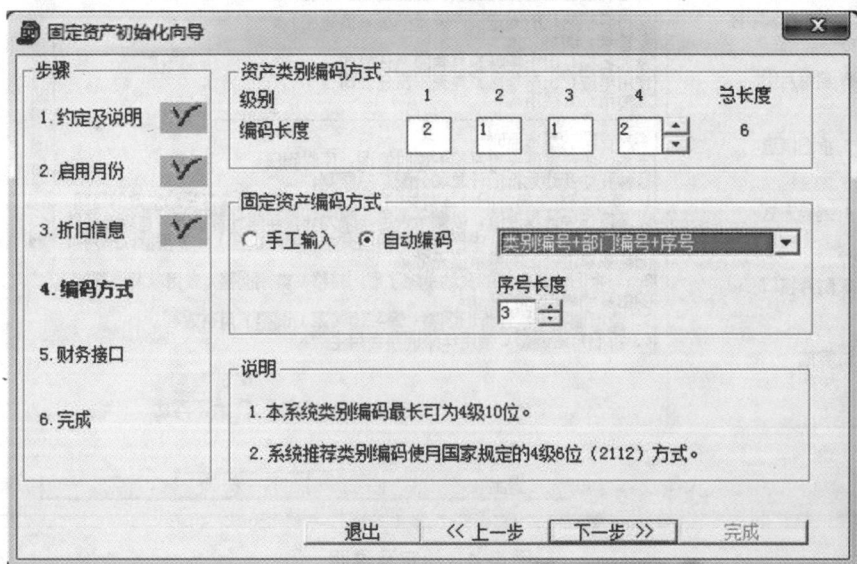

图4-6 编码方式

（6）单击"下一步"，进入"财务接口"设置对话框，选择"固定资产对账科目"为"1601，固定资产"，"累计折旧对账科目"为"1602，累计折旧"，如图4-7所示。

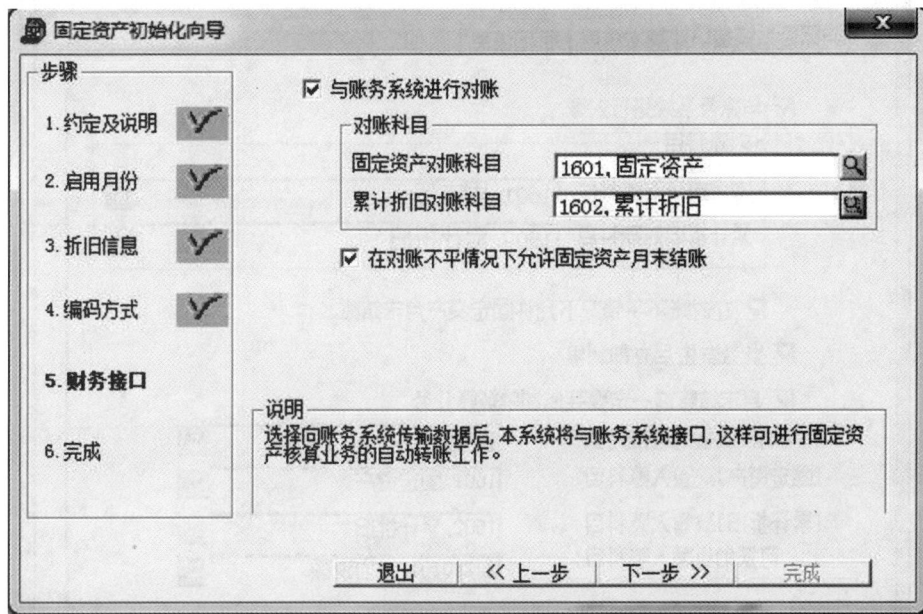

图4-7　财务接口

（7）单击"下一步"，弹出"完成"设置对话框，确认设置信息无误后，单击"完成"按钮，弹出以下对话框，如图4-8所示。

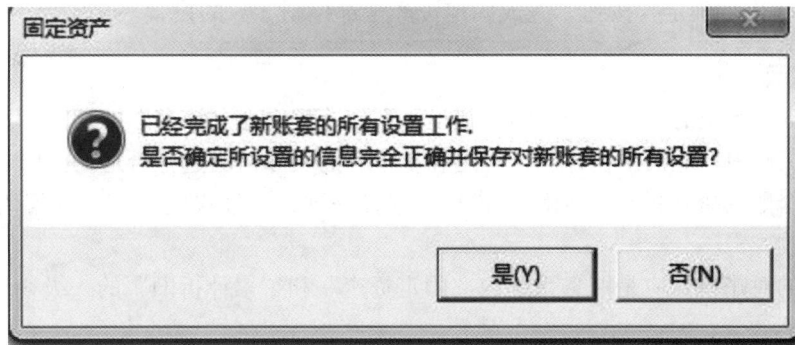

图4-8　提示对话框

（8）单击"是"按钮，完成固定资产系统的基本参数设置。

（9）再选择"固定资产"菜单中的"设置→选项"命令，弹出"选项"对话框，选择"与账务系统接口"选项卡，选中"业务发生后立即制单""月末结账前一定要完成制单登账业务"复选框；将"固定资产可纳税调整的增加方式"设定为"直接购入"，将"固定资产缺省入账科目"设定为"1601，固定资产"，将"累计折旧缺省入账科目"设定为"1602累计折旧"，将"可抵扣税额入账科目"设定为"应交税费/应交增值税/进项税额"，如图4-9所示。

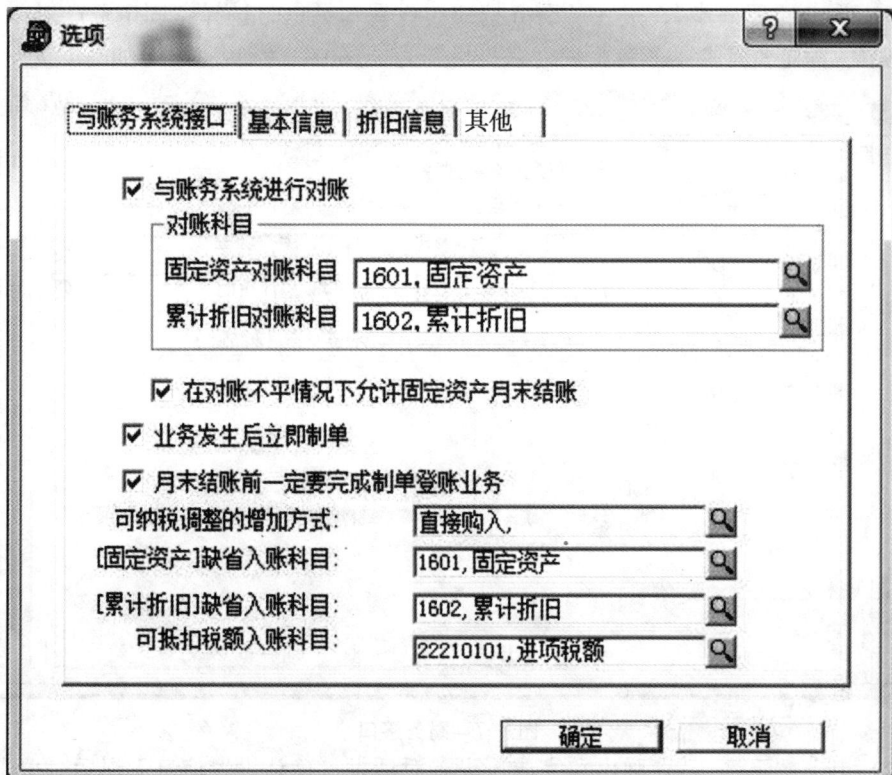

图 4-9　选项对话框

（10）单击"确定"按钮，完成固定资产全部控制参数的设置。

要点提示

● 固定资产系统的开始使用期间不得早于系统管理中建立该套账的期间。

● 实际工作中，应根据会计制度规定和本单位的实际情况选择合适的折旧方法。

● 每一个账套资产的自动编码方式只能选择一种，一经设定，该自动编码方式不得修改。

● 选择的对账科目应是账务系统内"固定资产"和"累计折旧"的一级科目。

3.设置固定资产系统基础档案

固定资产系统的基础档案，主要包括固定资产类别、部门对应折旧科目、固定资产增减方式及对应科目、固定资产原始卡片等。

（1）设置固定资产类别

固定资产的种类繁多，为强化固定资产管理，准确地做好固定资产核算工作，企业应该根据自身的特点和管理要求，对固定资产进行合理分类。

任务 4-2

任务清单

根据表4-1中的资料，设置山东华峰家具有限责任公司的固定资产类别。

表4-1 固定资产类别

编码	类别名称	净残值率	单位	计提属性
01	机器设备	5%		正常计提
011	生产用机器设备	5%	台	正常计提
012	办公用设备	5%	台	正常计提
02	房屋建筑物	5%		正常计提
021	仓库	5%	幢	正常计提
022	生产车间	5%	幢	正常计提
023	办公用房屋	5%	幢	正常计提
03	交通运输车辆	5%	辆	正常计提

任务指导

①以账套主管王刚的身份于2020年1月1日登录T3软件，选择"固定资产"菜单下的"设置→资产类别"命令，打开"类别编码表"对话框，单击"增加"按钮，进入固定资产类别录入界面，根据表4-1中的资料，在"固定资产类别录入对话框"中录入"01"类固定资产的相关信息，如图4-10所示。

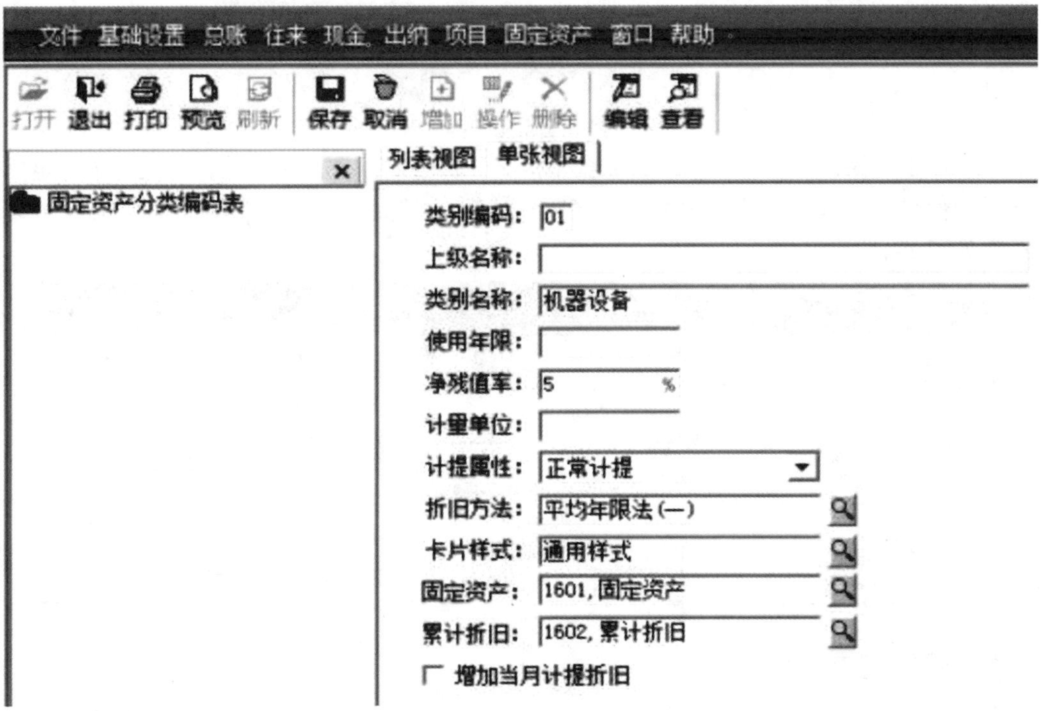

图4-10 固定资产类别录入

②单击"保存"按钮，系统保存相关信息后，自动转入下一类固定资产的信息录入对话框。重复以上操作步骤，再依次输入"02"类和"03"类固定资产类别的相关信息。

③单击选中"类别编码表"对话框左侧已录入的"01 机器设备"类别，再单击"增加"按钮，录入"011"类固定资产类别的相关信息，如图4-11所示。

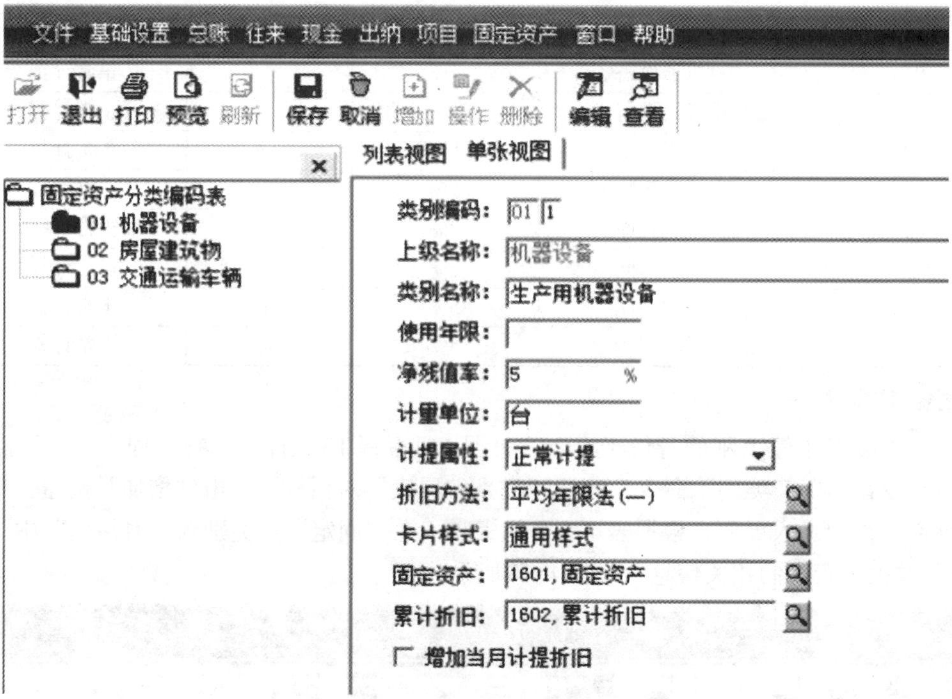

图4-11 固定资产类别录入

④点击"保存"按钮，系统保存相关信息。再重复以上操作步骤，完成其余固定资产类别信息的录入，在此不再赘述。录入完成后，"类别编码表"左侧的固定资产编码结构如图4-12所示。

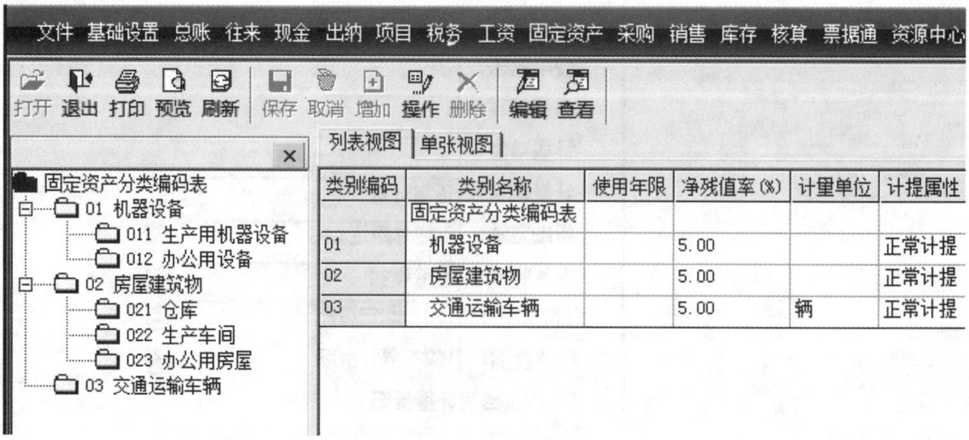

图4-12 固定资产类别

（2）设置部门对应折旧科目

任务4-3

任务清单

根据表4-2中的资料，设置山东华峰家具有限责任公司的部门对应折旧科目。

表4-2 部门对应折旧科目

部门	对应折旧科目
行政部、财务部、采购部	管理费用/折旧费
销售部	销售费用/折旧费
生产车间	制造费用/折旧费

任务指导

①以账套主管王刚的身份于2020年1月1日登录T3软件，选择"固定资产"菜单中的"设置→部门对应折旧科目"命令，打开"部门编码表"对话框，单击选中"行政部"，打开"行政部"的列表视图，如图4-13所示。

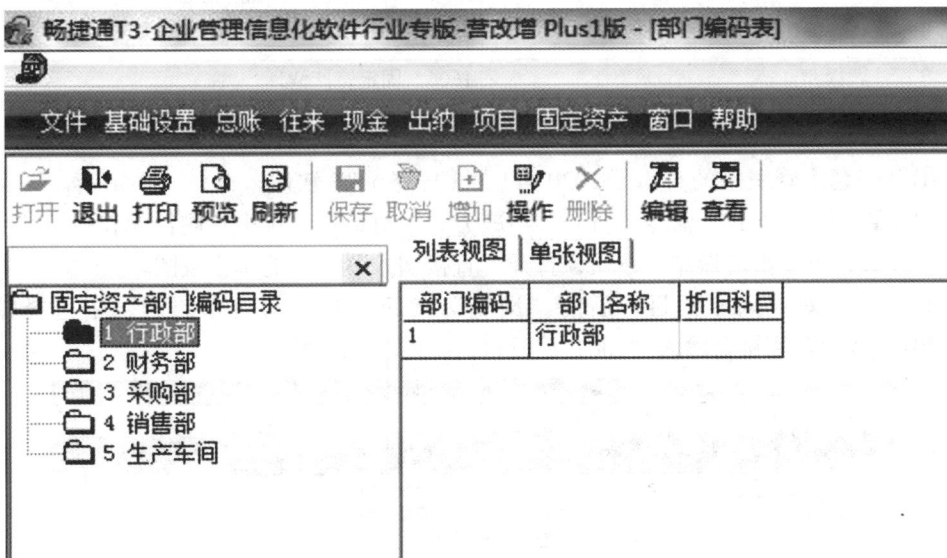

图4-13 "行政部"列表视图

②单击"操作"按钮，打开"行政部"的单张视图，单击"折旧科目"后的"浏览"按钮，从"科目参照表"中选择输入"660208"或直接用键盘输入"660208"科目，如图4-14所示。

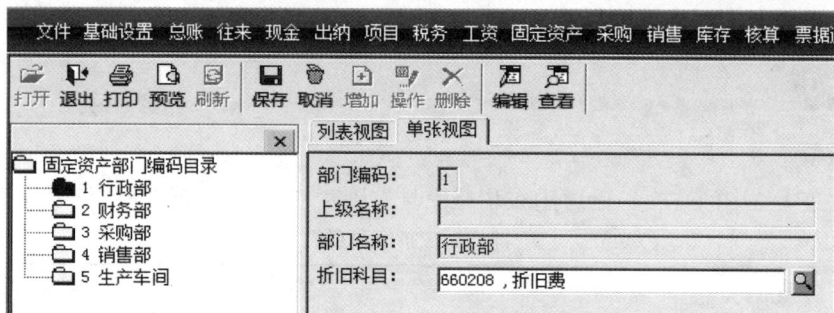

图4-14 "行政部"单张视图

③单击"保存"按钮，保存以上设置信息。

④重复以上操作步骤，完成其他部门的对应折旧科目设置。

（3）设置固定资产增减方式及对应科目

任务4-4

任务清单

根据表4-3中的资料，设置山东华峰家具有限责任公司固定资产增减方式的对应科目。

表4-3   固定资产增减方式对应科目

增减方式	对应入账科目
增加方式：直接购入	100201，建设银行
减少方式：毁损	1606，固定资产清理

任务指导

①以账套主管王刚的身份于2020年1月1日登录T3软件，选择"固定资产"菜单中的"设置→增减方式"命令，打开"增减方式"对话框，选中左侧目录表中的"直接购入"方式，再单击"操作"按钮，打开"直接购入"方式的单张视图。

②单击"对应入账科目"后的"浏览"按钮，从"科目参照表"中选择输入"100201"或直接用键盘输入"100201"科目，如图4-15所示。

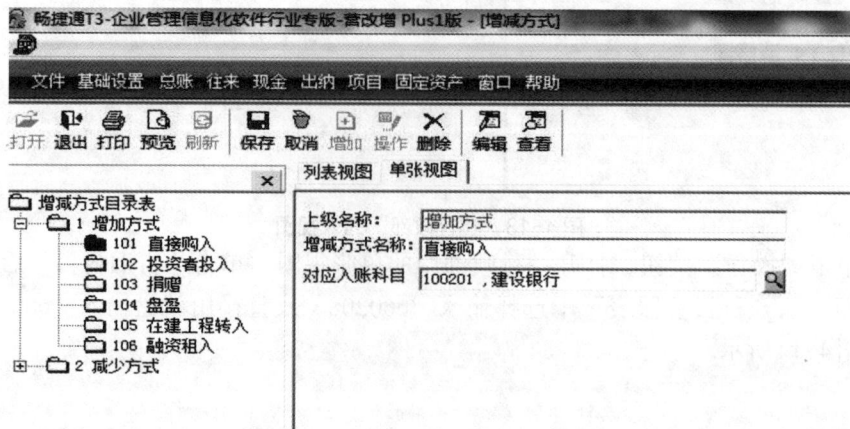

图4-15 "直接购入"方式单张视图

③单击"保存"按钮，保存以上设置信息。

④重复以上操作步骤，完成其他增减方式的对应科目设置。

（4）录入固定资产原始卡片

录入固定资产原始卡片，就是将全部已有的固定资产数据逐项、完整地输入计算机，以形成固定资产系统的基础数据库，其内容是否完备对固定资产系统具有重要的意义。

在录入固定资产卡片各项内容时，凡是设置过代码的项目一般应使用代码录入，这样既能提高录入速度，也能减少录入错误。

任务4-5

任务清单

根据表4-4中的资料，录入山东华峰家具有限责任公司的期初固定资产卡片信息。

表4-4　　　　　　　　　　　期初固定资产卡片资料

固定资产名称	类别编码	所在部门	使用年限	开始使用日期	原值（元）	累计折旧（元）	对应折旧科目名称
车床	011	生产车间	10	2017-12-01	234 480	44 551.2	制造费用/折旧费
办公电脑	012	行政部	5	2017-12-02	9 000	3 420	管理费用/折旧费
原材料仓库	021	采购部	20	2017-12-05	240 000	22 800	管理费用/折旧费
产成品仓库	021	销售部	20	2017-12-05	350 000	33 250	销售费用/折旧费
厂房	022	生产车间	20	2017-12-08	560 000	53 200	制造费用/折旧费
办公楼	023	行政部	20	2017-12-09	600 000	57 000	管理费用/折旧费
卡车	03	销售部	10	2017-12-12	128 000	24 320	销售费用/折旧费
合计					2 121 480	238 541.2	

（注：以上固定资产，净残值率均为"5%"，使用状况均为"在用"，折旧方法均采用"平均年限法（一）"，增加方式均为"直接购入"）

任务指导

①以账套主管王刚的身份于2020年1月1日登录T3软件，选择"固定资产"菜单中的"卡片→录入原始卡片"命令（或直接单击固定资产系统界面中的"原始卡片录入"图标），打开弹出"资产类别参照"对话框，根据资料，首先选中其中的"01机器设备→011生产用机器设备"类别，如图4-16所示。

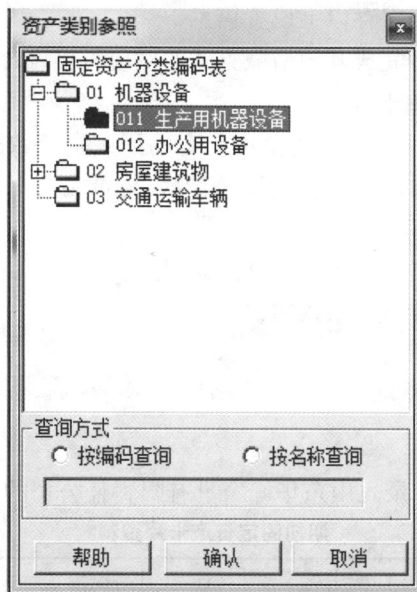

图4-16 资产类别参照

②点击"确认"按钮，打开"固定资产卡片[录入原始卡片：00001号卡片]"对话框，并根据资料，录入车床的相关信息，如图4-17所示。

图4-17 固定资产卡片

③单击"保存"按钮，弹出"数据保存成功"提示对话框。

④单击提示对话框的"确定"按钮后，系统自动打开下一张"固定资产卡片"，参照以上操作步骤，继续完成其余固定资产卡片信息的录入。

要点提示

● 卡片中的"使用年限"可在以后录入固定资产卡片时录入。

● 资产类别编码不能重复，同一级的类别名称不能相同。

● 已使用的增减方式不能删除，非明细级的方式不能删除。系统缺省的增减方式
中，"盘盈、盘亏、毁损"不能修改和删除，因为本系统提供的报表中有固定资
产盘盈盘亏报告表。

● 使用固定资产系统进行核算前，必须将原始卡片资料录入系统，以保持历史资
料的连续性。

● 录入的原值、累计折旧等必须是卡片录入当月月初的金额，否则将会出现计算
错误。

任务二　固定资产系统日常业务处理

固定资产系统的日常业务具有的主要特点有：与其他业务相比，固定资产的增减变
动业务发生次数较少，所以，固定资产系统的数据处理频率较低；固定资产的使用年限
较长，构成复杂，所以，固定资产系统的数据量较大且数据在计算机内保留的时间较
长；固定资产的业务类型较少，固定资产折旧的计提方法也较少，所以，固定资产系统
的数据处理方式比较单一。

山东华峰家具有限责任公司的固定资产系统日常业务，应当以会计赵平（编号
103、密码103）的身份分别于各业务发生日期登录T3软件进行处理。

1.固定资产增加业务的处理

任务4-6

任务清单

根据以下资料，生成相关记账凭证。

2020年1月11日，山东华峰家具有限责任公司行政部购买打印机一台，取得的增
值税专用发票上注明买价为10 000元，增值税为1 300元，开具了一张建设银行转账支
票支付相关款项。该打印机的净残值率为5%，预计使用年限为5年（转账支票号
26623317，附原始单据3张）。

任务指导

（1）选择"固定资产"菜单中的"卡片→资产增加"命令（或直接单击固定资产系
统界面中的"资产增加"图标），弹出"资产类别参照"对话框，根据资料，选择
"012办公用设备"，如图4-18所示。

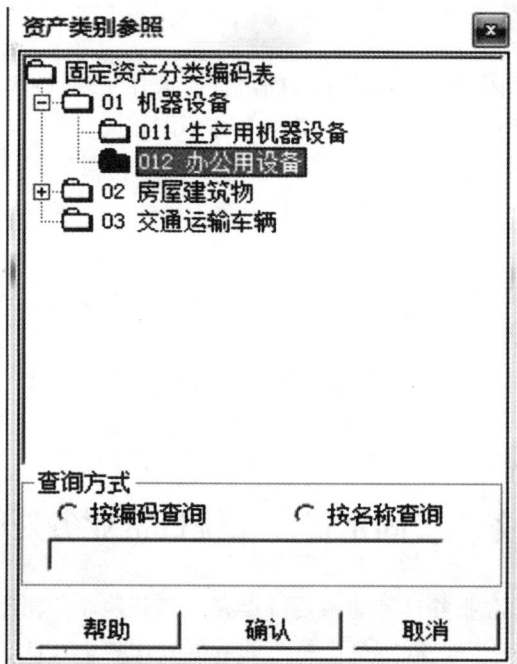

图 4-18 资产类别参照

（2）单击"确认"按钮，打开"固定资产卡片"对话框，录入购入的打印机的相关信息，如图 4-19 所示。

图 4-19 固定资产卡片

（3）单击"保存"按钮，打开"填制凭证"对话框。因为在前述进行固定资产系统初始设置时选中了"业务发生后立即制单"控制参数，所以系统自动生成了本业务的记账凭证（如果未选中此控制参数，则需使用"批量制单"功能来生成记账凭证）。

但是系统自动生成的记账凭证，尚不完整，还需由操作员继续完成"制单日期""附单据数""辅助项"等相关信息录入，根据资料录入相关信息后的记账凭证如图4-20所示。

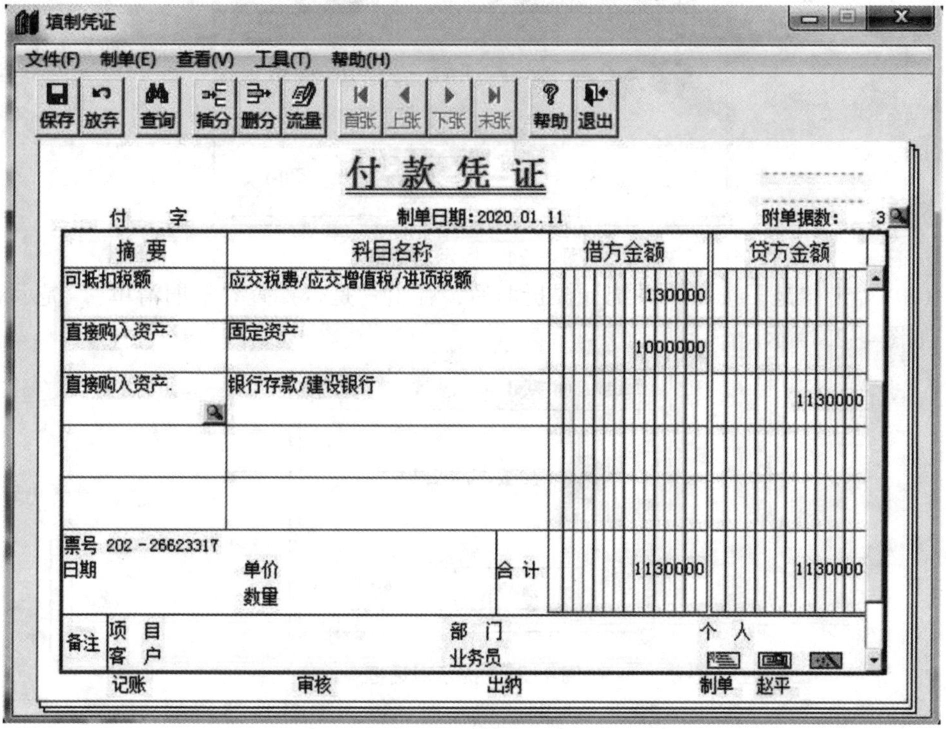

图4-20　记账凭证

（4）单击"保存"按钮，系统提示该记账凭证"已生成"。

（5）单击"退出"按钮，系统弹出"数据成功保存"提示对话框，该记账凭证自动传递到总账系统。单击提示对话框的"确定"按钮后，再退出"固定资产卡片"对话框，完成固定资产增加业务的处理。

其他类型的固定资产增加业务可参照本例进行处理。

2.计提固定资产折旧业务的处理

任务4-7

任务清单

根据以下资料，生成相关记账凭证。

2020年1月15日，山东华峰家具有限责任公司计提本月固定资产折旧（附原始单据1张）。

任务指导

（1）选择"固定资产"菜单中的"处理→计提本月折旧"命令（或直接单击固定资产系统界面中的"资产增加"图标），弹出关于计提折旧的提示对话框，如图4-21所示。

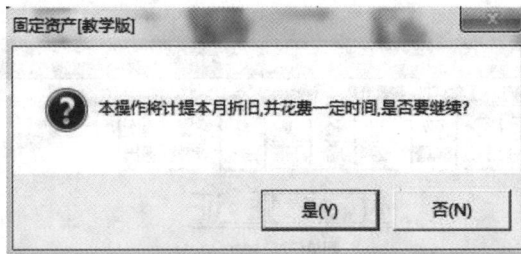

图4-21　提示对话框

（2）单击"是"按钮，系统计提折旧后，弹出"是否要查看折旧清单?"提示对话框，如图4-22所示。

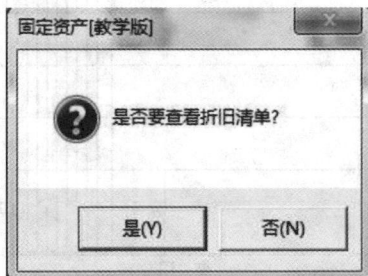

图4-22　提示对话框

（3）单击"是"按钮，打开"折旧清单"对话框，如图4-23所示。

卡片编号	资产编号	资产名称	原值	计提原值	本月折旧	累计
00001	0115001	车床	234,480.00	234,480.00	1,852.39	46,4(
00002	0121001	办公电脑	9,000.00	9,000.00	142.20	3,5(
00003	0213001	原材料仓库	240,000.00	240,000.00	960.00	23,7(
00004	0214001	产成品仓库	350,000.00	350,000.00	1,400.00	34,6!
00005	0225001	车间	560,000.00	560,000.00	2,240.00	55,4
00006	0231001	办公楼	600,000.00	600,000.00	2,400.00	59,4(
00007	034001	卡车	128,000.00	128,000.00	1,011.20	25,3:
合计			121,480.00	121,480.00	10,005.79	248,5(

图4-23　折旧清单

（4）单击"退出"按钮，打开"折旧分配表"对话框，选择"按部门分配"的方式查看折旧的分配情况，如图4-24所示。

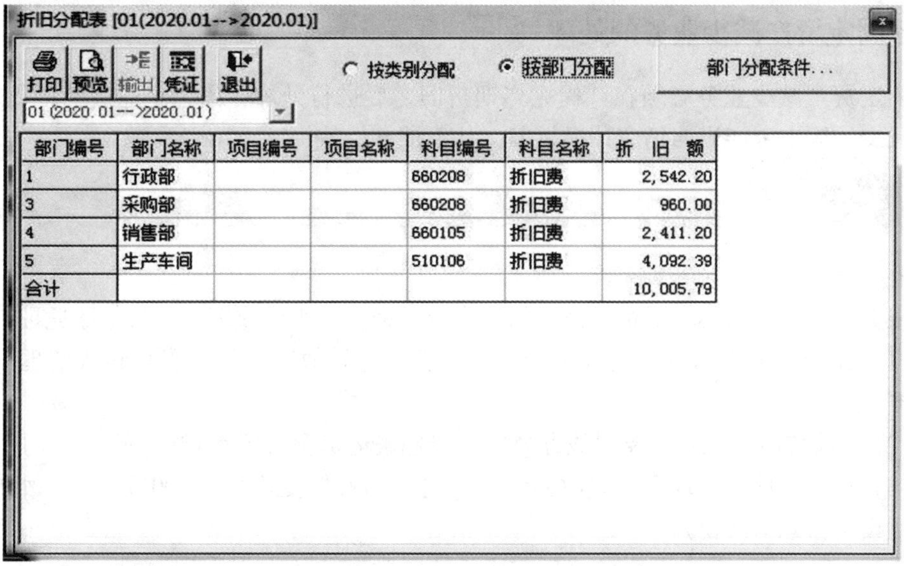

图4-24　折旧分配表

（5）单击"退出"按钮，打开"填制凭证"对话框，系统自动生成本业务的记账凭证（如未能生成，则使用"批量制单"功能来生成记账凭证）。自动生成的记账凭证尚不完整，还需由操作员继续完成"凭证类别""附单据数"等相关信息的录入，根据资料录入相关信息后，单击"保存"按钮，系统提示该记账凭证"已生成"，如图4-25所示。

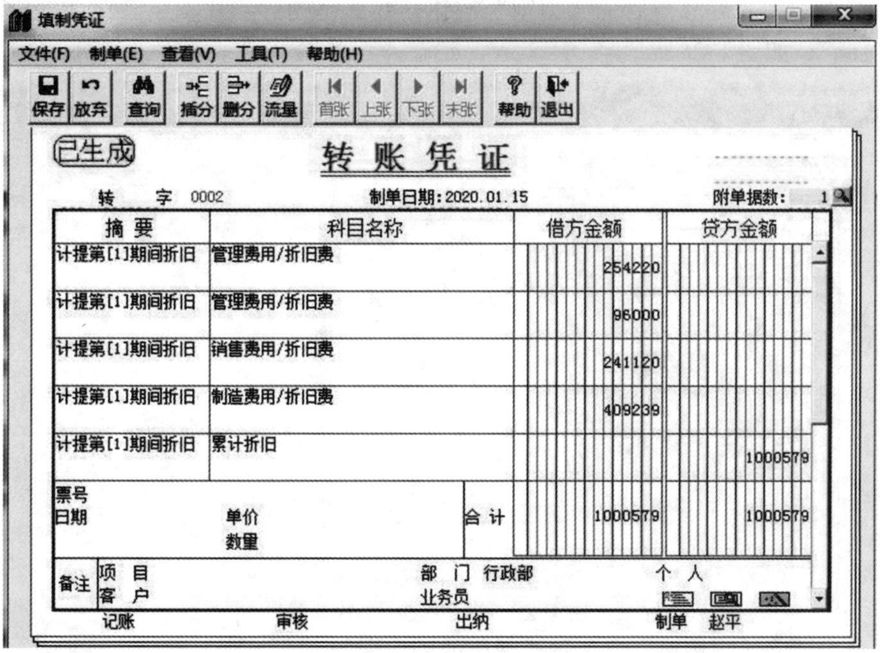

图4-25　记账凭证

（6）单击"退出"按钮，弹出"计提折旧完成"提示对话框，单击"确定"按钮，该记账凭证自动传递到总账系统，完成固定资产折旧业务的处理。

3.固定资产减少业务的处理

固定资产减少业务必须在计提完当期折旧之后进行处理，因为企业会计准则规定：当期减少的固定资产当期仍应计提折旧，从下期开始停提。

任务4-8

任务清单

根据山东华峰家具有限责任公司的以下业务资料，生成或填制相关记账凭证。

（1）2020年1月16日，行政部的办公电脑因电路故障毁损，当日转入清理（附原始单据1张）。

（2）1月17日，以现金支付该办公电脑清理搬运费用100元（附原始单据1张）。

（3）1月17日，以现金方式收到该办公电脑的残值变价收入600元（附原始单据2张，假设不考虑增值税）。

（4）1月17日，该办公电脑清理完毕，结转清理净损益（附原始单据1张）。

任务指导

（1）首先处理固定资产转入清理的业务，操作步骤如下：

①选择"固定资产"菜单中"卡片→资产减少"命令（或直接单击固定资产系统界面中的"资产减少"图标），打开"资产减少"对话框。

②单击"卡片编号"后的"浏览"按钮，在弹出的"卡片参照"对话框中，选择"办公电脑"，如图4-26所示。

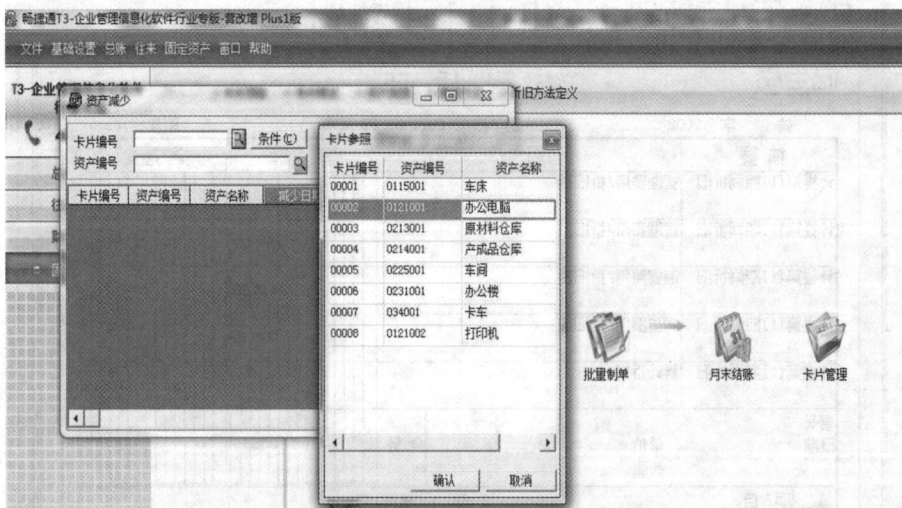

图4-26 资产减少-卡片参照

③单击"确认"按钮，选中将要减少的固定资产。

④单击"增加"按钮，"办公电脑"的相关信息显示在"资产减少"对话框中，将

"减少日期"修改为"2020-01-16",如图4-27所示。

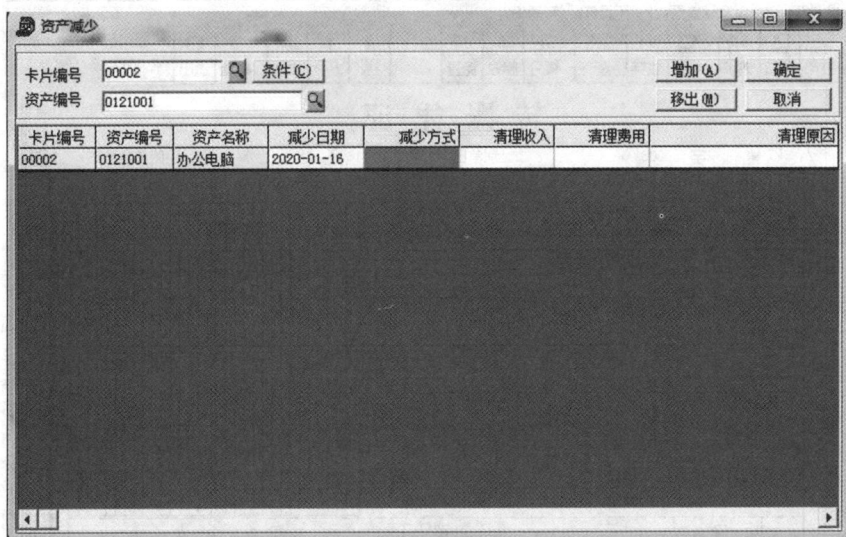

图4-27 资产减少

⑤双击"减少方式"栏,显示出"浏览"按钮,单击"浏览"按钮,弹出"增减方式参照"对话框,如图4-28所示。

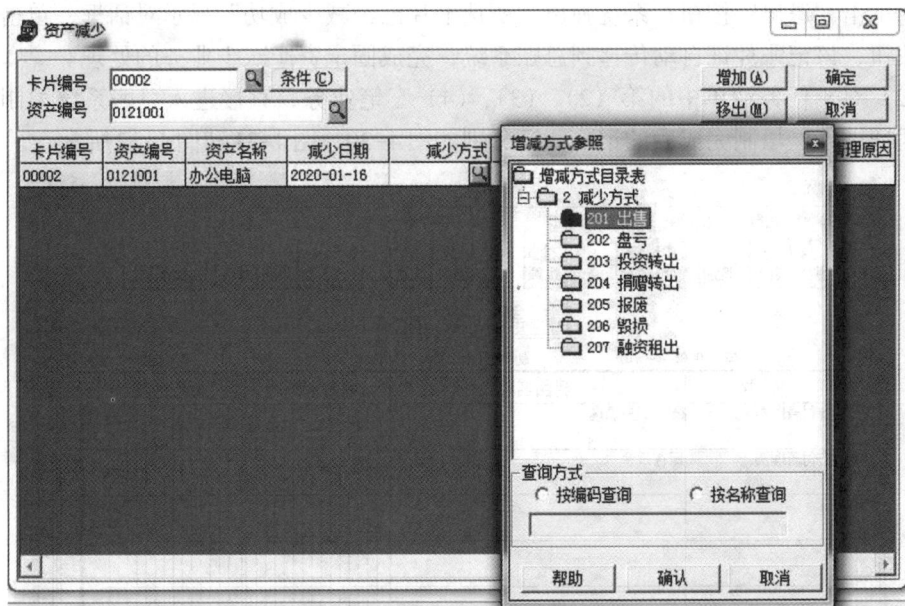

图4-28 资产减少-增减方式参照

⑥选择"毁损"方式,然后单击"确认"按钮。

再单击对话框右上角的"确定"按钮,打开"填制凭证"对话框,系统生成固定资产转入清理业务的记账凭证。自动生成的记账凭证尚不完整,还需由操作员继续完成"凭证类别""附单据数"等相关信息的录入,录入后,点击"保存"按钮,系统提示该记账凭证"已生成",如图4-29所示。

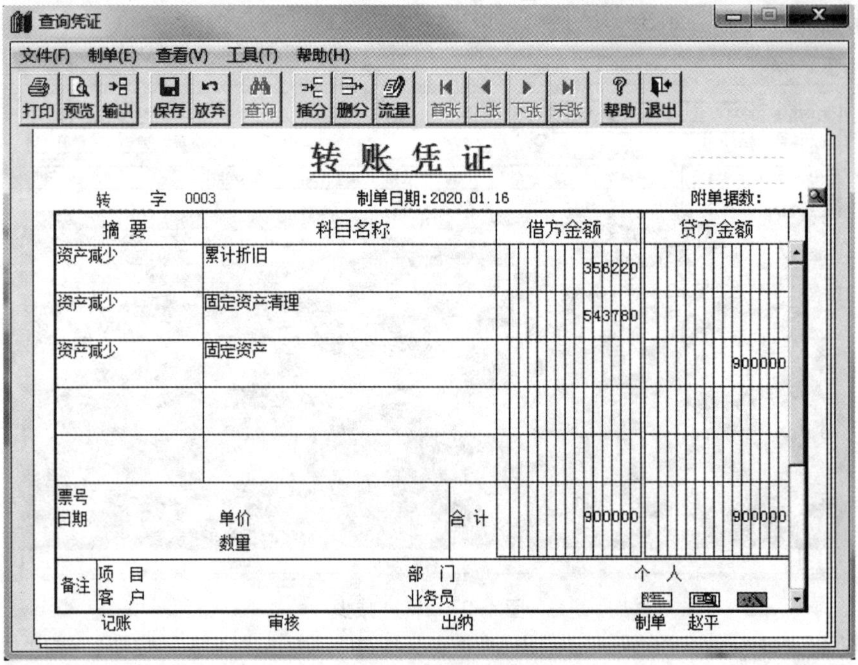

图4-29 记账凭证

⑦单击"退出"按钮，系统弹出"所选卡片已经减少成功"提示对话框，单击"确定"按钮，该记账凭证自动传递到总账系统，完成固定资产减少业务的处理。

（2）对于任务清单中的第（2）、（3）、（4）三笔业务，直接进入总账系统填制相关记账凭证即可，填制完成后的记账凭证分别如图4-30、图4-31和图4-32所示。

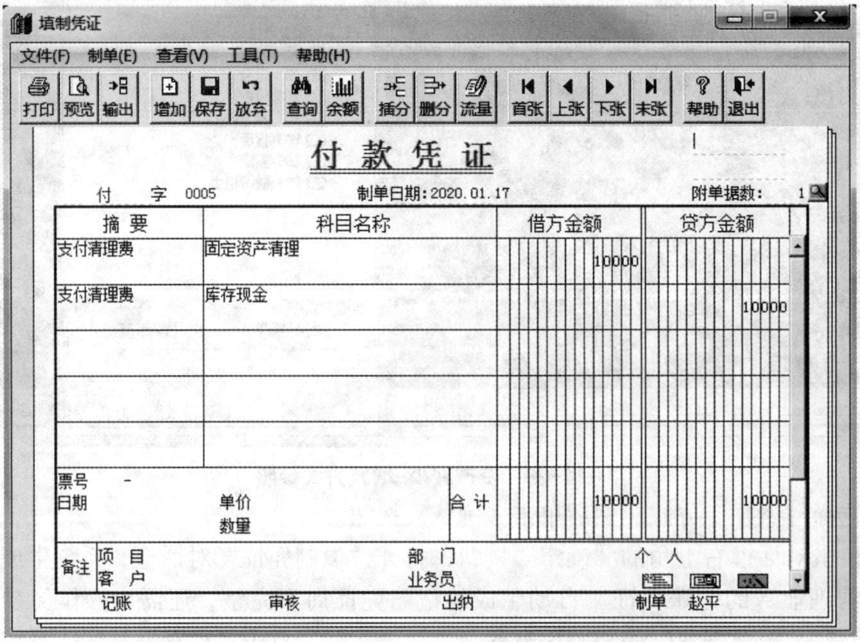

图4-30 记账凭证

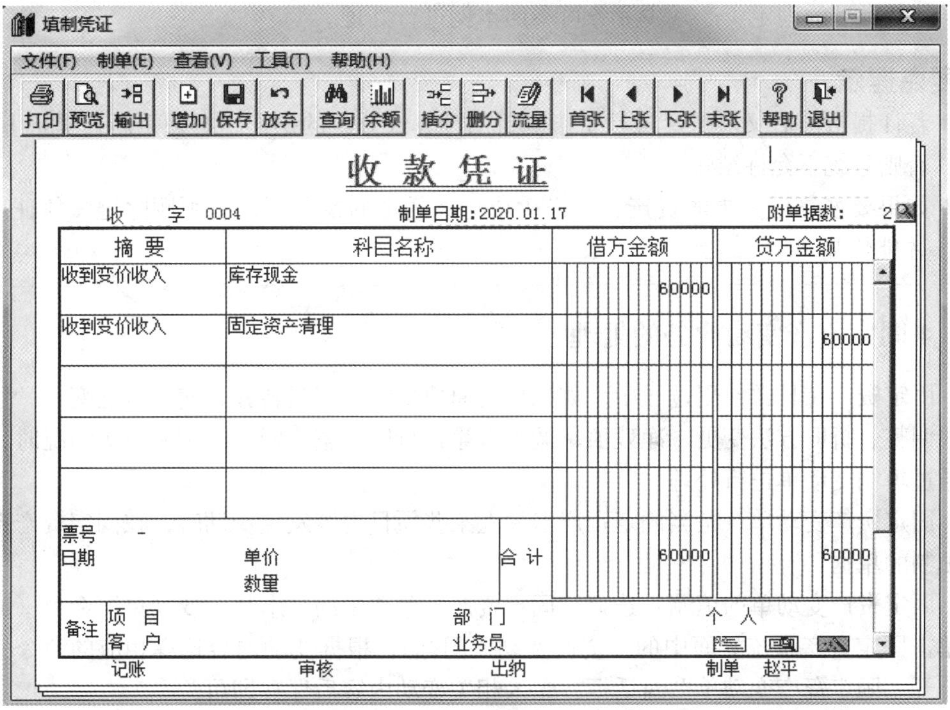

图 4-31 记账凭证

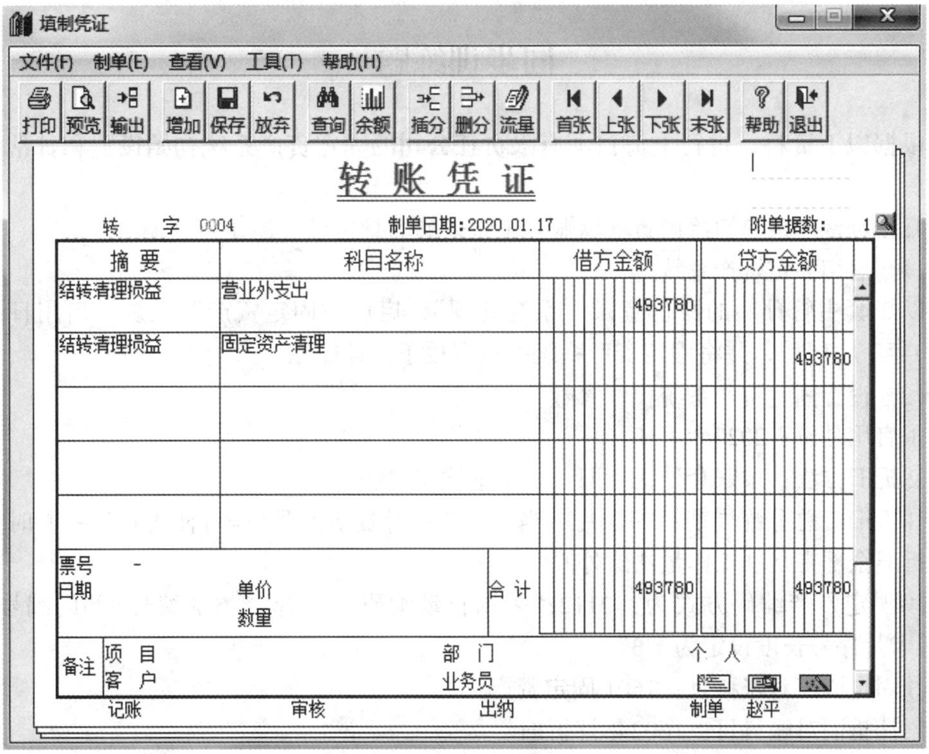

图 4-32 记账凭证

其他类型的固定资产减少业务可参照本例进行处理。

> **要点提示**
> ● 若计提折旧后又对账套进行了影响折旧计算或分配的操作，必须重新计提折旧，否则系统不允许结账。
> ● 如果要恢复已减少的资产，在已生成记账凭证的情况下，必须删除记账凭证后才能恢复。

4.固定资产变动业务的处理

固定资产在日常使用过程中，如果出现原值变动、部门转移、使用状况变动、使用年限调整、折旧方法变更、净残值率调整、累计折旧调整、资产类别调整等情况时，需要通过填制变动单进行处理。

固定资产变动单，是当固定资产卡片上某些项目内容发生变动时，在固定资产系统中填制的单据。

固定资产变动单的填制：选择"固定资产"菜单中的"卡片→变动单"命令（或直接单击固定资产系统界面中的"资产变动"图标），根据变动内容选择相应的命令，即可打开"固定资产变动单"对话框，录入相关变动内容后保存即可。

固定资产变动单的操作比较简单，本书不再举例说明。

同步训练题

根据以下资料，进行上海白羽有限责任公司的固定资产系统初始设置和日常业务处理。

1.固定资产系统初始设置（以账套主管孙朋的身份进行操作）

（1）启用固定资产系统

以账套主管孙朋的身份登录"系统管理"，启用"固定资产"系统，启用日期为"2020年1月1日"，并将固定资产系统的权限授予会计田原。

（2）设置固定资产系统控制参数

①启用月份：2020年1月。

②折旧方法：本账套计提折旧，采用平均年限法（一）。

③折旧汇总分配周期：一个月；当（月初已计提折旧月份=可使用月份-1）时，将剩余折旧全部提足（工作量法除外）。

④固定资产编码方式为：2112；采用自动编码，选择"类别编号+部门编号+序号"，卡片序号长度设定为"3"。

⑤固定资产对账科目：1601固定资产；

累计折旧对账科目：1602累计折旧。

⑥补充控制参数：

业务发生后立即制单。

月末结账前一定要完成制单登账业务。

固定资产可纳税调整的增加方式：直接购入；

固定资产缺省入账科目：1601固定资产；

累计折旧缺省入账科目：1602累计折旧；

可抵扣税额入账科目：应交税费/应交增值税/进项税额。

（3）设置固定资产系统基础档案

①设置固定资产类别（见表4-5）。

表4-5　　　　　　　　　　　固定资产类别

编码	类别名称	净残值率	单位	计提属性
01	设备类	5%		正常计提
011	办公设备	5%	台	正常计提
012	生产设备	5%	台	正常计提
02	房屋类	5%		正常计提
021	办公房屋	5%	幢	正常计提
022	生产车间	5%	幢	正常计提
023	仓库	5%	幢	正常计提
03	车辆类	5%		正常计提
031	办公车辆	5%	辆	正常计提
032	运输车辆	5%	辆	正常计提

②设置部门对应折旧科目（见表4-6）。

表4-6　　　　　　　　　　部门对应折旧科目

部门	对应折旧科目
管理部、会计部、仓储部、采购部	管理费用/折旧费
销售部	销售费用/折旧费
生产部	制造费用/折旧费

③设置固定资产增减方式的对应科目（见表4-7）。

表4-7　　　　　　　　　固定资产增减方式对应科目

增减方式	对应入账科目
增加方式:直接购入	100201,交通银行
减少方式:盘亏	190102,待处理固定资产损溢
减少方式:毁损	1606,固定资产清理

④录入固定资产原始卡片（见表4-8）。

表4-8　　　　　　　　　　　固定资产原始卡片

固定资产名称	类别编码	所在部门	使用年限	开始使用日期	原值(元)	累计折旧(元)	对应折旧科目
打印机	011	管理部	5	2017-12-12	4 500	1 710	管理费用/折旧费
生产线	012	生产部	10	2017-12-15	117 240	22 275.6	制造费用/折旧费
办公楼	021	管理部	20	2017-12-19	300 000	28 500	管理费用/折旧费
车间	022	生产部	20	2017-12-20	140 000	13 300	制造费用/折旧费
材料仓库	023	仓储部	20	2017-12-20	120 000	11 400	管理费用/折旧费
产品仓库	023	仓储部	20	2017-12-20	175 000	16 625	管理费用/折旧费
轿车	031	管理部	10	2017-12-23	64 000	12 160	管理费用/折旧费
货车	032	销售部	10	2017-12-26	140 000	13 300	销售费用/折旧费
合计					1 060 740	119 270.6	

（注：以上固定资产，净残值率均为"5%"，使用状况均为"在用"，折旧方法均采用"平均年限法（一）"，增加方式均为"直接购入"）

2.固定资产日常业务处理（以会计田原的身份进行操作）

（1）1月12日，管理部购入办公电脑一台，取得了增值税专用发票，买价为7 000元，增值税税率为13%，签发一张交通银行转账支票支付了相关款项。该电脑的净残值率为5%，预计使用年限为5年（转账支票号为53300031，附原始凭证3张）。

（2）1月20日，计提本月固定资产折旧（附原始凭证1张）。

（3）1月16日，管理部的轿车因意外事故毁损，当即转入清理（附原始凭证1张）。

（4）1月18日，以现金636元支付轿车清理服务费，取得了增值税专用发票，服务费金额为600元、增值税税率为6%（附原始凭证1张）。

（5）1月19日，收到轿车的残值变价收入，向买方开具了增值税专用发票，售价为5 000元、增值税税率为13%。收到买方签发的金额为5 650元的转账支票一张，当即到开户银行办理了转账收款手续（转账支票号为33600062，附原始凭证2张）。

（6）1月19日，上述轿车清理完毕，结转清理净损益（附原始凭证1张）。

（7）1月20日，管理部的打印机因管理不善发生盘亏（附原始凭证1张）。

（8）1月20日，转出盘亏打印机不可抵扣的进项税额435元（附原始凭证1张）。

（9）1月23日，经批准，对前述打印机盘亏损失，确定应由责任人王元赔偿1 000元，其余损失予以结转（附原始凭证1张）。

项目五　工资管理系统

────────────────□ 项目概览

本项目系统地介绍了T3软件中工资管理系统初始设置、工资日常业务处理等主要内容。

本项目的学习目标为：

了解：工资管理系统的主要功能。

理解：工资日常业务的处理流程及相关工资计算公式的含义。

掌握：T3软件中工资管理系统的初始设置、工资计算、扣缴个人所得税、职工薪酬分摊等的操作方法。

任务一　工资管理系统初始设置

职工工资是产品成本的重要组成部分，是企业计提其他职工薪酬的基础。工资核算是财会部门的日常核算工作，具有重复性和繁杂性的特点，通过T3软件的工资管理系统能够有效地保证工资核算的准确性和高效性。

工资管理系统的主要功能有：以企业职工个人的工资原始数据为基础，计算应付工资、实发工资等数据，编制工资结算表；按部门和人员类别进行工资汇总，计算扣缴个人所得税；进行工资、职工福利、工会经费、职工教育经费、社会保险费、住房公积金等各种职工薪酬的计提、计算和分摊，并生成相关记账凭证。

1.启用工资管理系统并授权

第一次使用工资管理系统，必须首先启用该子系统，其启用方法和前述的总账系统、固定资产系统的启用方法是类似的。

（1）首先以山东华峰家具有限责任公司账套主管王刚（编号101、密码101）的身份登录"系统管理"，启用"工资管理"系统，启用日期设置为"2020年1月1日"，如图5-1所示。

（2）单击"确定"按钮，系统弹出"确实要启用当前系统吗?"提示对话框，单击"是"按钮，完成工资管理系统的启用。

（3）再继续以账套主管王刚的身份（以系统管理员"admin"的身份也可以）将"工资管理"系统的全部权限授予会计赵平（编号103），授权后如图5-2所示。

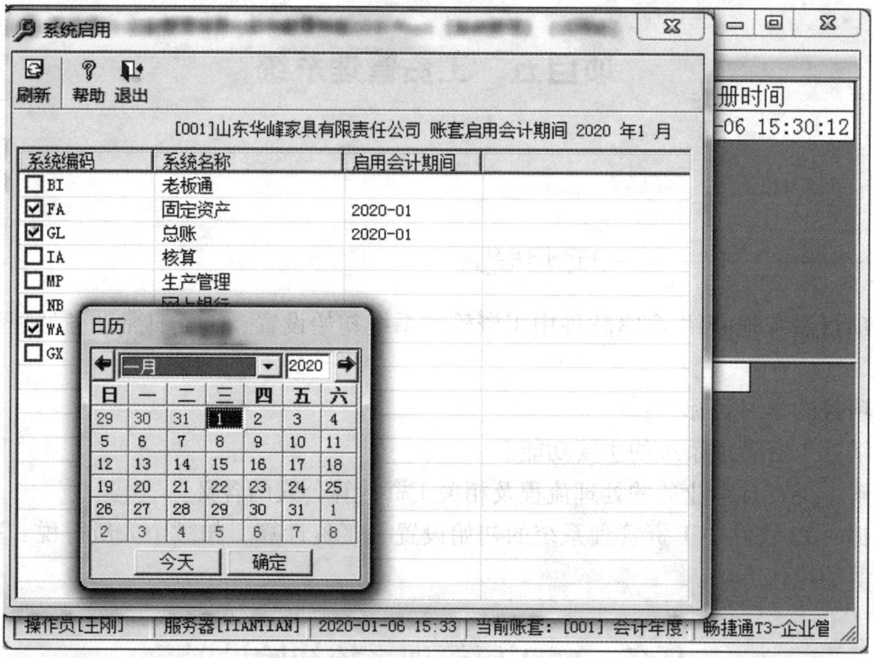

图5-1 启用工资管理系统

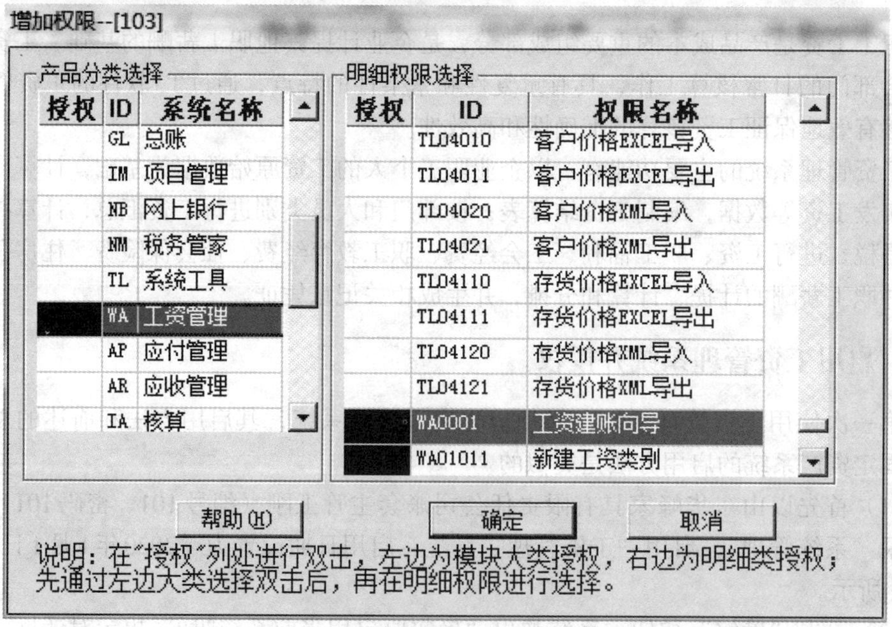

图5-2 工资管理系统授权

2.设置工资管理系统控制参数

使用T3软件处理工资业务之前，需要对工资管理系统进行初始化设置，首先应对工资管理系统的控制参数进行设置，主要包括参数设置、扣税设置、扣零设置和人员编码四项内容。

任务5-1

任务清单

设置以下山东华峰家具有限责任公司的工资管理系统控制参数：

工资类别个数设置为"单个"，核算币种设为"人民币RMB"，要求代扣个人所得税，不进行扣零处理，人员编码长度设为"3位"，启用日期设为"2020年1月"。

任务指导

（1）以山东华峰家具有限责任公司账套主管王刚（编号101、密码101）的身份登录T3软件，单击"工资"菜单或窗口左边的"工资管理"系统名称，弹出"建立工资套"对话框，根据资料，选择工资类别个数为"单个"，选择币别为"人民币RMB"，如图5-3所示。

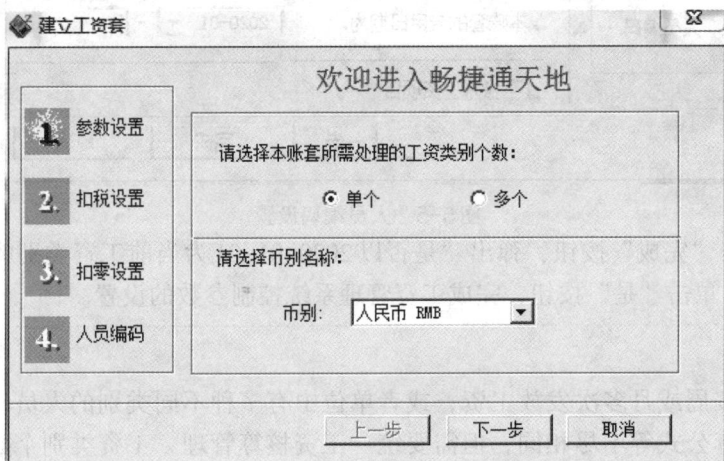

图5-3 参数设置

（2）单击"下一步"按钮，选中"是否从工资中代扣个人所得税"复选框，完成扣税设置，如图5-4所示。

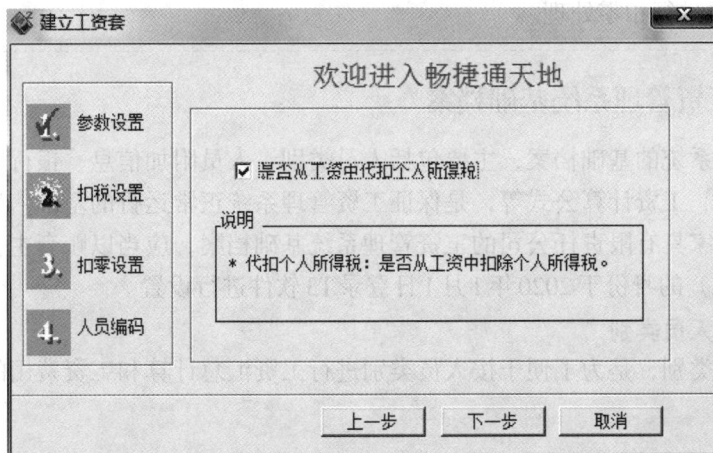

图5-4 扣税设置

（3）单击"下一步"按钮，因资料要求"不进行扣零处理"，直接再单击"下一步"按钮，进行"人员编码"设置。将"人员编码长度"设置为"3"，将"本账套的启用日期"设置为"2020-01-01"，如图5-5所示。

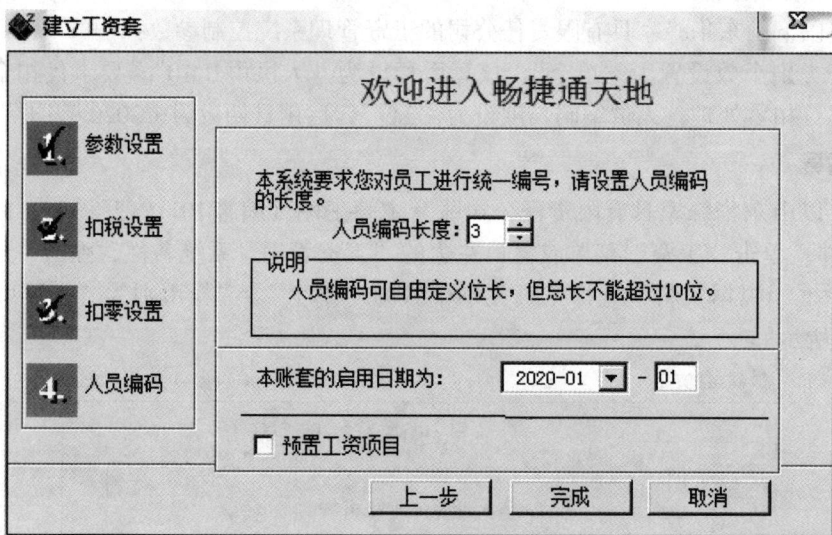

图5-5　人员编码设置

（4）单击"完成"按钮，弹出"是否以2020-01-01为当前工资类别的启用日期？"提示对话框，单击"是"按钮，完成工资管理系统控制参数的设置。

要点提示

● 若单位按周或月多次发放工资，或者单位中有多种不同类别的人员，则工资项目、计算公式等不尽相同，但需要统一工资核算管理，工资类别个数可选择为"多个"。

● 扣零处理是指用现金方式发放工资时，为了方便，每次发放时将零头扣下，积累取整，于以后发放工资时再补发。当前企业一般通过银行代发工资，所以一般不需要进行扣零处理。

3.设置工资管理系统基础档案

工资管理系统的基础档案，主要包括人员类别、人员附加信息、银行名称、工资项目、人员档案、工资计算公式等，是保证工资管理系统正常运行的基础信息。

山东华峰家具有限责任公司的工资管理系统基础档案，应当以账套主管王刚（编号101、密码101）的身份于2020年1月1日登录T3软件进行设置。

（1）设置人员类别

设置人员类别，是为了便于按人员类别进行工资汇总计算和工资费用的分摊。

任务 5-2

任务清单

设置山东华峰家具有限责任公司的人员类别：管理人员、经营人员、车间管理人员、生产工人。

任务指导

①选择"工资"菜单中的"设置→人员类别设置"命令，弹出"类别设置"对话框，在"类别"文本框中录入"管理人员"，单击"增加"按钮。

②参照以上步骤，录入其他人员类别信息，如图5-6所示。

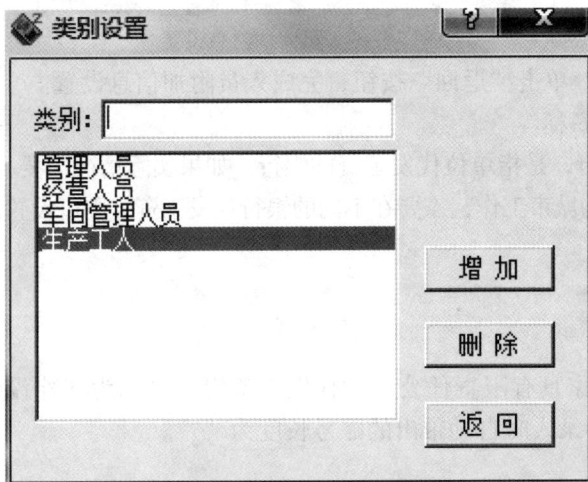

图 5-6　人员类别设置

③全部增加完毕后，单击"返回"按钮，完成人员类别设置。

（2）设置人员附加信息

设置人员附加信息可以丰富人员档案的内容，从而更有效地对人员进行管理。

任务 5-3

任务清单

设置山东华峰家具有限责任公司的人员附加信息：增加"性别""身份证号"作为人员附加信息。

任务指导

①选择"工资"菜单中的"设置→人员附加信息设置"命令，弹出"人员附加信息设置"对话框，在"信息名称"文本框中输入"性别"，单击"增加"按钮。

②参照以上步骤，增加附加信息"身份证号"，如图5-7所示。

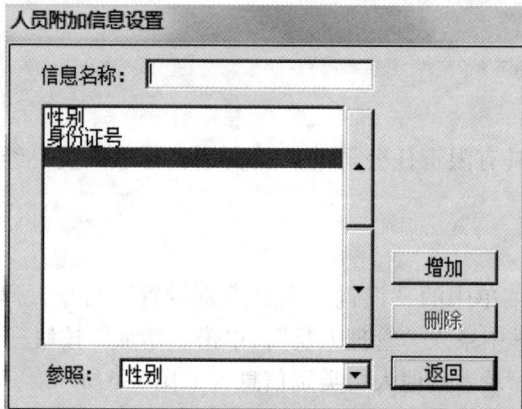

图5-7　人员附加信息设置

③增加完毕后，单击"返回"按钮，完成人员附加信息设置。

（3）设置银行名称

这里设置的银行，是指单位代发工资的银行。如果实际情况需要，比如，同一工资类别中的人员在不同的城市工作，需要在不同的银行代发工资，则可设置多个代发工资银行。

任务 5-4

任务清单

设置山东华峰家具有限责任公司的代发工资银行名称为"建设银行安海路支行"，账号定长为"11"，录入时自动带出的账号长度为"7"。

任务指导

①选择"工资"菜单中的"设置→银行名称设置"命令，弹出"银行名称设置"对话框。

②单击"增加"按钮，在"银行名称"文本框中输入"建设银行安海路支行"，选中"账号定长"复选框，"账号长度"默认为"11"，将"录入时需要自动带出的账号长度"设置为"7"，如图5-8所示。

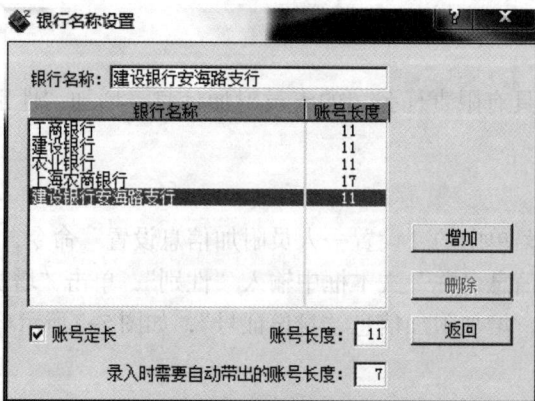

图5-8　银行名称设置

③单击"返回"按钮，完成银行名称设置。

（4）设置工资项目

工资项目设置主要是定义工资项目的名称、类型、长度、小数位数、增减项等，是实现工资数据自动计算的基础。系统预置了几个固定的工资项目，如"应发合计""实发合计""代扣税"等，但是大部分工资项目需要企业根据实际需要进行设置。

设置工资项目时，还要注意其先后顺序，要按照工资项目参与工资计算的逻辑关系进行排序。

任务5-5

任务清单

根据表5-1中的资料，设置山东华峰家具有限责任公司的工资项目。

表5-1 工资项目

项目名称	类型	长度	小数位数	增减项
基本工资	数字	8	2	增项
岗位补贴	数字	8	2	增项
奖金	数字	8	2	增项
应发合计	数字	10	2	增项
病假天数	数字	8	2	其他
事假天数	数字	8	2	其他
病假扣款	数字	8	2	减项
事假扣款	数字	8	2	减项
请假扣款	数字	8	2	减项
应付工资	数字	8	2	增项
缴费基数	数字	8	2	其他
养老保险费	数字	8	2	减项
医疗保险费	数字	8	2	减项
失业保险费	数字	8	2	减项
住房公积金	数字	8	2	减项
税前工资	数字	10	2	增项
代扣税	数字	10	2	减项
实发合计	数字	10	2	增项

任务指导

①选择"工资"菜单下的"设置→工资项目设置"命令，弹出"工资项目设置"对话框。

②单击"增加"按钮，在"工资项目"列表中增加一空行。

③在空行栏，双击"工资项目名称"文本框，录入"基本工资"；双击"类型"文本框，在下拉列表中选择"数字"选项；"长度"采用系统默认值"8"；双击"小数"文本框，将其设置为"2"；双击"增减项"文本框，从下拉列表中选择"增项"选项。

④参照以上步骤，根据资料增加设置其他工资项目，如图5-9所示。

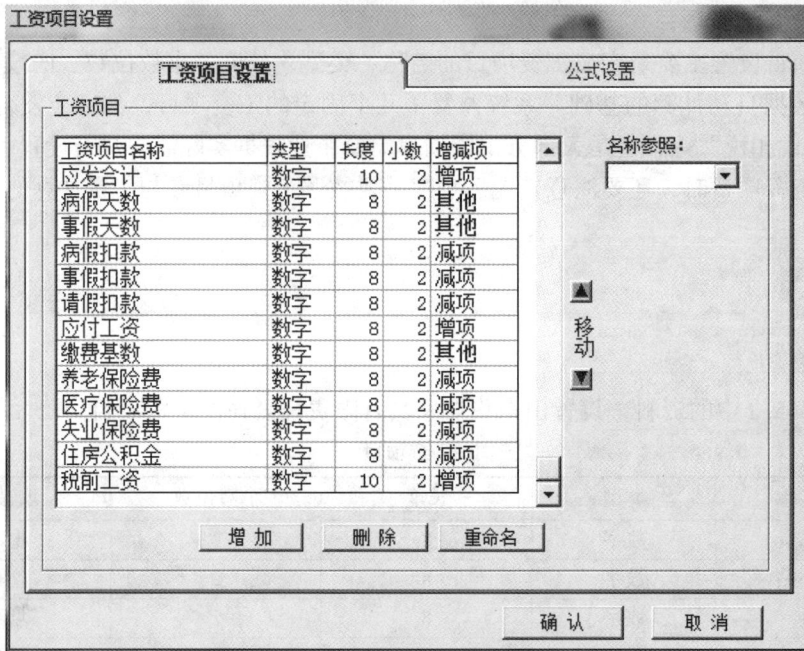

图5-9　工资项目设置

⑤所有工资项目设置完成后，应利用"工资项目设置"选项卡中的上下移动按钮，依据任务清单资料调整各工资项目的排序，如图5-10所示。

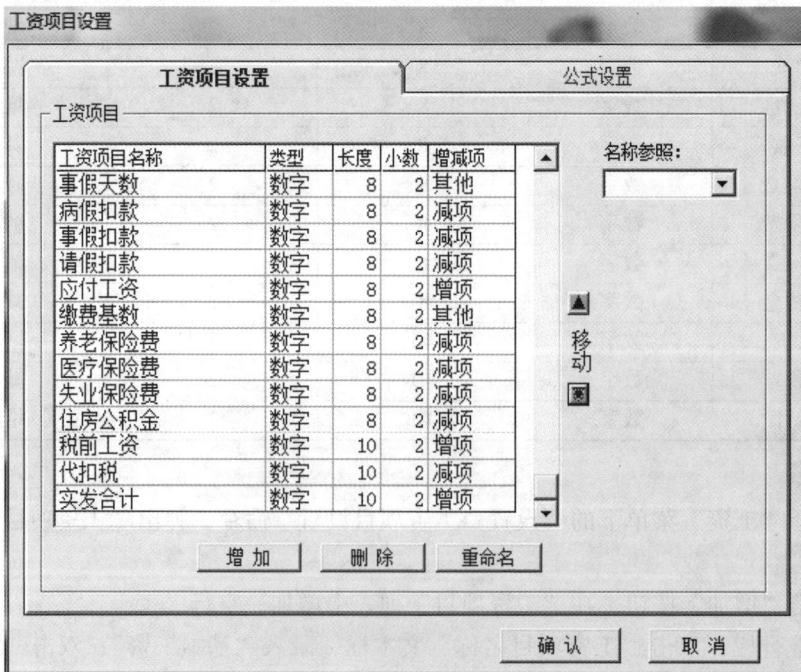

图5-10　调整后工资项目顺序

⑥单击"确认"按钮，完成工资项目设置。

> **要点提示**
>
> ● 工资项目不能重复设置，没有设置的工资项目不允许在计算公式中出现。
> ● 不能删除已输入数据的工资项目和已设置计算公式的工资项目。
> ● 工资项目设置完成后，必须按照项目之间的先后逻辑关系移动到相应位置，否则会导致工资计算数据出错。

（5）设置人员档案

人员档案是为了便于进行人员工资计算、发放和管理而设置的人员信息，主要包括人员编码、姓名、所在部门、人员类别、银行账号等信息，是工资计算和分摊的基础信息。

任务 5-6

任务清单

根据表5-2中的资料，设置山东华峰家具有限责任公司的人员档案。

表5-2　　　　　　　　　　　　　　人员档案

人员编码	人员姓名	部门名称	人员类别	银行账号	是否中方人员	是否计税
101	周华	行政部	管理人员	20170010001	是	是
102	张强	行政部	管理人员	20170010002	是	是
201	王刚	财务部	管理人员	20170010003	是	是
202	杨涛	财务部	管理人员	20170010004	是	是
203	赵平	财务部	管理人员	20170010005	是	是
301	刘智	采购部	经营人员	20170010006	是	是
401	李克	销售部	经营人员	20170010007	是	是
501	崔文	生产车间	车间管理人员	20170010008	是	是
502	苗峰	生产车间	生产工人	20170010009	是	是
503	段鹏	生产车间	生产工人	20170010010	是	是
504	李萌	生产车间	生产工人	20170010011	是	是
505	刘力	生产车间	生产工人	20170010012	是	是

任务指导

①选择"工资"菜单中的"设置→人员档案"命令，弹出"人员档案"对话框。

②单击"批增"按钮，从职员档案中批量引入人员，弹出"人员批量增加"对话框，分别单击选中"行政部"、"财务部"、"采购部"、"销售部"和"生产车间"，如图5-11所示。

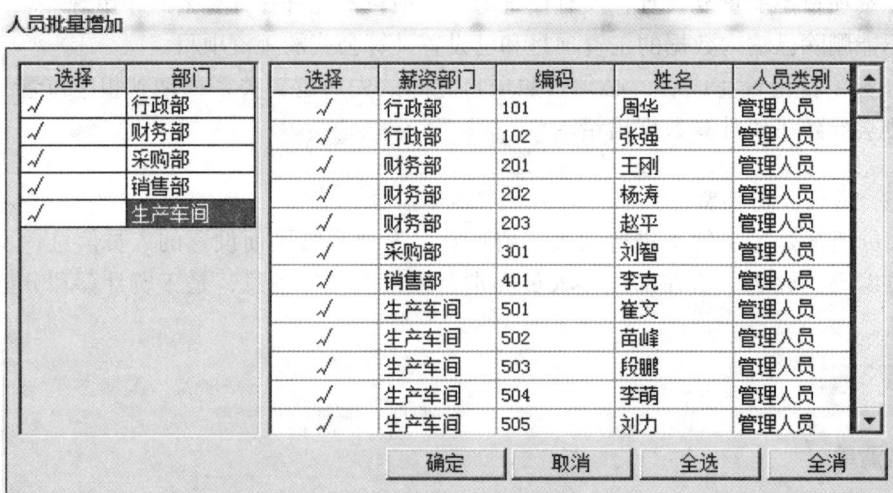

人员批量增加

选择	部门
√	行政部
√	财务部
√	采购部
√	销售部
√	生产车间

选择	薪资部门	编码	姓名	人员类别
√	行政部	101	周华	管理人员
√	行政部	102	张强	管理人员
√	财务部	201	王刚	管理人员
√	财务部	202	杨涛	管理人员
√	财务部	203	赵平	管理人员
√	采购部	301	刘智	管理人员
√	销售部	401	李克	管理人员
√	生产车间	501	崔文	管理人员
√	生产车间	502	苗峰	管理人员
√	生产车间	503	段鹏	管理人员
√	生产车间	504	李萌	管理人员
√	生产车间	505	刘力	管理人员

确定　取消　全选　全消

图5-11　人员批量增加

③单击"确定"按钮，完成人员档案的批量引入，如图5-12所示。

文件 基础设置 总账 往来 现金 出纳 项目 税务 工资 固定资产 采购 销售 库存 核算 票据通 资源中心 窗口 帮助

打印 预览 输出 导入 导出 增加 批增 修改 删除 替换 筛选 定位 帮助 退出

总人数：12

部门名称	人员编号	人员姓名	人员类别	账号	中方人员	是否计税	工资停发	进入日期	性别	身份证号
行政部	101	周华	管理人员		是	是	否			
行政部	102	张强	管理人员		是	是	否			
财务部	201	王刚	管理人员		是	是	否			
财务部	202	杨涛	管理人员		是	是	否			
财务部	203	赵平	管理人员		是	是	否			
采购部	301	刘智	经营人员		是	是	否			
销售部	401	李克	经营人员		是	是	否			
生产车间	501	崔文	车间管理人员		是	是	否			
生产车间	502	苗峰	生产工人		是	是	否			
生产车间	503	段鹏	生产工人		是	是	否			
生产车间	504	李萌	生产工人		是	是	否			
生产车间	505	刘力	生产工人		是	是	否			

图5-12　批量引入人员档案

④选中"周华"所在行，单击"修改"按钮，弹出"人员档案"对话框，根据资料，选择"银行名称"为"建设银行安海路支行"，录入"银行账号"为"20170010001"，如图5-13所示。

⑤单击"确认"按钮，弹出"写入该人员档案信息吗?"提示对话框，单击"确定"按钮，完成"周华"档案的录入。

⑥重复以上步骤，录入其他所有人员的档案信息，如图5-14所示。

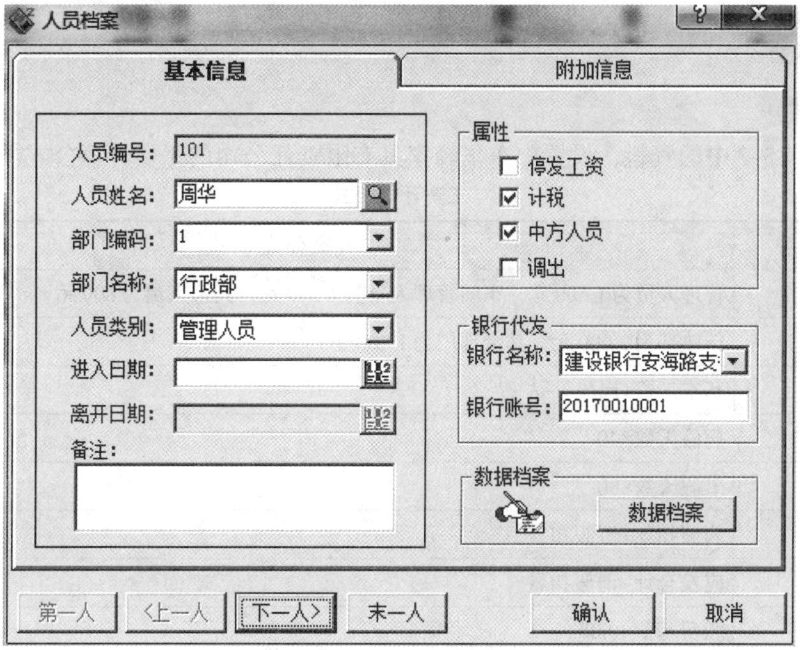

图5-13 人员档案

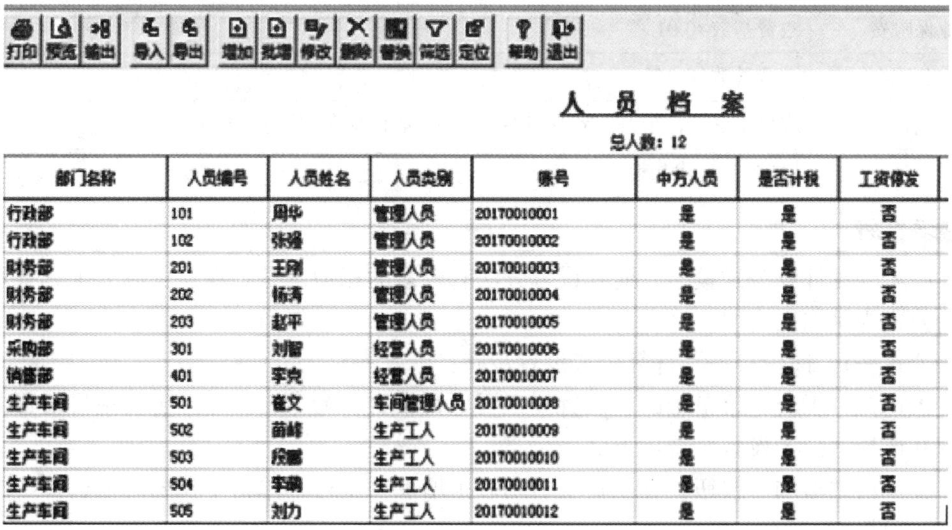

图5-14 人员档案

⑦录入完成后，单击"退出"按钮，完成人员档案设置。

(6) 设置工资计算公式

设置工资计算公式是实现系统自动计算工资的重要保障。如果公式设置错误，必然会导致工资数据的错误，所以，工资计算公式的设置要符合逻辑。公式设置完成后，系统会进行公式的正确性检查，对于错误的公式，系统会提示"非法的公式定义"。

设置公式时，还要注意其先后顺序，先得到数据的公式应排序在前。

任务5-7

任务清单

根据表5-3中的资料，设置山东华峰家具有限责任公司的工资计算公式。

表5-3　　　　　　　　　　　　工资计算公式

工资项目	定义公式
岗位补贴	管理人员为1 500元，车间管理人员为1 200元，其余人员为800元
奖金	行政部为2 000元，其余部门为1 800元
应发合计	基本工资+岗位补贴+奖金
病假扣款	病假天数×40
事假扣款	事假天数×80
请假扣款	病假扣款+事假扣款
应付工资	应发合计-请假扣款
养老保险费	缴费基数×0.08
医疗保险费	缴费基数×0.02
失业保险费	缴费基数×0.01
住房公积金	缴费基数×0.06
税前工资	应付工资-养老保险费-医疗保险费-失业保险费-住房公积金
实发合计	税前工资-代扣税

任务指导

由于工资计算公式较多，而其设置方法有较多的相似之处，在此仅以五个具有代表性的公式为例加以说明。

公式一，"岗位补贴"计算公式设置步骤：

①选择"工资"菜单中的"设置→工资项目设置"命令，弹出"工资项目设置"对话框并选择"公式设置"选项卡。

②单击"增加"按钮，在工资项目列表中增加一空行，单击下拉列表框选择"岗位补贴"项目。

③单击"岗位补贴公式定义"文本框，再单击"函数公式向导输入"按钮，弹出"函数向导——步骤之1"对话框。

④在"函数名"列表中选择"iff"函数，单击"下一步"按钮，弹出"函数向导——步骤之2"对话框。

⑤单击"逻辑表达式"后的"浏览"按钮，弹出"参照"对话框，从"参照"下拉列表中选择"人员类别"选项，从下面的列表中选择"管理人员"，单击"确认"按钮，返回"函数向导——步骤之2"对话框，如图5-15所示。

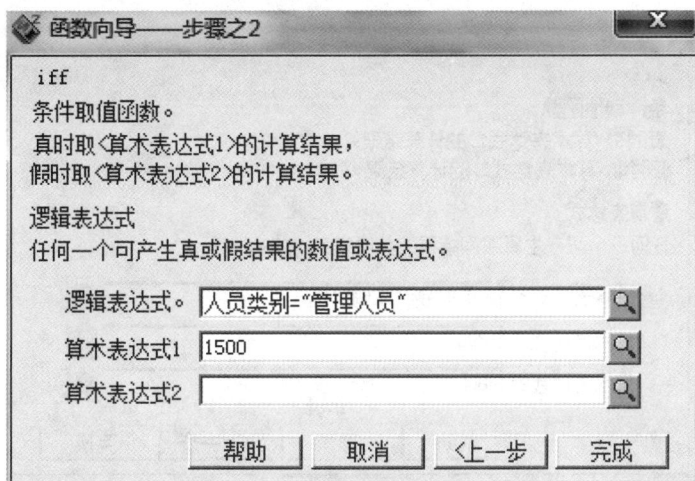

图5-15　函数向导

⑥在"算术表达式1"文本框内输入"1500"后，单击"完成"按钮，返回"公式设置"选项卡。

⑦单击已设置公式最后的"）"之前的位置，光标在"）"前闪烁，如图5-16所示。

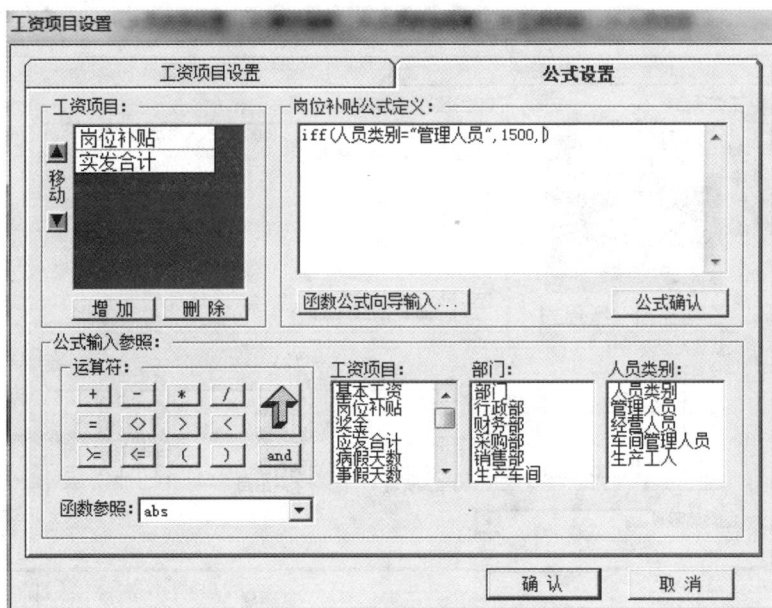

图5-16　"岗位补贴"计算公式

⑧再次单击"函数公式向导输入"按钮，弹出"函数向导——步骤之1"对话框，在"函数名"列表中选择"iff"函数，单击"下一步"按钮，弹出"函数向导——步骤之2"对话框。

⑨单击"逻辑表达式"后的"浏览"按钮，弹出"参照"对话框，从"参照"下拉列表中选择"人员类别"选项，从下面的列表中选择"车间管理人员"，在"算术表达式1"文本框内输入"1200"，在"算术表达式2"文本框内输入"800"，如图5-17所示。

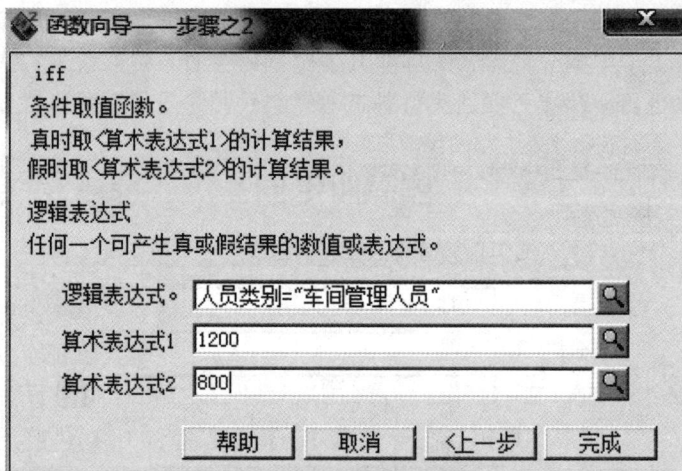

图5-17 函数向导

⑩单击"完成"按钮，返回"公式设置"选项卡，单击"公式确认"按钮，完成"岗位补贴"计算公式的设置（如果公式设置有错误，会弹出"非法的公式定义"对话框，则必须对公式进行修改，直至正确为止），如图5-18所示。

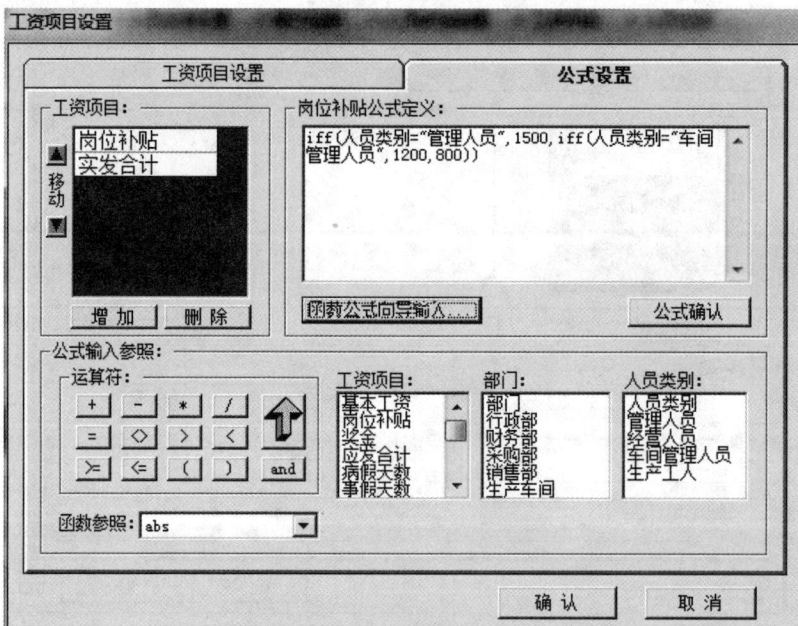

图5-18 "岗位补贴"计算公式

公式二，"奖金"计算公式设置步骤：

①在"工资项目设置"对话框中的"公式设置"选项卡内，单击"增加"按钮，在工资项目列表中增加一空行，单击下拉列表框，选择"奖金"项目。

②单击"奖金公式定义"文本框，再单击"函数公式向导输入"按钮，弹出"函数向导——步骤之1"对话框。

③在"函数名"列表中选择"iff"函数，单击"下一步"按钮，弹出"函数向导

——步骤之2"对话框。

④单击"逻辑表达式"后的"浏览"按钮，弹出"参照"对话框，从"参照"下拉列表中选择"部门名称"选项，从下面的列表中选择"行政部"，在"算术表达式1"文本框内输入"2000"，在"算术表达式2"文本框内输入"1800"，单击"完成"按钮，返回"公式设置"选项卡，如图5-19所示。

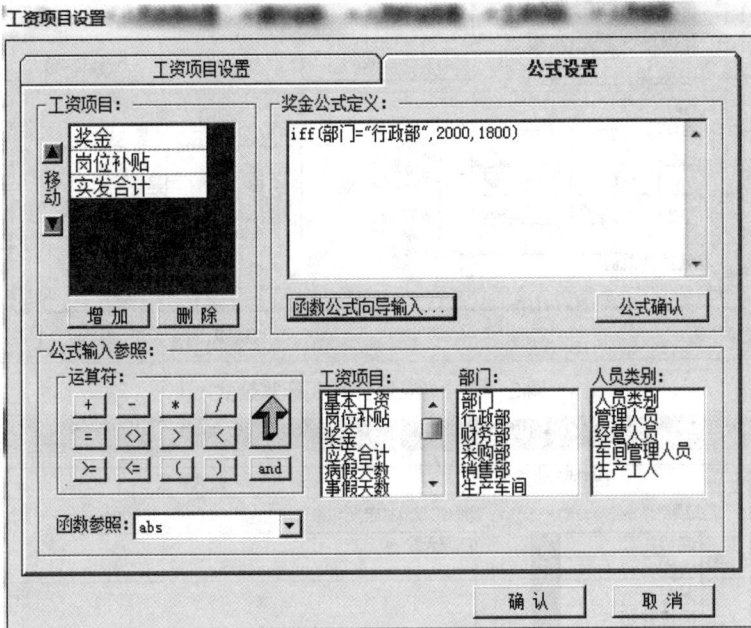

图5-19 "奖金"计算公式

⑤单击"公式确认"按钮，完成"奖金"计算公式的设置。

公式三，"应发合计"计算公式设置步骤：

①在"工资项目设置"对话框中的"公式设置"选项卡内，单击"增加"按钮，在工资项目列表中增加一空行，单击下拉列表框，选择"应发合计"项目。

②单击"应发合计公式定义"文本框，单击"工资项目"列表框中的"基本工资"，单击运算符"+"；单击"工资项目"列表框中的"岗位补贴"，单击运算符"+"；单击"工资项目"列表框中的"奖金"；最后单击"公式确认"按钮，完成"应发合计"计算公式的设置，如图5-20所示。

公式四，"病假扣款"计算公式设置步骤：

①在"工资项目设置"对话框中的"公式设置"选项卡内，单击"增加"按钮，在工资项目列表中增加一空行，单击下拉列表框，选择"病假扣款"项目。

②单击"病假扣款公式定义"文本框，单击"工资项目"列表框中的"病假天数"，单击运算符"*"，在"*"后录入数字"40"。单击"公式确认"按钮，完成"病假扣款"计算公式的设置，如图5-21所示。

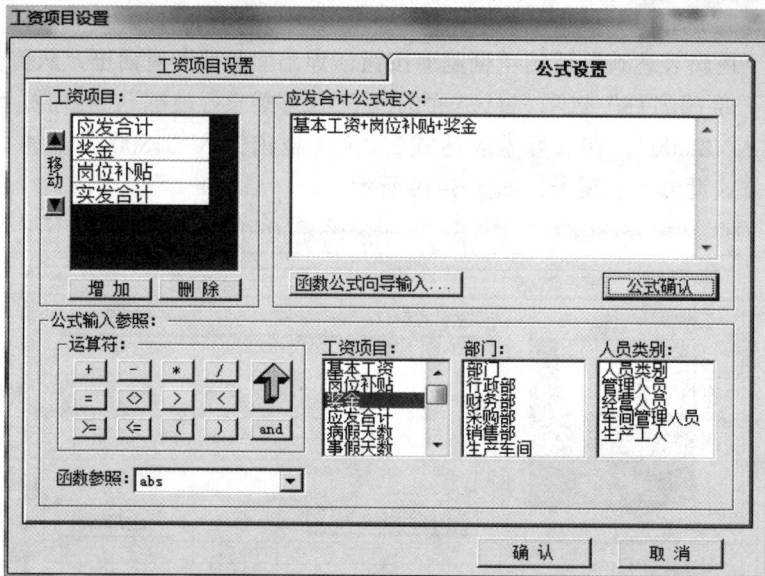

图5-20 "应发合计"计算公式

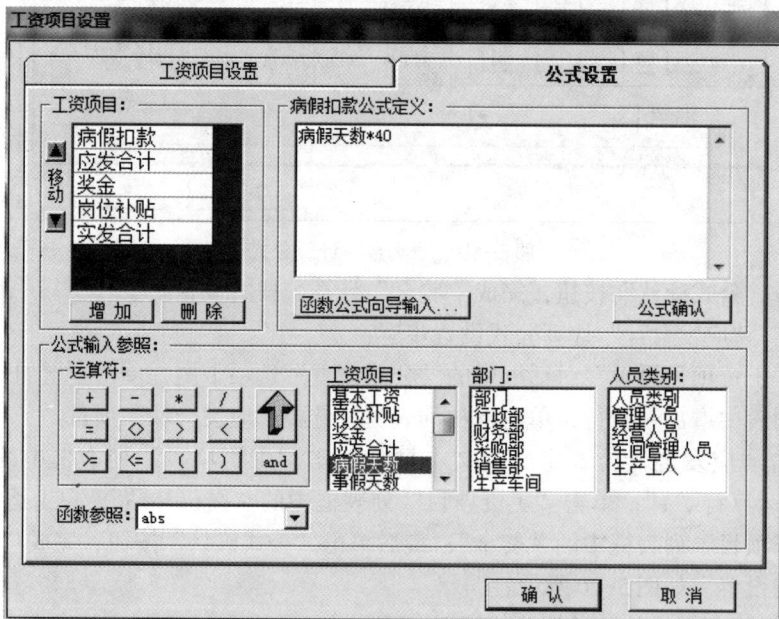

图5-21 "病假扣款"计算公式

公式五，"实发合计"计算公式设置步骤：

①在"工资项目设置"对话框中的"公式设置"选项卡内，单击"增加"按钮，在工资项目列表中增加一空行，单击下拉列表框，选择"实发合计"项目。

②单击"实发合计公式定义"文本框，单击"工资项目"列表框中的"税前工资"，单击运算符"-"，在"-"后输入"代扣税"。单击"公式确认"按钮，完成"实发合计"计算公式的设置，如图5-22所示。

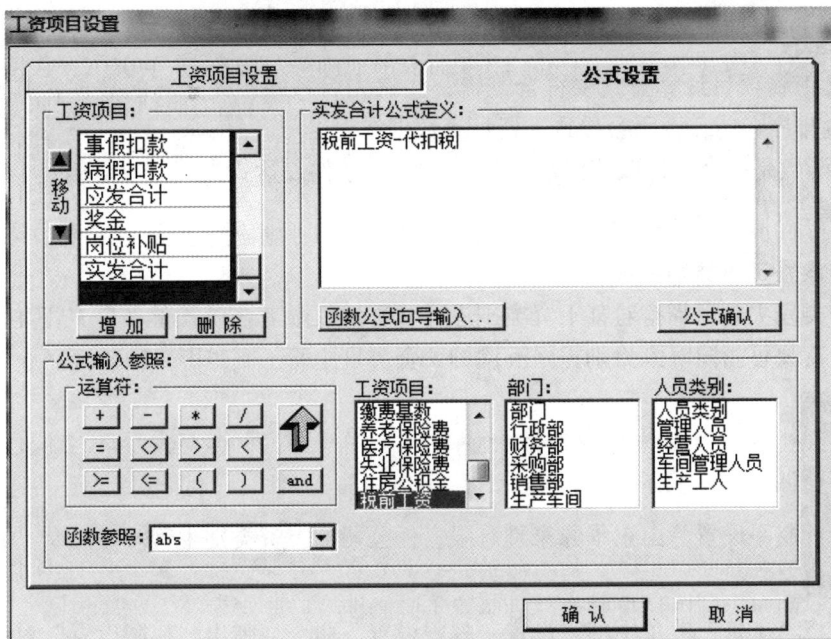

图5-22 "实发合计"计算公式

　　参照以上五个工资项目计算公式的设置步骤，请读者自行设置完成其余所有工资项目的计算公式。

　　这里需要注意的是，在设置完成所有的工资项目计算公式后，还必须按照工资项目之间的先后逻辑关系调整各计算公式的前后顺序，否则会导致工资计算数据出错。其方法是单击"公式设置"选项卡左上角的上下移动按钮，依据任务清单资料调整各工资项目计算公式的顺序，如图5-23所示（部分公式）。

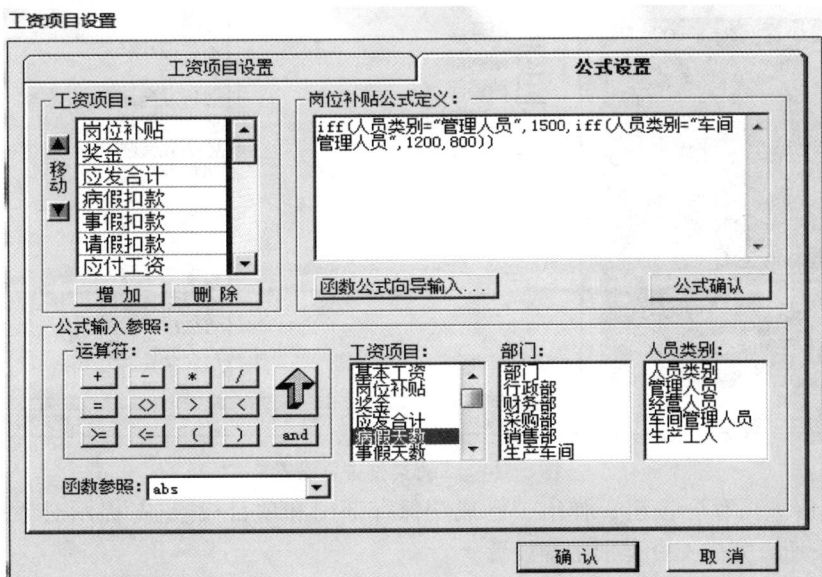

图5-23 工资项目计算公式排序

> **要点提示**
> ● 定义工资项目计算公式要符合逻辑，注意先后顺序，先运算的数据，其计算公式应排序在前，否则会导致工资计算数据错误。
> ● iff( )函数是一个条件取值函数，其含义是iff(条件表达式为真，取最后一个逗号前的值，否则取后面的值)。

（7）设置工资类别主管

工资类别主管，拥有对某工资类别进行管理的权限。在设置了多个工资类别的情况下，根据需要可指定多人分别担任不同的工资类别主管。

任务 5-8

任务清单

将会计赵平设置为山东华峰家具有限责任公司的工资类别主管。

任务指导

①选择"工资"菜单中的"设置→权限设置"命令，弹出"权限设置"对话框。

②单击"修改"按钮，单击选中操作员"103 赵平"，选中"工资类别主管"复选框，其后选择公司为"001（山东华峰家具有限责任公司）"，如图5-24所示。

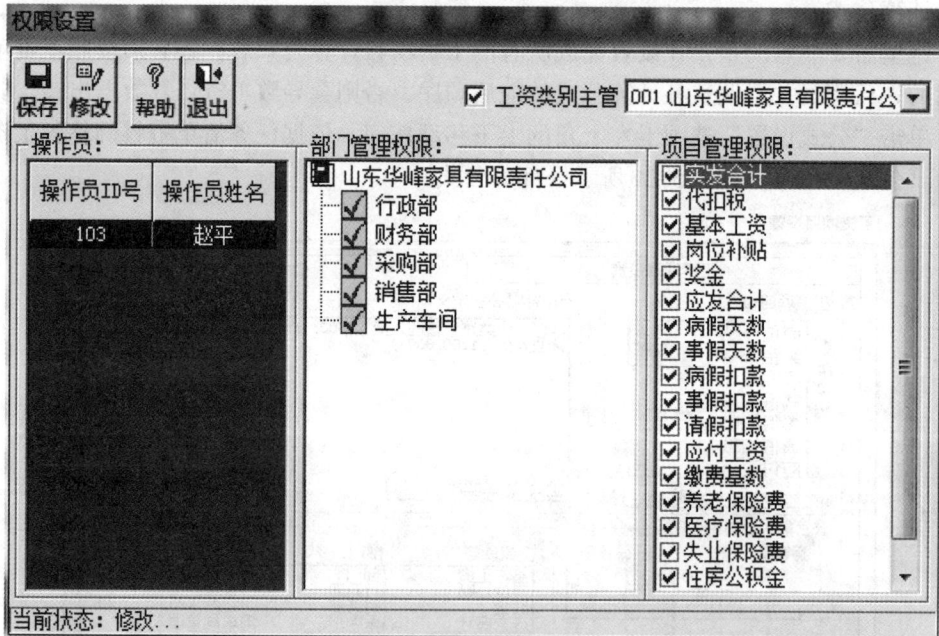

图5-24　工资类别主管设置

③单击"保存"按钮，弹出"已成功保存部门和项目权限！"提示对话框，单击"确定"按钮，完成工资类别主管设置。

任务二 工资管理系统日常业务处理

工资管理系统日常业务主要包括工资计算、代扣个人所得税、工资及其他职工薪酬的分摊等。

现以会计赵平（编号103，密码103）的身份于2020年1月31日登录T3软件，完成工资管理系统日常业务处理。

1.工资变动

首次使用工资管理系统时，需要将所有职工的基本工资、请假天数等工资计算相关数据录入系统，然后生成工资变动表。其后如果发生工资数据变动，还需进行调整。

任务5-9

任务清单

1月31日，录入山东华峰家具有限责任公司2020年1月份工资数据并生成工资变动表。2020年1月份工资数据见表5-4。

表5-4 2020年1月份工资数据

人员编码	人员姓名	部门名称	人员类别	基本工资	缴费基数	病假天数	事假天数
101	周华	行政部	管理人员	6 000	7 000		
102	张强	行政部	管理人员	5 800	6 800	2	
201	王刚	财务部	管理人员	5 500	6 500		
202	杨涛	财务部	管理人员	5 300	6 300		
203	赵平	财务部	管理人员	5 500	6 500		
301	刘智	采购部	经营人员	5 200	6 200		3
401	李克	销售部	经营人员	5 300	6 300		
501	崔文	生产车间	车间管理人员	5 700	6 700		
502	苗峰	生产车间	生产工人	5 000	6 000	1	
503	段鹏	生产车间	生产工人	5 000	6 000		
504	李萌	生产车间	生产工人	5 000	6 000		2
505	刘力	生产车间	生产工人	5 000	6 000		

任务指导

（1）选择"工资"菜单中的"业务处理→工资变动"命令（或直接单击工资管理系统界面中的"工资变动"图标），进入"工资变动"界面。

（2）根据资料，选中"过滤器"后的下拉列表中的"过滤设置"，弹出"项目过滤"对话框，选择"工资项目"中的"基本工资""缴费基数""病假天数""事假天数"，单击"确认"按钮，回到"工资变动"界面。逐行录入所有人员的"基本工资""病假天数""事假天数""缴费基数"数据，如图5-25所示。

图5-25 工资变动

（3）选择"过滤器"后的下拉列表中的"所有项目"，单击"汇总"按钮，系统自动计算出全部工资项目数据，如图5-26所示。

（注：因软件视窗区域限制，本图中未显示"病假天数"、"事假天数"、"病假扣款"及"事假扣款"四栏）

图5-26 工资变动表

（4）单击"退出"按钮，弹出"数据发生变动后尚未进行汇总，是否进行汇总？"提示对话框，单击"是"按钮，完成工资变动的处理。

2.代扣个人所得税

根据我国个人所得税法的规定，职工的个人所得税由企业按月预扣预缴。工资管理系统具有个人所得税的自动计算扣缴功能，企业只需要正确定义计税工资项目、扣除费用基数、附加费用、个人所得税税率等，系统就能自动计算出应扣缴的个人所得税。

任务 5-10

任务清单

1月31日，设置山东华峰家具有限责任公司2020年1月扣缴个人所得税的有关参数：扣税基数为税前工资，扣除费用基数是5 000元，附加费用为0，工资薪金所得适用的是七级超额累进税率。并重算相关数据。

任务指导

（1）选择"工资"菜单中的"业务处理→扣缴所得税"命令（或直接单击工资管理系统界面中的"扣缴个人所得税"图标），弹出"栏目选择"对话框。单击"对应工资项目"栏下的下拉列表框，选择"税前工资"，如图5-27所示。

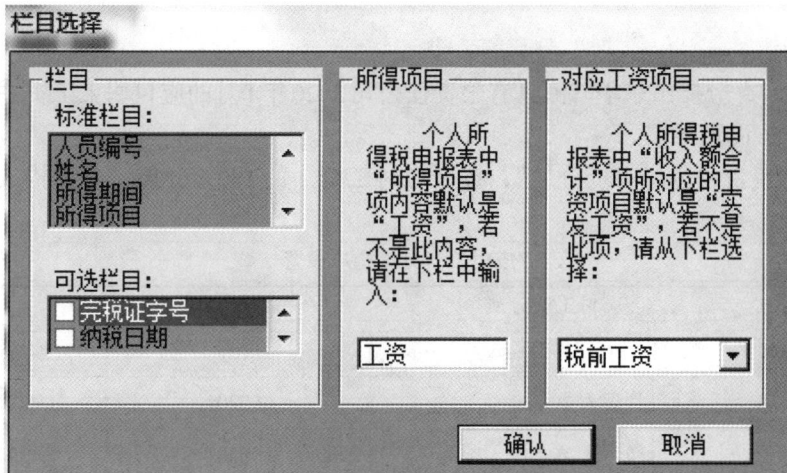

图 5-27 栏目选择

（2）单击"确认"按钮，进入"个人所得税扣缴申报表"界面。单击"税率"按钮，将"基数"设置为"5000"、"附加费用"设置为"0"，如图5-28所示。

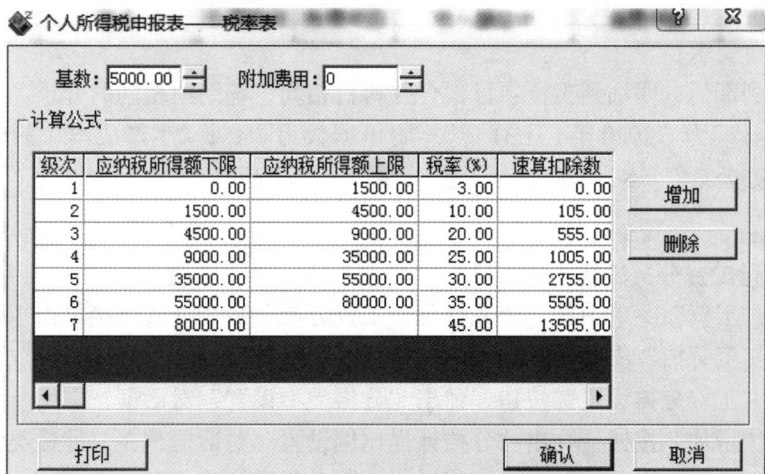

级次	应纳税所得额下限	应纳税所得额上限	税率(%)	速算扣除数
1	0.00	1500.00	3.00	0.00
2	1500.00	4500.00	10.00	105.00
3	4500.00	9000.00	20.00	555.00
4	9000.00	35000.00	25.00	1005.00
5	35000.00	55000.00	30.00	2755.00
6	55000.00	80000.00	35.00	5505.00
7	80000.00		45.00	13505.00

图 5-28 个人所得税税率表

（3）单击"确认"按钮，弹出"调整税率表后，个人所得税需要重新计算。是否重新计算个人所得税?"提示对话框，单击"是"按钮，再单击"退出"按钮，完成参数设置和数据重算。

3.工资分摊

工资分摊就是将职工的工资等职工薪酬分配记入各成本、费用科目，生成相关记账凭证并自动传递到总账系统，从而为企业进行成本费用核算提供数据资料。

工资分摊包括应付工资分摊、职工福利费分摊、工会经费分摊、职工教育经费分摊、社会保险费分摊及住房公积金分摊等。

任务5-11

任务清单

1月31日，分摊山东华峰家具有限责任公司2020年1月的应付职工工资并制单。

（1）分摊设置要求：

分摊类型为"应付工资分摊"，按"应付工资"的100%分摊。分摊构成设置要求见表5-5。

表5-5　　　　　　　　　　应付工资分摊构成设置

应付工资分摊		科目设置	
部门		借方	贷方
行政部、财务部	管理人员	660201	221101
采购部	经营人员	660201	221101
销售部	经营人员	660101	221101
生产车间	车间管理人员	510101	221101
生产车间	生产工人	500102	221101

（2）制单要求：

①分配到部门；明细到工资项目；合并科目相同、辅助项相同的分录。

②制单日期为"2020年1月31日"；附单据数为"1"；"生产成本"的辅助核算项目名称为"办公桌"（本月只生产了"办公桌"一种产品）。

任务指导

（1）应付工资分摊设置

①选择"工资"菜单中的"业务处理→工资分摊"命令（或直接单击工资管理系统界面中的"工资分摊"图标），弹出"工资分摊"对话框。

②单击"工资分摊设置"按钮，弹出"分摊类型设置"对话框。

③单击"增加"按钮，弹出"分摊计提比例设置"对话框，在"计提类型名称"文本框中录入"应付工资分摊"，"分摊计提比例"采用默认值"100%"。

④单击"下一步"按钮，弹出"分摊构成设置"对话框。根据资料表5-5，进行应付工资的分摊构成设置，设置结果如图5-29所示。

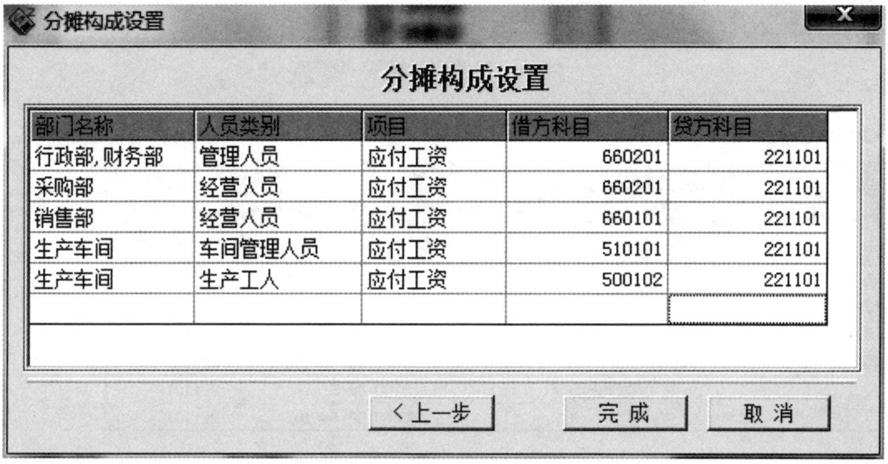

图5-29　分摊构成设置

⑤单击"完成"按钮，再单击"返回"按钮，返回到"工资分摊"对话框。

（2）应付工资分摊制单

①在"工资分摊"对话框中，选中"计提费用类型"列表框中的"应付工资分摊"，再逐个单击选中"行政部"、"财务部"、"采购部"、"销售部"及"生产车间"，确定"计提分配方式"为"分配到部门"，选中"明细到工资项目"复选框，如图5-30所示。

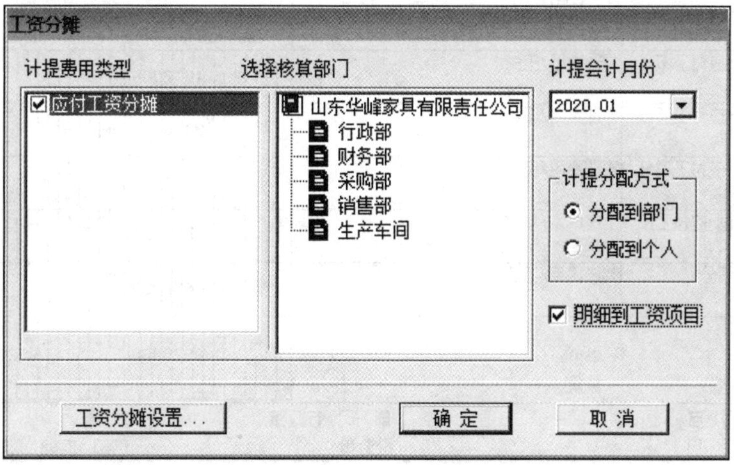

图5-30　应付工资分摊

②单击"确定"按钮，进入"应付工资分摊一览表"界面，如图5-31所示。

③选中"合并科目相同、辅助项相同的分录"复选框，单击"制单"按钮，生成应付工资分摊的记账凭证。

选择凭证类型为"转"字，录入"附单据数"为"1"，将"生产成本/直接人工"科目的辅助核算项目设置为"办公桌"，单击"保存"按钮，凭证左上角显示"已生成"标志，如图5-32所示。

文件 基础设置 总账 往来 现金 出纳 项目 税务 工资 固定资产 票据通 资源中心 窗口 帮助

打印 预览 输出 重选 制单 批制 帮助 退出

应付工资分摊一览表

☐ 合并科目相同、辅助项相同的分录

类型：应付工资分摊

计提会计月份：2020.01月

部门名称	人员类别	应付工资		
		分配金额	借方科目	贷方科目
行政部	管理人员	18720.00	660201	221101
财务部		26200.00	660201	221101
采购部	经营人员	7560.00	660201	221101
销售部		7900.00	660101	221101
生产车间	车间管理人员	8700.00	510101	221101
	生产工人	30200.00	500102	221101

图 5-31　应付工资分摊一览表

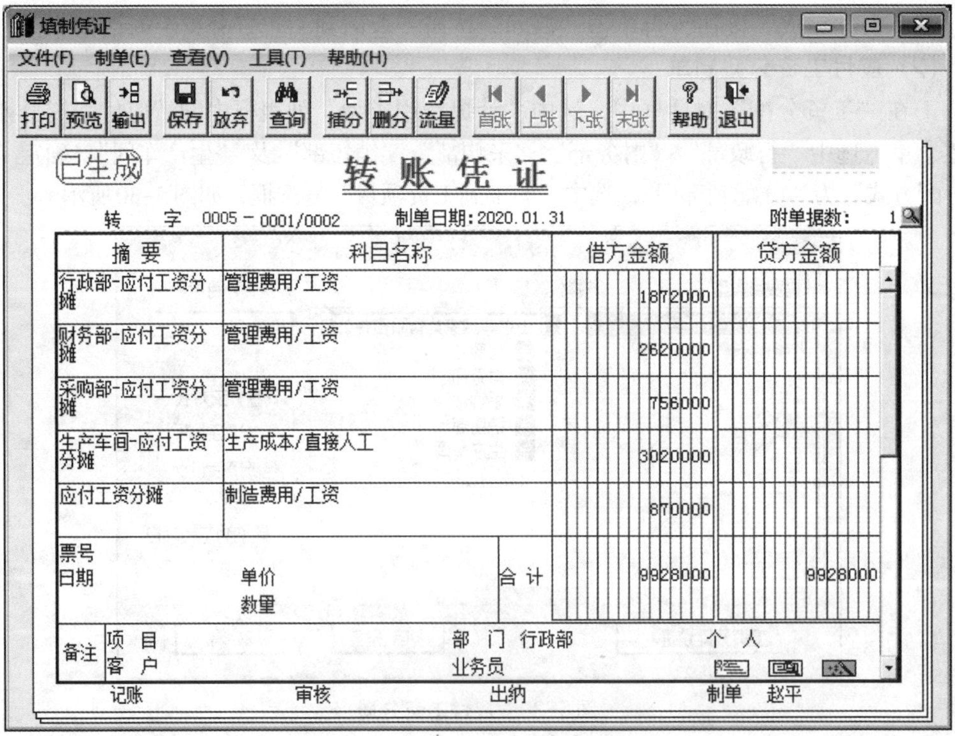

填制凭证

文件(F) 制单(E) 查看(V) 工具(T) 帮助(H)

打印 预览 输出 保存 放弃 查询 插分 删分 流量 首张 上张 下张 末张 帮助 退出

已生成

转 账 凭 证

转　字　0005 - 0001/0002　　制单日期：2020.01.31　　　　附单据数：　1

摘　要	科目名称	借方金额	贷方金额
行政部-应付工资分摊	管理费用/工资	1872000	
财务部-应付工资分摊	管理费用/工资	2620000	
采购部-应付工资分摊	管理费用/工资	756000	
生产车间-应付工资分摊	生产成本/直接人工	3020000	
应付工资分摊	制造费用/工资	870000	
票号日期	单价 数量	合计 9928000	9928000

备注　项　目　　　　　　　　部　门　行政部　　　　个　人
　　　客　户　　　　　　　　业务员

　记账　　　　　审核　　　　　出纳　　　　制单　赵平

图 5-32　应付工资分摊记账凭证

④单击"退出"按钮，完成应付工资分摊的制单。

任务 5-12

任务清单

1月31日，计提分摊山东华峰家具有限责任公司2020年1月的职工教育经费并制单。

（1）分摊设置要求：

分摊类型为"职工教育经费分摊"，按"应付工资"的8%分摊。分摊构成设置要求见表5-6。

表5-6　　　　　　　　　　　职工教育经费分摊构成设置

部门	职工教育经费分摊	科目设置	
		借方	贷方
行政部、财务部	管理人员	660202	221103
采购部	经营人员	660202	221103
销售部	经营人员	660102	221103
生产车间	车间管理人员	510102	221103
生产车间	生产工人	500102	221103

（2）制单要求：

①分配到部门；明细到工资项目；合并科目相同、辅助项相同的分录。

②制单日期为"2020年1月31日"；附单据数为"1"；"生产成本"的辅助核算项目名称为"办公桌"（本月只生产了"办公桌"一种产品）。

任务指导

（1）职工教育经费分摊设置

①选择"工资"菜单中的"业务处理→工资分摊"命令（或直接单击工资管理系统界面中的"工资分摊"图标），弹出"工资分摊"对话框。

②单击"工资分摊设置"按钮，弹出"分摊类型设置"对话框。

③单击"增加"按钮，弹出"分摊计提比例设置"对话框，在"计提类型名称"文本框中录入"职工教育经费分摊"，"分摊计提比例"设置为"8%"。

④单击"下一步"按钮，弹出"分摊构成设置"对话框。根据表5-6中的资料，进行职工教育经费的分摊构成设置，设置结果如图5-33所示。

图5-33　分摊构成设置

⑤单击"完成"按钮,再单击"返回"按钮,返回到"工资分摊"对话框。

(2)职工教育经费分摊制单

①在"工资分摊"对话框中,选中"计提费用类型"列表框中的"职工教育经费分摊",再逐个单击选中"行政部"、"财务部"、"采购部"、"销售部"及"生产车间",确定"计提分配方式"为"分配到部门",选中"明细到工资项目"复选框,如图5-34所示。

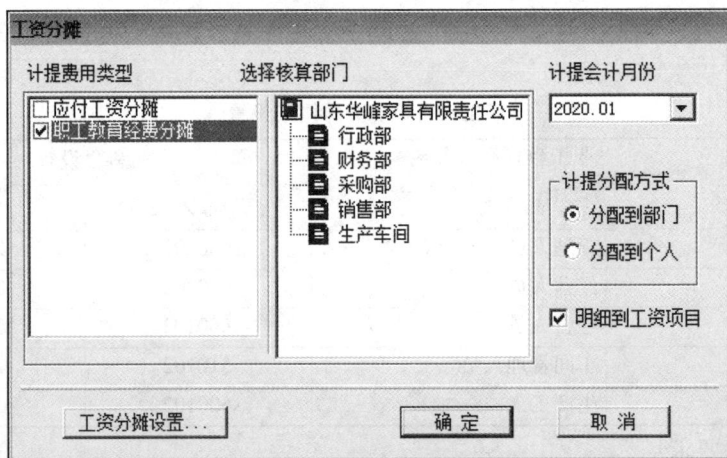

图5-34 职工教育经费分摊

②单击"确定"按钮,进入"职工教育经费分摊一览表"界面,如图5-35所示。

职工教育经费分摊一览表

□ 合并科目相同、辅助项相同的分录

类型:[职工教育经费分摊 ▼] 计提会计月份:2020.01月

人员类别	应付工资				
	计提基数	计提比例	计提金额	借方科目	贷方科目
管理人员	18720.00	8.00%	1497.60	660202	221103
	26200.00	8.00%	2096.00	660202	221103
经营人员	7560.00	8.00%	604.80	660202	221103
	7900.00	8.00%	632.00	660102	221103
车间管理人员	8700.00	8.00%	696.00	510102	221103
生产工人	30200.00	8.00%	2416.00	500102	221103

图5-35 职工教育经费分摊一览表

③选中"合并科目相同、辅助项相同的分录"复选框,单击"制单"按钮,生成职工教育经费分摊的记账凭证。

选择凭证类型为"转"字,录入"附单据数"为"1",将"生产成本/直接人工"科目的辅助核算项目设置为"办公桌",单击"保存"按钮,凭证左上角显示"已生成"标志,如图5-36所示。

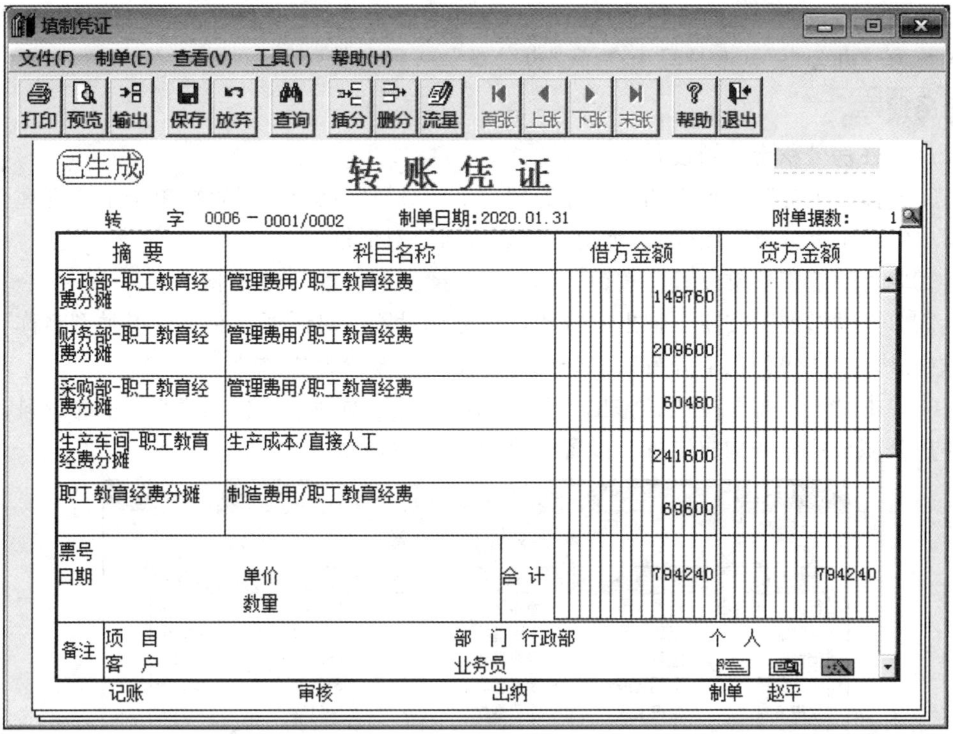

图5-36 职工教育经费分摊记账凭证

④单击"退出"按钮,完成职工教育经费分摊的制单。

任务 5-13

任务清单

1月31日,计提分摊山东华峰家具有限责任公司2020年1月的住房公积金并制单。

(1)分摊设置要求:

分摊类型为"住房公积金分摊",按"缴费基数"的6%分摊。分摊构成设置要求见表5-7。

表5-7 住房公积金分摊构成设置

| 住房公积金分摊 | | 科目设置 | |
部门		借方	贷方
行政部、财务部	管理人员	660204	221106
采购部	经营人员	660204	221106
销售部	经营人员	660104	221106
生产车间	车间管理人员	510104	221106
生产车间	生产工人	500102	221106

(2)制单要求:

①分配到部门;明细到工资项目;合并科目相同、辅助项相同的分录。

②制单日期为“2020年1月31日”；附单据数为“1”；“生产成本”的辅助核算项目名称为“办公桌”（本月只生产了“办公桌”一种产品）。

任务指导

（1）住房公积金分摊设置

①选择“工资”菜单中的“业务处理→工资分摊”命令（或直接单击工资管理系统界面中的“工资分摊”图标），弹出“工资分摊”对话框。

②单击“工资分摊设置”按钮，弹出“分摊类型设置”对话框。

③单击“增加”按钮，弹出“分摊计提比例设置”对话框，在“计提类型名称”文本框中录入“住房公积金分摊”，“分摊计提比例”设置为“6%”。

④单击“下一步”按钮，弹出“分摊构成设置”对话框。根据表5-7中的资料，进行住房公积金的分摊构成设置，设置结果如图5-37所示。

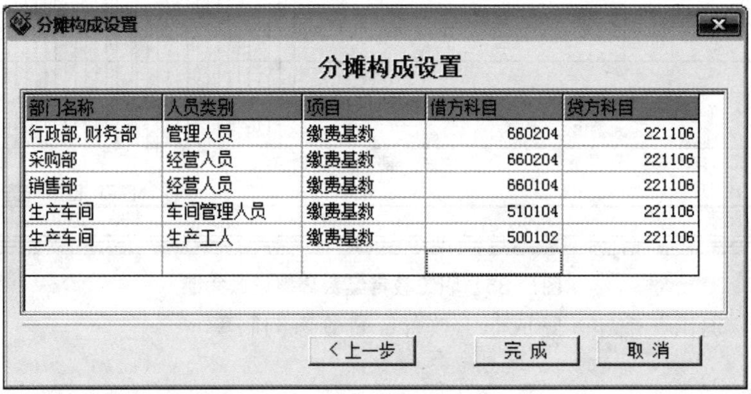
分摊构成设置
分摊构成设置
部门名称 人员类别 项目 借方科目 贷方科目
行政部,财务部 管理人员 缴费基数 660204 221106
采购部 经营人员 缴费基数 660204 221106
销售部 经营人员 缴费基数 660104 221106
生产车间 车间管理人员 缴费基数 510104 221106
生产车间 生产工人 缴费基数 500102 221106
＜上一步
完 成
取 消

图5-37 分摊构成设置

⑤单击“完成”按钮，再单击“返回”按钮，返回到“工资分摊”对话框。

（2）住房公积金分摊制单

①在“工资分摊”对话框中，选中“计提费用类型”列表框中的“住房公积金分摊”，再逐个单击选中“行政部”、“财务部”、“采购部”、“销售部”及“生产车间”，确定“计提分配方式”为“分配到部门”，选中“明细到工资项目”复选框，如图5-38所示。

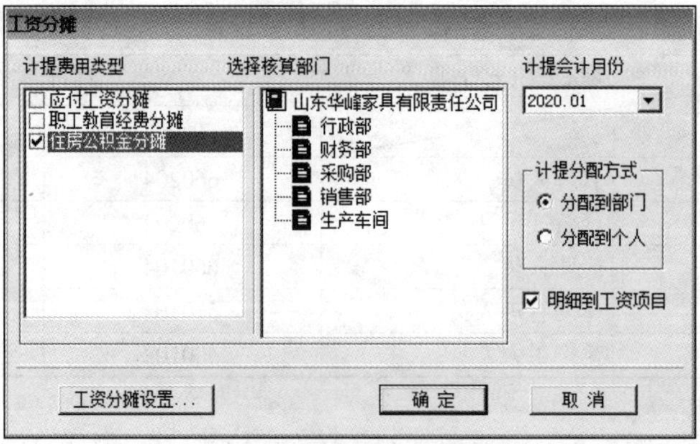
工资分摊
计提费用类型
应付工资分摊
职工教育经费分摊
住房公积金分摊
选择核算部门
山东华峰家具有限责任公司
行政部
财务部
采购部
销售部
生产车间
计提会计月份
2020.01
计提分配方式
分配到部门
分配到个人
明细到工资项目
工资分摊设置...
确 定
取 消

图5-38 住房公积金分摊

②单击"确定"按钮,进入"住房公积金分摊一览表"界面,如图5-39所示。

住房公积金分摊一览表

☐ 合并科目相同、辅助项相同的分录

类型:[住房公积金分摊 ▼]   计提会计月份:2020.01月

人员类别	缴费基数				
	计提基数	计提比例	计提金额	借方科目	贷方科目
管理人员	13800.00	6.00%	828.00	660204	221106
	19300.00	6.00%	1158.00	660204	221106
经营人员	6200.00	6.00%	372.00	660204	221106
	6300.00	6.00%	378.00	660104	221106
车间管理人员	6700.00	6.00%	402.00	510104	221106
生产工人	24000.00	6.00%	1440.00	500102	221106

图5-39 住房公积金分摊一览表

③选中"合并科目相同、辅助项相同的分录"复选框,单击"制单"按钮,生成住房公积金分摊的记账凭证。

选择凭证类型为"转"字,录入"附单据数"为"1",将"生产成本/直接人工"科目的辅助核算项目设置为"办公桌",单击"保存"按钮,凭证左上角显示"已生成"标志,如图5-40所示。

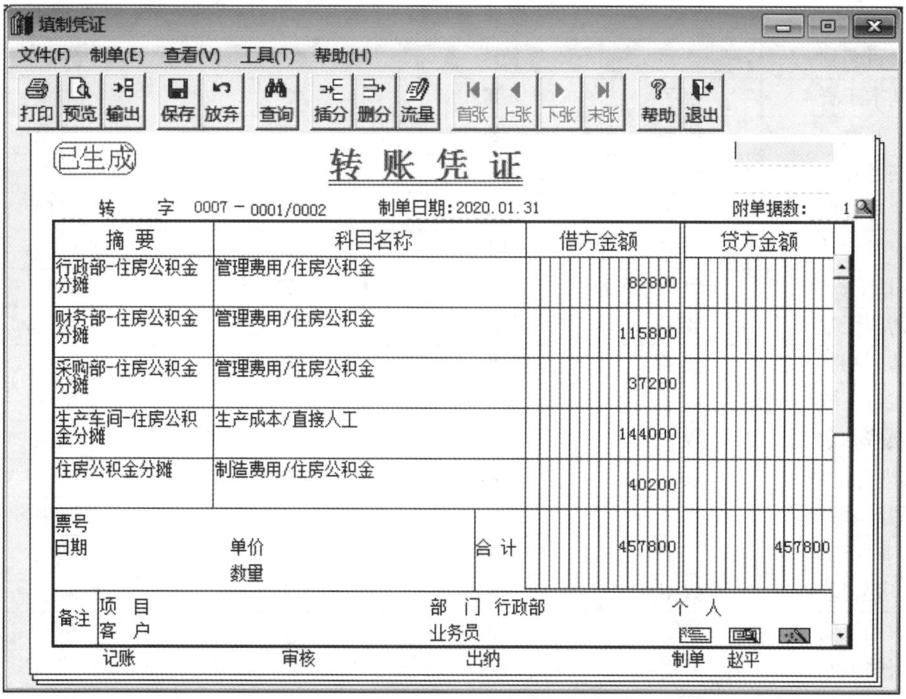

转账凭证

已生成

转 字 0007 - 0001/0002   制单日期:2020.01.31   附单据数: 1

摘 要	科目名称	借方金额	贷方金额
行政部-住房公积金分摊	管理费用/住房公积金	82800	
财务部-住房公积金分摊	管理费用/住房公积金	115800	
采购部-住房公积金分摊	管理费用/住房公积金	37200	
生产车间-住房公积金分摊	生产成本/直接人工	144000	
住房公积金分摊	制造费用/住房公积金	40200	
票号 日期	单价 数量	合 计 457800	457800

备注 项 目   部 门 行政部   个 人
     客 户   业务员

记账   审核   出纳   制单 赵平

图5-40 住房公积金分摊记账凭证

④单击"退出"按钮，完成住房公积金分摊的制单。

职工福利费、工会经费、社会保险费等其他职工薪酬的分摊操作步骤与以上应付工资、职工教育经费、住房公积金的分摊操作步骤是类似的，本书不再赘述。

同步训练题

根据以下资料，进行上海白羽有限责任公司的工资管理系统初始设置和日常业务处理。

1.**工资管理系统初始设置**（以账套主管孙朋的身份进行操作）

（1）启用工资管理系统

以账套主管孙朋的身份登录"系统管理"，启用"工资管理"系统，启用日期为"2020年1月1日"，并将工资管理系统的权限授予会计田原。

（2）设置工资账套控制参数

工资类别个数设置为"单个"，核算币种设为"人民币RMB"，要求代扣个人所得税，不进行扣零处理，人员编码长度设为"3位"，启用日期设为"2020年1月"。

（3）设置工资管理系统基础信息

①人员类别：管理人员、经营人员、车间管理人员、生产工人。

②人员附加信息设置：增加"性别""身份证号"作为人员附加信息。

③银行名称：交通银行秋泉路支行，账号定长为"11"，录入时自动带出的账号长度为"7"。

④工资项目（设置完后还需对工资项目按表5-8的顺序排序）。

表5-8 工资项目

项目名称	类型	长度	小数位数	增减项
基本工资	数字	8	2	增项
奖金	数字	8	2	增项
交通补贴	数字	8	2	增项
住房补贴	数字	8	2	增项
应发合计	数字	10	2	增项
日工资	数字	8	2	其他
请假天数	数字	8	2	其他
请假扣款	数字	8	2	减项
应付工资	数字	8	2	增项
缴费基数	数字	8	2	其他
养老保险费	数字	8	2	减项
医疗保险费	数字	8	2	减项
失业保险费	数字	8	2	减项
住房公积金	数字	8	2	减项
税前工资	数字	10	2	增项
代扣税	数字	10	2	减项
实发合计	数字	10	2	增项

⑤人员档案（见表5-9）。

表5-9   人员档案

人员编码	人员姓名	部门名称	人员类别	银行账号	是否中方人员	是否计税
101	崔凯	管理部	管理人员	20160010001	是	是
102	王元	管理部	管理人员	20160010002	是	是
201	孙朋	会计部	管理人员	20170010003	是	是
202	华泉	会计部	管理人员	20160010004	是	是
203	田原	会计部	管理人员	20160010005	是	是
301	方利	仓储部	经营人员	20160010006	是	是
401	陈明	采购部	经营人员	20160010007	是	是
501	李德	销售部	经营人员	20160010008	是	是
601	赵虹	生产部	车间管理人员	20160010009	是	是
602	王甜	生产部	男式短款羽绒服生产工人	20160010010	是	是
603	李迪	生产部	男式短款羽绒服生产工人	20160010011	是	是
604	李铭	生产部	男式短款羽绒服生产工人	20160010012	是	是
605	周龙	生产部	男式长款羽绒服生产工人	20160010013	是	是
606	陆友	生产部	男式长款羽绒服生产工人	20160010014	是	是
607	高群	生产部	男式长款羽绒服生产工人	20160010015	是	是

⑥工资计算公式（设置完后还需对工资项目公式按表5-10的顺序排序）。

表5-10   工资计算公式

工资项目	定义公式
基本工资	管理部为6 600元，会计部为6 300元，其余部门为6 000元
奖金	管理部为2 000元，会计部为1 600元，仓储部为1 300元，其余部门为1 200元
交通补贴	管理人员为600元，经营人员为500元，车间管理人员为400元，其余人员为300元
住房补贴	管理人员为1 200元，其余人员为1 000元
应发合计	基本工资+奖金+交通补贴+住房补贴
日工资	基本工资÷30
请假扣款	日工资×请假天数
应付工资	应发合计-请假扣款
养老保险费	缴费基数×0.08
医疗保险费	缴费基数×0.02
失业保险费	缴费基数×0.01
住房公积金	缴费基数×0.09
税前工资	应付工资-养老保险费-医疗保险费-失业保险费-住房公积金
实发合计	税前工资-代扣税

⑦将会计田原设置为工资类别主管。

2.工资管理系统日常业务处理（以会计田原的身份进行操作）

（1）1月31日，分摊本月应付职工工资并生成记账凭证，相关资料如下：

①代扣个人所得税的有关参数：扣税基数为"税前工资"，扣除费用基数是"5 000"元，附加费用为"0"。

②上海白羽有限责任公司2020年1月有关的工资数据见表5-11。

表5-11　　　　　　　　　　　　　　工资数据

人员编码	人员姓名	部门名称	人员类别	缴费基数	请假天数
101	崔凯	管理部	管理人员	7 000	2
102	王元	管理部	管理人员	7 000	
201	孙朋	会计部	管理人员	7 000	
202	华泉	会计部	管理人员	7 000	2
203	田原	会计部	管理人员	7 000	
301	方利	仓储部	经营人员	6 800	
401	陈明	采购部	经营人员	6 800	1
501	李德	销售部	经营人员	6 800	
601	赵虹	生产部	车间管理人员	6 500	1
602	王甜	生产部	男式短款羽绒服生产工人	6 500	
603	李迪	生产部	男式短款羽绒服生产工人	6 500	
604	李铭	生产部	男式短款羽绒服生产工人	6 500	
605	周龙	生产部	男式长款羽绒服生产工人	6 500	
606	陆友	生产部	男式长款羽绒服生产工人	6 500	
607	高群	生产部	男式长款羽绒服生产工人	6 500	

③分摊设置要求：

分摊类型为"分摊应付工资"，按"应付工资"的100%分摊。分摊构成设置要求见表5-12。

表5-12　　　　　　　　　　应付工资分摊构成设置

应付工资分摊		科目设置	
部门		借方	贷方
管理部、会计部	管理人员	660201	221101
仓储部、采购部	经营人员	660201	221101
销售部	经营人员	660101	221101
生产部	车间管理人员	510101	221101
生产部	男式短款羽绒服生产工人	500102	221101
生产部	男式长款羽绒服生产工人	500102	221101

④制单要求：分配到部门；明细到工资项目；合并科目相同、辅助项相同的分录（制单日期为"2020年1月31日"；附原始凭证1张；本月生产了"男式短款羽绒服"和"男式长款羽绒服"两种产品）。

（2）1月31日，结转本月应付职工薪酬中的代扣款项（附原始凭证1张）。

（3）1月31日，按"应付工资"的14%计算分摊本月职工福利费并生成记账凭证（制单要求：分配到部门；明细到工资项目；合并科目相同、辅助项相同的分录；附原始凭证1张）。

（4）1月31日，按"应付工资"的2%计提分摊本月工会经费并生成记账凭证（制单要求：分配到部门；明细到工资项目；合并科目相同、辅助项相同的分录；附原始凭证1张）。

（5）1月31日，按"应付工资"的8%计提分摊本月职工教育经费并生成记账凭证（制单要求：分配到部门；明细到工资项目；合并科目相同、辅助项相同的分录；附原始凭证1张）。

（6）1月31日，按"缴费基数"的26%计提分摊本月公司负担的社会保险费并生成记账凭证（制单要求：分配到部门；明细到工资项目；合并科目相同、辅助项相同的分录；附原始凭证1张）。

（7）1月31日，按"缴费基数"的10%计提分摊本月公司负担的住房公积金并生成记账凭证（制单要求：分配到部门；明细到工资项目；合并科目相同、辅助项相同的分录；附原始凭证1张）。

项目六　购销存管理系统

─────────□ 项目概览

本项目系统地介绍了畅捷通T3软件中采购管理、销售管理、库存管理、核算管理等模块的主要内容。

本项目的学习目标为：

了解：采购管理、销售管理、库存管理、核算管理等模块的主要功能。

理解：采购、销售、库存等存货相关业务在T3软件中的处理原理。

掌握：：T3软件中处理采购、销售、库存等存货相关业务的操作步骤和方法。

T3软件中的购销存管理系统，主要用来处理企业存货的收、发、存及相关的款项往来等业务，主要包括采购管理系统、销售管理系统、库存管理系统、核算管理系统四个子系统。

采购管理系统主要处理存货的采购及相关的付款结算等业务。

销售管理系统主要处理存货的销售及相关的收款结算等业务。

库存管理系统主要处理存货的入库、出库、盘点等业务。

核算管理系统主要是核算存货出入库成本、生成存货相关业务的记账凭证并传递到总账系统中。以上四个子系统还可以提供存货收、发、存过程中的统计与分析功能，包括采购明细表、销售明细表、供应商往来账表、客户往来账表、库存明细表等各种统计表，从而为企业的分析和决策提供及时、有效的保证。

任务一　购销存管理系统初始设置

1.启用购销存管理系统并授权

要使用T3软件的购销存管理系统，首先应启用采购管理、销售管理、库存管理、核算管理四个子系统，其启用方法和前述的总账管理、固定资产、工资管理等子系统的启用方法是类似的。

（1）首先以山东华峰家具有限责任公司账套主管王刚（编号101、密码101）的身份登录"系统管理"，启用"购销存管理"和"核算"模块，启用日期均设置为"2020年1月1日"，启用后如图6-1所示。

（2）再继续以账套主管王刚的身份（以系统管理员"admin"的身份也可以）将"采购管理""销售管理""库存管理""核算""应付管理""应收管理"的全部权限授予

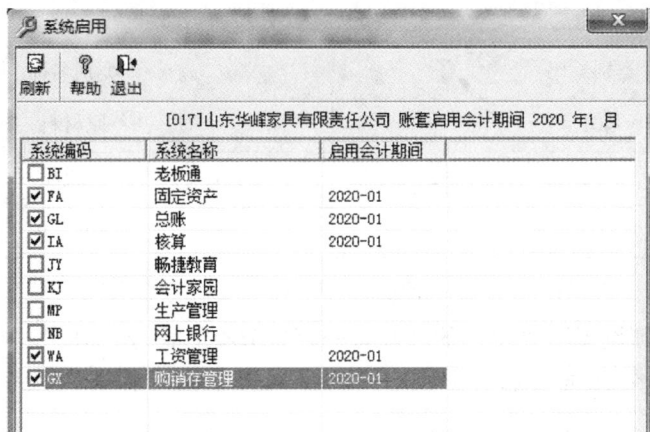

图6-1 启用购销存管理系统

会计赵平（编号103），授权后如图6-2所示。

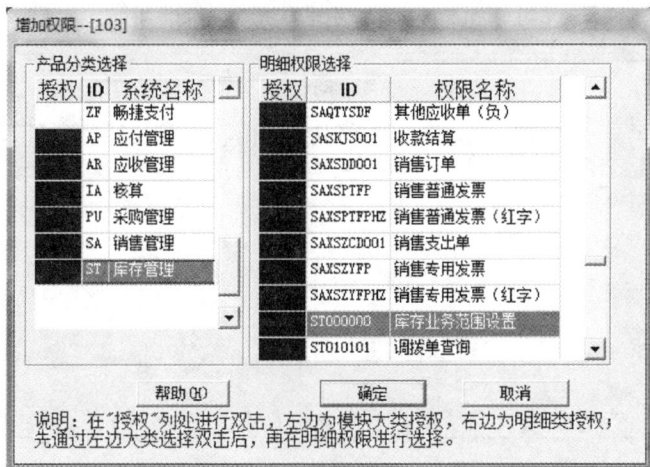

图6-2 购销存管理系统授权

2.购销存管理系统基础档案设置

购销存管理系统基础档案，是购销存管理系统应用的基础，主要包括存货分类档案、存货档案、仓库档案、收发类别、采购类型、销售类型、费用项目、付款条件等。

山东华峰家具有限责任公司的购销存管理系统基础档案，一般应以账套主管王刚（编号101、密码101）的身份于2020年1月1日登录"畅捷通T3企业管理信息化软件"进行设置。

（1）设置存货分类档案

为便于各种存货的管理和数据统计，应对存货进行分类。

任务6-1

任务清单

根据表6-1中的资料，设置山东华峰家具有限责任公司的存货分类档案。

表6-1 存货分类档案

类别编码	类别名称
01	原材料
02	产成品
03	劳务费用

任务指导

①选择"基础设置"菜单中的"存货→存货分类"命令，弹出"存货分类"对话框，录入"01"类存货信息，如图6-3所示。再单击"保存"按钮以保存设置的信息。

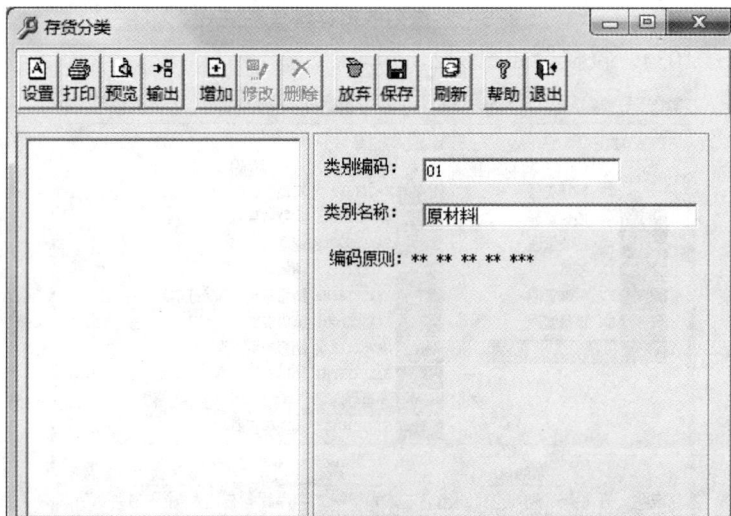

图6-3 增加存货分类档案

②继续录入"02""03"类存货信息并分别保存，全部设置完成后如图6-4所示。

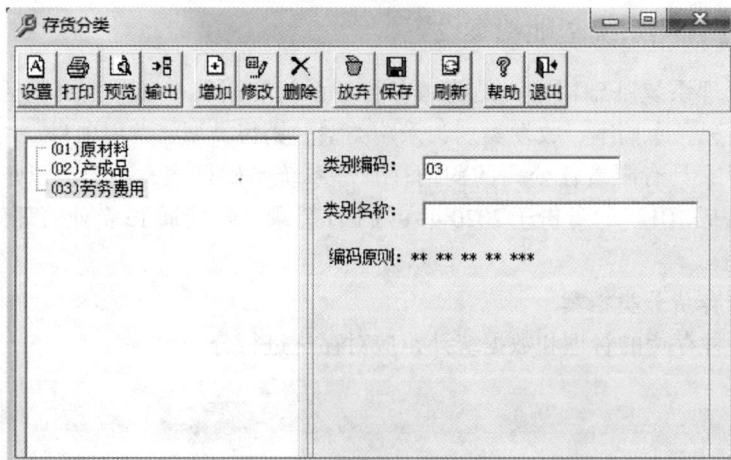

图6-4 存货分类档案

要点提示

● 只有在建立账套时选择了"需要对存货分类"选项，才能在此处设置存货分类档案。

（2）设置存货档案

企业的每一种存货，均应设置相应的存货档案，并且与购入存货相关的运输费、装卸费、保险费、包装费等采购费用也应设置相应的存货档案。

任务6-2

任务清单

根据表6-2中的资料，设置山东华峰家具有限责任公司的存货档案。

表6-2   存货档案

存货编号	存货名称	计量单位	所属分类	税率	存货属性
101	实木板	平方米	01	13%	外购、生产耗用
102	油漆	桶	01	13%	外购、生产耗用
103	铁质配件	套	01	13%	外购、生产耗用
104	钢质配件	套	01	13%	外购、生产耗用
201	办公桌	张	02	13%	销售、自制、在制
202	餐桌	张	02	13%	销售、自制、在制
301	运输费	次	03	9%	外购、劳务费用

任务指导

①选择"基础设置"菜单中的"存货→存货档案"命令，弹出"存货档案"对话框，首先单击选中对话框左侧的"01 原材料"类别，然后单击"增加"按钮，在弹出的"存货档案卡片"对话框中，录入编号为"101"的存货档案信息，如图6-5所示。再单击"保存"按钮以保存设置的信息。

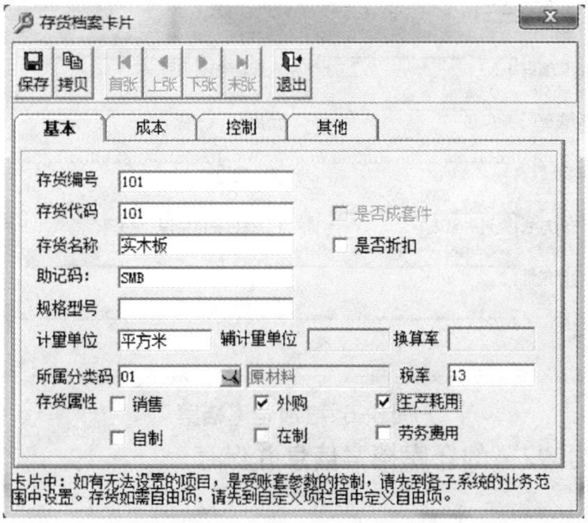

图6-5 增加存货档案

②继续录入编号为"102""103""104""201""202""301"的存货档案信息并分别保存。

> **要点提示**
> ● 在录入编号为"201""202""301"的存货档案时,应注意切换选择存货类别。
> ● 录入不同的存货档案,应特别注意其税率和属性的差异。尤其要注意运输费的属性应选择"外购、劳务费用"。

（3）设置仓库档案

仓库档案的设置对企业发出存货成本的核算非常重要,尤其是其中的"计价方式",一定要根据企业的实际情况及核算要求谨慎选择设置。

任务6-3

任务清单

根据表6-3中的资料,设置山东华峰家具有限责任公司的仓库档案。

表6-3 仓库档案

仓库编码	仓库名称	所属部门	负责人	计价方式
1	材料库	采购部	刘智	先进先出法
2	产成品库	销售部	李克	全月平均法

任务指导

①选择"基础设置"菜单中的"购销存→仓库档案"命令,弹出"仓库档案"对话框,单击"增加"按钮,在弹出的"仓库档案卡片"对话框中,录入编号为"1"的仓库档案信息,如图6-6所示。再单击"保存"按钮以保存设置的信息。

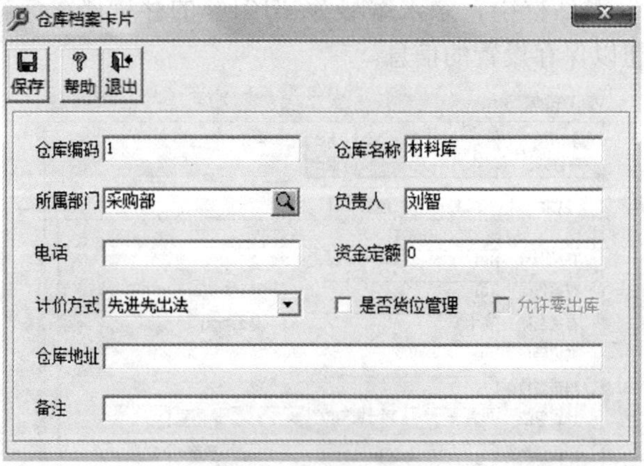

图6-6 增加仓库档案

②继续录入编号为"2"的仓库档案信息并保存。

要点提示

● 仓库档案中的计价方式，应根据企业的实际情况和核算要求，从先进先出法、移动平均法、个别计价法、全月平均法等方法中选择一种。
● 如果选择了全月平均法，则该仓库存货的发出成本，只能在月末进行了该仓库的"月末处理"后才能核算。

（4）设置收发类别

为了便于对存货的收发数据进行分类统计，需要对存货的入库、出库区分为不同的类别。

任务6-4

任务清单

根据表6-4中的资料，设置山东华峰家具有限责任公司的存货收发类别。

表6-4　　　　　　　　　　　　存货收发类别

所属类别	编码	类别名称	收发标志
入库类别	17	盘盈入库	收
出库类别	26	盘亏出库	发

任务指导

①选择"基础设置"菜单中的"购销存→收发类别"命令，弹出"收发类别"对话框，首先单击选中对话框左侧的"入库类别"，单击"增加"按钮，在对话框右侧录入编号为"17"的入库类别信息，如图6-7所示。再单击"保存"按钮以保存设置的信息。

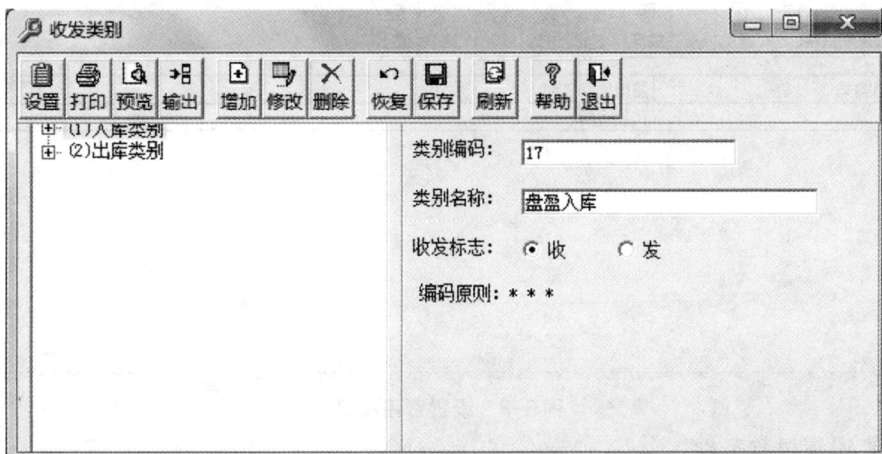

图6-7　设置入库类别

②单击选中对话框左侧的"出库类别"，单击"增加"按钮，在对话框右侧继续录入编号为"26"的出库类别信息并保存。

要点提示

● T3软件中已经预置常见的存货收发类别，企业可以根据实际情况增设或删减。

（5）设置采购类型和销售类型

设置采购类型和销售类型，是为了便于按不同类型分别对采购、销售业务数据进行统计和分析。本书不再增设采购类型和销售类型，而使用系统预置的"普通采购"和"普通销售"两个类型。

（6）设置费用项目

为便于核算、统计企业销售过程中发生的一些费用，如代垫运杂费、销售支出等，应设置费用项目。

任务6-5

任务清单

根据表6-5中的资料，设置山东华峰家具有限责任公司的费用项目。

表6-5 费用项目

编码	费用项目名称	备注
01	代垫运费	

任务指导

选择"基础设置"菜单中的"购销存→费用项目"命令，弹出"费用项目"对话框，录入代垫运费的相关信息，如图6-8所示。再单击"增加"按钮，即可保存录入的信息。

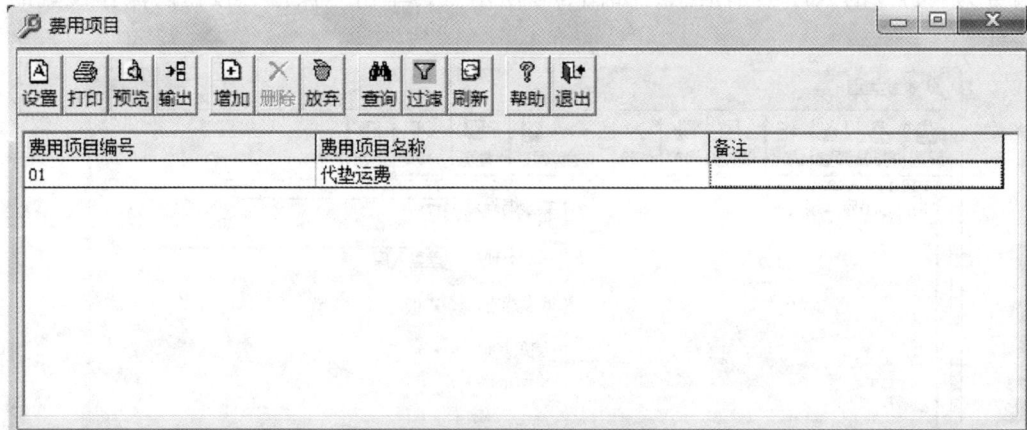

图6-8 设置费用项目

（7）设置付款条件

付款条件，即现金折扣条件，是企业为了鼓励客户在规定期限内偿还货款而给予的折扣优惠。

任务6-6

任务清单

根据表6-6中的资料，设置山东华峰家具有限责任公司的付款条件。

表6-6　　　　　　　　　　　　　付款条件

编码	付款条件	备注
01	2/10，1/20，n/30	

任务指导

选择"基础设置"菜单中的"收付结算→付款条件"命令，弹出"付款条件"对话框，录入付款条件的相关信息，如图6-9所示。再单击"增加"按钮，即可保存录入的信息。

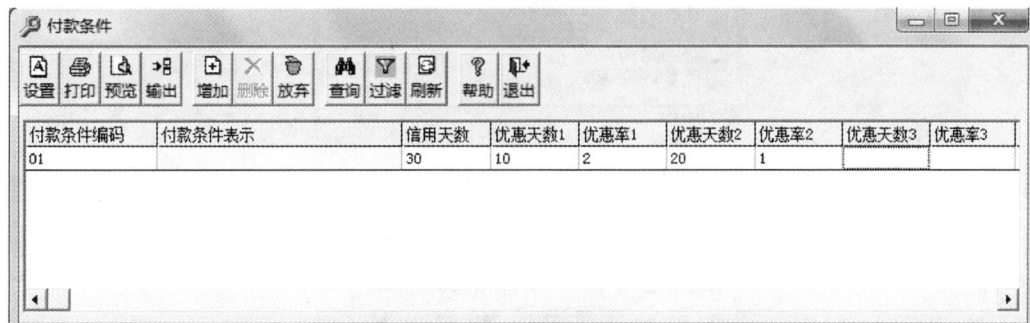

图6-9　设置付款条件

3.采购管理系统初始设置

采购管理系统初始设置，主要包括设置控制参数和录入期初采购发票数据、期初采购入库单数据、供应商往来期初数据等。

山东华峰家具有限责任公司的采购管理系统初始设置，一般应当以账套主管王刚（编号101、密码101）的身份于2020年1月1日登录"畅捷通T3企业管理信息化软件"进行设置。

（1）设置控制参数

采购管理系统的控制参数，主要包括"业务控制""公共参数""结算选项""应付参数"等，企业应根据实际情况予以设置。

任务6-7

任务清单

设置以下山东华峰家具有限责任公司的采购管理系统参数：

①业务控制：增值税专用发票默认税率为13%；采购订单、采购入库单采用默认税率。

②应付参数：显示现金折扣。

③其余参数均采用默认设置。

任务指导

①选择"采购"菜单中的"采购业务范围设置"命令，弹出"采购系统选项设置"对话框，在"业务控制"选项卡中，录入专用发票默认税率为"13.00"，同时再选中"采购订单、采购入库单默认税率"复选框，如图6-10所示。单击弹出的提示对话框中的"确定"按钮返回。

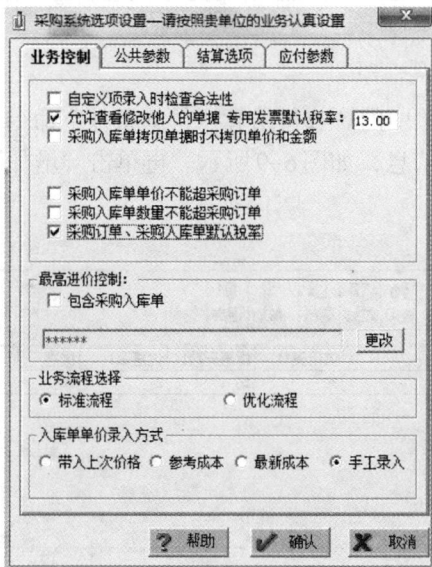

图6-10 设置采购业务控制参数

②在"应付参数"选项卡中，选中"显示现金折扣"复选框，如图6-11所示。单击弹出的提示对话框中的"确定"按钮返回。

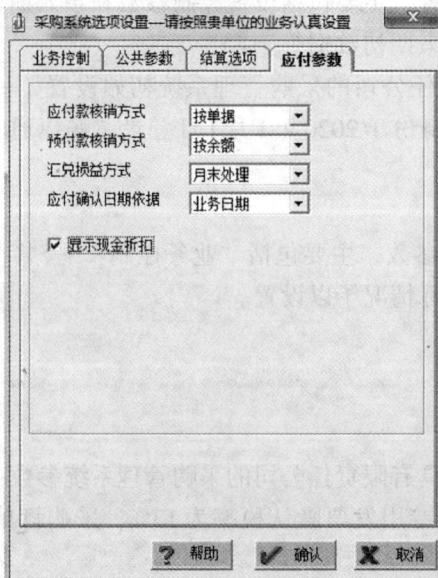

图6-11 设置采购应付参数

③单击"采购系统选项设置"对话框中的"确认"按钮，完成采购管理系统参数设置。

> **要点提示**
> ● 进行采购管理系统业务范围设置时，如果系统弹出"功能互斥"对话框，则需将其他子系统都注销后才能进行设置。
> ● 选择了"显示现金折扣"，在进行付款结算时，付款单上会显示"可享受折扣"和"本次折扣"栏，便于处理发生现金折扣的业务。

（2）录入期初采购发票数据

如果期初存在以前期间购入但尚未验收入库的存货（即期初的在途物资），则应将相关数据录入期初采购专用发票或期初采购普通发票，以便于该存货的后续处理。

任务6-8

任务清单

根据以下资料，录入期初采购发票的数据：

山东华峰家具有限责任公司于上月26日购买的100桶油漆在2020年1月1日尚未验收入库，相关发票上的主要信息见表6-7。

表6-7　　　　　　　　　　　　专用发票信息

单据类型	发票号	时间	供应商	部门	备注
专用发票	36587956	2019-12-26	同科化工	采购部	采购油漆
存货	数量	无税单价	税率	金额	
油漆	100桶	120元	13%	12 000元	

任务指导

①选择"采购"菜单中的"采购发票"命令（或直接单击采购管理子系统界面中的"采购发票"图标），进入"期初采购普通发票"界面。

②单击"增加"按钮右侧的下拉按钮，选择"专用发票"，进入"期初采购专用发票"界面。

③根据表6-7的资料录入期初专用发票信息，如图6-12所示。

④单击"保存"按钮，再单击"退出"按钮返回采购管理子系统界面。

（3）录入期初采购入库单数据

如果期初存在以前期间已验收入库但尚未收到相关发票的存货（即期初的暂估入库存货），则应将相关数据录入期初采购入库单，以便于该存货的后续处理。

图6-12 期初采购专用发票

任务6-9

任务清单

根据以下资料,录入期初采购入库单的数据:

山东华峰家具有限责任公司于上月28日购买的200平方米实木板在上月末已暂估入库,但至上月末尚未收到相关发票,其入库单上的主要信息见表6-8。

表6-8 材料入库单信息

入库单号	入库日期	供应单位	仓库	存货	数量	单价	金额	备注
0000000001	2019-12-28	华丰木材	材料库	实木板	200平方米	100元	20 000元	采购材料

任务指导

①选择"采购"菜单中的"采购入库单"命令(或直接单击采购管理子系统界面中的"采购入库单"图标),进入"期初采购入库单"界面。

②单击"增加"按钮,然后根据表6-8的资料录入期初采购入库单信息,如图6-13所示。

③单击"保存"按钮,再单击"退出"按钮返回采购管理子系统界面。

(4)录入供应商往来期初数据

如果期初存在以前期间购入存货时所欠的应付账款或已预付账款,并且在设置会计科目时将"应付账款"、"预付账款"或其明细科目设置为受控于"应付"子系统,则应将相关数据在采购管理系统中录入供应商往来期初中的采购发票或其他单据,以便于该应付账款或预付账款的后续处理。

图6-13　期初采购入库单

任务6-10

任务清单

根据以下资料，录入期初供应商往来数据：

山东华峰家具有限责任公司于上月20日购买300套铁质配件所欠的款项在2020年1月1日尚未偿还，相关发票上的主要信息见表6-9。

表6-9　　　　　　　　　　　　　　专用发票信息

单据类型	发票号	时间	供应商	部门	备注
专用发票	35680336	2019-12-20	永固金属	采购部	采购配件
会计科目	存货	税率	数量	无税单价	价税合计
220201	铁质配件	13%	300套	60元	203 40元

任务指导

①选择"采购"菜单中的"供应商往来→供应商往来期初"命令（或直接单击采购管理子系统界面中的"供应商往来"图标，选择"供应商往来期初"），弹出"期初余额-查询"对话框，单击"确认"按钮，进入"期初余额明细表"界面。

②单击"增加"按钮，弹出"单据类别"对话框，其中的选项设置如图6-14所示。

图6-14 单据类别

③单击"确认"按钮,进入"采购专用发票"界面。

④根据表6-9的资料录入采购专用发票信息,如图6-15所示。

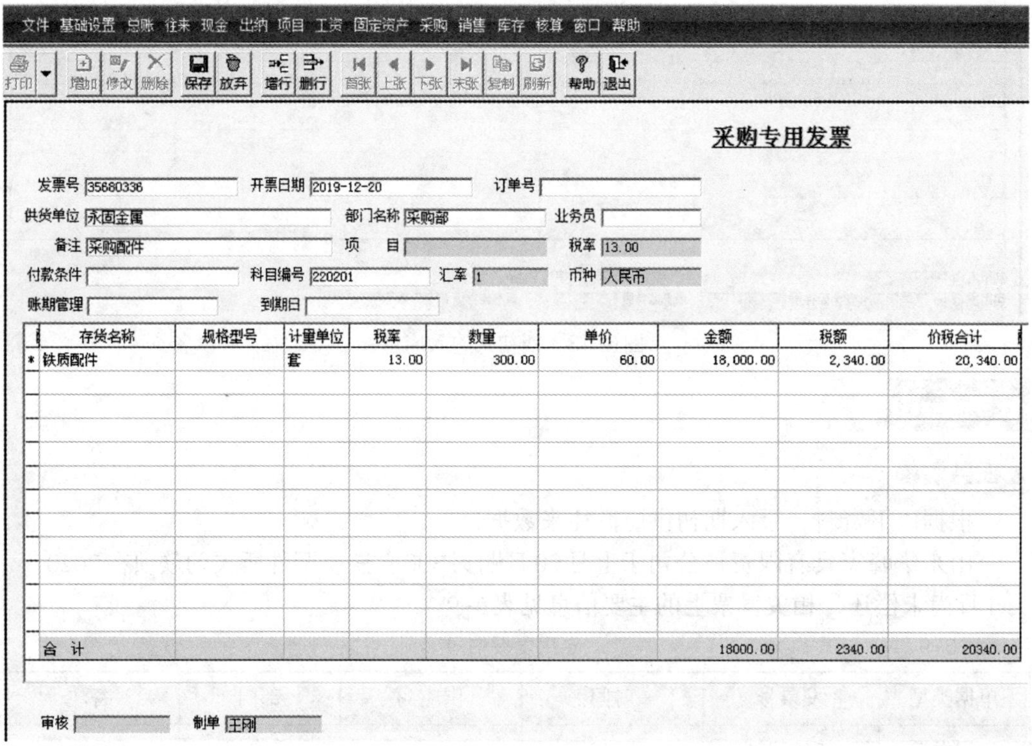

图6-15 采购专用发票

⑤单击"保存"按钮,再连续单击"退出"按钮,返回采购管理子系统界面。

要点提示

● 录入期初采购专用发票时,应特别注意其中的"科目编号"栏,必须录入 "220201",否则后续处理该应付账款时将不能正常进行。

● 如果期初存在以前期间的已预付账款,则注意在设置供应商往来期初过程中弹 出"单据类别"对话框时,应选择单据名称为"预付款",然后进行数据录入, 本书不再举例说明。

4.销售管理系统初始设置

销售管理系统初始设置，主要包括设置控制参数和录入客户往来期初数据等。

山东华峰家具有限责任公司的销售管理系统初始设置，应当以账套主管王刚（编号101、密码101）的身份于2020年1月1日登录"畅捷通T3企业管理信息化软件"进行设置。

（1）设置控制参数

销售管理系统的控制参数，主要包括"业务范围""业务控制""系统参数""打印参数""价格管理""应收核销"等，企业应根据实际情况予以设置。

任务6-11

任务清单

设置以下山东华峰家具有限责任公司的销售管理系统参数：

①应收核销：显示现金折扣。

②其余参数均采用默认设置。

任务指导

①选择"销售"菜单中的"销售业务范围设置"命令，弹出"选项"对话框，在"应收核销"选项卡中，选中"显示现金折扣"复选框，如图6-16所示。

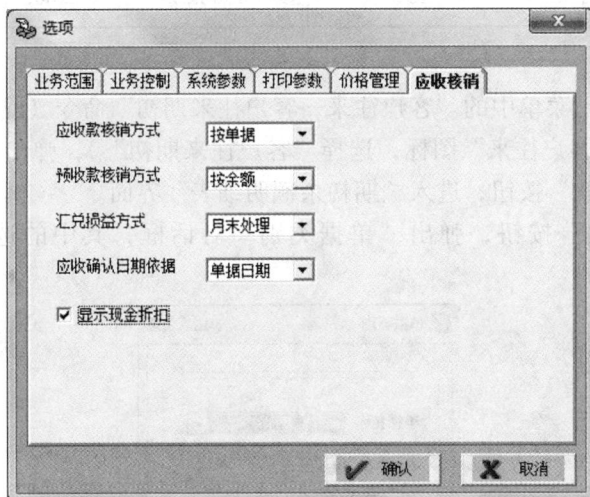

图6-16　设置销售管理系统参数

②单击"确认"按钮，完成销售管理系统参数设置。

要点提示

● 进行销售管理系统业务范围设置时，如果系统弹出"功能互斥"对话框，则需将其他子系统都注销后才能进行设置。

● 选择了"显示现金折扣"，在进行收款结算时，收款单上会显示"可享受折扣"和"本次折扣"栏，便于处理发生现金折扣的业务。

（2）录入客户往来期初数据

如果期初存在以前期间销售存货时产生的应收账款或已预收账款，并且在设置会计科目时将"应收账款"、"预收账款"或其明细科目设置为受控于"应收"子系统，则应将相关数据在销售管理系统中录入客户往来期初中的销售发票或其他单据，以便于该应收账款或预收账款的后续处理。

任务6-12

任务清单

根据以下资料，录入期初客户往来（应收账款）数据：

山东华峰家具有限责任公司于上月23日销售150张办公桌的相关款项在2020年1月1日尚未收回，相关发票上的主要信息见表6-10。

表6-10 专用发票信息

单据类型	时间	发票号	客户	部门	会计科目
专用发票	2019-12-23	55566123	济南顺通	销售部	1122
备注	存货	税率	数量	无税单价	价税合计
销售产品	办公桌	13%	150张	2 000元	339 000元

任务指导

①选择"销售"菜单中的"客户往来→客户往来期初"命令（或直接单击销售管理子系统界面中的"客户往来"图标，选择"客户往来期初"），弹出"期初余额-查询"对话框，单击"确认"按钮，进入"期初余额明细表"界面。

②单击"增加"按钮，弹出"单据类别"对话框，其中的选项设置如图6-17所示。

图6-17 单据类别

③单击"确认"按钮，进入"销售专用发票"界面。

④根据表6-10的资料录入销售专用发票信息，如图6-18所示。

⑤单击"保存"按钮，再连续单击"退出"按钮，返回销售管理子系统界面。

图6-18　销售专用发票

要点提示

● 录入期初销售专用发票时，应特别注意其中的"科目编号"栏，必须录入"1122"，否则后续处理该应收账款时将不能正常进行。

● 如果期初存在以前期间的已预收账款，则注意在设置客户往来期初过程中弹出"单据类别"对话框时，应选择单据名称为"预收款"，然后进行数据录入，本书不再举例说明。

5.库存管理系统初始设置

库存管理系统初始设置，主要包括设置控制参数和录入库存期初数据等。

山东华峰家具有限责任公司的库存管理系统初始设置，应当以账套主管王刚（编号101、密码101）的身份于2020年1月1日登录"畅捷通T3企业管理信息化软件"进行设置。

（1）设置控制参数

库存管理系统的控制参数，主要包括"系统参数设置""打印参数设置"等，企业应根据实际情况予以设置。

库存管理系统的控制参数，应选择"库存"菜单中的"库存业务范围设置"命令，在弹出的"系统参数设置"对话框中进行选择设置，本书的库存管理系统控制参数均采用默认设置。

应该特别注意的是，系统默认选中“系统参数设置”中的“库存系统生成销售出库单”，是指在处理销售业务时，销售出库单在库存管理系统中参照发货单或销售发票生成。本书选择系统默认值，其操作方法将在后续的销售日常业务处理中进行阐述（见本项目任务二）。

对于销售出库单的生成，也可以在销售管理系统中进行销售业务范围设置时，在“业务范围”选项卡中选中“销售生成出库单”，则在销售管理系统中复核发货单或销售发票时会自动生成销售出库单，对此本书不再详细介绍。

（2）录入库存期初数据

如果期初仓库中存在一定数量的存货，则应在库存管理系统中录入相关库存期初数据。

任务6-13

任务清单

根据以下资料，录入库存期初数据：

2020年1月1日，山东华峰家具有限责任公司的库存存货情况见表6-11。

表6-11　期初库存存货

存货编号	存货名称	计量单位	数量	单价（元）	金额（元）	合计（元）	仓库
101	实木板	平方米	600	100	60 000	97 600	材料库
102	油漆	桶	200	110	22 000		
103	铁质配件	套	260	60	15 600		
201	办公桌	张	280	1 200	336 000	786 000	产成品库
202	餐桌	张	500	900	450 000		

任务指导

①选择“库存”菜单中的“期初数据→库存期初”命令，进入“期初余额”界面。

②选择仓库为“材料库”，选择存货大类为“原材料”，单击“增加”按钮，根据表6-11的信息录入材料库的期初结存数据（每增加一行时，单击“增加”按钮），录入结果如图6-19所示。

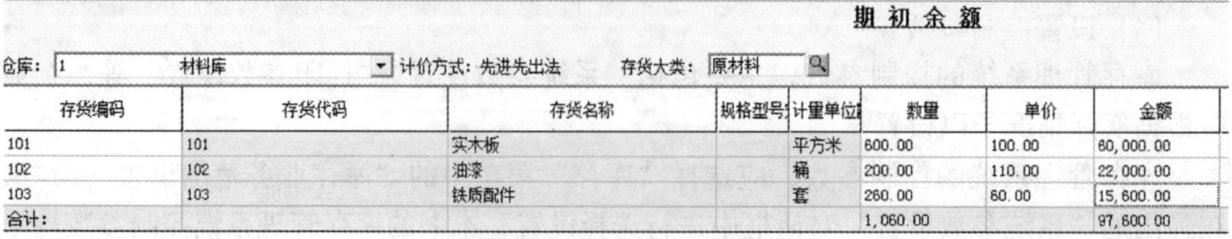

存货编码	存货代码	存货名称	规格型号	计量单位	数量	单价	金额
101	101	实木板		平方米	600.00	100.00	60,000.00
102	102	油漆		桶	200.00	110.00	22,000.00
103	103	铁质配件		套	260.00	60.00	15,600.00
合计：					1,060.00		97,600.00

图6-19　材料库期初余额

③单击"保存"按钮，弹出"保存成功"提示对话框，单击"确定"按钮。

④再选择仓库为"产成品库"，选择存货大类为"产成品"，单击"增加"按钮，根据表6-11的信息录入产成品库的期初结存数据（每增加一行时，单击"增加"按钮），录入结果如图6-20所示。

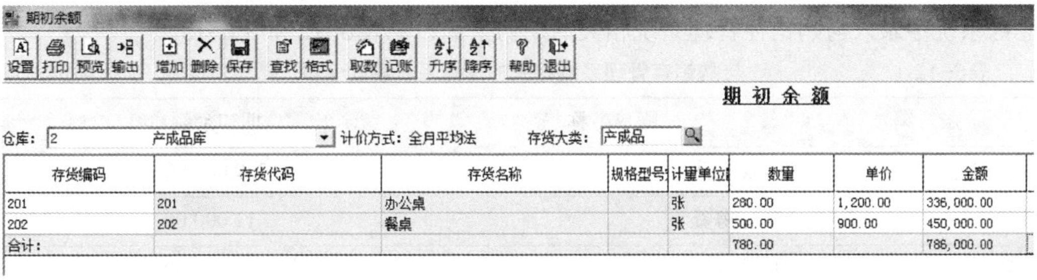

存货编码	存货代码	存货名称	规格型号	计量单位	数量	单价	金额
201	201	办公桌		张	280.00	1,200.00	336,000.00
202	202	餐桌		张	500.00	900.00	450,000.00
合计：					780.00		786,000.00

图6-20 产成品库期初余额

⑤单击"保存"按钮，弹出"保存成功"提示对话框，单击"确定"按钮。

要点提示

● 库存存货的期初数据，也可以在核算管理系统中录入。

● 录入库存存货的期初数据时，一定要注意选择正确的仓库，否则会导致后续账务处理错误。

6.核算管理系统初始设置

核算管理系统初始设置，主要包括控制参数和会计科目的设置等。

核算管理系统的初始设置，一般也应当由账套主管进行。

（1）设置控制参数

核算管理系统的控制参数，应选择"核算"菜单中的"核算业务范围设置"命令，在弹出的"基本设置"对话框中进行选择设置，本书的核算管理系统控制参数均采用默认设置。

（2）科目设置

实际工作中，为了快速、准确地完成购销存制单操作，可以事先设置好记账凭证上的相关会计科目。

科目设置，应选择"核算"菜单中的"科目设置"命令，分别进行存货科目、存货对方科目、非合理损耗科目、客户往来科目、供应商往来科目的设置。

为了加深读者对购销存管理系统的理解，本书不事先进行科目设置，而要求读者在进行制单操作时，根据经济业务自行判断并录入相关会计科目。

7.设置与购销存管理系统相关的总账系统期初余额

前述【任务6-8】【任务6-9】【任务6-10】【任务6-12】【任务6-13】涉及的相关账户的期初余额，还应在总账系统的期初余额中予以设置，方能实现总账系统与购销存管理系统的正确对账。

任务 6-14

任务清单

根据以下资料，以账套主管王刚（编号101、密码101）的身份于2020年1月1日在总账系统中录入与购销存管理系统相关的期初余额，见表6-12和表6-13。

表6-12　　　　　与购销存管理系统相关的总账系统期初余额　　　　　　单位：元

账户编号	账户名称	期初余额
1122	应收账款	339 000.00
1402	在途物资	12 000.00
1403	原材料	97 600.00
1405	库存商品	786 000.00
2202	应付账款	40 340.00
220201	应付货款	20 340.00
220202	暂估应付账款	20 000.00

表6-13　　　　　"应付账款——暂估应付账款"明细信息

账户编号	账户名称	日期	供应商	摘要	金额（元）
220202	暂估应付账款	2019-12-31	华丰木材	购买木材	20 000

任务指导

在总账系统中录入以上账户的期初余额时，分为三种情况：

（1）"在途物资""原材料""库存商品"的期初余额，可直接以键盘录入。

（2）"应收账款""应付账款——应付货款"的期初余额，可用"引入"的方式录入。

（3）"应付账款——暂估应付账款"的期初余额，可根据表6-13的信息以"增加"的方式键盘录入。

请读者在总账系统中自行录入以上账户的期初余额，在此不再详述录入过程。录入完毕后，可实现本账套期初余额的试算平衡，如图6-21所示。

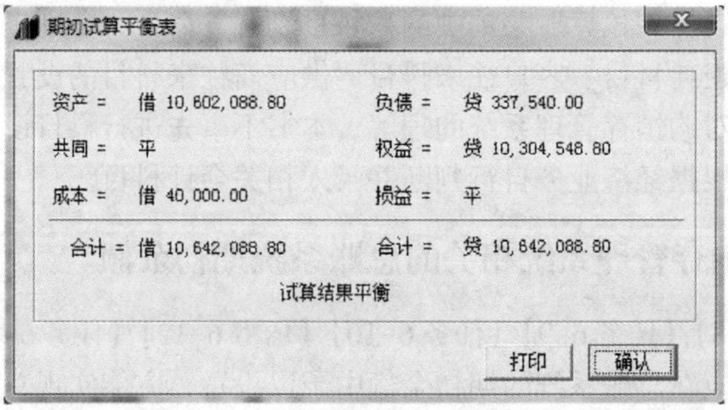

图6-21　期初试算平衡表

8.购销存管理系统期初记账

在购销存管理系统中，录入完期初数据后，需要对采购管理系统和库存管理系统进行期初记账处理。

期初记账就是把用户录入的存货期初数据记入相关存货账簿中。注意即使没有录入期初存货数据，也必须执行期初记账操作，否则就不能进行本月购销存业务的日常处理。

期初记账是针对所有仓库进行的，所以，用户必须确认各仓库的所有期初数据都正确录入后，才能执行期初记账。

任务6-15

任务清单

以账套主管王刚（编号101、密码101）的身份于2020年1月1日进行山东华峰家具有限责任公司采购管理系统和库存管理系统的期初记账处理。

任务指导

（1）选择"采购"菜单中的"期初记账"命令，弹出"期初记账"对话框，如图6-22所示。

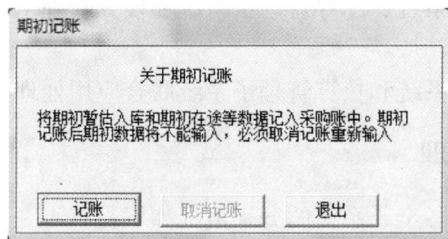

图6-22 期初记账

（2）单击"记账"按钮，弹出"期初记账完毕"对话框，单击"确定"按钮返回。

（3）选择"库存"菜单中的"期初数据→库存期初"命令，进入"期初余额"界面，如图6-23所示。

图6-23 期初余额

（4）单击"记账"按钮，弹出"期初记账成功"对话框，单击"确定"按钮返回。

要点提示

● 执行库存管理系统的期初记账时，如果系统弹出"功能互斥"对话框，则需将其他系统都注销后才能进行库存管理系统的期初记账。

● 库存管理系统和核算管理系统的期初数据是共享的，库存管理系统的期初记账也可以在核算管理系统中完成。

● 采购管理系统和库存管理系统的期初记账完成后，如果发现录入的期初数据有错误，则需取消期初记账后再进行修改。

● 月末已结账后不能再取消期初记账。

● 库存管理系统的期初记账完成后，"库存"菜单中的其他命令才会显示。

任务二　购销存管理系统日常业务处理

购销存管理系统的各个子系统不是相互独立的，在进行购销存日常业务的处理时，需要联合应用。概括来说，主要有以下三种联合应用情况：

一是通过采购管理子系统、库存管理子系统和核算管理子系统联合应用处理存货的采购日常业务；

二是通过销售管理子系统、库存管理子系统和核算管理子系统联合应用处理存货的销售日常业务；

三是通过库存管理子系统和核算管理子系统联合应用处理存货的出入库日常业务。

1.采购日常业务处理

处理采购日常业务，各个子系统的分工情况如下：

在采购管理子系统中录入或生成付款单、采购订单、采购发票、采购入库单等，进行采购结算、供应商往来处理等；

在库存管理子系统中审核采购入库单等；

在核算管理子系统中进行单据记账、暂估成本处理、生成记账凭证等。

现以会计人员赵平（编号103、密码103）的身份分别于山东华峰家具有限责任公司各采购业务发生的日期登录"畅捷通T3企业管理信息化软件"，进行采购日常业务的处理（注：以下所有采购业务，经办人员均为采购部的刘智）。

（1）偿还应付账款业务的处理

任务6-16

任务清单

根据以下资料，处理偿还应付账款业务并生成记账凭证。

接【任务6-10】，2020年1月2日，山东华峰家具有限责任公司通过建设银行电汇给河南永固金属有限公司20 340.00元，用以偿还去年12月20日所欠的货款（附原始凭证1张）。

任务指导

[步骤一] 采购管理子系统操作：

①选择"采购"菜单中的"供应商往来→付款结算"命令（或直接单击采购管理子系统界面中的"付款结算"图标），进入"付款单"界面。

②选择供应商为"河南永固金属有限公司"后，单击"增加"按钮。

③根据资料，录入付款单相关信息后，如图6-24所示。

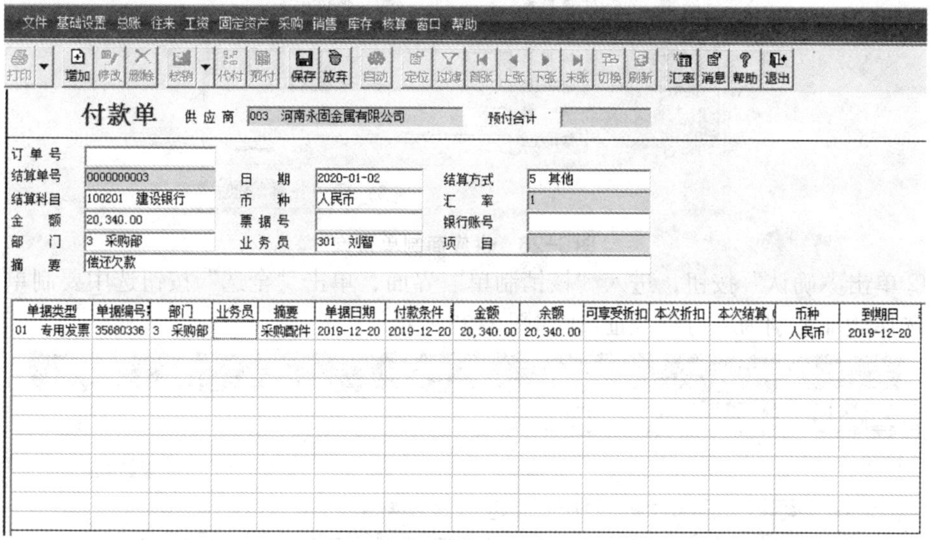

图6-24　付款单

④单击"保存"按钮，再单击"核销"按钮，在"本次结算"栏录入金额"20 340.00"，如图6-25所示。

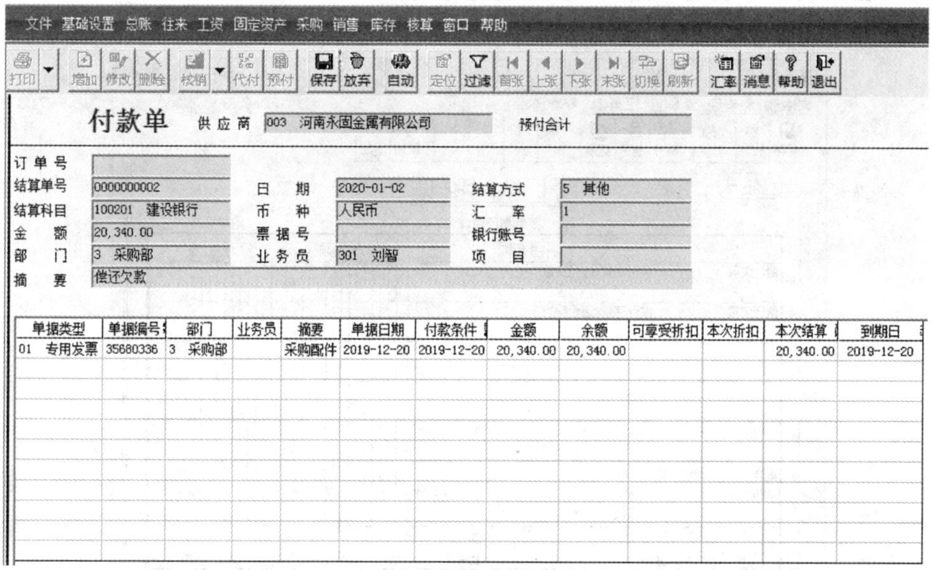

图6-25　付款单

⑤再次单击"保存"按钮，完成应付账款的核销，单击"退出"按钮返回采购管理

子系统界面。

[步骤二] 核算管理子系统操作：

①选择"核算"菜单中的"凭证→供应商往来制单"命令（或直接单击核算管理子系统界面中的"供应商往来制单"图标），弹出"供应商制单查询"对话框，选中其中的"核销制单"，如图6-26所示。

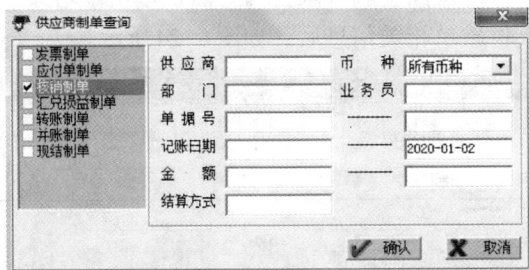

图6-26 供应商制单查询

②单击"确认"按钮，进入"核销制单"界面，单击"全选"按钮选中要制单的单据，选择凭证类别为"付款凭证"，如图6-27所示。

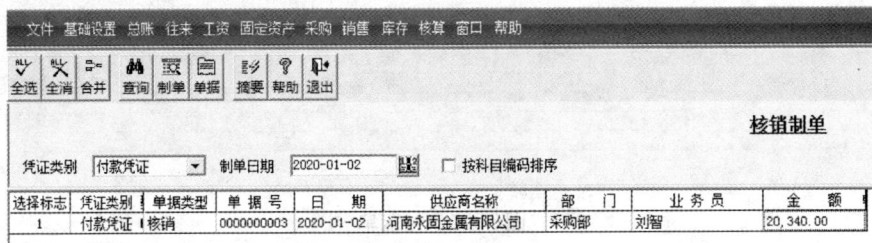

图6-27 核销制单

③单击"制单"按钮，生成本业务的记账凭证，确认无误后，单击"保存"按钮，记账凭证左上角显示红色的"已生成"标志，完成本业务操作，如图6-28所示。

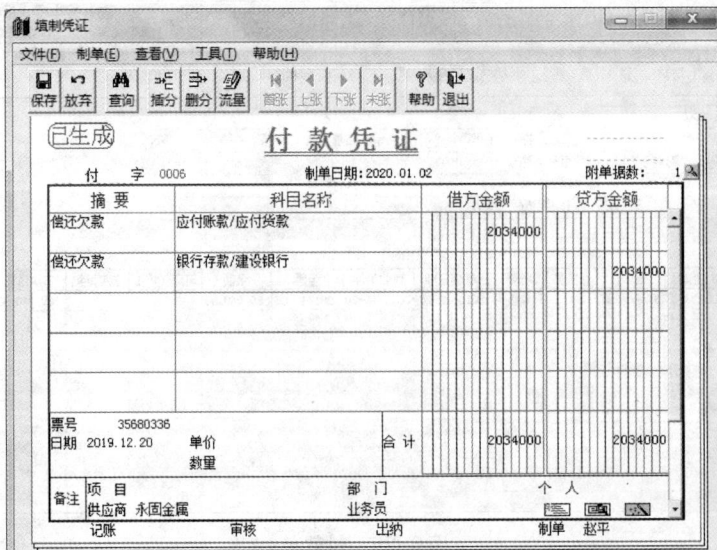

图6-28 记账凭证

要点提示

● 采购管理子系统中的核销就是确定付款单与采购发票、应付单之间对应关系的操作。

● 如果支付的款项等于应付款，即进行全部核销；如果支付的款项小于应付款，则只进行部分核销；如果支付的款项大于应付款，那么余款作为预付账款处理。

● 对于本月已偿还的应付账款，如果录入的付款单未核销，会导致采购管理子系统不能月末结账。

● 如果发现已核销的付款单中有错误，必须取消核销后才能修改或删除。

（2）前期在途物资在本期入库业务的处理

任务6-17

任务清单

根据以下资料，处理前期在途物资在本期入库的业务并生成记账凭证。

接【任务6-8】，2020年1月2日，山东华峰家具有限责任公司去年12月26日从潍坊同科化工有限公司购买的100桶油漆验收入库，填制了材料入库单（附原始凭证1张）。

材料入库单上记载的主要内容见表6-14。

表6-14　　　　　　　　　　　　　材料入库单信息

入库日期	供应单位	仓库	存货	数量
2020-01-02	同科化工	材料库	油漆	100桶

任务指导

［步骤一］采购管理子系统操作：

①选择"采购"菜单中的"采购发票"命令（或直接单击采购管理子系统界面中的"采购发票"图标），进入"期初采购专用发票"界面（如果期初录入了多张采购发票，则可以通过"上张""下张"按钮找到需要处理的发票）。

②单击"流转"按钮右侧的下拉按钮，选择其中的"生成采购入库单"，进入"采购入库单"界面，选择仓库为"材料库"，选择入库类别为"采购入库"，选择业务员为"刘智"，如图6-29所示。

③单击"保存"按钮，再连续单击"退出"按钮返回采购管理子系统界面。

④选择"采购"菜单中的"采购结算→手工结算"命令（或直接单击采购管理子系统界面中的"采购结算"图标），弹出"条件输入"对话框，修改其中的起始日期为"2019-12-26"，如图6-30所示。

图6-29 采购入库单

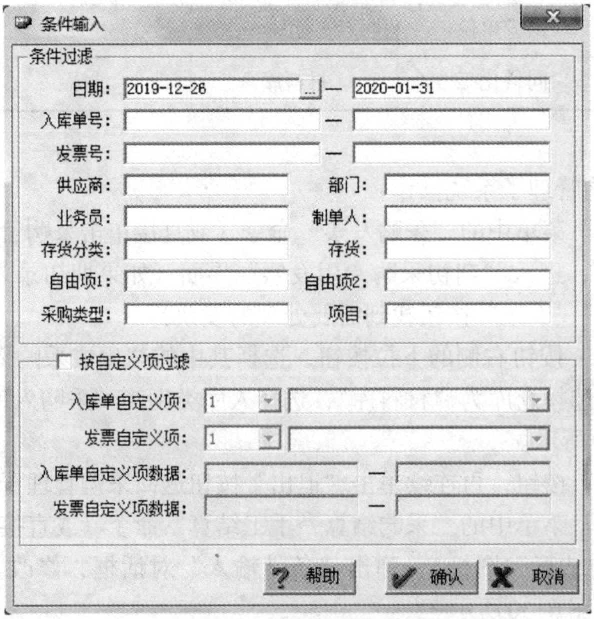

图6-30 条件输入

⑤单击"确认"按钮，进入"入库单和发票选择"界面，单击选中"0000000002"

号入库单一行和"36587956"号发票一行,如图6-31所示。

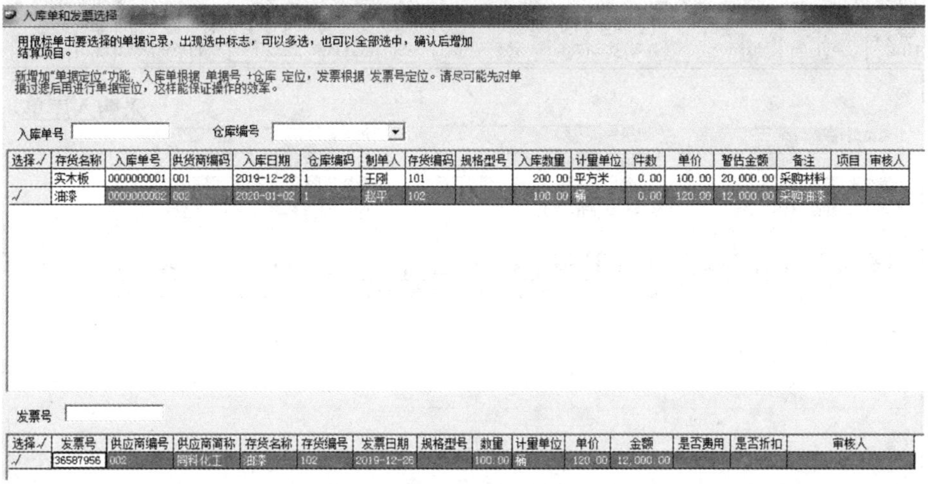

图6-31 入库单和发票选择

⑥单击右下角的"确认"按钮,进入"结算汇总"界面,如图6-32所示。

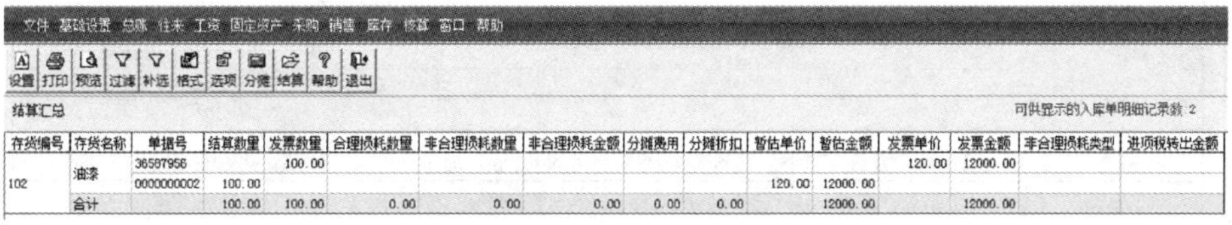

图6-32 结算汇总

⑦单击"结算"按钮,弹出"完成结算"对话框,单击"确定"按钮,完成采购结算,单击"退出"按钮返回采购管理子系统界面。

[步骤二] 库存管理子系统操作:

①选择"库存"菜单中的"采购入库单审核"命令(或直接单击库存管理子系统界面中的"采购入库单审核"图标),进入"采购入库单"界面,单击"审核"按钮,完成本业务采购入库单的审核,如图6-33所示。

②单击"退出"按钮,返回库存管理子系统界面。

[步骤三] 核算管理子系统操作:

①选择"核算"菜单中的"核算→正常单据记账"命令(或直接单击核算管理子系统界面中的"正常单据记账"图标),弹出"正常单据记账条件"对话框,单击其中的"确定"按钮,进入"正常单据记账"界面,单击"全选"按钮选中要记账的单据,如图6-34所示。

②单击"记账"按钮,完成正常单据记账,单击"退出"按钮,返回核算管理子系统界面。

③选择"核算"菜单中的"凭证→购销单据制单"命令(或直接单击核算管理子系统界面中的"购销单据制单"图标),继续单击"选择"按钮,弹出"查询条件"对话框,下一步为了简化操作,可以单击其中的"全选"按钮(也可以直接选择相应单据),如图6-35所示。

文件 基础设置 总账 往来 工资 固定资产 采购 销售 库存 核算 窗口 帮助

打印 ▼ | 增加 修改 删除 保存 放弃 弃审 批审 批弃 增行 删行 货位 清货 | 定位 首张 上张 下张 末张 刷新 帮助 退出

采购入库单

业务类型	普通采购	发票号		订单号	
入库单号	0000000002	入库日期	2020-01-02	仓库	材料库
入库类别	采购入库	部门	采购部	业务员	刘智
采购类型	普通采购	供货单位	同科化工	备注	采购油漆

	存货编码	存货名称	规格型号	计量单位	数量	单价	税额	金额	含税单价	价税合计	税率
*	102	油漆		桶	100.00	120.00	1560.00	12000.00	135.60	13560.00	13.00
	合计						1560.00	12000.00		13560.00	

| 制单人 | 赵平 | | | 记账人 | |
| 可用量 | 300.00 | 安全库存量 | | 最低库存量 | | 最高库存量 | |

图 6-33　采购入库单审核

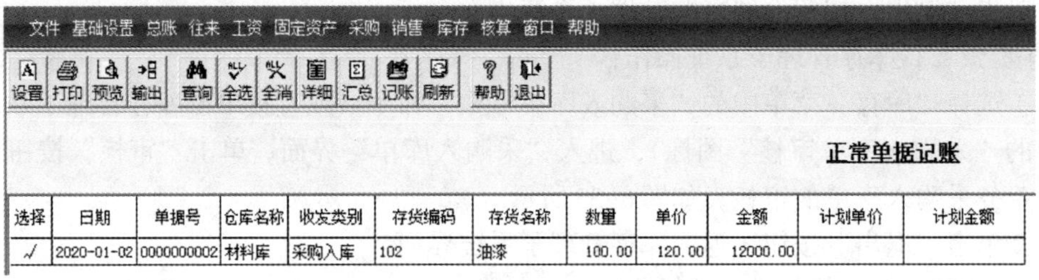

文件 基础设置 总账 往来 工资 固定资产 采购 销售 库存 核算 窗口 帮助

设置 打印 预览 输出 | 查询 全选 全消 详细 汇总 记账 刷新 | 帮助 退出

正常单据记账

选择	日期	单据号	仓库名称	收发类别	存货编码	存货名称	数量	单价	金额	计划单价	计划金额
√	2020-01-02	0000000002	材料库	采购入库	102	油漆	100.00	120.00	12000.00		

图 6-34　正常单据记账

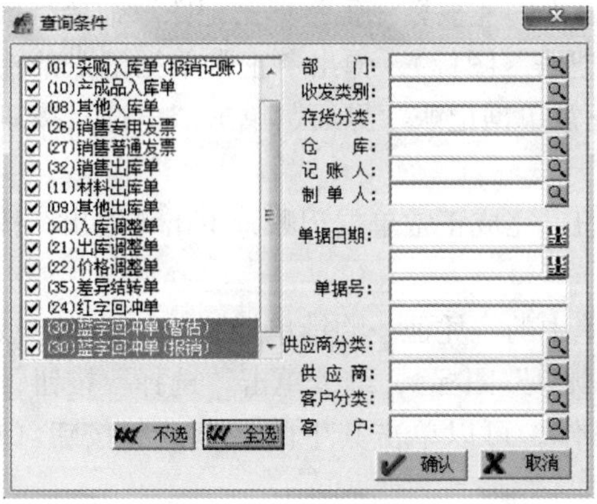

查询条件

☑ (01)采购入库单(暂估记账)　　　　部　门：
☑ (10)产成品入库单　　　　　　　收发类别：
☑ (08)其他入库单　　　　　　　　存货分类：
☑ (26)销售专用发票　　　　　　　仓　库：
☑ (27)销售普通发票　　　　　　　记账人：
☑ (32)销售出库单　　　　　　　　制单人：
☑ (11)材料出库单
☑ (09)其他出库单　　　　　　　　单据日期：
☑ (20)入库调整单
☑ (21)出库调整单
☑ (22)价格调整单　　　　　　　　单据号：
☑ (35)差异结转单
☑ (24)红字回冲单
☑ (30)蓝字回冲单(暂估)　　　　　供应商分类：
☑ (30)蓝字回冲单(报销)　　　　　供 应 商：
　　　　　　　　　　　　　　　　客户分类：
不选　全选　　　　　　　　　　　客　户：
　　　　　　　　　　　　　　　✓ 确认　✗ 取消

图 6-35　查询条件

④单击"确认"按钮，进入"未生成凭证单据一览表"界面，单击"全选"按钮，选中要制单的单据，如图6-36所示。

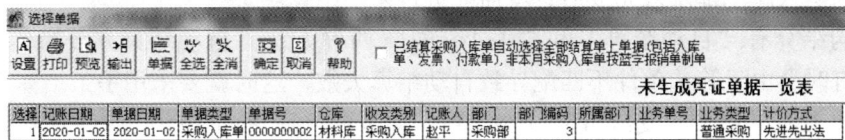

图6-36　未生成凭证单据一览表

⑤单击"确定"按钮，进入"生成凭证"界面，选择凭证类别为"转账凭证"，在表格的"科目编码"栏中录入本业务涉及的会计科目编码（"存货"行录入"1403"，"对方"行录入"1402"），如图6-37所示。

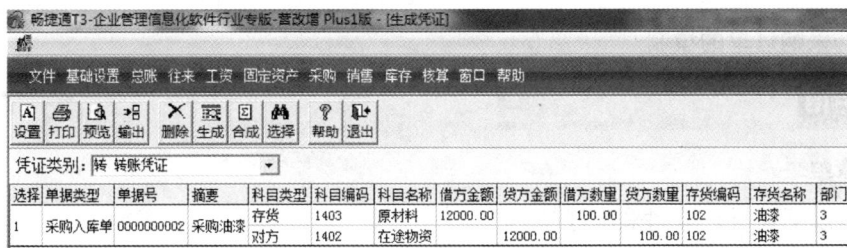

图6-37　生成凭证

⑥单击"生成"按钮，生成本业务的记账凭证，确认无误后，单击"保存"按钮，记账凭证左上角显示红色的"已生成"标志，完成本业务操作，如图6-38所示。

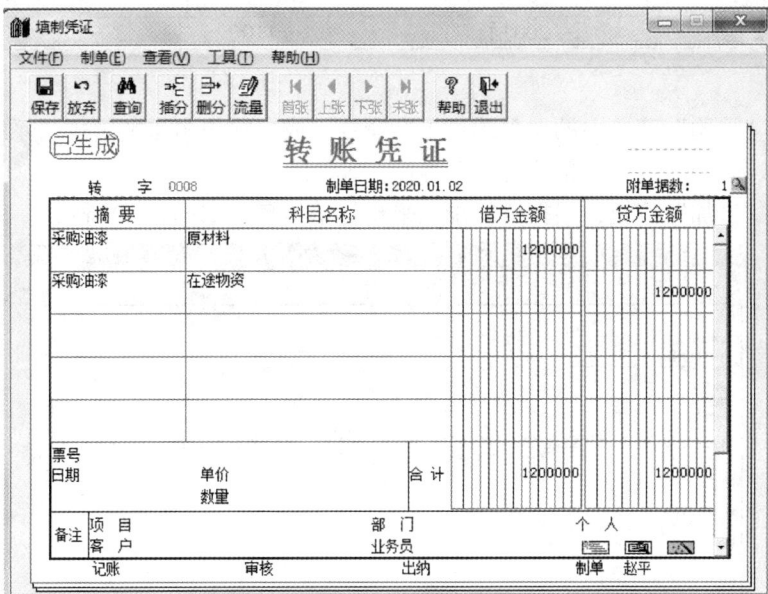

图6-38　记账凭证

要点提示

● 采购入库单是根据采购到货时的实际验收入库数量填制的单据。采购入库单既可以直接录入，也可以参照采购订单或采购发票生成。

● 采购结算的作用是确认采购入库存货的实际成本。当某笔采购业务的采购发票和采购入库单都录入完成后，就需要进行采购结算。

● 采购结算有"自动结算"和"手工结算"两种方法。自动结算方法操作简便，但有时会由于筛选条件不匹配导致自动结算失败，这时就要采用手工结算方法。

● 采购入库单和采购发票可以分次结算，即采购入库单的一条记录可与采购发票多次结算。

● 系统支持跨月结算，本任务即是本月的采购入库单和上月的采购发票进行结算。

● 单据记账包括正常单据记账和特殊单据记账。特殊单据记账主要针对存货调拨业务，其他业务一般采用正常单据记账。

（3）采购订单的填制

任务6-18

任务清单

根据以下资料，填制采购订单。

2020年1月3日，山东华峰家具有限责任公司采购部的采购员刘智和潍坊同科化工有限公司签订了购货合同，采购明细见表6-15。

表6-15   采购明细

存货名称	数量	无税单价（元）	增值税率
油漆	200桶	110	13%

任务指导

①选择"采购"菜单中的"采购订单"命令（或直接单击采购管理子系统界面中的"采购订单"图标），进入"采购订单"界面。

②单击"增加"按钮，根据资料录入采购订单信息，如图6-39所示。

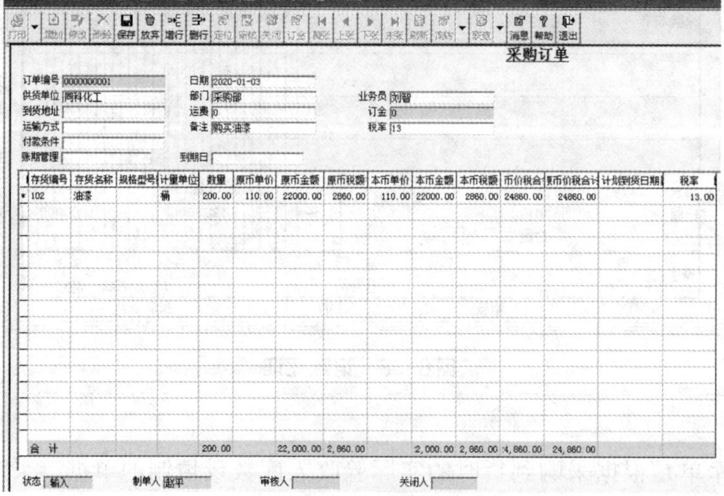

图6-39 采购订单

③单击"保存"按钮,确认无误后,单击"审核"按钮,单击"退出"按钮返回采购管理子系统界面。

> **要点提示**
> ● 处理采购业务,采购订单环节是可选的。
> ● 系统会自动生成订单编号,但可以手工修改,订单编号不允许重复。
> ● 采购订单录入保存后,只有经过审核才能继续流转生成采购发票或采购入库单。
> ● 采购订单在审核之前可以修改或删除。订单审核后,可以弃审。但如果该订单有下属单据生成或被其他功能使用,则不可弃审,除非将其生成的下属单据删除。
> ● 已执行完毕的订单可以关闭,已关闭的订单不能继续流转生成采购发票或采购入库单。

(4)购入材料已入库、同时付款业务的处理

任务 6-19

任务清单

根据以下资料,处理采购业务并生成记账凭证。

接【任务6-18】,2020年1月3日,山东华峰家具有限责任公司从潍坊同科化工有限公司订购的200桶油漆收到,当即验收入库并填制了材料入库单,取得了对方开具的增值税专用发票,当即签发一张金额为24 860.00元的建设银行转账支票支付了全部款项(转账支票号为26623520,潍坊同科化工有限公司的银行账号为777333211,附原始凭证3张)。

增值税专用发票上记载的主要内容见表6-16。

表6-16 增值税专用发票信息

发票号	存货名称	数量	无税单价(元)	金额(元)	增值税税额(元)
88692310	油漆	200桶	110	22 000	2 860

材料入库单上记载的主要内容见表6-17。

表6-17 材料入库单信息

入库日期	供应单位	仓库	存货	数量
2020-01-03	同科化工	材料库	油漆	200桶

任务指导

[步骤一]采购管理子系统操作:

①选择"采购"菜单中的"采购订单"命令(或直接单击采购管理子系统界面中的"采购订单"图标),进入"采购订单"界面。

确认是本业务相关的订单后(可以通过"上张"或"下张"按钮寻找相关订单),单击"流转"按钮右侧的下拉按钮,选择其中的"生成专用发票",进入"采购专用发票"界面。

②录入发票号"88692310",选择采购类型为"普通采购",如图6-40所示。

图6-40 采购专用发票

③单击"保存"按钮保存发票信息。因为本业务的款项已经支付,所以再单击"现付"按钮,弹出"采购现付"对话框,根据资料录入现付信息,如图6-41所示。

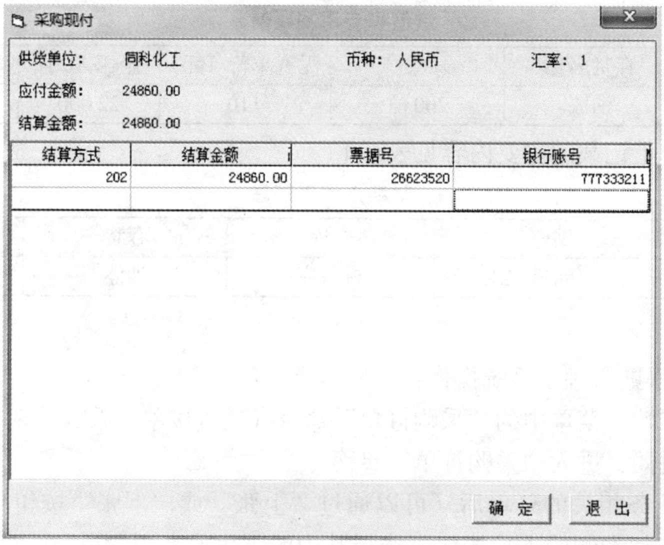

图6-41 采购现付

④单击对话框的"确定"按钮，弹出"现结记录已保存"提示对话框，单击"确定"按钮，再单击"退出"按钮，弹出"现付成功"提示对话框，单击"确定"按钮，完成采购现付。

⑤在采购专用发票中单击"复核"按钮，弹出"采购管理"对话框，单击"是"按钮完成发票审核。在采购专用发票中再单击"流转"按钮右侧的下拉按钮，选择其中的"生成采购入库单"，进入"采购入库单"界面。选择仓库为"材料库"，选择入库类别为"采购入库"，如图6-42所示。

文件 基础设置 总账 往来 工资 固定资产 采购 销售 库存 核算 窗口 帮助

打印 增加 修改 删除 选单 保存 放弃 增行 删行 定位 生成 首张 上张 下张 末张 刷新 流转 联查 消息 帮助 退出

采购入库单

业务类型 普通采购　　　发票号　　　　　订单号 0000000001
入库单号 0000000003　　入库日期 2020-01-03　仓库 材料库
入库类别 采购入库　　　部门 采购部　　　　业务员 刘智
采购类型 普通采购　　　供货单位 同科化工　　备注 购买油漆

存货编码	存货名称	规格型号	计量单位	数量	单价	税额	金额	含税单价	价税合计	税率
* 102	油漆		桶	200.00	110.00	2860.00	22000.00	124.30	24860.00	13.00
合 计						2860.00	22000.00		24860.00	

制单人 赵平　　　　　记账人
可用量 300.00　　安全库存量　　　最低库存量　　　最高库存量

图6-42 采购入库单

⑥单击"保存"按钮，保存采购入库单信息。下一步应该进行采购结算，在没有其他采购费用的情况下，这里可以采用更为简便的采购结算步骤（也可以参照【任务6-17】中介绍的采购结算操作步骤完成），在采购入库单中单击"流转"按钮右侧的下拉按钮，选择其中的"手工结算"，进入"结算汇总"界面，如图6-43所示。

⑦单击"结算"按钮，弹出"完成结算"对话框，单击"确定"按钮，完成采购结算，连续单击"退出"按钮返回采购管理子系统界面。

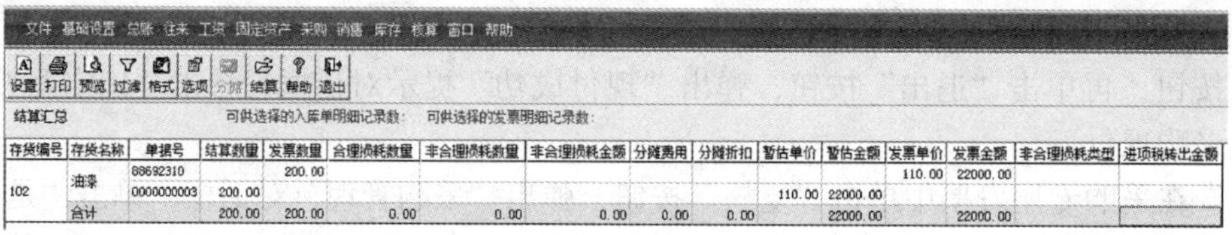

图6-43 结算汇总

［步骤二］库存管理子系统操作：

①选择"库存"菜单中的"采购入库单审核"命令（或直接单击库存管理子系统界面中的"采购入库单审核"图标），进入"采购入库单"界面，单击"审核"按钮，完成采购入库单的审核。

②单击"退出"按钮，返回库存管理子系统界面。

［步骤三］核算管理子系统操作：

①选择"核算"菜单中的"核算→正常单据记账"命令（或直接单击核算管理子系统界面中的"正常单据记账"图标），弹出"正常单据记账条件"对话框，单击其中的"确定"按钮，进入"正常单据记账"界面，单击"全选"按钮选中要记账的单据，如图6-44所示。

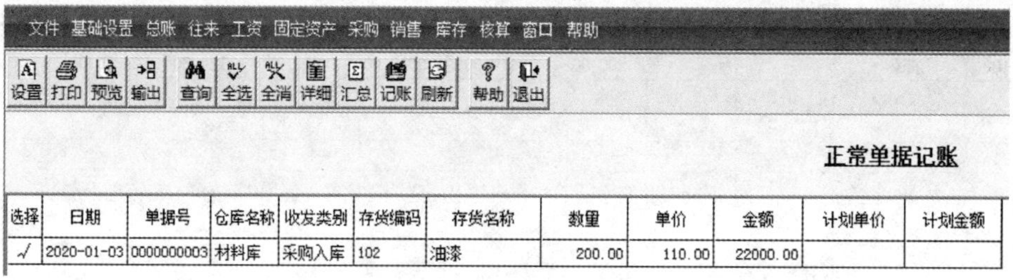

图6-44 正常单据记账

②单击"记账"按钮，完成正常单据记账。单击"退出"按钮，返回核算管理子系统界面。

③选择"核算"菜单中的"凭证→购销单据制单"命令（或直接单击核算管理子系统界面中的"购销单据制单"图标），继续单击"选择"按钮，弹出"查询条件"对话框，单击其中的"全选"按钮，如图6-45所示。

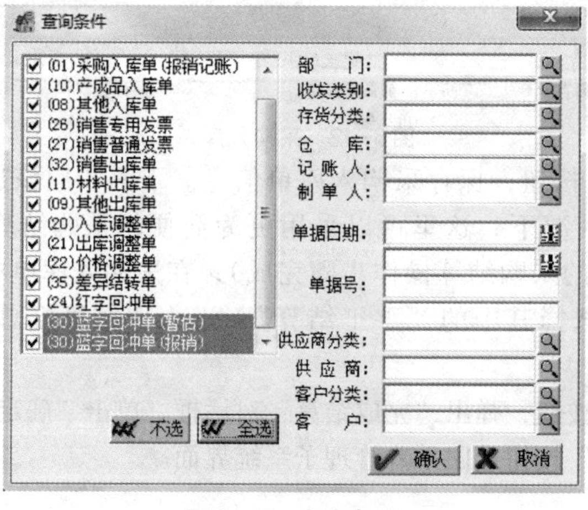

图6-45 查询条件

④单击“确认”按钮，进入“未生成凭证单据一览表”界面，单击“全选”按钮，选中要制单的单据。这里需特别注意，因为本业务的采购入库单和采购发票已进行采购结算，所以还需选中“帮助”按钮右侧的“已结算采购入库单自动选择全部结算单上单据（包括入库单、发票、付款单），非本月采购入库单按蓝字报销单制单”复选框，如图6-46所示。

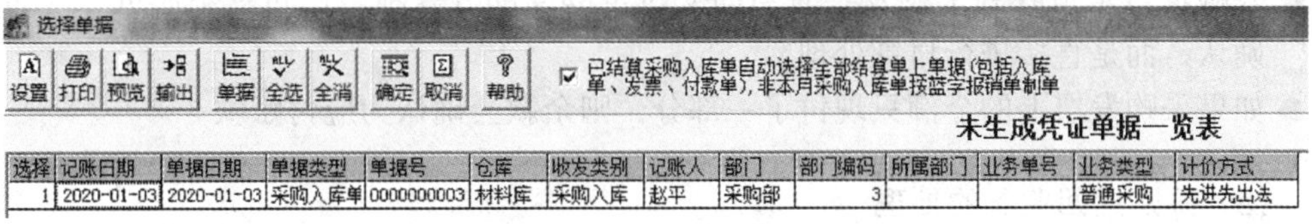

选择	记账日期	单据日期	单据类型	单据号	仓库	收发类别	记账人	部门	部门编码	所属部门	业务单号	业务类型	计价方式
1	2020-01-03	2020-01-03	采购入库单	0000000003	材料库	采购入库	赵平	采购部	3			普通采购	先进先出法

图6-46　未生成凭证单据一览表

⑤单击“确定”按钮，进入“生成凭证”界面，选择凭证类别为“付款凭证”，在表格的“科目编码”栏中录入本业务涉及的会计科目编码（“存货”行录入“1403”，“税金”行录入“22210101”，“结算”行录入“100201”），如图6-47所示。

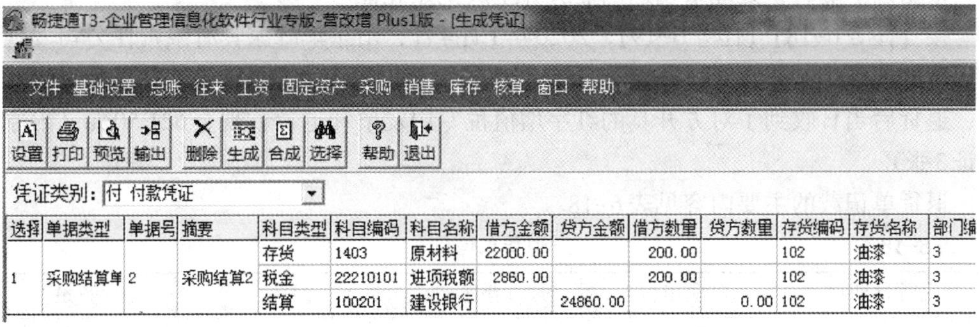

选择	单据类型	单据号	摘要	科目类型	科目编码	科目名称	借方金额	贷方金额	借方数量	贷方数量	存货编码	存货名称	部门编
				存货	1403	原材料	22000.00		200.00		102	油漆	3
1	采购结算单	2	采购结算2	税金	22210101	进项税额	2860.00		200.00		102	油漆	3
				结算	100201	建设银行		24860.00		0.00	102	油漆	3

图6-47　生成凭证

⑥单击“生成”按钮，生成本业务的记账凭证，将其中的附单据数修改为“3”，确认其他信息无误后，单击“保存”按钮，记账凭证左上角显示红色的“已生成”标志，完成本业务操作，如图6-48所示。

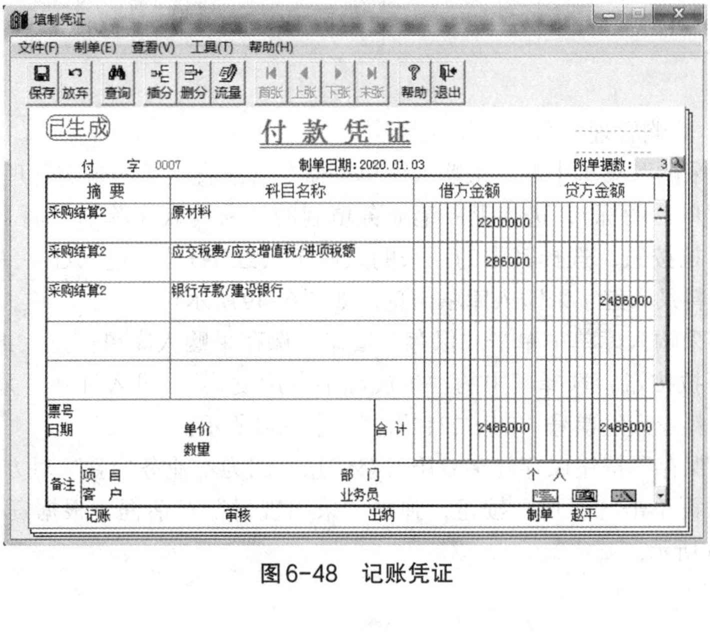

摘要	科目名称	借方金额	贷方金额
采购结算2	原材料	2200000	
采购结算2	应交税费/应交增值税/进项税额	286000	
采购结算2	银行存款/建设银行		2486000
票号 日期	单价 数量 合计	2486000	2486000

图6-48　记账凭证

> **要点提示**
> ● 采购发票既可以直接录入，也可以参照采购订单或采购入库单生成。
> ● 系统不允许录入相同的采购发票号。
> ● 采购现付是指收到采购发票时当即支付全部或部分款项。已付款不需进行应付确认，而是直接进行付款处理。
> ● 如果采购发票上的金额只现付了一部分，则余款会确认为应付账款。

（5）采购退回业务的处理

任务6-20

任务清单

根据以下资料，处理采购退回业务并生成记账凭证。

接【任务6-18】【任务6-19】，2020年1月4日，山东华峰家具有限责任公司发现昨日入库的油漆中有5桶不符合合同的规格要求，经协商，潍坊同科化工有限公司同意退货，退货后当日收到了对方开具的红字增值税专用发票和退货款现金621.50元（附原始凭证3张）。

退货单记载的主要内容见表6-18。

表6-18　　　　　　　　　　　退货单信息

退货日期	供应单位	仓库	存货	数量
2020-01-04	同科化工	材料库	油漆	-5桶

红字增值税专用发票上记载的主要内容见表6-19。

表6-19　　　　　　　　　红字增值税专用发票信息

发票号	存货名称	数量	无税单价（元）	金额（元）	增值税税额（元）
88692312	油漆	-5桶	110	-550	-71.50

任务指导

［步骤一］采购管理子系统操作：

①选择"采购"菜单中的"采购入库单"命令（或直接单击采购管理子系统界面中的"采购入库单"图标），进入上一笔业务填制的"采购入库单"界面。单击"增加"按钮右侧的下拉按钮，选择其中的"采购入库单（红字）"，进入红字"采购入库单"界面。根据资料录入红字采购入库单信息，如图6-49所示。

②在红字采购入库单中单击"保存"按钮，保存采购入库单信息。再单击"流转"按钮右侧的下拉按钮，选择其中的"生成红字专用发票"，进入红字"采购专用发票"界面，根据资料录入发票号"88692312"，如图6-50所示。

③单击"保存"按钮保存红字专用发票信息。因为本业务的款项对方已经用现金方式退回，所以再单击"现付"按钮，弹出"采购现付"对话框，根据资料录入现付信息，如图6-51所示。

采购入库单

文件　基础设置　总账　往来　工资　固定资产　采购　销售　库存　核算　窗口　帮助

业务类型	普通采购		发票号			订单号	
入库单号	0000000004		入库日期	2020-01-04		仓库	材料库
入库类别	采购入库		部门	采购部		业务员	闵智
采购类型	普通采购		供货单位	同科化工		备注	采购退回

	存货编码	存货名称	规格型号	计量单位	数量	单价	税额	金额	含税单价	价税合计	税率
*	102	油漆		桶	-5.00	110.00	-71.50	-550.00	124.30	-621.50	13.00
	合　计						-71.50	-550.00		-621.50	

| 制单人 | 赵平 | | 记账人 | | | | |
| 可用量 | 500.00 | 安全库存量 | | 最低库存量 | | 最高库存量 | |

图6-49　红字采购入库单

采购专用发票

文件　基础设置　总账　往来　工资　固定资产　采购　销售　库存　核算　窗口　帮助

发票类型	专用发票		订单号				
发票号	88692312		开票日期	2020-01-04		部门名称	采购部
供货单位	同科化工		代垫单位			业务员	闵智
采购类型	普通采购		付款条件			税率	13.00
备注	采购退回						
账期管理			到期日				

	存货编码	存货名称	规格型号	计量单位	数量	原币单价	原币金额	原币税额	本币单价	本币金额	本币税额	币价税合计	原币价税合计	税率
*	102	油漆		桶	-5.00	110.00	-550.00	-71.50	110.00	-550.00	-71.50	-621.50	-621.50	13.00
	合　计				-5.00		-550.00	-71.50		-550.00	-71.50	-621.50	-621.50	

| 结算日期 | | | 制单 | 赵平 | |
| 审核日期 | | | | | |

图6-50　红字采购专用发票

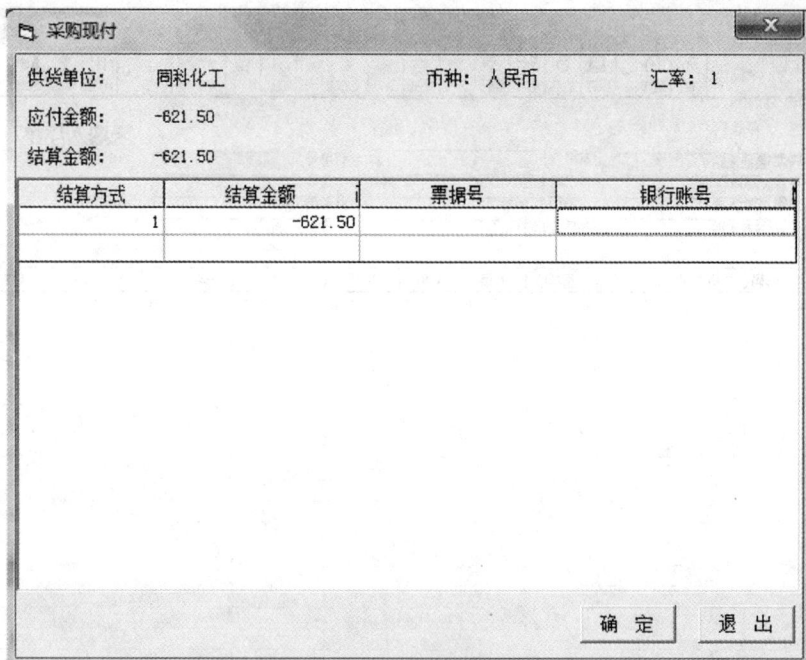

图6-51 采购现付

④单击对话框的"确定"按钮，弹出"现结记录已保存"提示对话框，单击"确定"按钮，再单击"退出"按钮，弹出"现付成功"提示对话框，单击"确定"按钮，完成采购现付。

⑤在红字采购专用发票中单击"复核"按钮，弹出"采购管理"对话框，单击"是"按钮完成发票审核。

⑥在红字采购专用发票中单击"流转"按钮右侧的下拉按钮，选择其中的"手工结算"，进入"结算汇总"界面，如图6-52所示。

图6-52 结算汇总

⑦单击"结算"按钮，弹出"完成结算"对话框，单击"确定"按钮，完成采购结算。再连续单击"退出"按钮返回采购管理子系统界面。

[步骤二] 库存管理子系统操作：

①选择"库存"菜单中的"采购入库单审核"命令（或直接单击库存管理子系统界面中的"采购入库单审核"图标），进入"采购入库单"界面，单击"审核"按钮，完成本业务采购入库单的审核。

②单击"退出"按钮，返回库存管理子系统界面。

[步骤三] 核算管理子系统操作：

①选择"核算"菜单中的"核算→正常单据记账"命令（或直接单击核算管理子系统界面中的"正常单据记账"图标），弹出"正常单据记账条件"对话框，单击其中的"确定"按钮，进入"正常单据记账"界面，单击"全选"按钮选中要记账的单据，如图6-53所示。

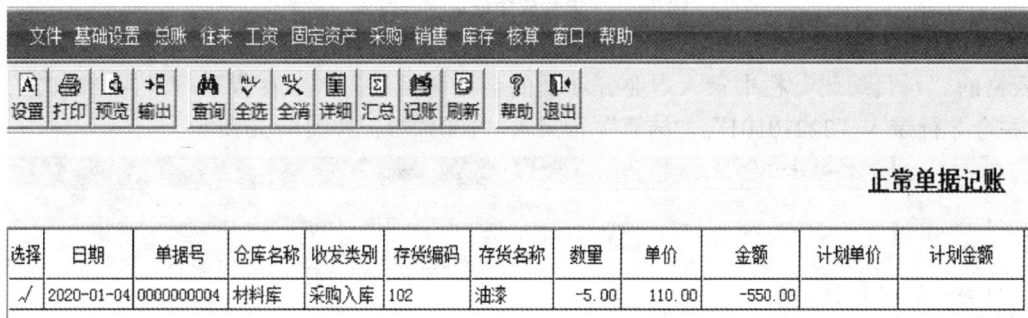

选择	日期	单据号	仓库名称	收发类别	存货编码	存货名称	数量	单价	金额	计划单价	计划金额
√	2020-01-04	0000000004	材料库	采购入库	102	油漆	-5.00	110.00	-550.00		

图6-53　正常单据记账

②单击"记账"按钮，完成正常单据记账。单击"退出"按钮，返回核算管理子系统界面。

③选择"核算"菜单中的"凭证→购销单据制单"命令（或直接单击核算管理子系统界面中的"购销单据制单"图标），继续单击"选择"按钮，弹出"查询条件"对话框，单击其中的"全选"按钮，如图6-54所示。

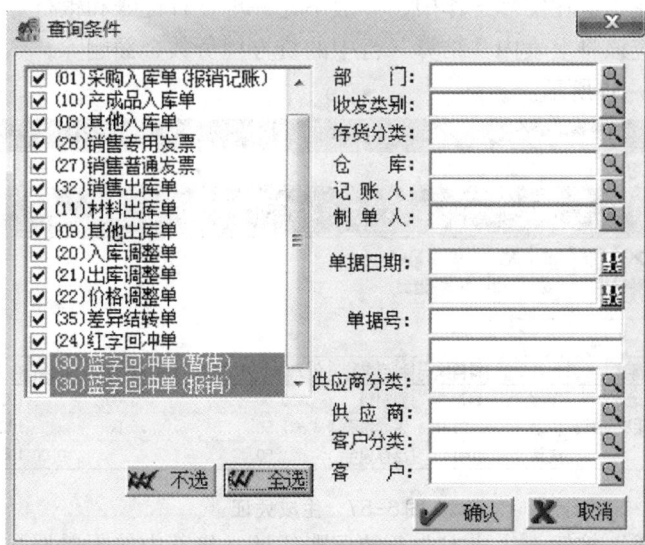

图6-54　查询条件

④单击"确认"按钮，进入"未生成凭证单据一览表"界面，单击"全选"按钮，选中要制单的单据。本业务的红字采购入库单和红字采购发票也已进行采购结算，所以也需选中"帮助"按钮右侧的"已结算采购入库单自动选择全部结算单上单据（包括入库单、发票、付款单），非本月采购入库单按蓝字报销单制单"复选框，如图6-55所示。

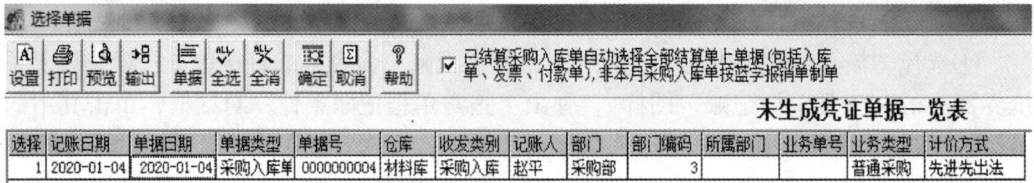

图6-55 未生成凭证单据一览表

⑤单击"确定"按钮，进入"生成凭证"界面，选择凭证类别为"收款凭证"，在表格的"科目编码"栏中录入本业务涉及的会计科目编码（"存货"行录入"1403"，"税金"行录入"22210101"，"结算"行录入"1001"），如图6-56所示。

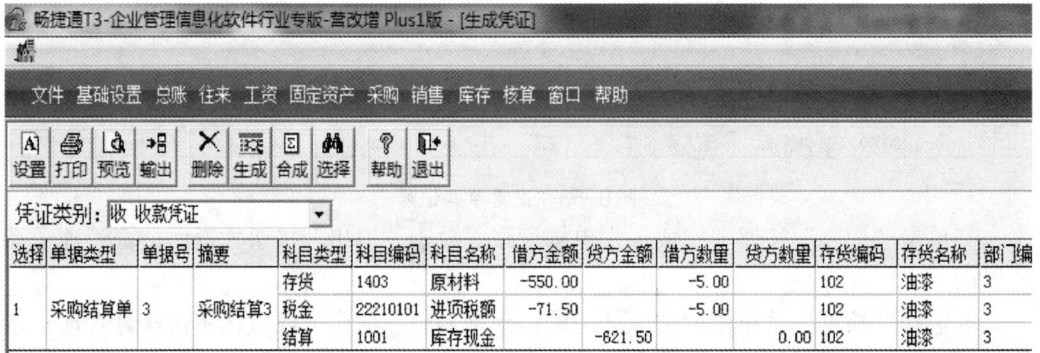

图6-56 生成凭证

⑥但是需要注意，在实际工作中，一般不允许现金日记账和银行存款日记账中出现红字金额，所以应该将上表内"结算"行中的贷方栏负数金额删除，然后在借方栏录入正数金额，如图6-57所示。

图6-57 生成凭证

⑦单击"生成"按钮，生成本业务的记账凭证，将其中的附单据数修改为"3"，确认其他信息无误后，单击"保存"按钮，记账凭证左上角显示红色的"已生成"标志，完成本业务操作，如图6-58所示。

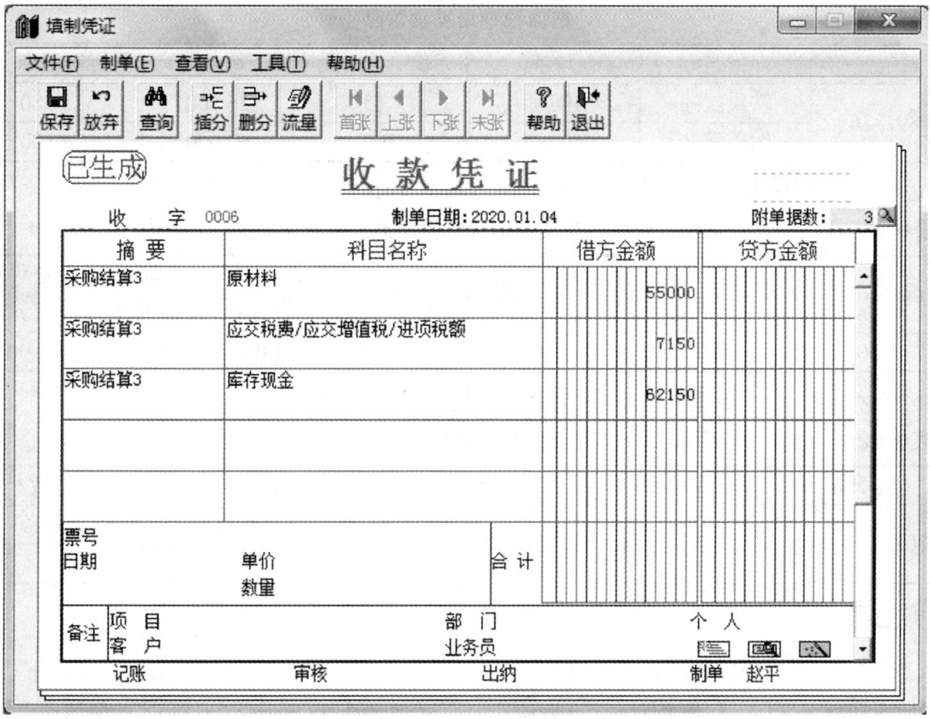

图6-58　记账凭证

> **要点提示**
> ● 填制红字采购发票和采购入库单时，数量和金额必须录入负数，但单价不可以录入负数。
> ● 如果采购退回发生在货款尚未支付之前，应进行红票对冲，以抵减原应付账款。

(6) 赊购材料、支付运费业务的处理

任务6-21

任务清单

根据以下资料，处理采购业务并生成记账凭证。

2020年1月6日，山东华峰家具有限责任公司从河南永固金属有限公司购入400套铁质配件和600套钢质配件，当日验收入库并填制了材料入库单，取得了永固金属有限公司开具的增值税专用发票，款项暂欠，双方合同中约定的现金折扣条件为（2/10，1/20，n/30），现金折扣按不含税价款计算。

同时，签发一张金额为1 090元的建设银行转账支票支付给山东畅捷运输有限公司两种配件的运输费，当日取得了运输费增值税专用发票，要求运输费按材料数量进行分摊（转账支票号为26623521，山东畅捷运输有限公司的银行账号为111222355，附原始凭证4张）。

配件增值税专用发票上记载的主要内容见表6-20。

表6-20 增值税专用发票信息

发票号	存货名称	数量	无税单价（元）	金额（元）	增值税税额（元）
57892326	铁质配件	400套	65	26 000	3 380
	钢质配件	600套	100	60 000	7 800

运输费增值税专用发票上记载的主要内容见表6-21。

表6-21 运输费增值税专用发票信息

发票号	供货单位	税率	存货名称	数量	无税单价（元）	金额（元）	增值税税额（元）
87879900	畅捷运输	9%	运输费	1次	1 000	1 000	90

材料入库单上记载的主要内容见表6-22。

表6-22 材料入库单信息

入库日期	供应单位	仓库	存货	数量
2020-01-06	永固金属	材料库	铁质配件	400套
			钢质配件	600套

任务指导

[步骤一] 采购管理子系统操作：

①选择"采购"菜单中的"采购发票"命令（或直接单击采购管理子系统界面中的"采购发票"图标），进入上一笔业务填制的红字"采购专用发票"界面。单击"增加"按钮右侧的下拉按钮，选择其中的"专用发票"，进入"采购专用发票"界面。根据资料录入发票信息，本业务需特别注意要录入"付款条件"，如图6-59所示。

图6-59 采购专用发票

②单击"保存"按钮保存发票信息。再单击"复核"按钮，弹出"采购管理"对话框，单击"是"按钮完成发票审核。

③本业务还支付了运输费，所以需要继续填制运输费发票，在采购专用发票中单击"增加"按钮右侧的下拉按钮，选择其中的"专用发票"，进入"采购专用发票"界面。根据资料录入运输费发票信息，如图6-60所示。

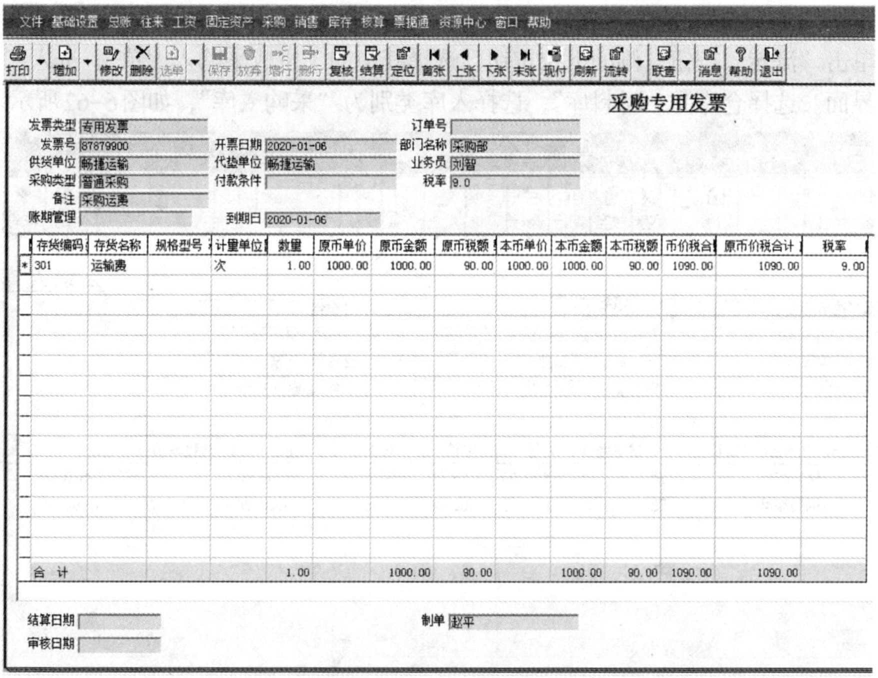

图6-60　采购专用发票

④单击"保存"按钮保存运输费发票信息。因为本业务的运输费款项已经支付，所以再单击运输费发票的"现付"按钮，弹出"采购现付"对话框，根据资料录入现付信息，如图6-61所示。

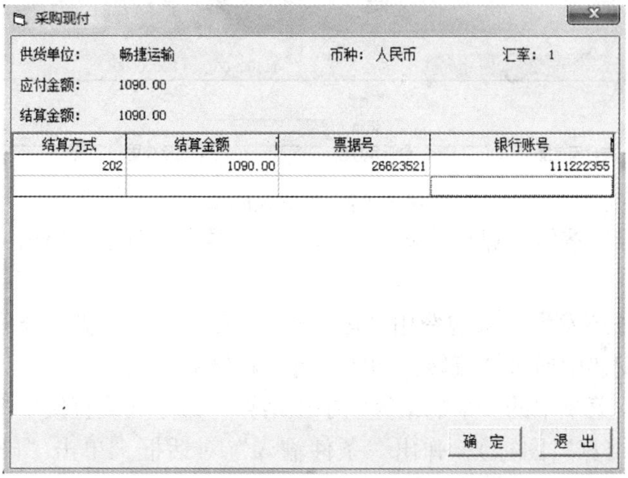

图6-61　采购现付

⑤单击采购现付对话框的"确定"按钮，弹出"现结记录已保存"提示对话框，单击"确定"按钮，再单击"退出"按钮，弹出"现付成功"提示对话框，单击"确定"按钮，完成采购现付。

⑥单击运输费发票的"复核"按钮，弹出"采购管理"对话框，单击"是"按钮完成运输费发票审核。

⑦单击运输费发票中的"上张"按钮，返回到"采购专用发票"界面。在采购专用发票中再单击"流转"按钮右侧的下拉按钮，选择其中的"生成采购入库单"，进入"采购入库单"界面。选择仓库为"材料库"，选择入库类别为"采购入库"，如图6-62所示。

图中工具栏：文件 基础设置 总账 往来 工资 固定资产 采购 销售 库存 核算 窗口 帮助

打印 增加 修改 删除 选单 保存 放弃 增行 删行 定位 生成 首张 上张 下张 末张 刷新 流转 联查 消息 帮助 退出

采购入库单

业务类型 普通采购　　发票号 [ ]　　订单号 [ ]
入库单号 0000000005　　入库日期 2020-01-06　　仓库 材料库
入库类别 采购入库　　部门 采购部　　业务员 刘智
采购类型 普通采购　　供货单位 永固金属　　备注 购买材料

	存货编码	存货名称	规格型号	计量单位	数量	单价	税额	金额	含税单价	价税合计	税率
*	103	铁质配件		套	400.00	65.00	3380.00	26000.00	73.45	29380.00	13.00
*	104	钢质配件		套	600.00	100.00	7800.00	60000.00	113.00	67800.00	13.00
	合计						11180.00	86000.00		97180.00	

制单人 赵平　　记账人 [ ]
可用量 260.00　　安全库存量 [ ]　　最低库存量 [ ]　　最高库存量 [ ]

图6-62　采购入库单

⑧单击"保存"按钮，保存采购入库单信息。再连续单击"退出"按钮返回采购管理子系统界面。

⑨由于本业务还发生了采购费用（运输费），需要将采购费用分摊计入材料采购成本，所以不能在发票中通过"流转"功能进行采购结算。

选择"采购"菜单中的"采购结算→手工结算"命令（或直接单击采购管理子系统界面中的"采购结算"图标），弹出"条件输入"对话框，单击"确认"按钮，进入"入库单和发票选择"界面，选中左下角的"全选"复选框，从而选中所有入库单和发票，如图6-63所示。

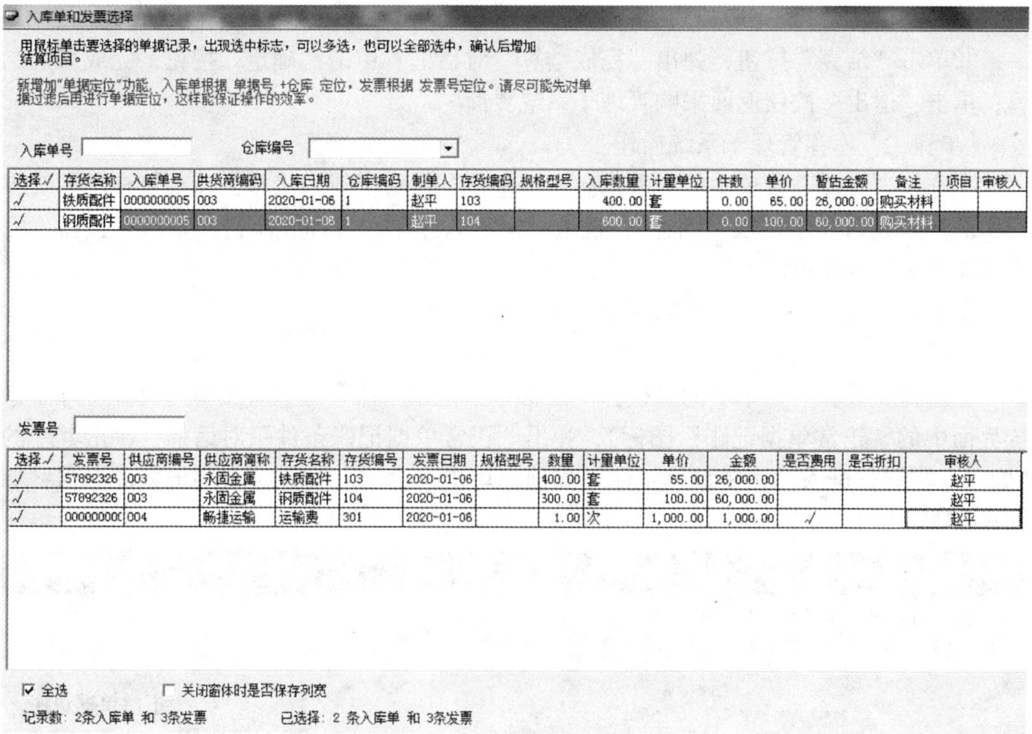

选择√	存货名称	入库单号	供货商编码	入库日期	仓库编码	制单人	存货编码	规格型号	入库数量	计量单位	件数	单价	暂估金额	备注	项目	审核人
√	铁质配件	0000000005	003	2020-01-06	1	赵平	103		400.00	套	0.00	65.00	26,000.00	购买材料		
√	钢质配件	0000000005	003	2020-01-08	1	赵平	104		600.00	套	0.00	100.00	60,000.00	购买材料		

选择√	发票号	供应商编号	供应商简称	存货名称	存货编号	发票日期	规格型号	数量	计量单位	单价	金额	是否费用	是否折扣	审核人
√	57892326	003	永固金属	铁质配件	103	2020-01-06		400.00	套	65.00	26,000.00			赵平
√	57892326	003	永固金属	钢质配件	104	2020-01-06		300.00	套	100.00	60,000.00			赵平
√	000000000	004	畅捷运输	运输费	301	2020-01-06		1.00	次	1,000.00	1,000.00	√		赵平

图6-63　入库单和发票选择

⑩单击右下角的“确认”按钮，进入“结算汇总”界面，本业务发生了运输费，根据资料要求需要选中“按数量”复选框（运输费将按两种材料的数量比例分配计入材料采购成本），如图6-64所示。

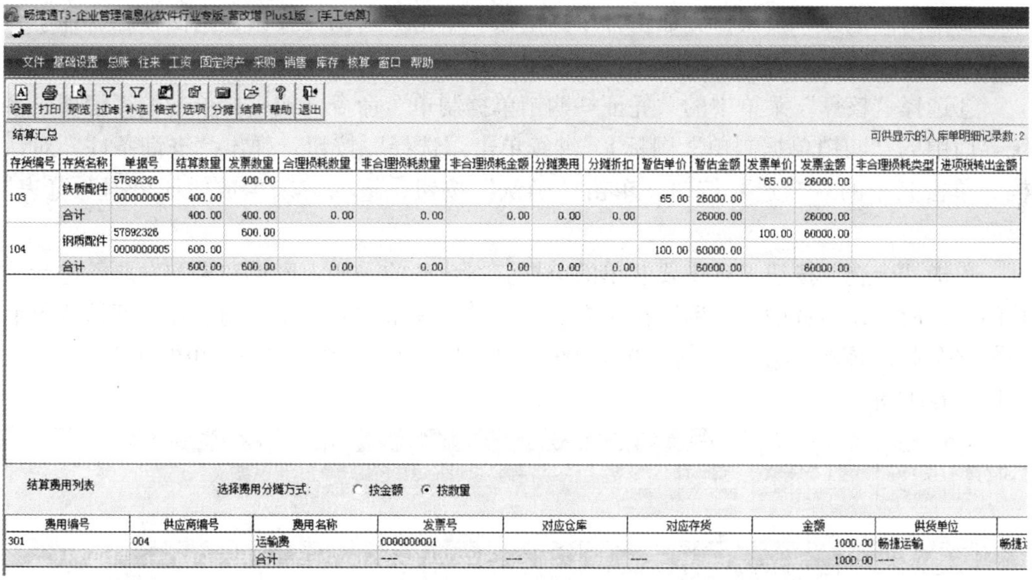

存货编号	存货名称	单据号	结算数量	发票数量	合理损耗数量	非合理损耗数量	非合理损耗金额	分摊费用	分摊折扣	暂估单价	暂估金额	发票单价	发票金额	非合理损耗类型	进项税转出金额
103	铁质配件	57892326		400.00								65.00	26000.00		
		0000000005	400.00							65.00	26000.00				
	合计		400.00	400.00	0.00	0.00	0.00	0.00	0.00		26000.00		26000.00		
104	钢质配件	57892326		600.00								100.00	60000.00		
		0000000005	600.00							100.00	60000.00				
	合计		600.00	600.00	0.00	0.00	0.00	0.00	0.00		60000.00		60000.00		

费用编号	供应商编号	费用名称	发票号	对应仓库	对应存货	金额	供货单位	
301	004	运输费	0000000001			1000.00	畅捷运输	畅捷
		合计	---	---	---	1000.00	---	

图6-64　结算汇总

⑪单击"分摊"按钮，弹出"采购管理"对话框，单击"是"按钮，对话框提示"费用分摊（按数量）完毕，请检查"，再单击"确定"按钮，结束运输费分摊。

⑫单击"结算"按钮，弹出"完成结算"对话框，单击"确定"按钮，完成采购结算，单击"退出"按钮返回采购管理子系统界面。

［步骤二］库存管理子系统操作：

①选择"库存"菜单中的"采购入库单审核"命令（或直接单击库存管理子系统界面中的"采购入库单审核"图标），进入"采购入库单"界面，单击"审核"按钮，完成本业务采购入库单的审核。

②单击"退出"按钮，返回库存管理子系统界面。

［步骤三］核算管理子系统操作：

①选择"核算"菜单中的"核算→正常单据记账"命令（或直接单击核算管理子系统界面中的"正常单据记账"图标），弹出"正常单据记账条件"对话框，单击其中的"确定"按钮，进入"正常单据记账"界面，单击"全选"按钮选中要记账的单据，如图6-65所示。

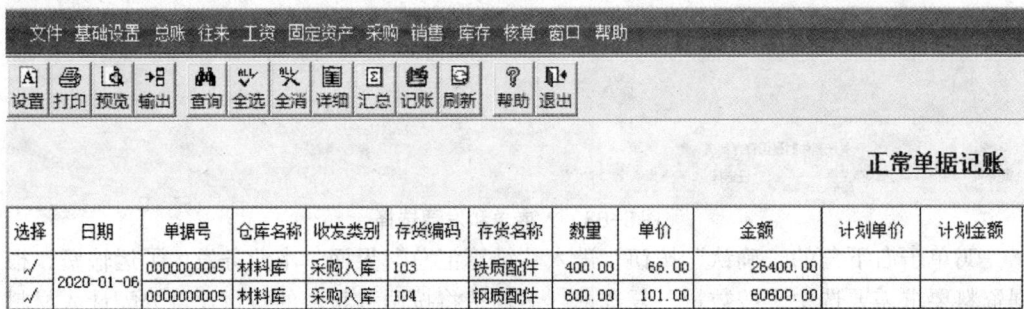

选择	日期	单据号	仓库名称	收发类别	存货编码	存货名称	数量	单价	金额	计划单价	计划金额
√	2020-01-06	0000000005	材料库	采购入库	103	铁质配件	400.00	66.00	26400.00		
√		0000000005	材料库	采购入库	104	钢质配件	600.00	101.00	60600.00		

图6-65　正常单据记账

②单击"记账"按钮，完成正常单据记账。单击"退出"按钮，返回核算管理子系统界面。

③选择"核算"菜单中的"凭证→购销单据制单"命令（或直接单击核算管理子系统界面中的"购销单据制单"图标），继续单击"选择"按钮，弹出"查询条件"对话框，单击其中的"全选"按钮，单击"确认"按钮，进入"未生成凭证单据一览表"界面。

单击"全选"按钮，选中要制单的单据。本业务的采购入库单和采购发票已进行采购结算，所以还需选中"帮助"按钮右侧的"已结算采购入库单自动选择全部结算单上单据（包括入库单、发票、付款单），非本月采购入库单按蓝字报销单制单"复选框，如图6-66所示。

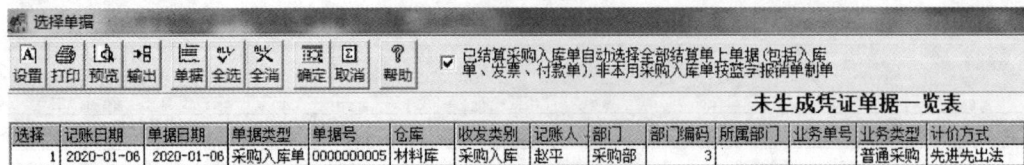

选择	记账日期	单据日期	单据类型	单据号	仓库	收发类别	记账人	部门	部门编码	所属部门	业务单号	业务类型	计价方式
1	2020-01-06	2020-01-06	采购入库单	0000000005	材料库	采购入库	赵平	采购部	3			普通采购	先进先出法

图6-66　未生成凭证单据一览表

④单击"确定"按钮，弹出"选择单据"提示对话框，单击对话框的"确定"按钮，进入"生成凭证"界面，选择凭证类别为"付款凭证"，在表格的"科目编码"栏中录入本业务涉及的会计科目编码，如图6-67所示。

选择	单据类型	单据号	摘要	科目类型	科目编码	科目名称	借方金额	贷方金额	借方数量	贷方数量	存货编码	存货名称	部门编码
				存货	1403	原材料	26400.00		400.00		103	铁质配件	3
				存货	1403	原材料	60600.00		600.00		104	钢质配件	3
				税金	22210101	进项税额	3380.00		400.00		103	铁质配件	3
1	采购结算单	4	采购结算4	应付	220201	应付货款		29380.00		400.00	103	铁质配件	3
				税金	22210101	进项税额	7800.00		600.00		104	钢质配件	3
				应付	220201	应付货款		67800.00		600.00	104	钢质配件	3
				税金	22210101	进项税额	90.00		1.00		301	运输费	3
				结算	100201	建设银行		1090.00		0.00	301	运输费	3

图6-67 生成凭证

⑤单击"生成"按钮，生成本业务的记账凭证，将其中的附单据数修改为"4"，确认其他信息无误后，单击"保存"按钮，记账凭证左上角显示红色的"已生成"标志，完成本业务操作，如图6-68所示。

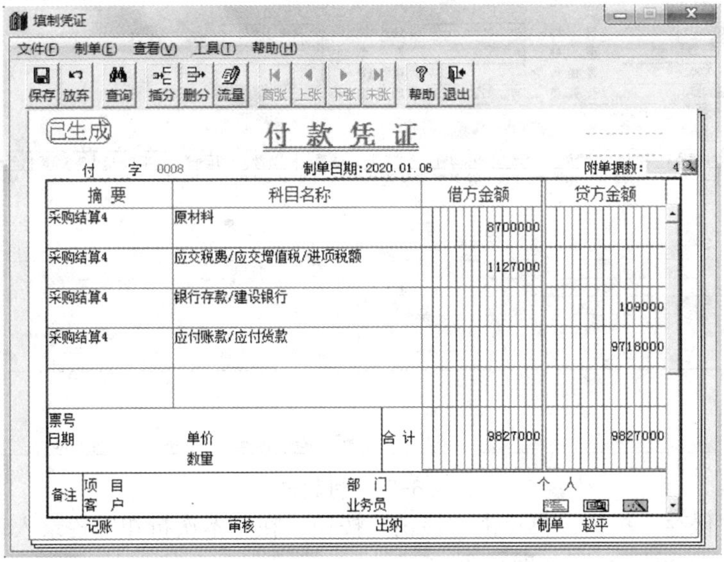

图6-68 记账凭证

要点提示

● 采购业务中除货款外另发生运输等费用的，一般情况下（未发生非合理损耗）进行采购结算后，采购入库单上的金额=采购发票的金额+运输等费用金额。

（7）偿还应付账款、发生现金折扣业务的处理

任务6-22

任务清单

根据以下资料，处理偿还应付账款业务并生成记账凭证。

接【任务6-21】，2020年1月8日，山东华峰家具有限责任公司通过建设银行以电汇方式汇款给河南永固金属有限公司95 460.00元（扣除的现金折扣金额为1 720.00元），用以偿还本月6日所欠的货款（附原始凭证1张）。

任务指导

［步骤一］采购管理子系统操作：

①选择"采购"菜单中的"供应商往来→付款结算"命令（或直接单击采购管理子系统界面中的"付款结算"图标），进入"付款单"界面。

②选择供应商为"河南永固金属有限公司"后，单击"增加"按钮。

③根据资料，录入付款单相关信息后，如图6-69所示。

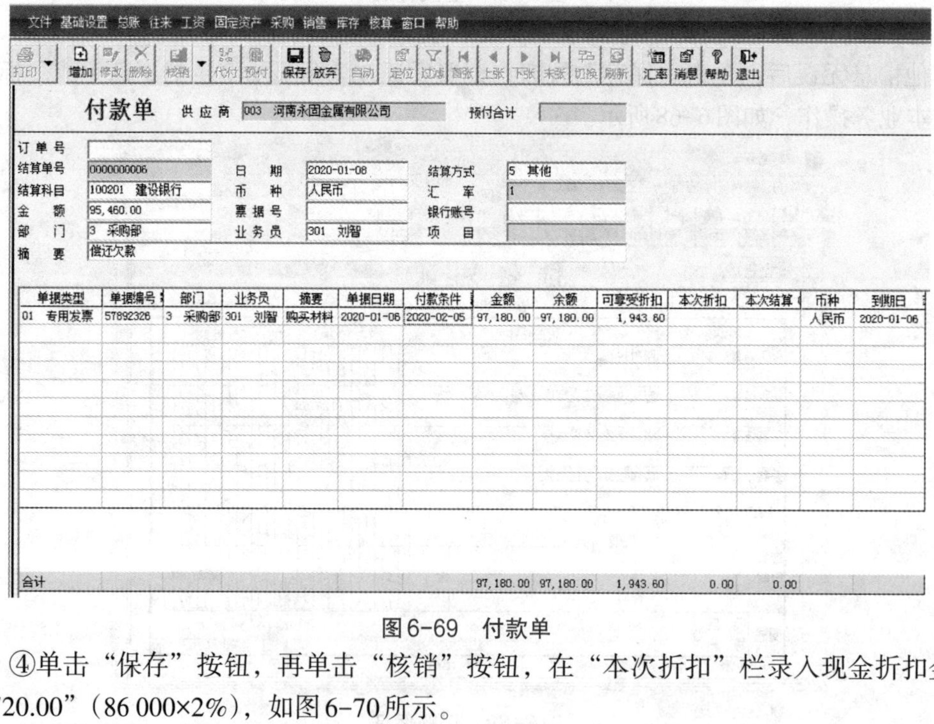

图6-69 付款单

④单击"保存"按钮，再单击"核销"按钮，在"本次折扣"栏录入现金折扣金额"1 720.00"（86 000×2%），如图6-70所示。

⑤再次单击"保存"按钮，完成应付账款的核销，单击"退出"按钮返回采购管理子系统界面。

［步骤二］核算管理子系统操作：

①选择"核算"菜单中的"凭证→供应商往来制单"命令（或直接单击核算管理子系统界面中的"供应商往来制单"图标），弹出"供应商制单查询"对话框，选中其中的"核销制单"，如图6-71所示。

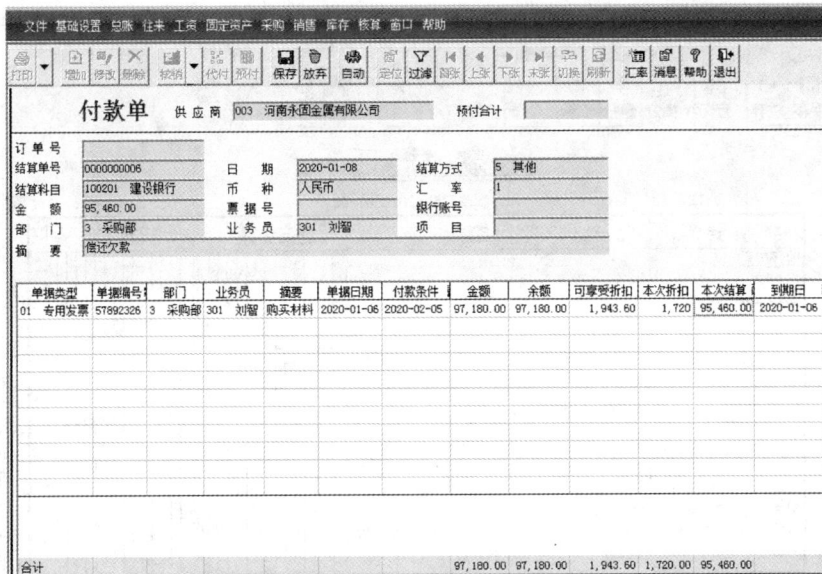

图6-70　付款单

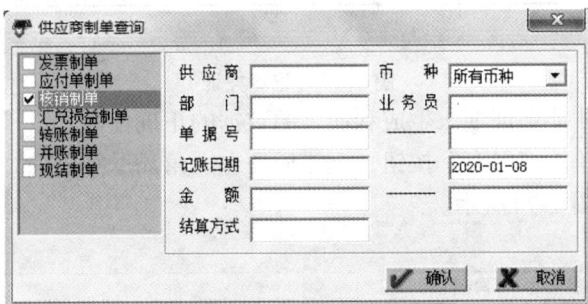

图6-71　供应商制单查询

②单击"确认"按钮，进入"核销制单"界面，单击"全选"按钮选中要制单的单据，选择凭证类别为"付款凭证"，如图6-72所示。

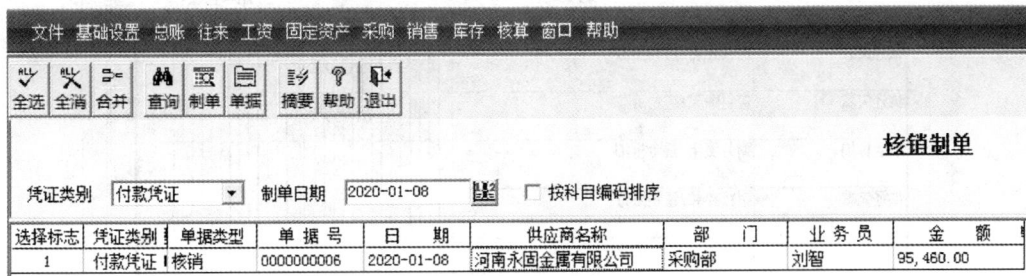

图6-72　核销制单

③单击"制单"按钮，生成本业务的记账凭证，如图6-73所示。

该记账凭证还需进一步完善：

第一、二行的科目名称栏均应录入"220201"；

第三行的科目名称栏应录入"660303"，并且原贷方金额"1720"需要改成借方红字金额"1720"（在T3软件中，冲减费用时要改为借方红字金额，冲减收入时要改为贷

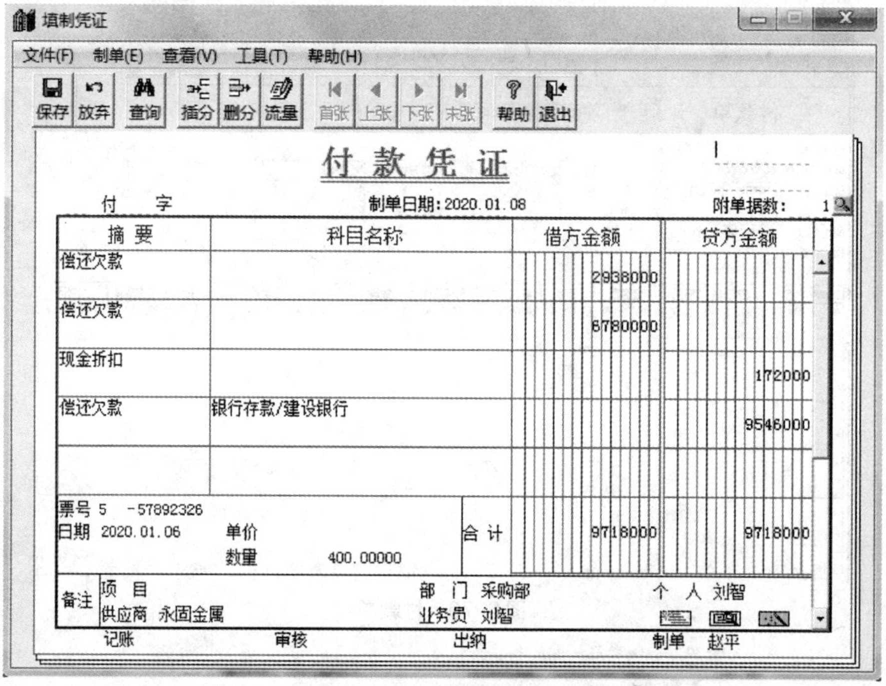

图6-73　记账凭证

方红字金额，这样才能保证期末生成利润表的数据的正确性）。

确认无误后，单击"保存"按钮，记账凭证左上角显示红色的"已生成"标志，完成本业务操作，如图6-74所示。

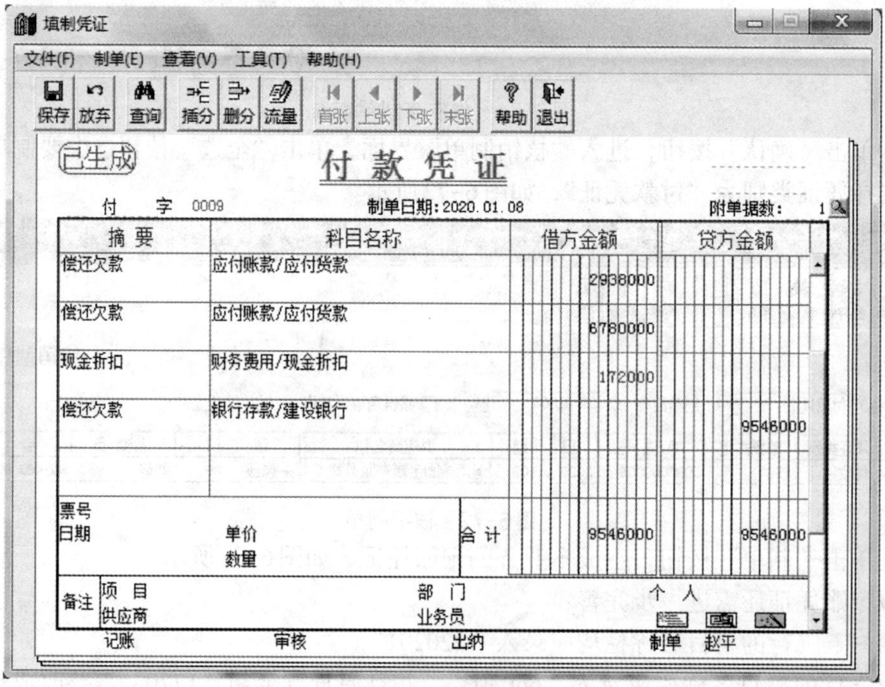

图6-74　记账凭证

> **要点提示**
> ● 付款单上的"可享受折扣"金额，由系统根据价税合计乘以折扣率自动计算得出。如果合同约定计算现金折扣时不考虑增值税，则需自行计算现金折扣金额。
> ● 在 T3 软件中，一般冲减费用时要用借方红字金额，冲减收入时要用贷方红字金额。

（8）本期收到前期暂估入库材料相关发票业务的处理

暂估入库，是指存货在月末已经入库，但采购发票尚未收到而暂时按估计成本办理入库。当以后期间收到采购发票时，系统提供了三种方法处理前期暂估入库的存货。

一是"月初回冲"，是指发生暂估业务的下月月初，系统自动生成与暂估入库单完全相同的红字回冲单，先根据红字回冲单生成记账凭证（冲减上月暂估入库业务）。收到采购发票后，进行采购结算，然后在核算管理子系统进行暂估成本处理后，再生成蓝字回冲单，进而生成相关记账凭证（本月采购入库业务）。

二是"单到回冲"，是指发生暂估业务的下月月初不做处理，而是在收到采购发票后，先进行采购结算，然后在核算管理子系统进行暂估成本处理后，再生成红字回冲单、蓝字回冲单，进而生成相关记账凭证。

三是"单到补差"，是指发生暂估业务的下月月初不做处理，待收到采购发票时，先进行采购结算，然后在核算管理子系统进行暂估成本处理后，按暂估金额和实际金额的差额生成调整单，进而生成相关记账凭证。

系统默认选择"单到回冲"方法，本书采用默认设置。

任务 6-23

任务清单

根据以下资料，处理收到前期暂估入库材料相关发票业务并生成记账凭证。

接【任务 6-9】，2020 年 1 月 8 日，山东华峰家具有限责任公司收到青岛华丰木材有限公司交来的增值税专用发票一张，系上年 12 月 28 日购买实木板应开具的发票。同时，签发一张金额为 27 120.00 元的建设银行转账支票支付了全部款项（转账支票号为26623522，青岛华丰木材有限公司的银行账号为 333444500，附原始凭证 3 张）。

增值税专用发票上记载的主要内容见表 6-23。

表 6-23 增值税专用发票信息

发票号	存货名称	数量	无税单价（元）	金额（元）	增值税税额（元）
88692359	实木板	200 平方米	120	24 000	3 120

任务指导

［步骤一］采购管理子系统操作：

①选择"采购"菜单中的"采购入库单"命令（或直接单击采购管理子系统界面中的"采购入库单"图标），进入"采购入库单"界面。单击其中的"首张"按钮，找到期初时录入的"期初采购入库单"。

单击"流转"按钮右侧的下拉按钮，选择其中的"生成专用发票"，进入"采购专用发票"界面。

在采购专用发票中录入发票号"88692359"，选择业务员为"刘智"。这里还需特别注意，收到的专用发票中的单价、金额和期初采购入库单中暂估的单价、金额不同，所以必须根据本业务资料修改采购专用发票中的单价为"120"，如图6-75所示。

图6-75 采购专用发票

②单击"保存"按钮保存发票信息。因为本业务的款项已经支付，所以再单击"现付"按钮，弹出"采购现付"对话框，根据资料录入现付信息，如图6-76所示。

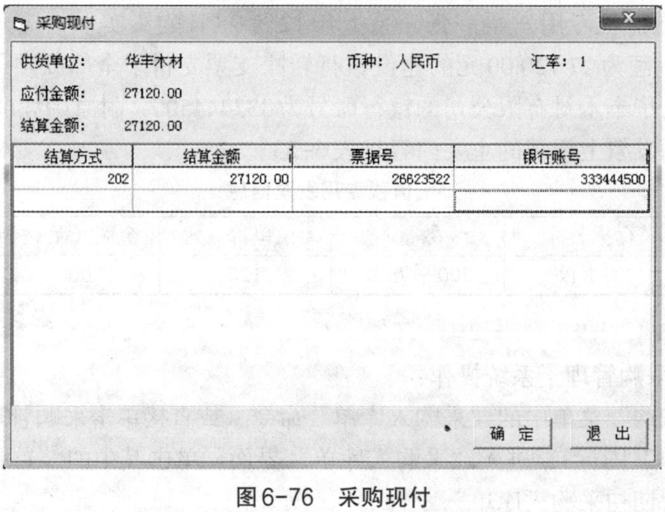

图6-76 采购现付

③单击对话框的"确定"按钮，弹出"现结记录已保存"提示对话框，单击"确定"按钮，再单击"退出"按钮，弹出"现付成功"提示对话框，单击"确定"按钮，完成采购现付。

④在采购专用发票中单击"复核"按钮，弹出"采购管理"对话框，单击"是"按钮完成发票审核。连续单击"退出"按钮，返回采购管理子系统界面。

⑤选择"采购"菜单中的"采购结算→手工结算"命令（或直接单击采购管理子系统界面中的"采购结算"图标），弹出"条件输入"对话框，将其中的开始日期修改为"2019-12-28"，如图6-77所示。

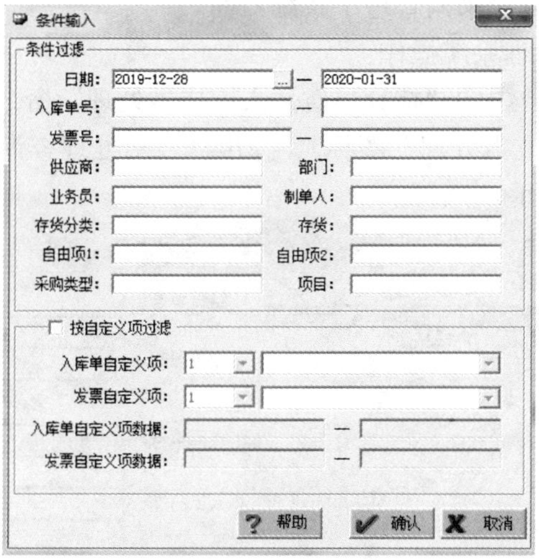

图6-77　条件输入

⑥单击"确认"按钮，进入"入库单和发票选择"界面，选中左下角的"全选"复选框，从而选中要结算的入库单和发票，如图6-78所示。

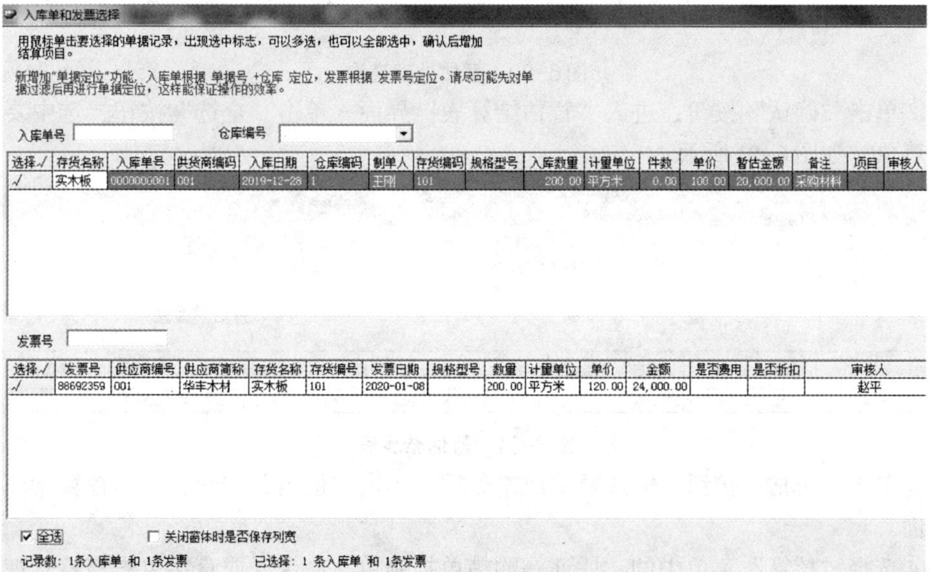

图6-78　入库单和发票选择

⑦单击右下角的"确认"按钮,进入"结算汇总"界面,如图6-79所示。

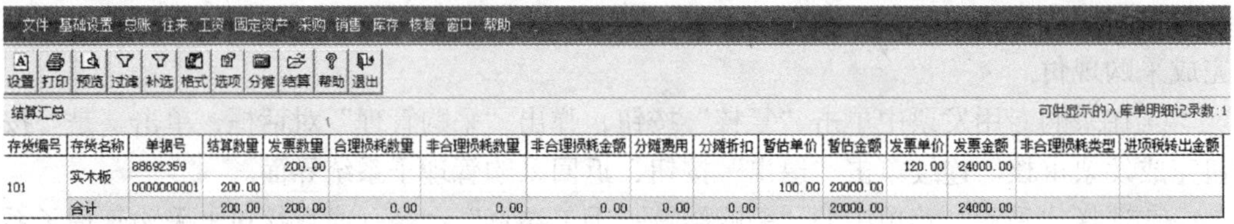

| 文件 | 基础设置 | 总账 | 往来 | 工资 | 固定资产 | 采购 | 销售 | 库存 | 核算 | 窗口 | 帮助 |

| A设置 | 打印 | 预览 | 过滤 | 补选 | 格式 | 选项 | 分摊 | 结算 | 帮助 | 退出 |

结算汇总   可供显示的入库单明细记录数:1

存货编码	存货名称	单据号	结算数量	发票数量	合理损耗数量	非合理损耗数量	非合理损耗金额	分摊费用	分摊折扣	暂估单价	暂估金额	发票单价	发票金额	非合理损耗类型	进项税转出金额
101	实木板	88692359		200.00								120.00	24000.00		
		0000000001	200.00						100.00	20000.00				
	合计		200.00	200.00	0.00	0.00	0.00				20000.00		24000.00		

图6-79 结算汇总

⑧单击"结算"按钮,弹出"完成结算"对话框,单击"确定"按钮,完成采购结算,单击"退出"按钮返回采购管理子系统界面。

[步骤二]核算子管理系统操作:

①选择"核算"菜单中的"核算→暂估入库成本处理"命令(或直接单击核算管理子系统界面中的"暂估成本处理"图标),弹出"暂估处理查询"对话框,选中其中的"材料库",如图6-80所示。

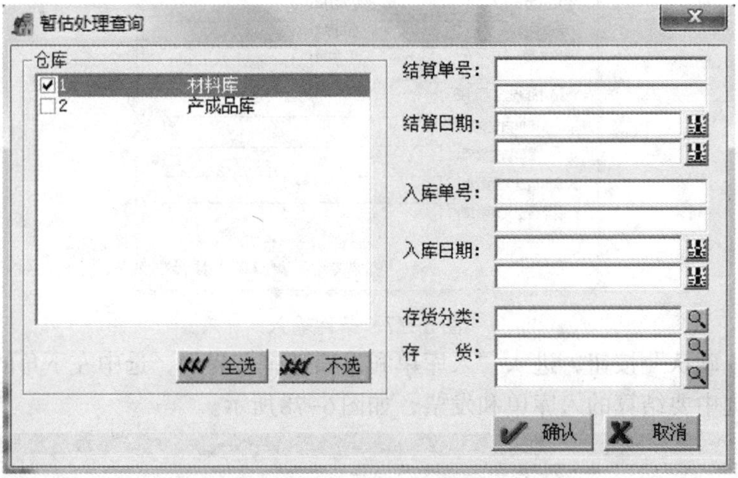

图6-80 暂估处理查询

②单击"确认"按钮,进入"暂估结算表"界面。单击"全选"按钮,选中要处理的结算单,如图6-81所示。

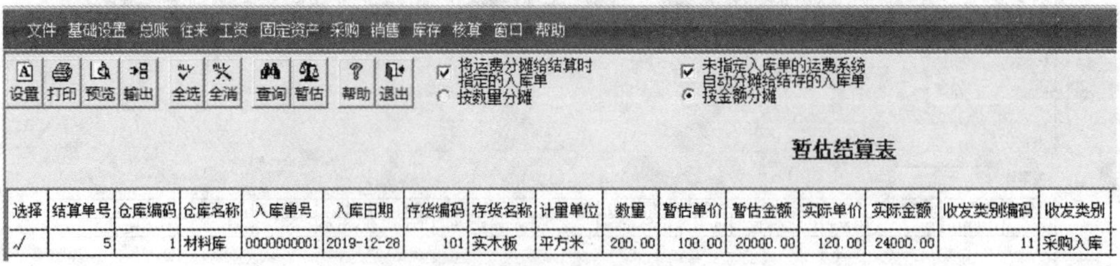

| 文件 | 基础设置 | 总账 | 往来 | 工资 | 固定资产 | 采购 | 销售 | 库存 | 核算 | 窗口 | 帮助 |

| A设置 | 打印 | 预览 | 输出 | 全选 | 全消 | 查询 | 暂估 | 帮助 | 退出 | ☑将运费分摊给结算时指定的入库单 ○按数量分摊 | ☑未指定入库单的运费系统自动分摊给结存的入库单 ○按金额分摊 |

暂估结算表

选择	结算单号	仓库编码	仓库名称	入库单号	入库日期	存货编码	存货名称	计量单位	数量	暂估单价	暂估金额	实际单价	实际金额	收发类别编码	收发类别
√	5	1	材料库	0000000001	2019-12-28	101	实木板	平方米	200.00	100.00	20000.00	120.00	24000.00	11	采购入库

图6-81 暂估结算表

③单击"暂估"按钮,完成暂估成本处理。单击"退出"按钮,返回核算管理子系统界面。

④选择"核算"菜单中的"凭证→购销单据制单"命令(或直接单击核算管理子系统界面中的"购销单据制单"图标),继续单击"选择"按钮,弹出"查询条件"对话

框，单击其中的"全选"按钮，如图6-82所示。

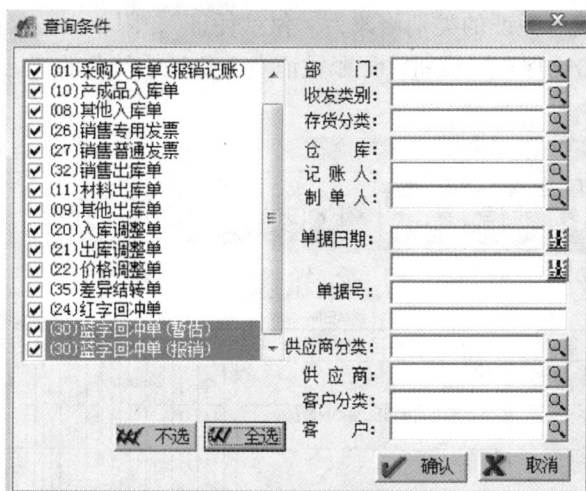

图6-82　查询条件

⑤单击"确认"按钮，进入"未生成凭证单据一览表"界面，单击"全选"按钮，选中要制单的单据（这里包括红字回冲单和蓝字回冲单）。因为本业务的采购入库单和采购发票已进行采购结算，所以还需选中"帮助"按钮右侧的"已结算采购入库单自动选择全部结算单上单据（包括入库单、发票、付款单），非本月采购入库单按蓝字报销单制单"复选框，如图6-83所示。

图6-83　未生成凭证单据一览表

⑥单击"确定"按钮，进入"生成凭证"界面。本业务会生成两张记账凭证，可暂时先不选择凭证类别。

在表格的"科目编码"栏中录入本业务涉及的会计科目编码，如图6-84所示。

图6-84　生成凭证

⑦单击"生成"按钮，生成本业务的两张记账凭证。

首先将第一张记账凭证的类别修改为"付款凭证"，附单据数修改为"3"，确认其他信息无误后，单击"保存"按钮，记账凭证左上角显示红色的"已生成"标志，如图6-85所示。

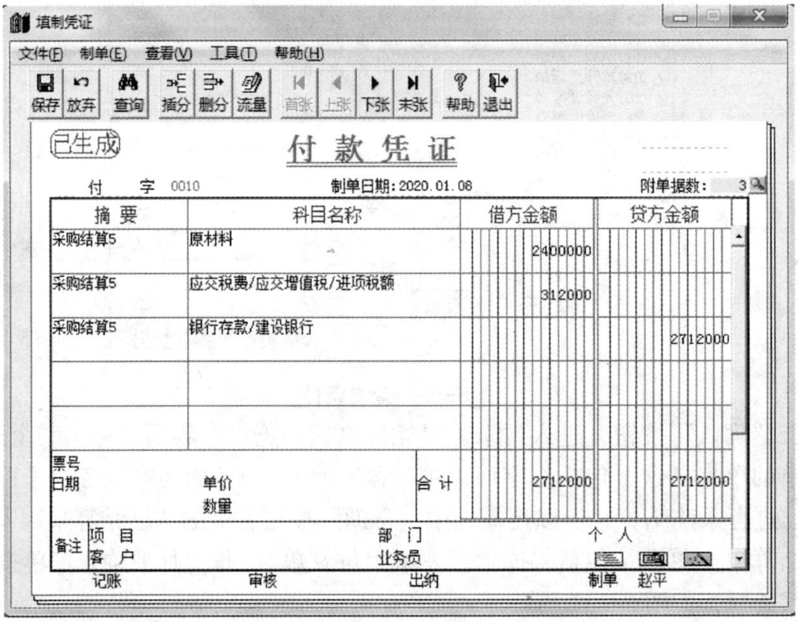

图6-85　记账凭证

⑧再单击记账凭证中的"下张"按钮，切换到第二张红字记账凭证，将凭证类别修改为"转账凭证"，附单据数修改为"0"，确认其他信息无误后，单击"保存"按钮，记账凭证左上角显示红色的"已生成"标志，如图6-86所示。

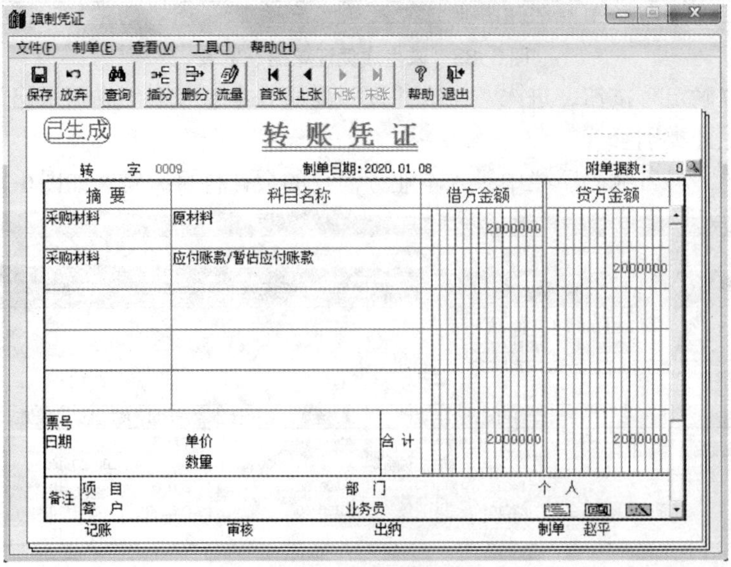

图6-86　记账凭证

（9）预付账款业务的处理

任务 6-24

任务清单

根据以下资料，处理预付账款业务并生成记账凭证。

2020年1月9日，山东华峰家具有限责任公司签发一张金额为 20 000.00 元的建设银行转账支票给青岛华丰木材有限公司，作为预付的购货款（转账支票号为 26623523，华丰木材公司的银行账号为 333444500，附原始凭证 1 张）。

任务指导

［步骤一］采购管理子系统操作：

①选择"采购"菜单中的"供应商往来→付款结算"命令（或直接单击采购管理子系统界面中的"付款结算"图标），进入"付款单"界面。

②选择供应商为"青岛华丰木材有限公司"后，单击"增加"按钮。

③根据资料，录入付款单相关信息，如图6-87所示。

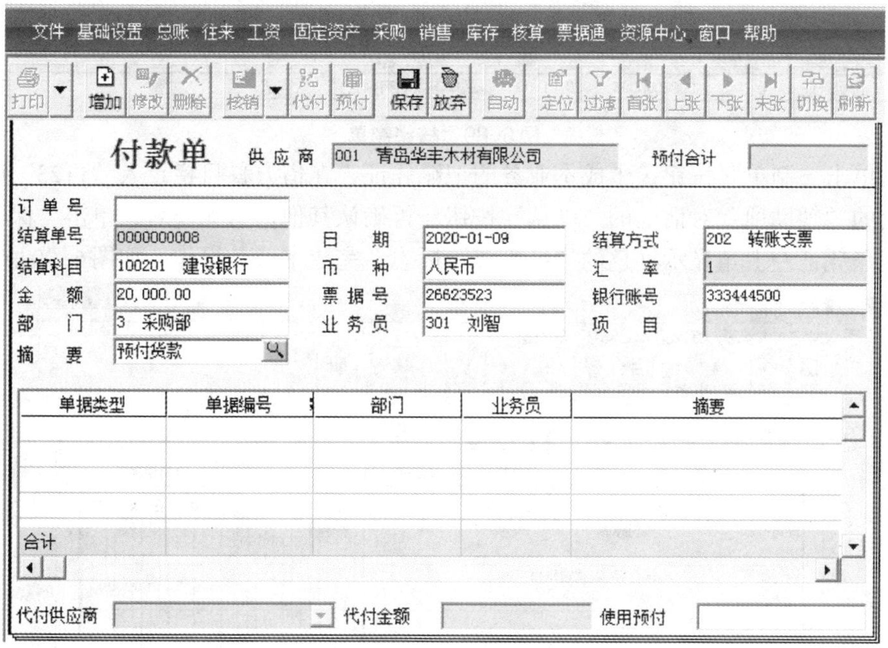

图6-87 付款单

④单击"保存"按钮，再单击"预付"按钮。单击"退出"按钮返回采购管理子系统界面。

［步骤二］核算管理子系统操作：

①选择"核算"菜单中的"凭证→供应商往来制单"命令（或直接单击核算管理子系统界面中的"供应商往来制单"图标），弹出"供应商制单查询"对话框，选中其中的"核销制单"，如图6-88所示。

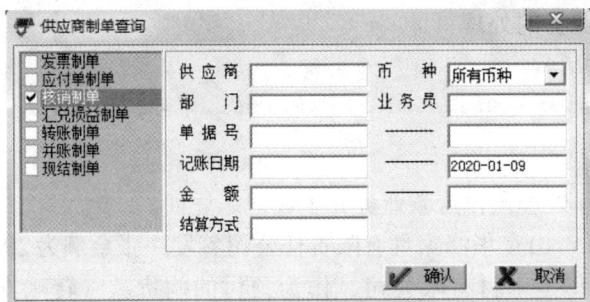

图6-88 供应商制单查询

②单击"确认"按钮，进入"核销制单"界面，单击"全选"按钮选中要制单的单据，选择凭证类别为"付款凭证"，如图6-89所示。

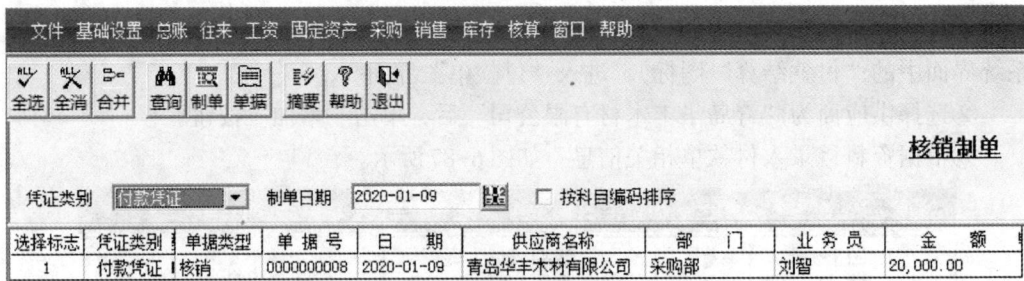

图6-89 核销制单

③单击"制单"按钮，生成本业务的记账凭证，在借方科目栏录入"1123"后，单击弹出的"辅助项"对话框的"确认"按钮。再确认其他信息无误后，单击"保存"按钮，记账凭证左上角显示红色的"已生成"标志，完成本业务操作，如图6-90所示。

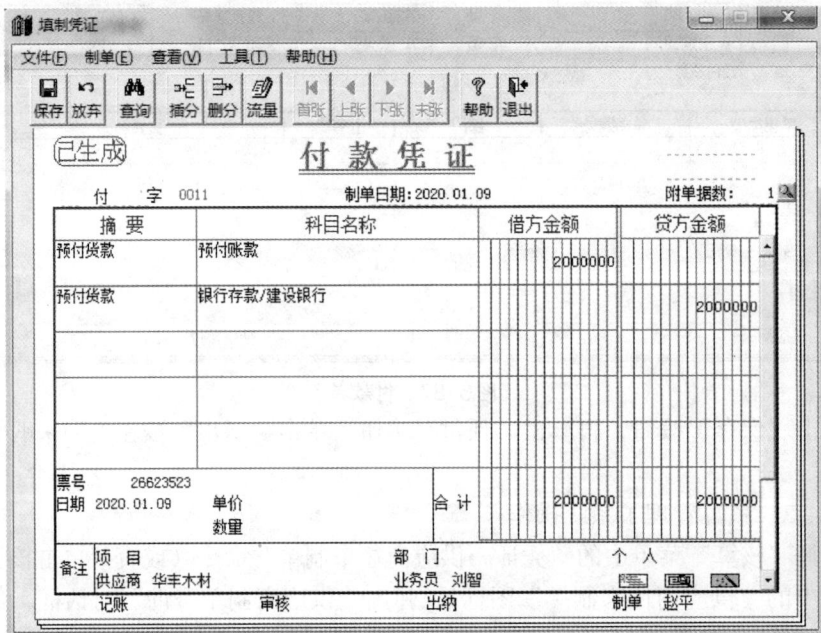

图6-90 记账凭证

（10）赊购材料未入库、卖方代垫运费业务的处理

任务6-25

任务清单

根据以下资料，处理赊购材料未入库、卖方代垫运费的业务并生成记账凭证。

接【任务6-24】，2020年1月10日，山东华峰家具有限责任公司从青岛华丰木材有限公司购入300平方米实木板，同时，对方替本公司垫付了运输费。当日对方将实木板增值税专用发票和运输费增值税专用发票交给了本公司，相关款项暂欠，材料尚在运输途中（附原始凭证2张）。

实木板增值税专用发票上记载的主要内容见表6-24。

表6-24　　　　　　　　　　增值税专用发票信息

发票号	存货名称	数量	无税单价（元）	金额（元）	增值税税额（元）
66362368	实木板	300平方米	110	33 000	4 290

运输费增值税专用发票上记载的主要内容见表6-25。

表6-25　　　　　　　　　运输费增值税专用发票信息

发票号	供货单位	代垫单位	税率	存货名称	数量	无税单价（元）	金额（元）	增值税税额（元）
87879910	畅捷运输	华丰木材	9%	运输费	1次	2 000	2 000	180

任务指导

［步骤一］采购管理子系统操作：

①选择"采购"菜单中的"采购发票"命令（或直接单击采购管理子系统界面中的"采购发票"图标），进入"采购专用发票"界面。单击"增加"按钮右侧的下拉按钮，选择其中的"专用发票"，进入"采购专用发票"界面。根据资料录入发票信息，如图6-91所示。

图6-91　采购专用发票

②单击"保存"按钮保存发票信息。再单击"复核"按钮，弹出"采购管理"对话框，单击"是"按钮完成发票审核。

③本业务中对方公司还代垫了运费，所以需要继续填制运费发票，在采购专用发票中单击"增加"按钮右侧的下拉按钮，选择其中的"专用发票"，进入"采购专用发票"界面。根据资料录入运费发票信息，如图6-92所示。

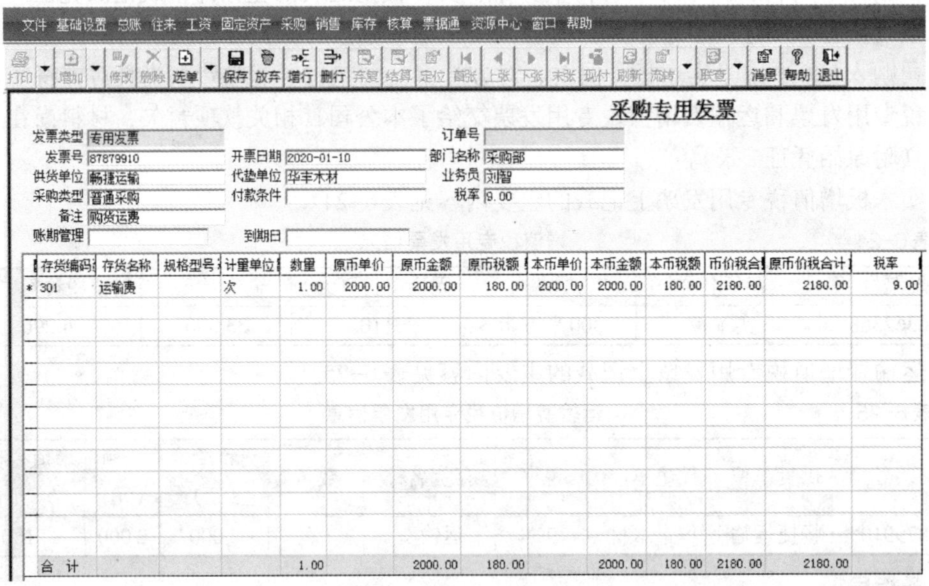

图6-92　采购专用发票

④单击"保存"按钮保存运费发票信息。单击运费发票的"复核"按钮，弹出"采购管理"对话框，单击"是"按钮完成运费发票审核。单击"退出"按钮，返回采购管理子系统界面。

[步骤二]核算管理子系统操作：

①本业务中，购买的材料尚未入库，所以暂时不需要进行采购结算。相关款项尚未支付，所以下一步应进行供应商往来制单。

选择"核算"菜单中的"凭证→供应商往来制单"命令（或直接单击核算管理子系统界面中的"供应商往来制单"图标），弹出"供应商制单查询"对话框，选中其中的"发票制单"后，单击"确认"按钮，进入"采购发票制单"界面，单击"全选"按钮选中要记账的单据，选择凭证类别为"转账凭证"，如图6-93所示。

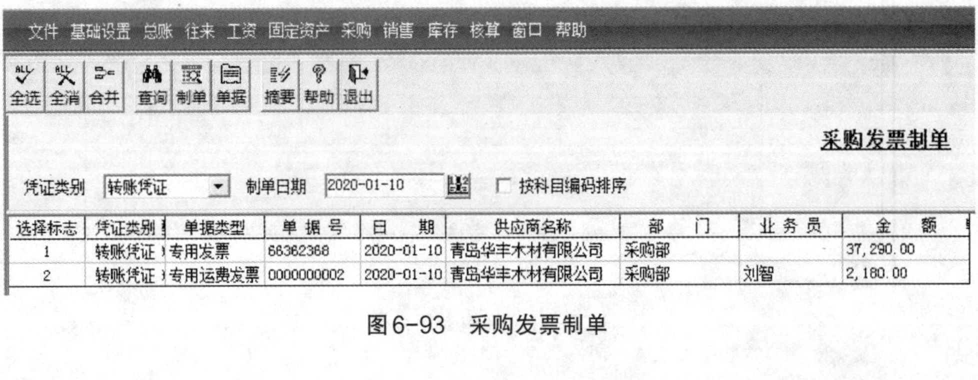

图6-93　采购发票制单

②单击"合并"按钮，原因是本业务的两张发票一般需要合并生成一张记账凭证（也可以分开生成两张记账凭证）。

③单击"制单"按钮，生成本业务的记账凭证，将其中的附单据数修改为"2"，然后在科目名称栏中录入相关会计科目（第一、三行录入"1402"，第二、四行录入"22210101"，第五、六行录入220201），确认无误后，单击"保存"按钮，记账凭证左上角显示红色的"已生成"标志，完成本业务操作，如图6-94所示。

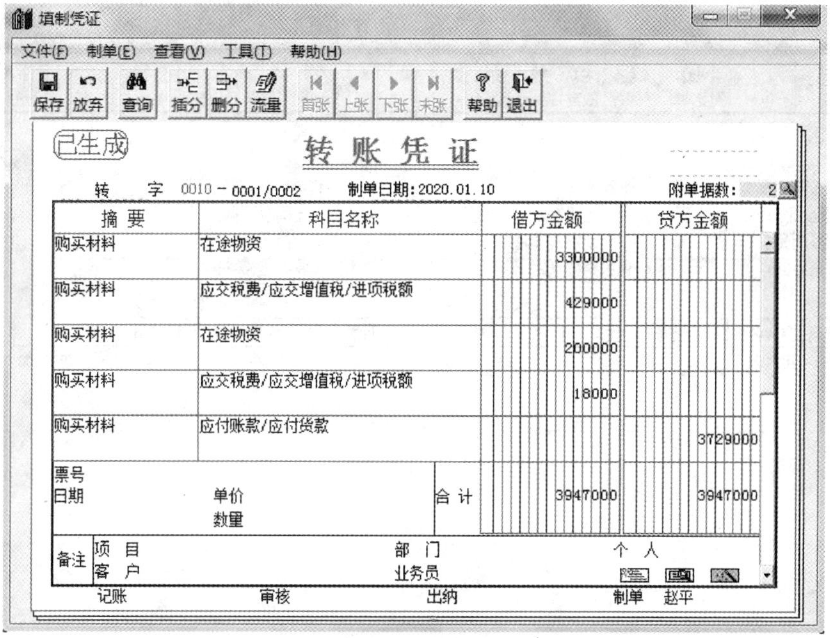

图6-94　记账凭证

• （11）本期在途物资入库业务的处理

任务6-26

任务清单

根据以下资料，处理本期在途物资入库的业务并生成记账凭证。

接【任务6-24】【任务6-25】，2020年1月11日，山东华峰家具有限责任公司收到了从青岛华丰木材有限公司购入的300平方米实木板，当即全部验收入库，要求运输费按材料金额进行分摊（附原始凭证1张）。

材料入库单上记载的主要内容见表6-26。

表6-26　　　　　　　　　　　　　　材料入库单信息

入库日期	供应单位	仓库	存货	数量
2020-01-11	华丰木材	材料库	实木板	300平方米

任务指导

［步骤一］采购管理子系统操作：

①选择"采购"菜单中的"采购发票"命令（或直接单击采购管理子系统界面中的"采购发票"图标），进入上一笔业务填制的"采购专用运费发票"界面，单击"上张"按钮找到1月10日填制的专用发票。

②单击"流转"按钮右侧的下拉按钮，选择其中的"生成采购入库单"，进入"采购入库单"界面，选择仓库为"材料库"，选择入库类别为"采购入库"，选择业务员为"刘智"，如图6-95所示。

图6-95 采购入库单

③单击"保存"按钮，保存采购入库单信息。

④选择"采购"菜单中的"采购结算→手工结算"命令（或直接单击采购管理子系统界面中的"采购结算"图标），弹出"条件输入"对话框，单击"确认"按钮，进入"入库单和发票选择"界面。

选中左下角的"全选"复选框，从而选中要结算的采购入库单和发票（注意：如果还存在与本业务无关的未结算采购入库单和发票，则需注意不要选中）如图6-96所示。

⑤单击右下角的"确认"按钮，进入"结算汇总"界面，如图6-97所示。

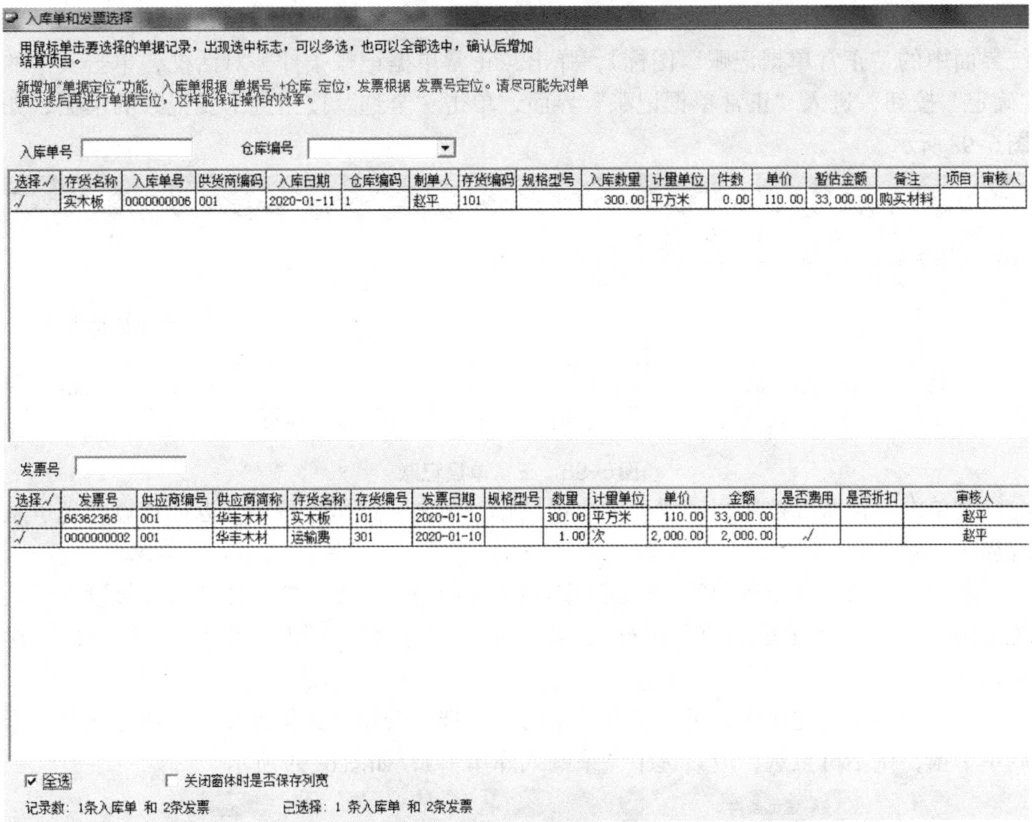

入库单和发票选择

用鼠标单击要选择的单据记录,出现选中标志,可以多选,也可以全部选中,确认后增加结算项目。

新增加"单据定位"功能,入库单根据 单据号 +仓库 定位,发票根据 发票号定位。请尽可能先对单据过滤后再进行单据定位,这样能保证操作的效率。

入库单号[　　　]　　仓库编号[　　　　]

选择√	存货名称	入库单号	供货商编码	入库日期	仓库编码	制单人	存货编码	规格型号	入库数量	计量单位	件数	单价	暂估金额	备注	项目	审核人
√	实木板	0000000006	001	2020-01-11	1	赵平	101		300.00	平方米	0.00	110.00	33,000.00	购买材料		

发票号[　　　]

选择√	发票号	供应商编码	供应商简称	存货名称	存货编号	发票日期	规格型号	数量	计量单位	单价	金额	是否费用	是否折扣	审核人
√	66362368	001	华丰木材	实木板	101	2020-01-10		300.00	平方米	110.00	33,000.00			赵平
√	0000000002	001	华丰木材	运输费	301	2020-01-10		1.00	次	2,000.00	2,000.00	√		赵平

☑全选　　□关闭窗体时是否保存列宽
记录数:1条入库单 和 2条发票　　　已选择:1 入库单 和 2条发票

图6-96　入库单和发票选择

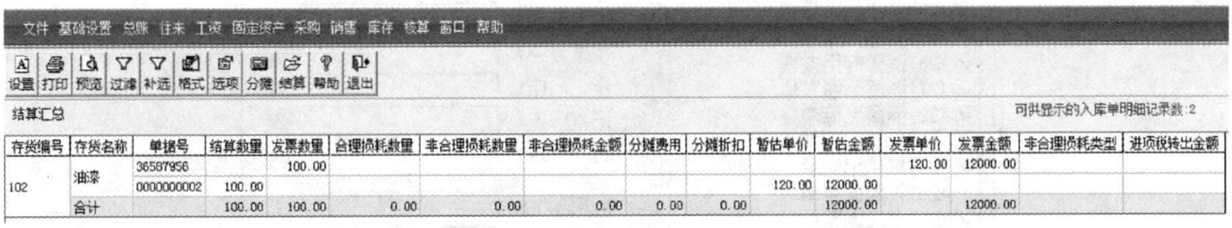

文件 基础设置 总账 往来 工资 固定资产 采购 销售 库存 核算 窗口 帮助

设置 打印 预览 过滤 补选 框式 选项 分摊 结算 帮助 退出

结算汇总　　　　　　　　　　　　　　　　可供显示的入库单明细记录数 2

存货编号	存货名称	单据号	结算数量	发货数量	合理损耗数量	非合理损耗数量	非合理损耗金额	分摊费用	分摊折扣	暂估单价	暂估金额	发票单价	发票金额	非合理损耗类型	进项税转出金额
102	油漆	36587956	100.00									120.00	12000.00		
		0000000002		100.00						120.00	12000.00				
	合计		100.00	100.00	0.00	0.00	0.00	0.00	0.00		12000.00		12000.00		

图6-97　结算汇总

⑥单击"分摊"按钮(在有运费等采购费用的情况下,需要先分摊采购费用,本业务选择"按金额"分摊),弹出"采购管理"对话框,单击"是"按钮,再单击"确定"按钮,完成运输费分摊。

⑦单击"结算"按钮,弹出"完成结算"对话框,单击"确定"按钮,完成采购结算,单击"退出"按钮返回采购管理子系统界面。

[步骤二]库存管理子系统操作:

①选择"库存"菜单中的"采购入库单审核"命令(或直接单击库存管理子系统界面中的"采购入库单审核"图标),进入"采购入库单"界面,单击"审核"按钮,完成本业务采购入库单的审核。

②单击"退出"按钮,返回库存管理子系统界面。

[步骤三]核算子管理系统操作:

①选择"核算"菜单中的"核算→正常单据记账"命令（或直接单击核算管理子系统界面中的"正常单据记账"图标），弹出"正常单据记账条件"对话框，单击其中的"确定"按钮，进入"正常单据记账"界面，单击"全选"按钮选中要记账的单据，如图6-98所示。

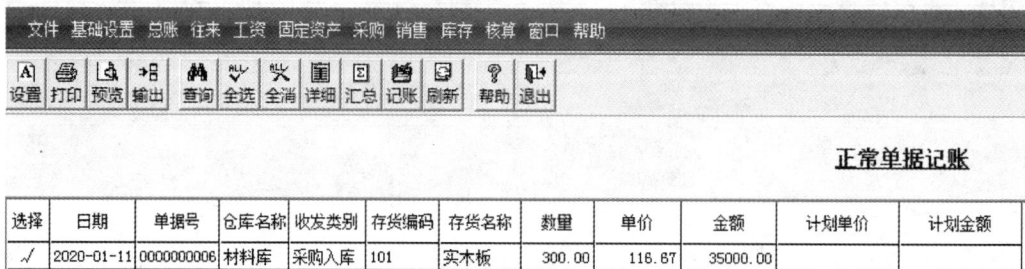

文件 基础设置 总账 往来 工资 固定资产 采购 销售 库存 核算 窗口 帮助

设置 打印 预览 输出 查询 全选 全消 详细 汇总 记账 刷新 帮助 退出

正常单据记账

选择	日期	单据号	仓库名称	收发类别	存货编码	存货名称	数量	单价	金额	计划单价	计划金额
√	2020-01-11	0000000006	材料库	采购入库	101	实木板	300.00	116.67	35000.00		

图6-98 正常单据记账

②单击"记账"按钮，完成正常单据记账。单击"退出"按钮，返回核算管理子系统界面。

③选择"核算"菜单中的"凭证→购销单据制单"命令（或直接单击核算管理子系统界面中的"购销单据制单"图标），继续单击"选择"按钮，弹出"查询条件"对话框。

下一步为了简化操作，可以单击其中的"全选"按钮（如果存在和本业务无关的未制单单据，则不可全选，应只选中"采购入库单"），如图6-99所示。

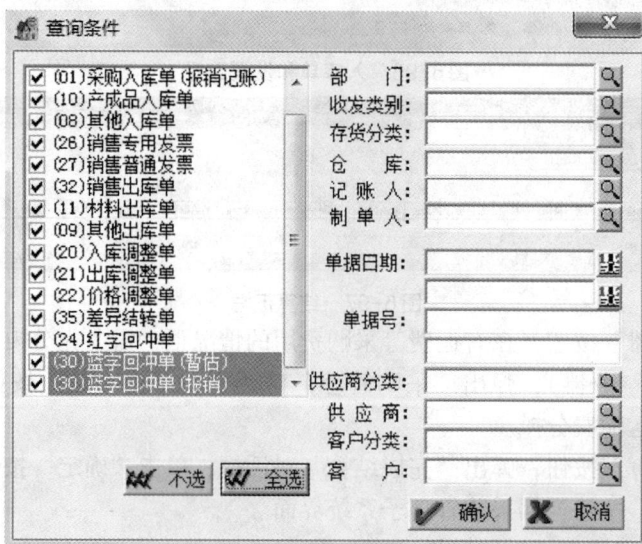

图6-99 查询条件

④单击"确认"按钮，进入"未生成凭证单据一览表"界面，单击"全选"按钮，选中要制单的单据（注意：本业务的采购发票已经于1月10日制单，这里仅对采购入库单制单，所以，不能选中"帮助"按钮右侧的"已结算采购入库单自动选择全部结算单上单据（包括入库单、发票、付款单），非本月采购入库单按蓝字报销单制单"复选框），如图6-100所示。

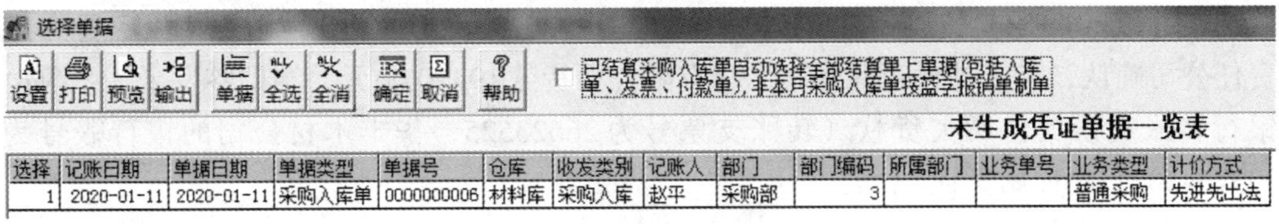

图6-100 未生成凭证单据一览表

⑤单击"确定"按钮，进入"生成凭证"界面，选择凭证类别为"转账凭证"，在表格的"科目编码"栏中录入本业务涉及的会计科目编码（"存货"行录入"1403"，"对方"行录入"1402"），如图6-101所示。

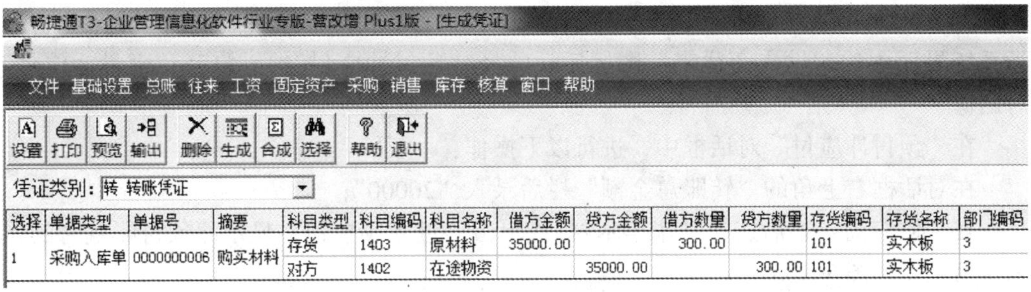

图6-101 生成凭证

⑥单击"生成"按钮，生成本业务的记账凭证，确认无误后，单击"保存"按钮，记账凭证左上角显示红色的"已生成"标志，完成本业务操作，如图6-102所示。

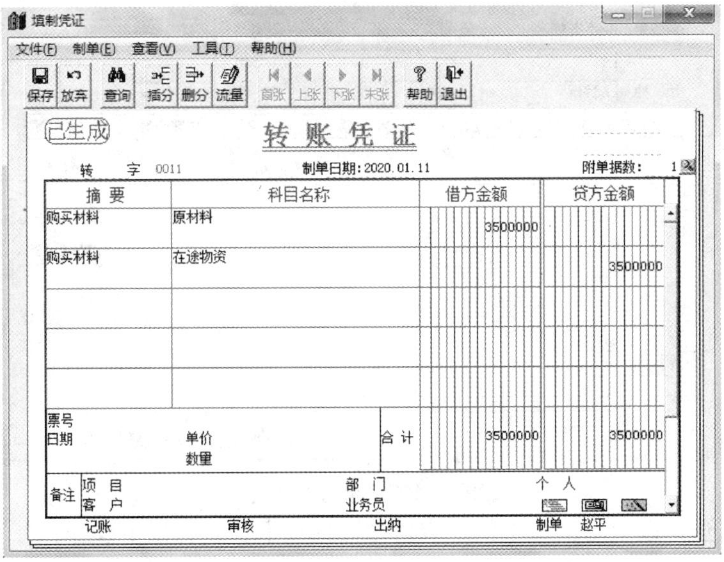

图6-102 记账凭证

（12）补付货款业务的处理

任务6-27

任务清单

根据以下资料，处理补付货款的业务并生成记账凭证。

接【任务6-24】【任务6-25】【任务6-26】，2020年1月11日，山东华峰家具有限责任公司确认，尚需补付青岛华丰木材有限公司货款19470.00元，当即签发了一张建设银行转账支票支付所欠货款（转账支票号为26623525，华丰木材公司的银行账号为333444500，附原始凭证1张）。

任务指导

本任务有以下两种处理方法。

方法一：先执行"预付冲应付"，再补付余款（生成两张记账凭证）。

[步骤一] 采购管理子系统操作：

①选择"采购"菜单中的"供应商往来→预付冲应付"命令（或直接单击采购管理子系统界面中的"供应商往来"图标后，选择"预付冲应付"），打开"预付冲应付"对话框。

在"预付冲应付"对话框中，进行以下操作：

在对话框右上角的"转账总金额"栏后录入"20000"；

在"供应商"栏后选择"华丰木材"，单击"过滤"按钮，显示原预付账款时的付款单信息。如图6-103所示。

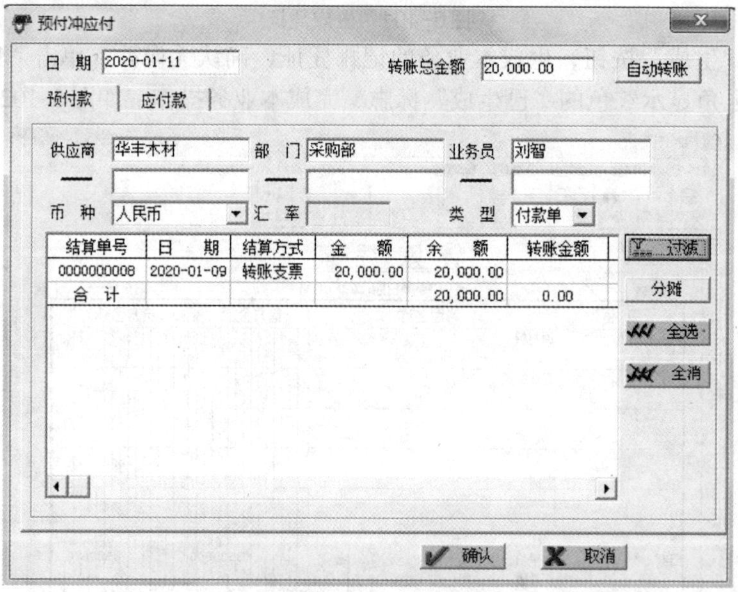

图6-103 预付冲应付

②再单击选择以上对话框中的"应付款"选项卡，进行以下操作：

单击"过滤"按钮，显示本业务相关的发票信息；

单击"分摊"按钮；

单击"确认"按钮，弹出"操作成功"提示对话框，完成预付冲应付操作，如图6-104所示。

③单击"确定"按钮，再单击"取消"按钮，返回采购管理子系统界面。

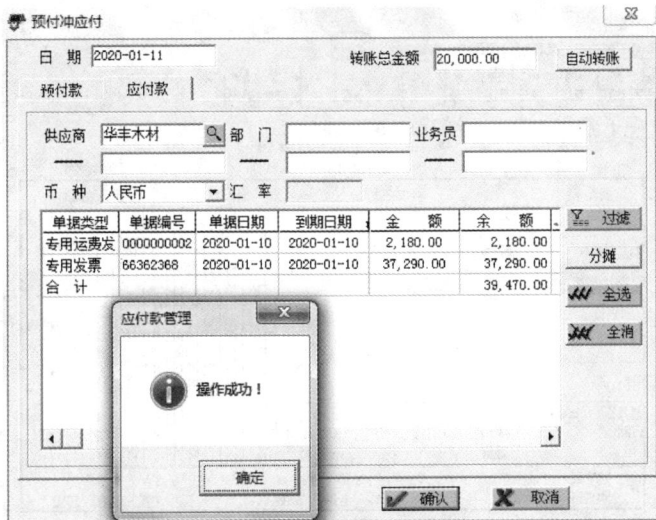

图 6-104 预付冲应付

[步骤二] 核算管理子系统操作：

①选择"核算"菜单中的"凭证→供应商往来制单"命令（或直接单击核算管理子系统界面中的"供应商往来制单"图标），弹出"供应商制单查询"对话框，选中其中的"转账制单"，如图 6-105 所示。

图 6-105 供应商制单查询

②单击"确认"按钮，进入"转账制单"界面，单击"全选"按钮选中要制单的单据，选择凭证类别为"转账凭证"，如图 6-106 所示。

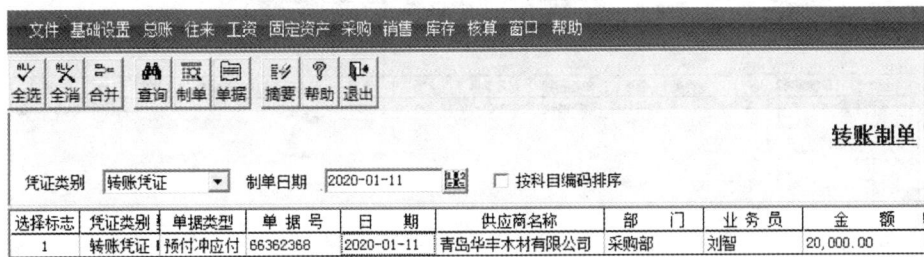

图 6-106 转账制单

③单击"制单"按钮，生成本业务的第一张记账凭证，修改附单据数为"0"，在借方科目栏录入"1123"后，单击弹出的"辅助项"对话框的"确认"按钮。确认其他信息无误后，单击"保存"按钮，记账凭证左上角显示红色的"已生成"标志，如图 6-107 所示。

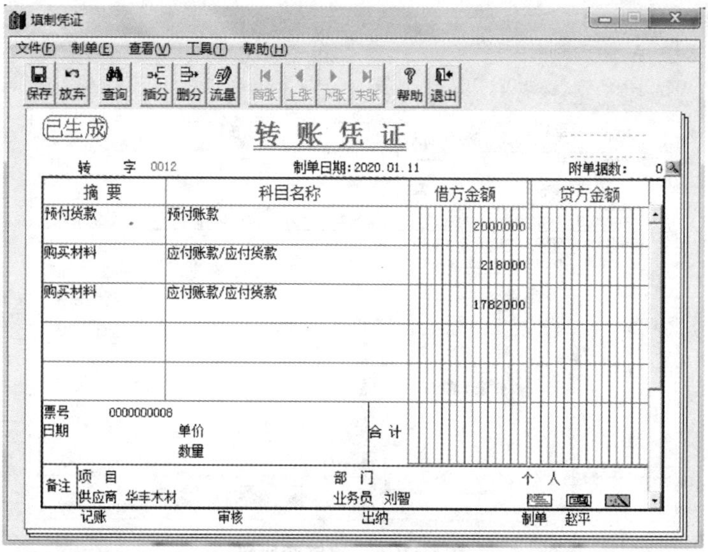

图6-107 记账凭证

④连续单击"退出"按钮,返回核算管理子系统界面。

[步骤三] 采购管理子系统操作:

①再选择"采购"菜单中的"供应商往来→付款结算"命令(或直接单击采购管理子系统界面中的"付款结算"图标),进入"付款单"界面。

选择供应商为"青岛华丰木材有限公司"后,单击"增加"按钮。

根据资料,录入付款单相关信息(执行了"预付冲应付"之后,这里付款单中显示欠款余额为"19470"元),如图6-108所示。

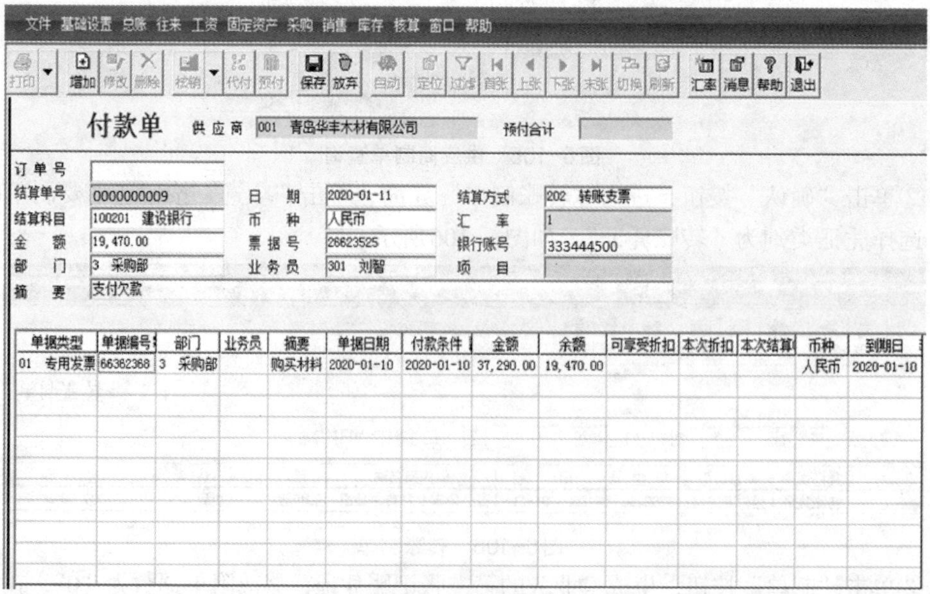

图6-108 付款单

②单击"保存"按钮,保存付款单信息。

③单击"核销"按钮，在付款单的"本次结算"栏下录入"19470"，再单击"保存"按钮，完成核销操作。

④单击"退出"按钮返回采购管理子系统界面。

[步骤四]核算管理子系统操作：

①选择"核算"菜单中的"凭证→供应商往来制单"命令（或直接单击核算管理子系统界面中的"供应商往来制单"图标），弹出"供应商制单查询"对话框，选中其中的"核销制单"。

单击"确认"按钮，进入"核销制单"界面，单击"全选"按钮选中要制单的单据，选择凭证类别为"付款凭证"，如图6-109所示。

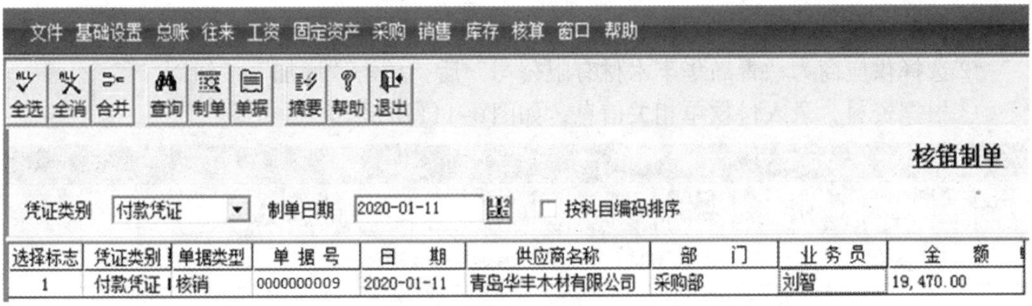

图6-109　核销制单

②单击"制单"按钮，生成本业务的第二张记账凭证，确认无误后，单击"保存"按钮，记账凭证左上角显示红色的"已生成"标志，完成本业务操作，如图6-110所示。

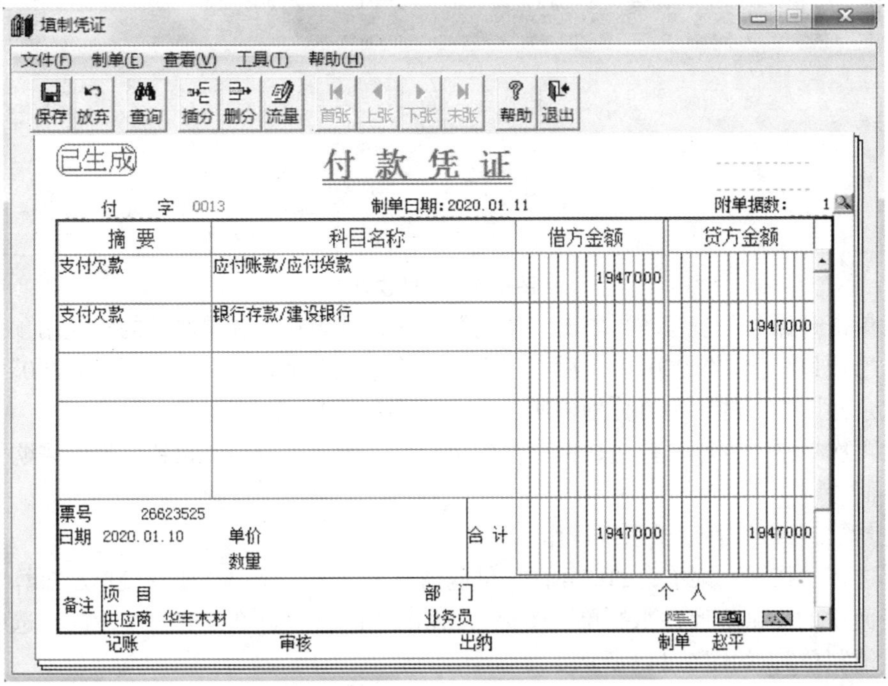

图6-110　记账凭证

要点提示

● 预付冲应付是买方企业的预付账款和应付账款的转账核销业务，即当买方企业已有预付账款时，可用该企业的预付账款来冲抵其应付账款。

● 供应商往来中的转账处理，除"预付冲应付"以外，还可以根据实际业务需要进行"应付冲应收""应付冲应付""红票对冲"。

方法二：补付余款时直接冲销已预付账款（生成一张记账凭证）。

[步骤一] 采购管理子系统操作：

①选择"采购"菜单中的"供应商往来→付款结算"命令（或直接单击采购管理子系统界面中的"付款结算"图标），进入"付款单"界面。

②选择供应商为"青岛华丰木材有限公司"后，单击"增加"按钮。

③根据资料，录入付款单相关信息，如图6-111所示。

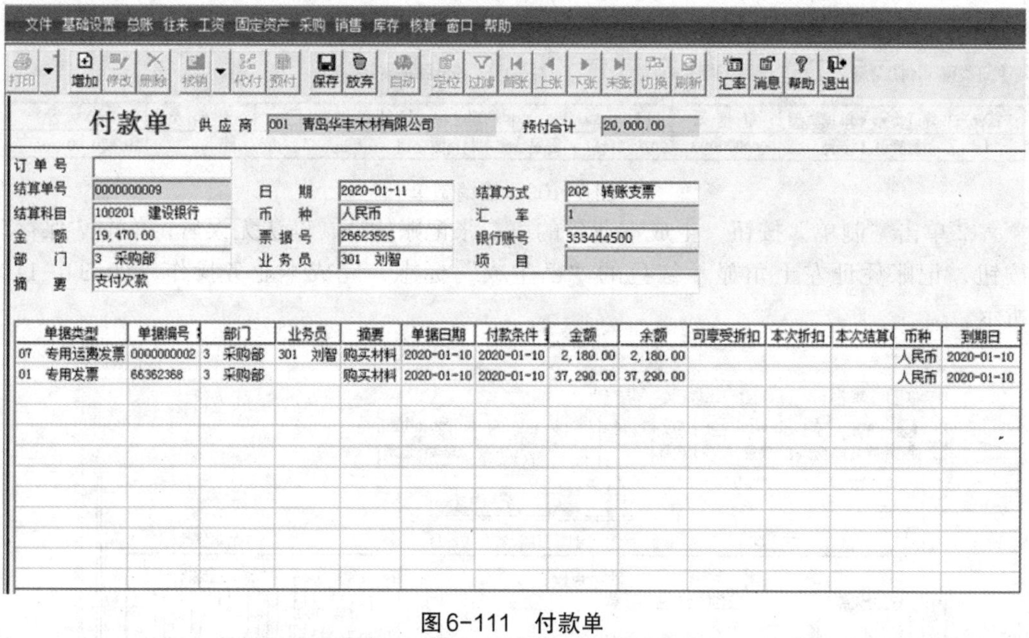

图6-111 付款单

④单击"保存"按钮。再单击"核销"按钮，首先在付款单底部的"使用预付"栏后录入已预付账款"20000"，然后在"本次结算"栏下录入"2180"和"37290"（直接双击"余额"栏下的数字可分别快速录入），如图6-112所示。

⑤再次单击"保存"按钮，保存付款单信息。单击"退出"按钮，返回采购管理子系统界面。

[步骤二] 核算管理子系统操作：

①选择"核算"菜单中的"凭证→供应商往来制单"命令（或直接单击核算管理子系统界面中的"供应商往来制单"图标），弹出"供应商制单查询"对话框，选中其中的"核销制单"，如图6-113所示。

图6-112 付款单

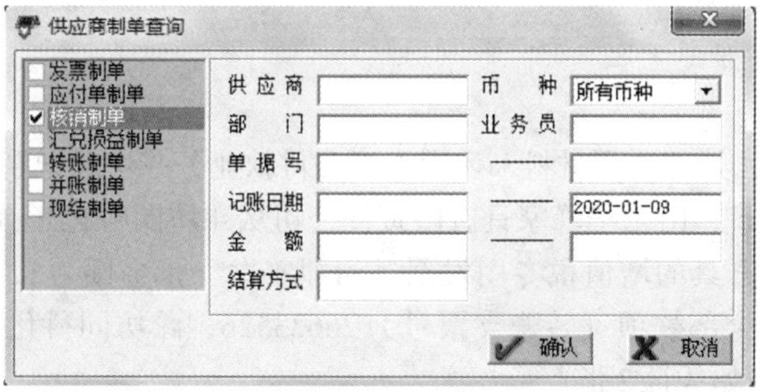

图6-113 供应商制单查询

②单击"确认"按钮，进入"核销制单"界面，单击"全选"按钮选中要制单的单据，选择凭证类别为"付款凭证"，如图6-114所示。

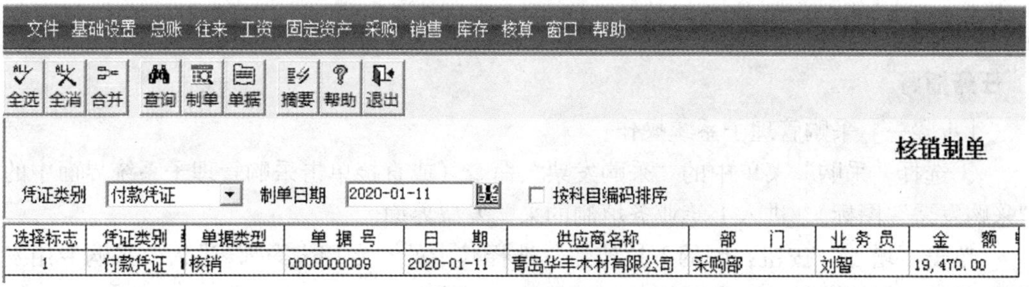

图6-114 核销制单

③单击"制单"按钮，生成本业务的记账凭证，确认无误后，单击"保存"按钮，记账凭证左上角显示红色的"已生成"标志，完成本业务操作，如图6-115所示。

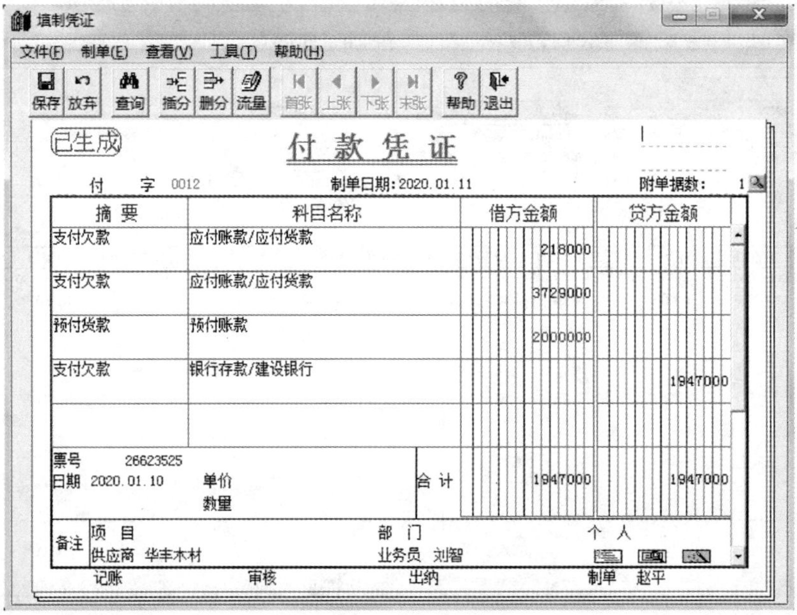

图6-115 记账凭证

（13）购买材料未入库、当即付款业务的处理

任务6-28

任务清单

根据以下资料，处理购买材料未入库、当即付款业务并生成记账凭证。

2020年1月12日，山东华峰家具有限责任公司从潍坊同科化工有限公司购入110桶油漆，取得了对方开具的增值税专用发票。当即签发一张金额为12 430.00元的建设银行转账支票支付了全部款项（转账支票号为26623526，潍坊同科化工公司的银行账号为777333211，附原始凭证2张）。

增值税专用发票上记载的主要内容见表6-27。

表6-27　　　　　　　　　　　　　增值税专用发票信息

发票号	存货名称	数量	无税单价（元）	金额（元）	增值税税额（元）
88692736	油漆	110桶	100	11 000	1 430

任务指导

［步骤一］采购管理子系统操作：

①选择"采购"菜单中的"采购发票"命令（或直接单击采购管理子系统界面中的"采购发票"图标），进入上笔业务填制的采购发票界面。

单击"增加"按钮右侧的下拉按钮，选择其中的"专用发票"，进入"采购专用发票"界面。根据资料录入发票信息，如图6-116所示。

图6-116　采购专用发票

②单击"保存"按钮保存发票信息。因为本业务的款项已经支付，所以再单击"现付"按钮，弹出"采购现付"对话框，根据资料录入现付信息，如图6-117所示。

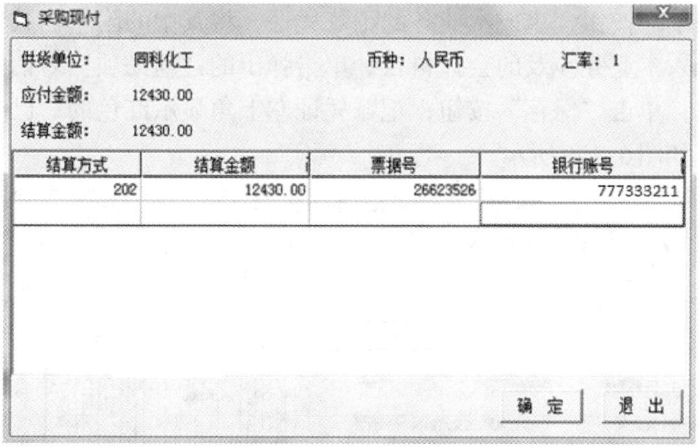

图6-117　采购现付

③单击对话框的"确定"按钮，弹出"现结记录已保存"提示对话框，单击"确定"按钮，再单击"退出"按钮，弹出"现付成功"提示对话框，单击"确定"按钮，完成采购现付。

④在采购专用发票中单击"复核"按钮，弹出"采购管理"对话框，单击"是"按钮完成发票审核。

⑤单击"退出"按钮，返回采购管理子系统界面。

[步骤二] 核算管理子系统操作:

①选择"核算"菜单中的"凭证→供应商往来制单"命令(或直接单击核算管理子系统界面中的"供应商往来制单"图标),弹出"供应商制单查询"对话框,选中其中的"现结制单",如图6-118所示。

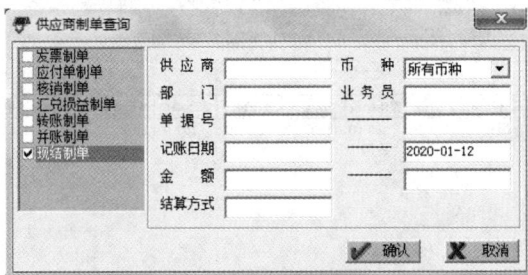

图6-118 供应商制单查询

②单击"确认"按钮,进入"现结制单"界面,单击"全选"按钮,选中要制单的单据。选择凭证类别为"付款凭证",如图6-119所示。

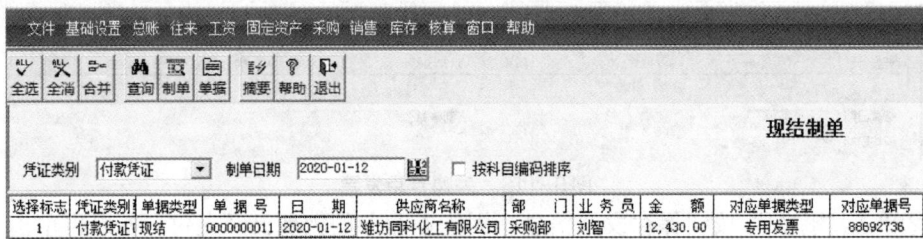

图6-119 现结制单

③单击"制单"按钮,生成本业务的记账凭证,将其中的附单据数修改为"2",在科目名称栏下录入本业务涉及的会计科目,单击弹出的"辅助项"对话框的"确认"按钮。确认无误后,单击"保存"按钮,记账凭证左上角显示红色的"已生成"标志,完成本业务操作,如图6-120所示。

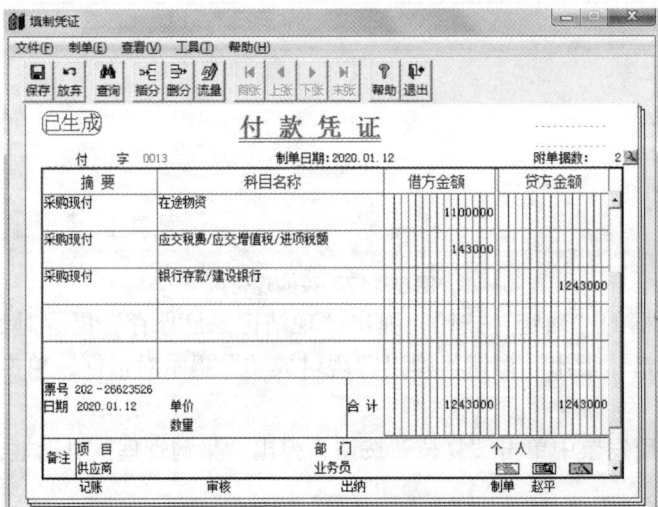

图6-120 记账凭证

（14）在途物资入库、发生合理损耗业务的处理

任务6-29

任务清单

根据以下资料，处理在途物资入库、发生合理损耗业务并生成记账凭证。

接【任务6-28】，2020年1月13日，山东华峰家具有限责任公司昨日从潍坊同科化工有限公司购入的110桶油漆验收入库，发现损毁了10桶油漆，经确认为合理损耗，当即填制材料入库单办理了入库手续（附原始凭证1张）。

材料入库单上记载的主要内容见表6-28。

表6-28　　　　　　　　　　材料入库单信息

入库日期	供应单位	仓库	存货	数量
2020-01-13	同科化工	材料库	油漆	100桶

任务指导

［步骤一］采购管理子系统操作：

①选择"采购"菜单中的"采购发票"命令（或直接单击采购管理子系统界面中的"采购发票"图标），进入上笔业务填制的"采购专用发票"界面。

②单击"流转"按钮右侧的下拉按钮，选择其中的"生成采购入库单"，进入"采购入库单"界面，选择仓库为"材料库"，选择入库类别为"采购入库"。

这里需要注意，因为本业务发生了10桶油漆损耗，所以应将采购入库单上的"数量"修改为"100"桶，如图6-121所示。

图6-121　采购入库单

③单击“保存”按钮，保存采购入库单信息。

④因为本业务中无采购费用需要分摊，所以可以继续在采购入库单中选择“流转”按钮右侧的下拉按钮，选择其中的“手工结算”，进入“结算汇总”界面。

这里还需注意，在“合理损耗数量”栏下要录入“10”，否则将不能正常结算，如图6-122所示。

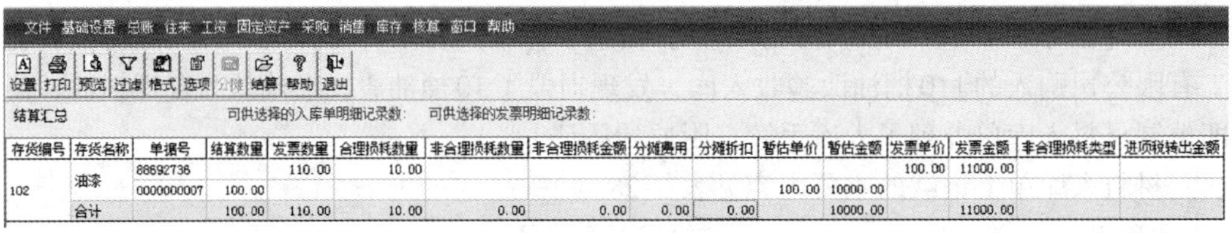

存货编号	存货名称	单据号	结算数量	发票数量	合理损耗数量	非合理损耗数量	非合理损耗金额	分摊费用	分摊折扣	暂估单价	暂估金额	发票单价	发票金额	非合理损耗类型	进项税转出金额
102	油漆	88692736		110.00	10.00							100.00	11000.00		
		0000000007	100.00							100.00	10000.00				
	合计		100.00	110.00	10.00	0.00	0.00	0.00	0.00		10000.00		11000.00		

图6-122 结算汇总

⑤单击“结算”按钮，弹出“完成结算”提示对话框，单击“确定”按钮，完成采购结算操作。

⑥连续单击“退出”按钮，返回采购管理子系统界面。

［步骤二］库存管理子系统操作：

①选择“库存”菜单中的“采购入库单审核”命令（或直接单击库存管理子系统界面中的“采购入库单审核”图标），进入“采购入库单”界面，单击“审核”按钮，完成本业务采购入库单的审核。

②单击“退出”按钮，返回库存管理子系统界面。

［步骤三］核算管理子系统操作：

①选择“核算”菜单中的“核算→正常单据记账”命令（或直接单击核算管理子系统界面中的“正常单据记账”图标），弹出“正常单据记账条件”对话框，单击其中的“确定”按钮，进入“正常单据记账”界面，单击“全选”按钮选中要记账的单据，如图6-123所示。

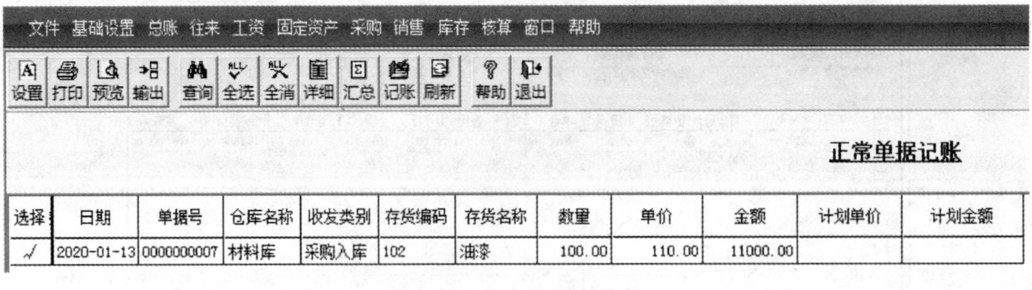

选择	日期	单据号	仓库名称	收发类别	存货编码	存货名称	数量	单价	金额	计划单价	计划金额
√	2020-01-13	0000000007	材料库	采购入库	102	油漆	100.00	110.00	11000.00		

图6-123 正常单据记账

②单击“记账”按钮，完成正常单据记账，单击“退出”按钮，返回核算管理子系统界面。

③选择“核算”菜单中的“凭证→购销单据制单”命令（或直接单击核算管理子系统界面中的“购销单据制单”图标），继续单击“选择”按钮，弹出“查询条件”对话框，单击其中的“全选”按钮，再单击“确认”按钮，进入“未生成凭证单据一览表”界面，单击“全选”按钮，选中要制单的单据，如图6-124所示。

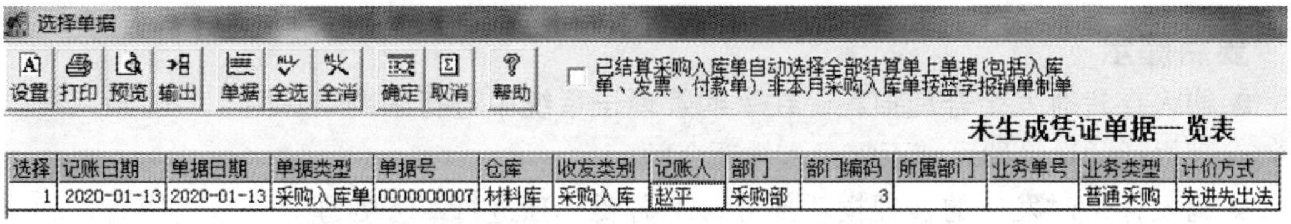

图6-124　未生成凭证单据一览表

④单击"确定"按钮，进入"生成凭证"界面，选择凭证类别为"转账凭证"，在表格的"科目编码"栏中录入本业务涉及的会计科目编码（"存货"行录入"1403"，"对方"行录入"1402"），如图6-125所示。

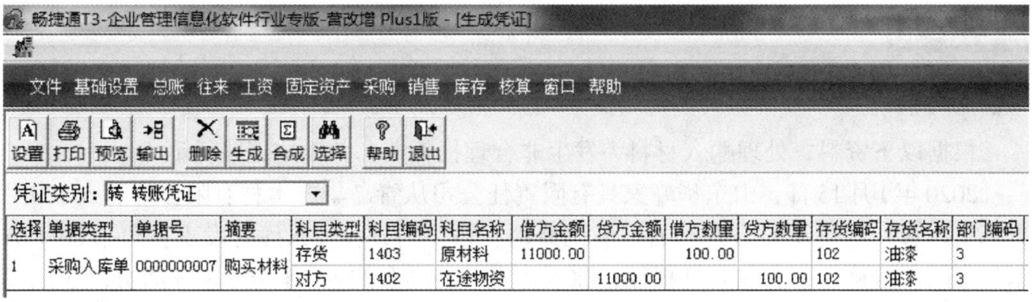

图6-125　生成凭证

⑤单击"生成"按钮，生成本业务的记账凭证，确认无误后，单击"保存"按钮，记账凭证左上角显示红色的"已生成"标志，完成本业务操作，如图6-126所示。

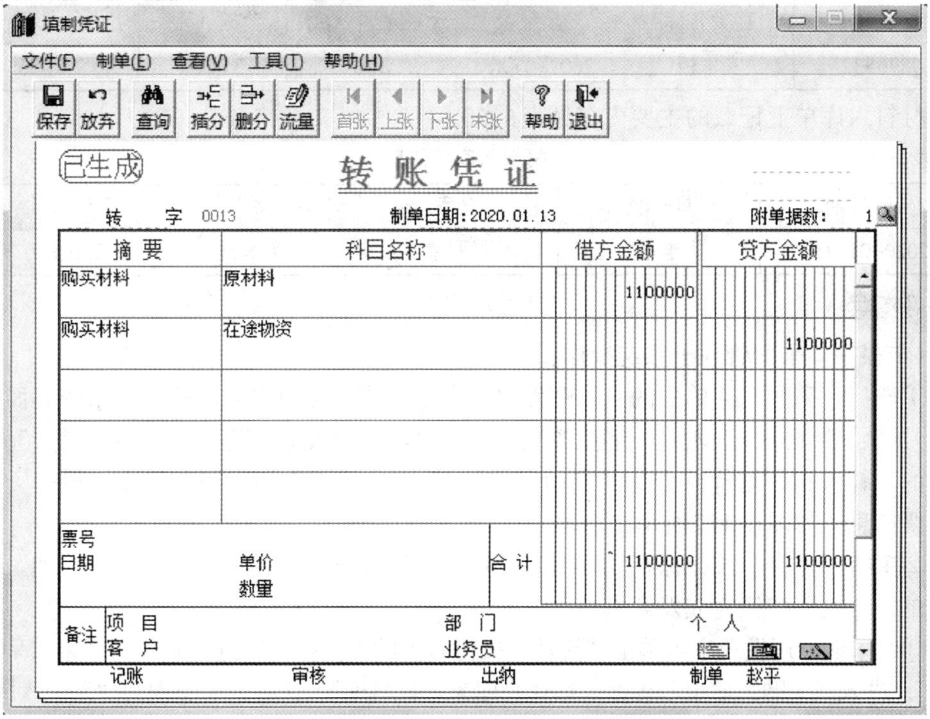

图6-126　记账凭证

要点提示

● 购入存货时发生合理损耗，在采购管理子系统中进行采购结算时，只需录入合理损耗的数量即可，不需录入损耗金额。

● 购入存货时发生的合理损耗部分，不需要单独进行账务处理。处理完毕后，相对于采购发票而言，其结果只是减少了入库数量、提高了入库单价，以这种方式计入存货采购成本。

（15）购入材料、发生非合理损耗业务的处理

任务6-30

任务清单

根据以下资料，处理购入材料、发生非合理损耗业务并生成记账凭证。

2020年1月15日，山东华峰家具有限责任公司从青岛华丰木材有限公司购入260平方米实木板，取得了对方开具的增值税专用发票。当日验收入库时发现损毁了60平方米实木板，经确认，为非合理损耗，原因待查。将其余的200平方米实木板办理了入库手续，相关款项暂欠（附原始凭证3张）。

增值税专用发票上记载的主要内容见表6-29。

表6-29 增值税专用发票信息

发票号	存货名称	数量	无税单价（元）	金额（元）	增值税税额（元）
69876532	实木板	260平方米	120	31 200	4 056

材料入库单上记载的主要内容见表6-30。

表6-30 材料入库单信息

入库日期	供应单位	仓库	存货	数量
2020-01-15	华丰木材	材料库	实木板	200平方米

任务指导

［步骤一］采购管理子系统操作：

①选择"采购"菜单中的"采购发票"命令（或直接单击采购管理子系统界面中的"采购发票"图标），进入上一笔业务填制的"采购专用发票"界面。单击"增加"按钮右侧的下拉按钮，选择其中的"专用发票"，进入"采购专用发票"界面，根据资料录入发票信息，如图6-127所示。

②单击"保存"按钮保存发票信息。再单击"复核"按钮，弹出"采购管理"对话框，单击"是"按钮完成发票审核。

③在采购专用发票中再单击"流转"按钮右侧的下拉按钮，选择其中的"生成采购入库单"，进入"采购入库单"界面。选择仓库为"材料库"，选择入库类别为"采购入库"。

因为本业务发生了60平方米实木板损耗，所以应将采购入库单上的"数量"修改为"200"平方米，如图6-128所示。

文件 基础设置 总账 往来 工资 固定资产 采购 销售 库存 核算 窗口 帮助

打印 增加 修改 删除 选单 保存 放弃 增行 删行 弃复 结算 定位 刷新 上张 下张 未张 弃付 刷新 流转 联查 消息 帮助 退出

采购专用发票

发票类型 专用发票　　　　　　　订单号

发票号 69876532　　开票日期 2020-01-15　部门名称 采购部

供货单位 华丰木材　　代垫单位　　　　　业务员 刘智

采购类型 普通采购　　付款条件　　　　　税率 13.00

备注 购入材料

账期管理　　　　　　到期日

存货编码	存货名称	规格型号	计量单位	数量	原币单价	原币金额	原币税额	本币单价	本币金额	本币税额	本币价税合计	原币价税合计	税率
* 101	实木板		平方米	260.00	120.00	31200.00	4056.00	120.00	31200.00	4056.00	35256.00	35256.00	13.00
合　计				260.00		31200.00	4056.00		31200.00	4056.00	35256.00	35256.00	

结算日期　　　　　　　　　　制单 赵平

审核日期

图6-127　采购专用发票

文件 基础设置 总账 往来 工资 固定资产 采购 销售 库存 核算 窗口 帮助

打印 增加 修改 删除 选单 保存 放弃 增行 删行 定位 生成 简版 上张 下张 未张 刷新 流转 联查 消息 帮助 退出

采购入库单

业务类型 普通采购　　发票号　　　　　　订单号

入库单号 0000000008　入库日期 2020-01-15　仓库 材料库

入库类别 采购入库　　部门 采购部　　　　业务员 刘智

采购类型 普通采购　　供货单位 华丰木材　　备注 购入材料

存货编码	存货名称	规格型号	计量单位	数量	单价	税额	金额	含税单价	价税合计	税率
* 101	实木板		平方米	200.00	120.00	3120.00	24000.00	135.60	27120.00	13.00
合　计						3120.00	24000.00		27120.00	

制单人 赵平　　　　　　　记账人

可用量 900.00　　安全库存量　　　最低库存量　　　最高库存量

图6-128　采购入库单

④单击“保存”按钮，保存采购入库单信息。

⑤因为本业务无采购费用需要分摊，所以可以继续在采购入库单中选择“流转”按钮右侧的下拉按钮，选择其中的“手工结算”，进入“结算汇总”界面。

这里还需注意，在“非合理损耗数量”栏下要录入“60”，在“非合理损耗金额”栏下要录入“7 200”元（60×120），否则将不能正常结算，如图6-129所示。

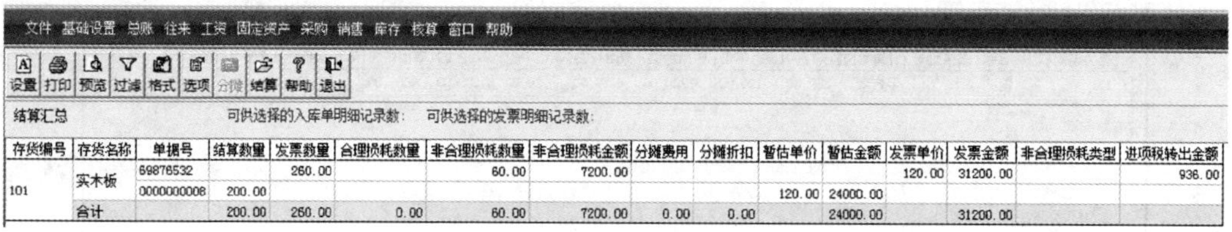

存货编号	存货名称	单据号	结算数量	发票数量	合理损耗数量	非合理损耗数量	非合理损耗金额	分摊费用	分摊折扣	暂估单价	暂估金额	发票单价	发票金额	非合理损耗类型	进项税转出金额
101	实木板	69876532		260.00		60.00	7200.00					120.00	31200.00		936.00
		0000000008	200.00							120.00	24000.00				
	合计		200.00	260.00	0.00	60.00	7200.00	0.00	0.00		24000.00		31200.00		

图6-129 结算汇总

⑥单击“结算”按钮，弹出“完成结算”提示对话框，单击“确定”按钮，完成采购结算操作。

⑦连续单击“退出”按钮，返回采购管理子系统界面。

［步骤二］库存管理子系统操作：

①选择“库存”菜单中的“采购入库单审核”命令（或直接单击库存管理子系统界面中的“采购入库单审核”图标），进入“采购入库单”界面，单击“审核”按钮，完成本业务采购入库单的审核。

②单击“退出”按钮，返回库存管理子系统界面。

［步骤三］核算管理子系统操作：

①选择“核算”菜单中的“核算→正常单据记账”命令（或直接单击核算管理子系统界面中的“正常单据记账”图标），弹出“正常单据记账条件”对话框，单击其中的“确定”按钮，进入“正常单据记账”界面，单击“全选”按钮选中要记账的单据，如图6-130所示。

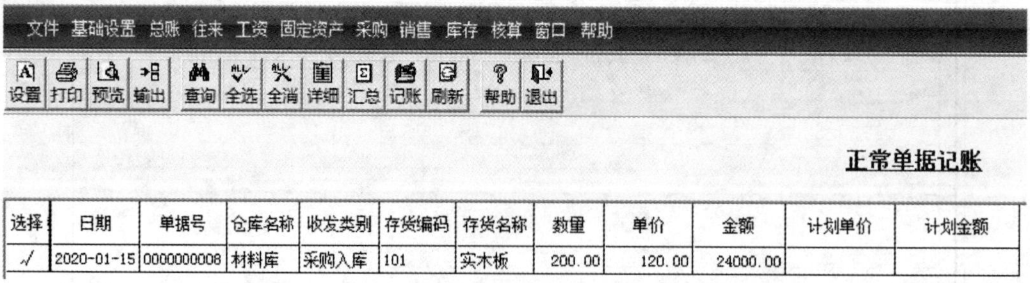

选择	日期	单据号	仓库名称	收发类别	存货编码	存货名称	数量	单价	金额	计划单价	计划金额
√	2020-01-15	0000000008	材料库	采购入库	101	实木板	200.00	120.00	24000.00		

图6-130 正常单据记账

②单击“记账”按钮，完成正常单据记账。单击“退出”按钮，返回核算管理子系统界面。

③选择“核算”菜单中的“凭证→购销单据制单”命令（或直接单击核算管理子系统界面中的“购销单据制单”图标），继续单击“选择”按钮，弹出“查询条件”对话框，单击其中的“全选”按钮，单击“确认”按钮，进入“未生成凭证单据一览表”界面。

单击“全选”按钮，选中要制单的单据。本业务的采购入库单和采购发票已进行采购结算，所以还需选中“帮助”按钮右侧的“已结算采购入库单自动选择全部结算单上单据（包括入库单、发票、付款单），非本月采购入库单按蓝字报销单制单”复选框，如图6-131所示。

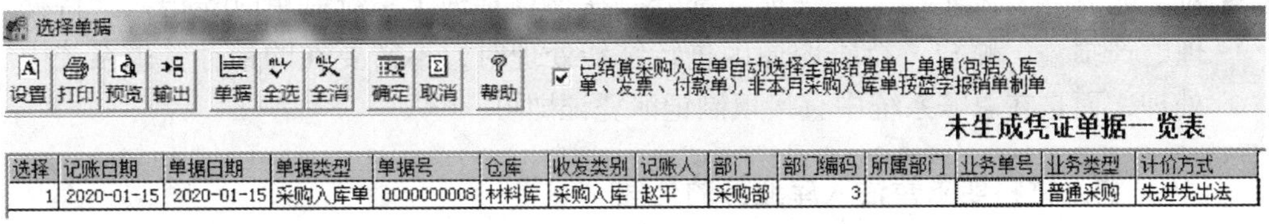
选择单据
设置 打印 预览 输出 单据 全选 全消 确定 取消 帮助
已结算采购入库单自动选择全部结算单上单据(包括入库单、发票、付款单)，非本月采购入库单按蓝字报销单制单
未生成凭证单据一览表
选择 记账日期 单据日期 单据类型 单据号 仓库 收发类别 记账人 部门 部门编码 所属部门 业务单号 业务类型 计价方式
1 2020-01-15 2020-01-15 采购入库单 0000000008 材料库 采购入库 赵平 采购部 3 普通采购 先进先出法

图6-131　未生成凭证单据一览表

④单击“确定”按钮，进入“生成凭证”界面，选择凭证类别为“转款凭证”，在表格的“科目编码”栏中录入本业务涉及的会计科目编码，如图6-132所示。

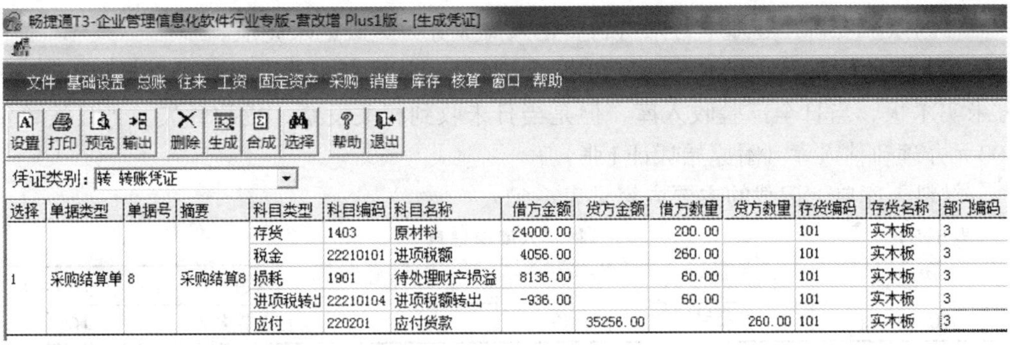
畅捷通T3-企业管理信息化软件行业专版-营改增 Plus1版 - [生成凭证]
文件 基础设置 总账 往来 工资 固定资产 采购 销售 库存 核算 窗口 帮助
设置 打印 预览 输出 删除 生成 合成 选择 帮助 退出
凭证类别: 转 转账凭证
选择 单据类型 单据号 摘要 科目类型 科目编码 科目名称 借方金额 贷方金额 借方数量 贷方数量 存货编码 存货名称 部门编码
1 采购结算单 8 采购结算8
存货 1403 原材料 24000.00 200.00 101 实木板 3
税金 22210101 进项税额 4056.00 260.00 101 实木板 3
损耗 1901 待处理财产损溢 8136.00 60.00 101 实木板 3
进项税转出 22210104 进项税额转出 -936.00 60.00 101 实木板 3
应付 220201 应付货款 35256.00 260.00 101 实木板 3

图6-132　生成凭证

⑤单击“生成”按钮，生成本业务的记账凭证，将其中的附单据数修改为“3”，确认其他信息无误后，单击“保存”按钮，记账凭证左上角显示红色的“已生成”标志，完成本业务操作，如图6-133所示。

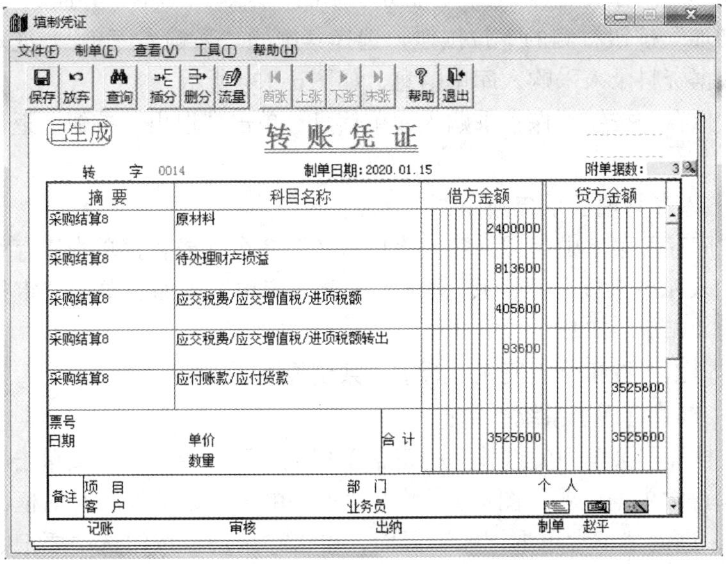
填制凭证
文件(F) 制单(E) 查看(V) 工具(T) 帮助(H)
保存 放弃 查询 插分 删分 流量 首张 上张 下张 末张 帮助 退出
已生成
转 账 凭 证
转 字 0014
制单日期: 2020.01.15
附单据数: 3
摘 要 科目名称 借方金额 贷方金额
采购结算8 原材料 2400000
采购结算8 待处理财产损溢 813600
采购结算8 应交税费/应交增值税/进项税额 405600
采购结算8 应交税费/应交增值税/进项税额转出 93600
采购结算8 应付账款/应付货款 3525600
票号
日期
单价
数量
合 计 3525600 3525600
备注 项 目 部 门 个 人
客 户 业务员
记账 审核 出纳 制单 赵平

图6-133　记账凭证

要点提示

● 购入存货时发生非合理损耗，一般需要转出损失部分的进项税额，在采购管理子系统中进行采购结算时，既需录入非合理损耗的数量，还需录入非合理损耗的金额。

● 对于购入存货发生的非合理损耗部分，在核算管理子系统制单时先记入"待处理财产损溢"账户，待查明原因进行结转处理时，不需要在购销存管理系统中处理，而是在总账系统中直接填制记账凭证即可。

（16）购入材料期末暂估入库业务的处理

任务6-31

任务清单

根据以下资料，处理本月末材料暂估入库业务并生成记账凭证。

2020年1月31日，山东华峰家具有限责任公司从青岛华丰木材有限公司购入150平方米实木板，当日全部验收入库，但是当日未收到相关发票，货款暂欠。当日按单价100元办理暂估入库（附原始凭证1张）。

材料入库单上记载的主要内容见表6-31。

表6-31　　　　　　　　　　　　材料入库单信息

入库日期	供应单位	仓库	存货	数量	单价（元）
2020-01-31	华丰木材	材料库	实木板	150平方米	100

任务指导

［步骤一］采购管理子系统操作：

①选择"采购"菜单中的"采购入库单"命令（或直接单击采购管理子系统界面中的"采购入库单"图标），进入上一笔业务填制的"采购入库单"界面。

单击"增加"按钮右侧的下拉按钮，选择其中的"采购入库单"，进入"采购入库单"界面，根据资料录入采购入库单信息，如图6-134所示。

②单击"保存"按钮，保存采购入库单信息。单击"退出"按钮，返回采购管理子系统界面。

［步骤二］库存管理子系统操作：

①选择"库存"菜单中的"采购入库单审核"命令（或直接单击库存管理子系统界面中的"采购入库单审核"图标），进入"采购入库单"界面，单击"审核"按钮，完成本业务采购入库单的审核。

②单击"退出"按钮，返回库存管理子系统界面。

［步骤三］核算管理子系统操作：

①选择"核算"菜单中的"核算→正常单据记账"命令（或直接单击核算管理子系统界面中的"正常单据记账"图标），弹出"正常单据记账条件"对话框，单击其中的"确定"按钮，进入"正常单据记账"界面，单击"全选"按钮选中要记账的单据，如图6-135所示。

图6-134 采购入库单

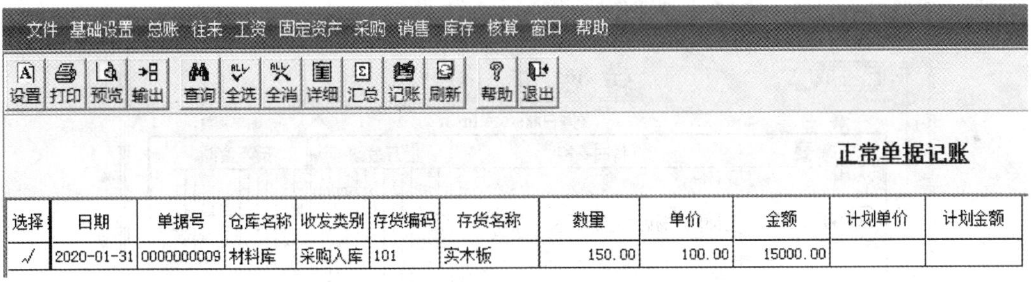

图6-135 正常单据记账

②单击"记账"按钮，完成正常单据记账。单击"退出"按钮，返回核算管理子系统界面。

③选择"核算"菜单中的"凭证→购销单据制单"命令（或直接单击核算管理子系统界面中的"购销单据制单"图标），继续单击"选择"按钮，弹出"查询条件"对话框，单击其中的"全选"按钮，再单击"确认"按钮，进入"未生成凭证单据一览表"界面。

单击"全选"按钮，选中要制单的单据（注意：本业务的采购发票尚未收到，尚未进行采购结算，这里仅对采购入库单制单，所以，不能选中"帮助"按钮右侧的"已结算采购入库单自动选择全部结算单上单据（包括入库单、发票、付款单），非本月采购入库单按蓝字报销单制单"复选框，如图6-136所示。

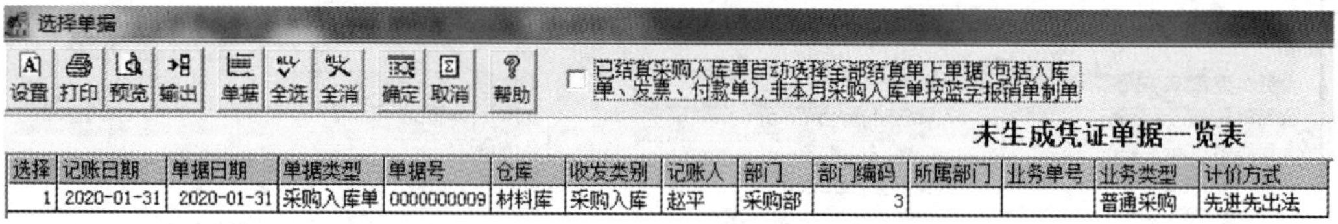

图6-136　未生成凭证单据一览表

④单击"确定"按钮，进入"生成凭证"界面，选择凭证类别为"转账凭证"，在表格的"科目编码"栏中录入本业务涉及的会计科目编码（"存货"行录入"1403"，"对方"行录入"220202"），如图6-137所示。

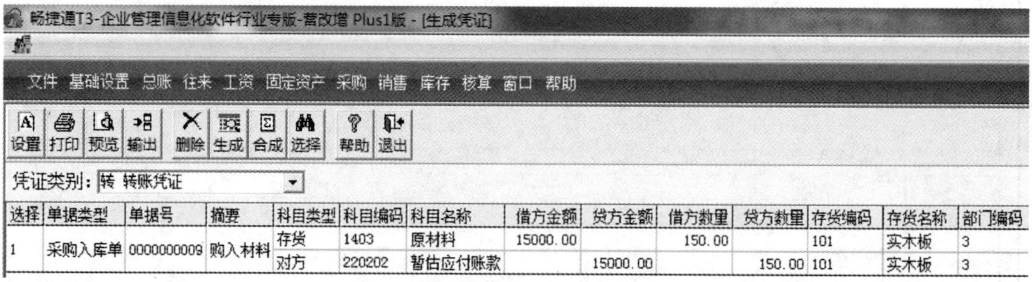

图6-137　生成凭证

⑤单击"生成"按钮，生成本业务的记账凭证，确认无误后，单击"保存"按钮，记账凭证左上角显示红色的"已生成"标志，完成本业务操作，如图6-138所示。

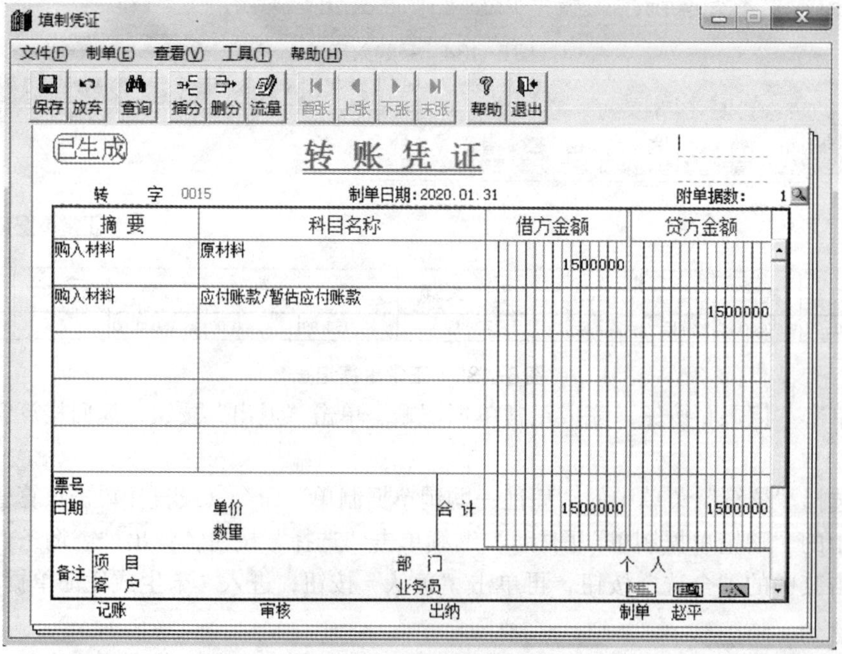

图6-138　记账凭证

> **要点提示**
> ● 月末对需要暂估入库的采购入库单记账前，必须要填入暂估单价，否则不能执行正常单据记账。
> ● 系统默认没有进行采购结算的采购入库单属于暂估入库。

2.销售日常业务处理

处理销售日常业务，各个子系统的分工情况如下：

在销售管理子系统中录入或生成收款单、销售订单、发货单、销售发票等，生成销售出库单（也可在库存管理子系统生成）、进行客户往来处理等；

在库存管理子系统中生成或审核销售出库单等；

在核算管理子系统中进行单据记账、生成记账凭证等。

现以会计人员赵平（编号103、密码103）的身份分别于各销售业务发生的日期登录"畅捷通T3企业管理信息化软件"，进行销售日常业务的处理（注：以下所有销售业务，经办人员均为销售部的李克）。

（1）收回应收账款业务的处理

任务6-32

任务清单

根据以下资料，处理收回应收账款业务并生成记账凭证。

接【任务6-12】，2020年1月16日，山东华峰家具有限责任公司收到济南顺通有限公司交来的一张金额为339 000元的银行汇票，用以偿还上年12月23日所欠的货款，当即持该银行汇票到建设银行办理了转账收款手续（附原始凭证1张）。

任务指导

［步骤一］销售管理子系统操作：

①选择"销售"菜单中的"客户往来→收款结算"命令（或直接单击销售管理子系统界面中的"收款结算"图标），进入"收款单"界面。

②选择客户为"济南顺通有限公司"后，单击"增加"按钮。

③根据资料，录入收款单相关信息后，如图6-139所示。

④单击"保存"按钮，保存收款单信息。

⑤单击"核销"按钮，在"本次结算"栏录入金额"339000"，再次单击"保存"按钮，完成应收账款的核销。

⑥单击"退出"按钮，返回销售管理子系统界面。

［步骤二］核算管理子系统操作：

①选择"核算"菜单中的"凭证→客户往来制单"命令（或直接单击核算管理子系统界面中的"客户往来制单"图标），弹出"客户制单查询"对话框，选中其中的"核销制单"，如图6-140所示。

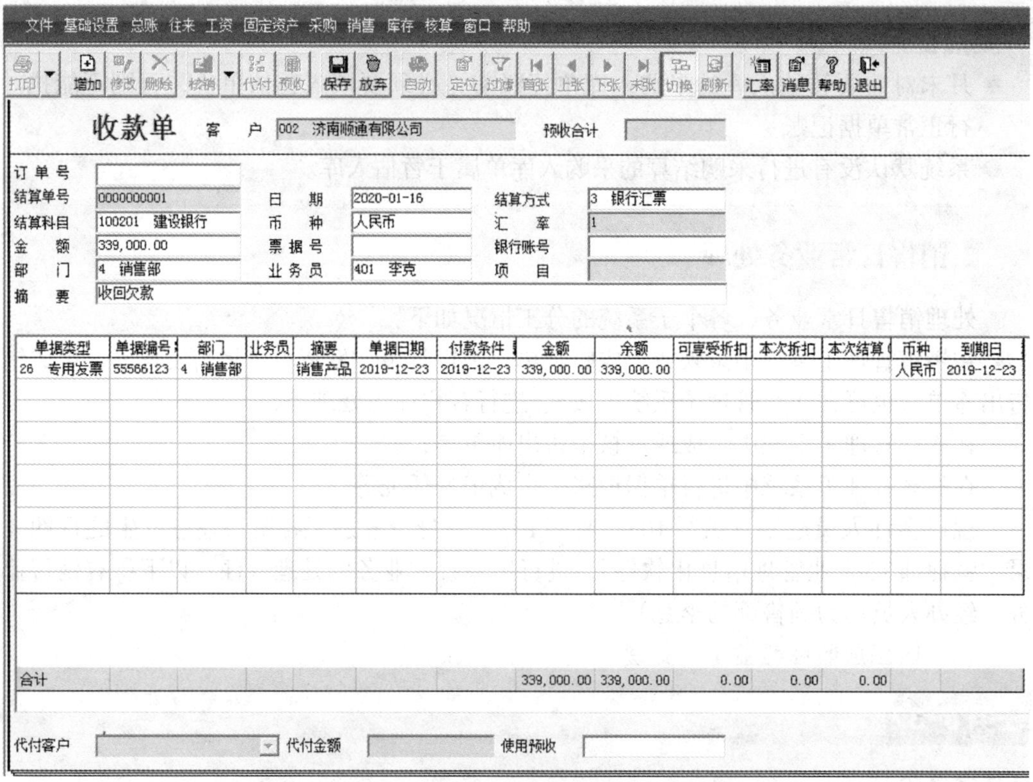

图6-139 收款单

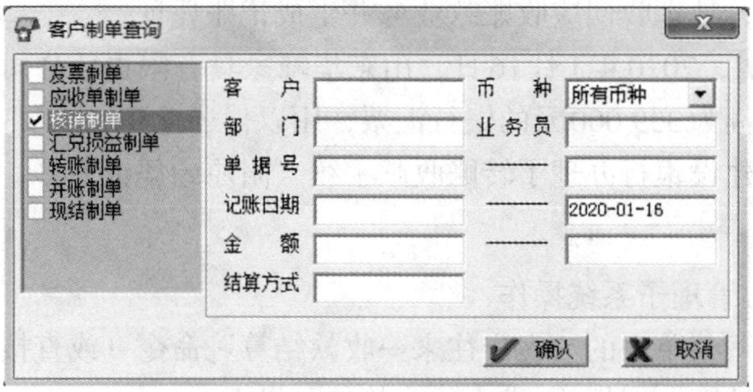

图6-140 客户制单查询

②单击"确认"按钮,进入"核销制单"界面,单击"全选"按钮选中要制单的单据,选择凭证类别为"收款凭证",如图6-141所示。

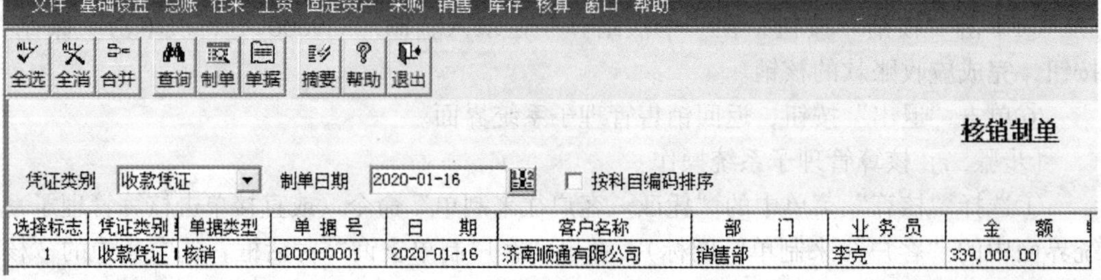

图6-141 核销制单

③单击"制单"按钮，生成本业务的记账凭证，确认无误后，单击"保存"按钮，记账凭证左上角显示红色的"已生成"标志，完成本业务操作，如图6-142所示。

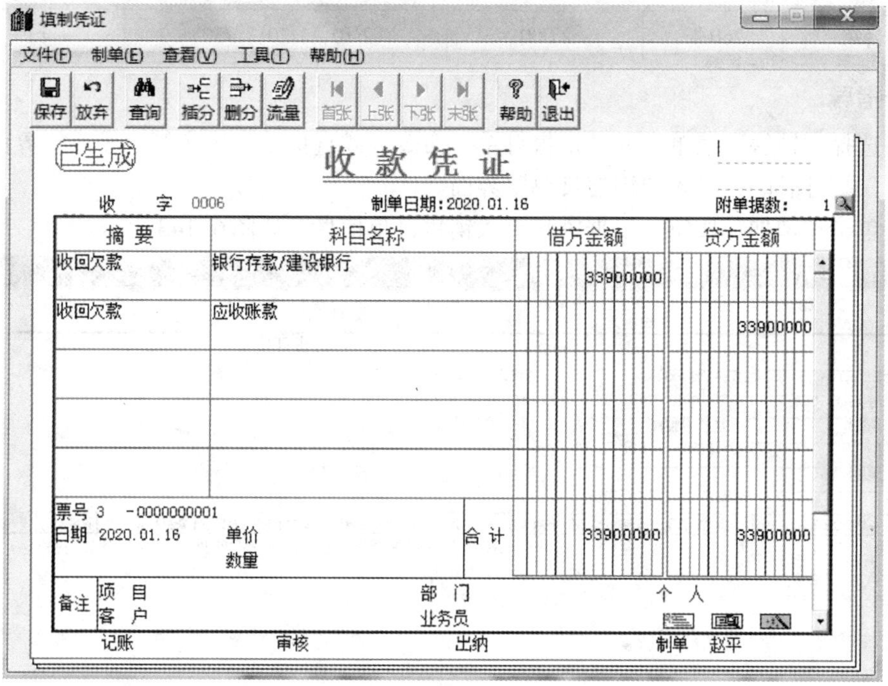

图6-142　记账凭证

要点提示

● 销售管理子系统中的核销就是确定收款单与销售发票、应收单之间对应关系的操作。

● 如果收取的款项等于应收款，即进行全部核销；如果收取的款项小于应收款，则只进行部分核销；如果收取的款项大于应收款，那么余款作为预收账款处理。

● 对于本月已收取的应收账款，如果录入的收款单未核销，会导致销售管理子系统不能月末结账。

● 如果发现已核销的收款单中有错误，必须取消核销后才能修改或删除。

（2）销售订单的填制

任务6-33

任务清单

根据以下资料，处理销售订单的填制业务。

2020年1月18日，山东华峰家具有限责任公司销售部的李克与青岛远东股份公司签订了销售合同（其中现金折扣按不含税价款计算），销售明细见表6-32。

表6-32 销售明细

存货名称	数量	无税单价（元）	现金折扣条件	增值税税率
办公桌	260张	2 000	（2/10，1/20，n/30）	13%

任务指导

①选择"销售"菜单中的"销售订单"命令（或直接单击销售管理子系统界面中的"销售订单"图标），进入"销售订单"界面。

②单击"增加"按钮，根据资料录入销售订单信息，如图6-143所示。

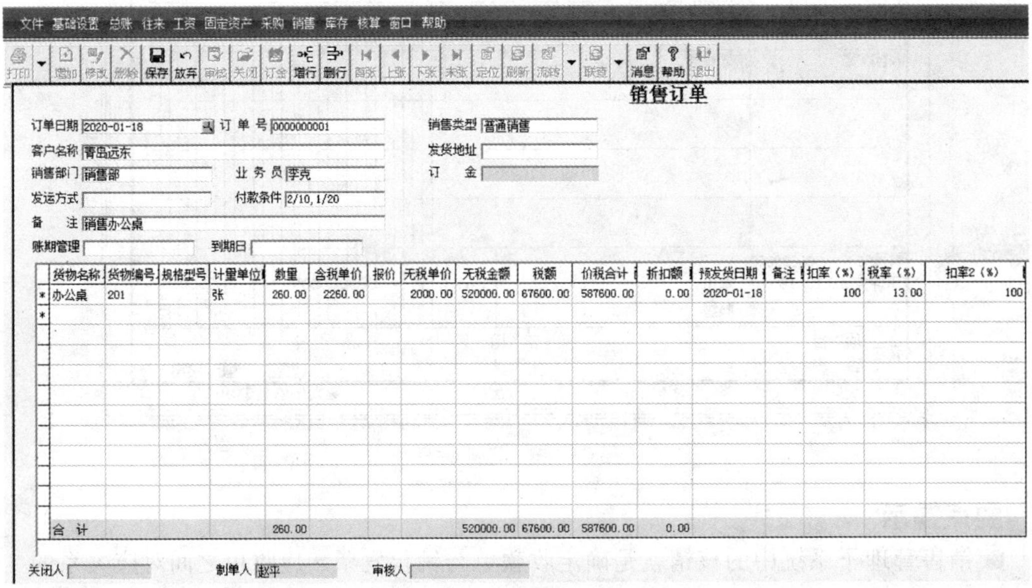

图6-143 销售订单

③单击"保存"按钮，保存订单信息。

确认无误后，单击"审核"按钮，弹出"销售管理"提示对话框，单击"是"按钮，再单击"确定"按钮，完成销售订单审核。

④单击"退出"按钮返回销售管理子系统界面。

要点提示

● 处理销售业务，销售订单环节是可选的。

● 销售订单录入保存后，只有经过审核才能继续流转生成发货单或销售发票。

● 销售订单在审核之前可以修改或删除。订单审核后，可以弃审。但如果该订单有下属单据生成或被其他功能使用，则不可弃审，除非将其生成的下属单据删除。

● 已执行完毕的订单可以关闭，已关闭的订单不能继续流转生成发货单或销售发票。

（3）销售产品、款项未收业务的处理

任务6-34

任务清单

根据以下资料，处理销售产品的业务并生成记账凭证。

接【任务6-33】，2020年1月19日，山东华峰家具有限责任公司依据合同向青岛远东股份公司发出办公桌260张，并开具了增值税专用发票，相关款项未收（附原始凭证1张）。

发票上记载的主要内容见表6-33。

表6-33　　　　　　　　　　增值税专用发票信息

发票号	存货名称	数量	无税单价（元）	金额（元）	增值税税额（元）
33692618	办公桌	260张	2 000	520 000	67 600

任务指导

［步骤一］销售管理子系统操作：

①选择"销售"菜单中的"销售订单"命令（或直接单击销售管理子系统界面中的"销售订单"图标），进入"销售订单"界面。

确认是本业务相关的订单后（可以通过"上张"或"下张"按钮寻找相关订单），单击"流转"按钮右侧的下拉按钮，选择其中的"生成发货单"，进入"发货单"界面。选择其中的仓库为"产成品库"，如图6-144所示。

图6-144　发货单

②单击"保存"按钮保存发货单信息。

确认发货单信息无误后，再单击"审核"按钮，弹出"销售管理"对话框，单击"是"按钮，再单击对话框的"确定"按钮，完成发货单审核。

③在发货单中，单击"流转"按钮右侧的下拉按钮，选择其中的"生成专用发票"，进入"销售专用发票"界面。录入发票号为"33692618"，如图6-145所示。

图6-145 销售专用发票

④单击"保存"按钮保存发票信息。

确认发票信息无误后，再单击"复核"按钮，弹出"销售管理"对话框，单击"是"按钮完成发票复核。

⑤连续单击"退出"按钮，返回销售管理子系统界面。

[步骤二] 核算管理子系统操作：

①选择"核算"菜单中的"凭证→客户往来制单"命令（或直接单击核算管理子系统界面中的"客户往来制单"图标），弹出"客户制单查询"对话框，选中其中的"发票制单"，如图6-146所示。

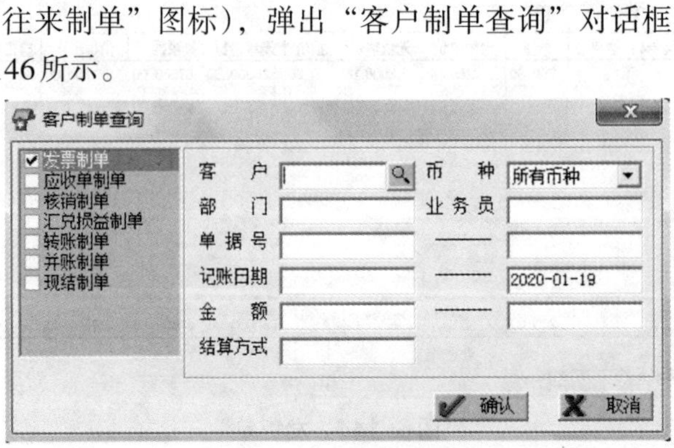

图6-146 客户制单查询

②单击"确认"按钮,进入"销售发票制单"界面,单击"全选"按钮,选中要制单的单据。选择凭证类别为"转账凭证",如图6-147所示。

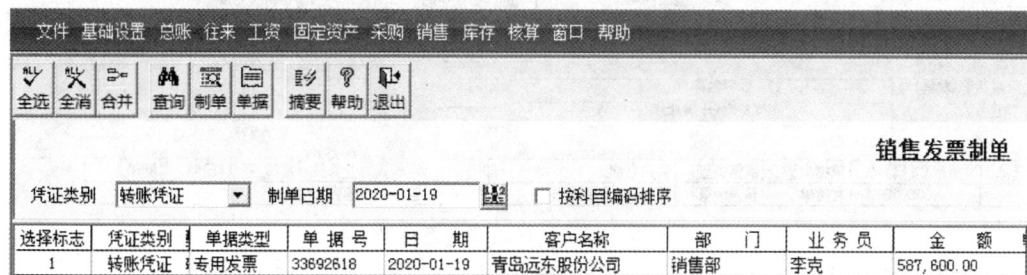

图6-147 销售发票制单

③单击"制单"按钮,生成本业务的记账凭证,在科目名称栏下录入本业务涉及的会计科目,单击弹出的"辅助项"对话框的"确认"按钮。确认无误后,单击"保存"按钮,记账凭证左上角显示红色的"已生成"标志,如图6-148所示。

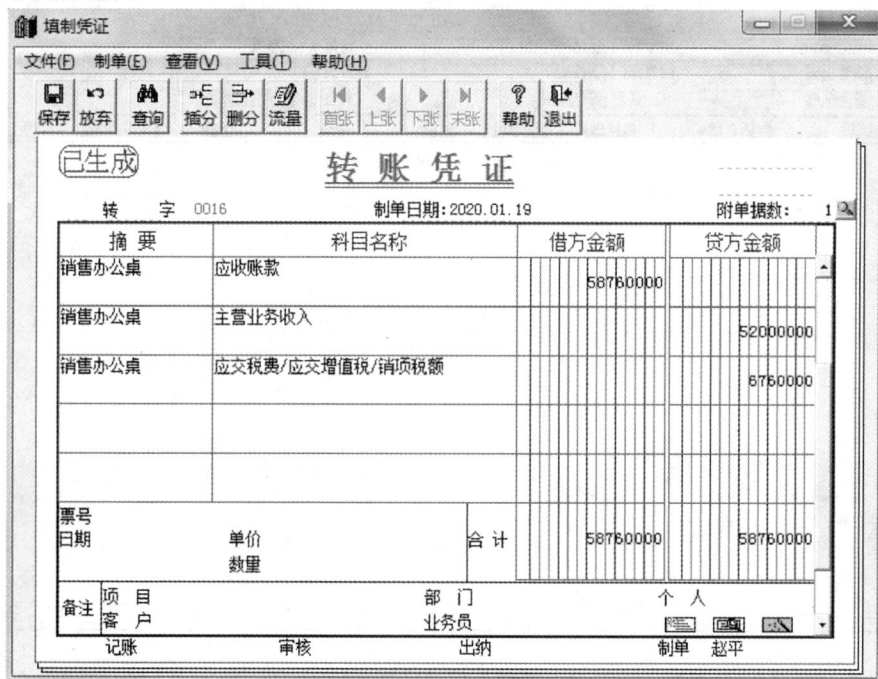

图6-148 记账凭证

④连续单击"退出"按钮,返回核算管理子系统界面。

[步骤三]库存管理子系统操作:

①选择"库存"菜单中的"销售出库单生成/审核"命令(或直接单击库存管理子系统界面中的"销售出库单生成/审核"图标),进入"销售出库单"界面。

单击"生成"按钮,进入"发货单或发票参照"界面,单击"刷新"按钮,表格中显示出可参照单据。

单击"全选"按钮(或直接单击相关单据行)选中本业务相关参照单据,如图6-149所示。

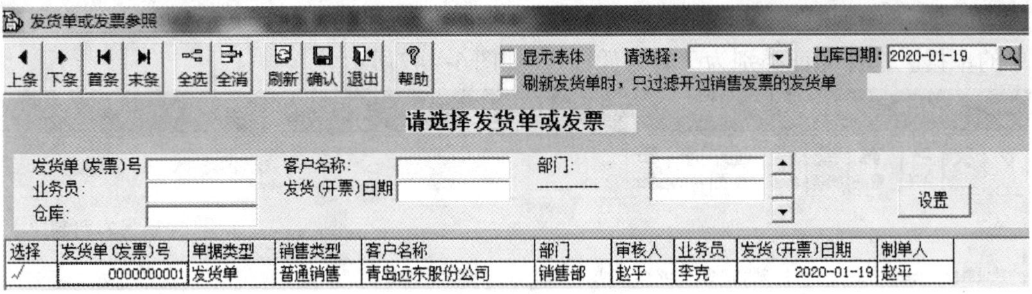

图6-149 发货单或发票参照

②单击"确认"按钮，生成本业务的销售出库单，如图6-150所示。

图6-150 销售出库单

③单击"审核"按钮，完成销售出库单审核（注：因为产成品库计价方式选择的是"全月平均法"，所以期末时将根据销售出库单生成结转销售成本的记账凭证）。

④单击"退出"按钮，返回库存管理子系统界面，完成本业务操作。

要点提示

● 销售发票既可以直接录入，也可以参照销售订单或发货单生成。

● 系统不允许录入相同的销售发票号。

- 复核销售发票时，系统会自动生成发货单。如果发货同时开具了发票，也可以用销售订单直接流转生成销售发票，在复核发票时自动生成发货单即可。
- 产成品仓库的计价方式选用"全月平均法"时，需待期末时，才可对销售出库单制单。本书采用了此种方式。
- 如果产成品仓库的计价方式选用"先进先出法"、"移动平均法"或"个别计价法"时，则平时就可以对销售出库单制单。
- 销售出库单的生成有两种方式可供选择：

  方式一：库存管理系统生成销售出库单。如果在库存业务范围设置中选中此方式，则复核发货单或销售发票时，系统不会自动生成销售出库单，需要在库存管理子系统中参照发货单或销售发票生成销售出库单。本书采用了此种方式。

  方式二：销售管理系统生成销售出库单。如果在销售业务范围设置中选中此方式，则复核发货单或销售发票时，系统会自动生成销售出库单。

(4) 收回应收账款、发生现金折扣业务的处理

任务6-35

任务清单

根据以下资料，处理收回应收账款业务并生成记账凭证。

接【任务6-33】【任务6-34】，2020年1月21日，山东华峰家具有限责任公司收到青岛远东有限公司交来的一张金额为577 200.00元的转账支票（扣除了现金折扣10 400.00元），用以偿还1月19日所欠的货款，当日持该转账支票到建设银行办理了转账收款手续（转账支票号为56232587，青岛远东有限公司的银行账号为666555300，附原始凭证1张）。

任务指导

[步骤一] 销售管理子系统操作：

①选择"销售"菜单中的"客户往来→收款结算"命令（或直接单击销售管理子系统界面中的"收款结算"图标），进入"收款单"界面。

②选择客户为"青岛远东股份公司"后，单击"增加"按钮。

③根据资料，录入收款单相关信息后，如图6-151所示。

④单击"保存"按钮，保存收款单信息。

再单击"核销"按钮，在"本次折扣"栏录入金额"10400"，再次单击"保存"按钮，完成应收账款的核销。

⑤单击"退出"按钮，返回销售管理子系统界面。

[步骤二] 核算管理子系统操作：

①选择"核算"菜单中的"凭证→客户往来制单"命令（或直接单击核算管理子系统界面中的"客户往来制单"图标），弹出"客户制单查询"对话框，选中其中的"核销制单"，如图6-152所示。

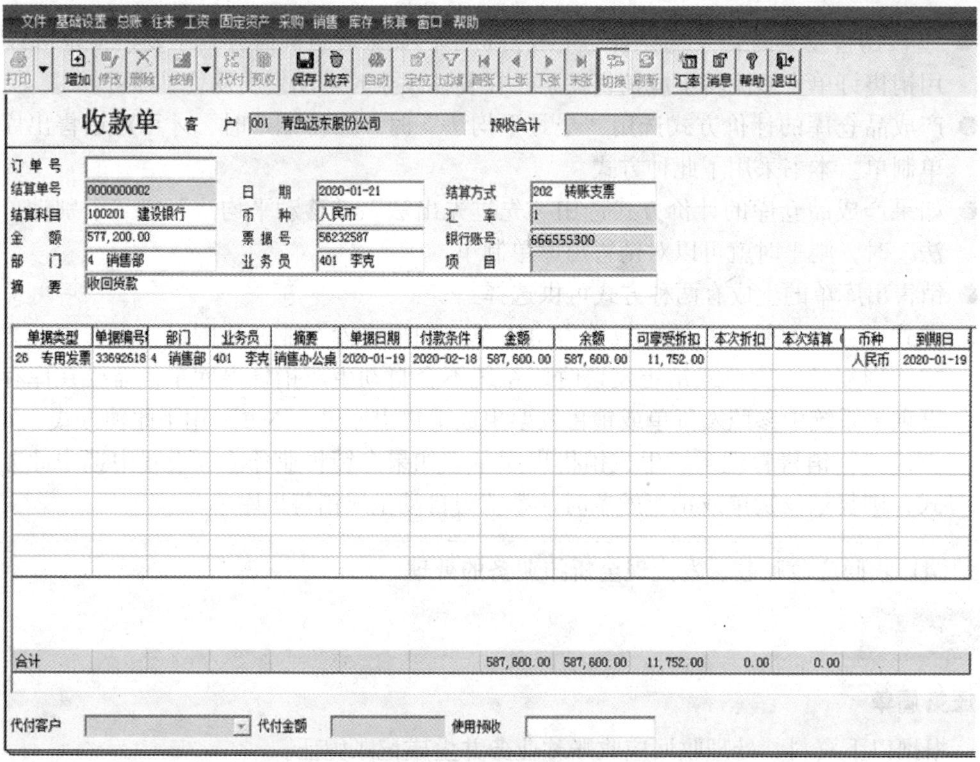

图6-151 收款单

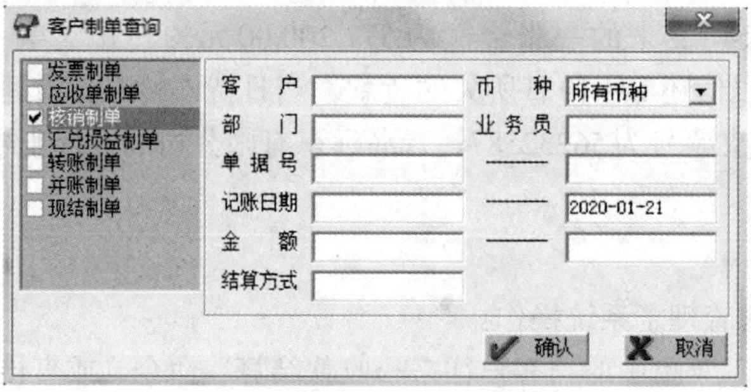

图6-152 客户制单查询

②单击"确认"按钮，进入"核销制单"界面，单击"全选"按钮选中要制单的单据，选择凭证类别为"收款凭证"，如图6-153所示。

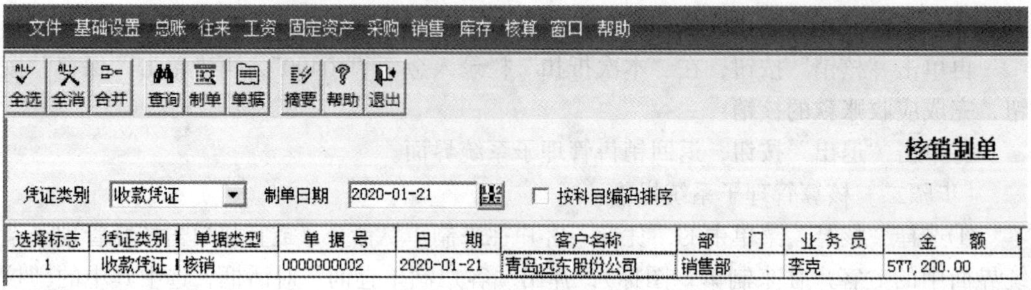

图6-153 核销制单

③单击"制单"按钮，生成本业务的记账凭证，在科目名称栏第一行录入"660303"，确认其他信息无误后，单击"保存"按钮，记账凭证左上角显示红色的"已生成"标志，完成本业务操作，如图6-154所示。

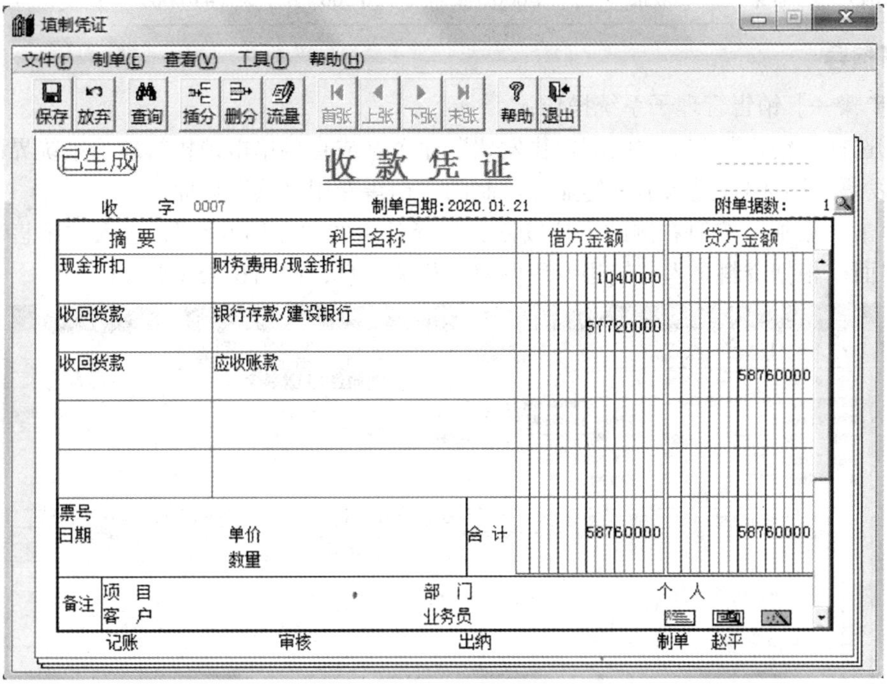

图6-154　记账凭证

要点提示

● 只有在销售订单或销售发票中正确录入了付款条件，在填制收款单时，系统才能自动计算可享受的折扣金额。

● 收款单上的"可享受折扣"金额，由系统根据价税合计乘以折扣率自动计算得出。如果合同约定计算现金折扣时不考虑增值税，则需自行计算现金折扣金额。

（5）销售产品、同时收款业务的处理

任务6-36

任务清单

根据以下资料，处理销售产品业务并生成记账凭证。

2020年1月22日，山东华峰家具有限责任公司向济南顺通有限公司销售餐桌200张，当日将餐桌发出并开具了增值税专用发票，当日收到济南顺通有限公司交来的一张金额为361 600元的转账支票以支付相关款项，当即持该转账支票到建设银行办理了转账收款手续（转账支票号为36589568，济南顺通公司的银行账号为222111600，附原始凭证3张）。

发票上记载的主要内容见表6-34。

表6-34　　　　　　　　　　　　　增值税专用发票信息

发票号	存货名称	数量	无税单价（元）	金额（元）	增值税税额（元）	增值税税率
33692619	餐桌	200张	1 600	320 000	41 600	13%

任务指导

［步骤一］销售管理子系统操作：

①选择"销售"菜单中的"销售发票"命令（或直接单击销售管理子系统界面中的"销售发票"图标），进入上一笔业务填制的"销售专用发票"界面。

单击"增加"按钮右侧的下拉按钮，选择其中的"专用发票"，进入"销售专用发票"界面。根据资料录入"销售专用发票"相关信息，如图6-155所示。

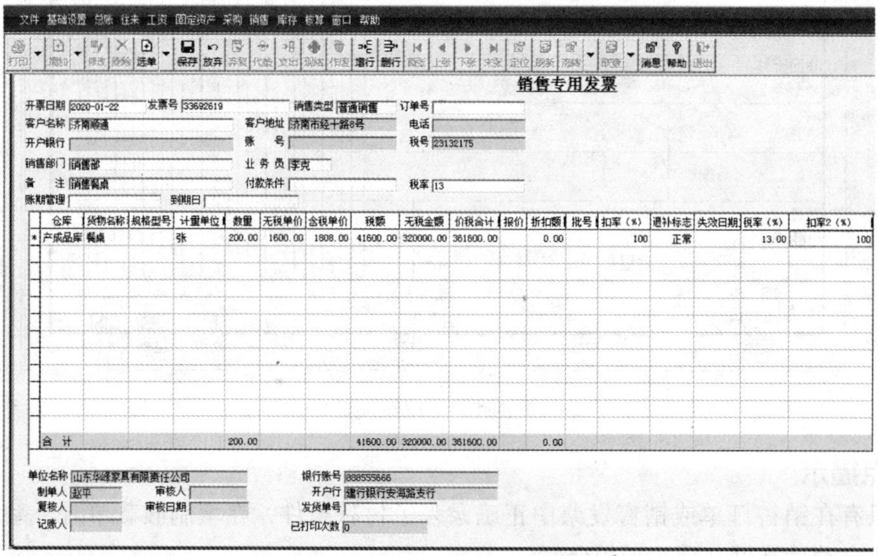

图6-155　销售专用发票

②单击"保存"按钮保存发票信息。

因为本业务相关款项已收到，所以再单击"现结"按钮，弹出"销售现结"对话框，录入相关收款信息，如图6-156所示。

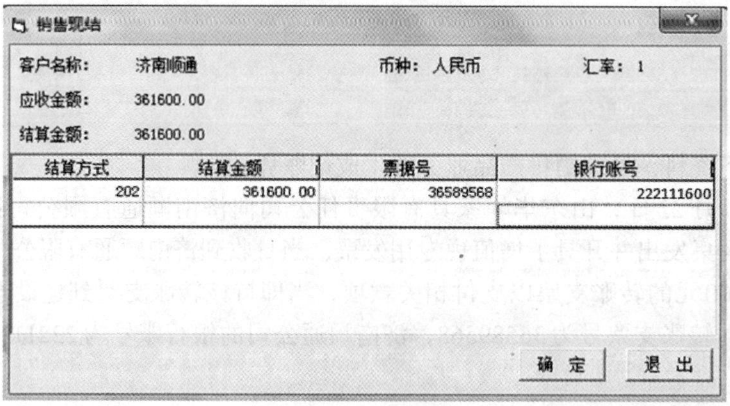

图6-156　销售现结

③单击"确定"按钮，弹出"现结记录已保存"提示对话框，单击"确定"按钮。再单击"退出"按钮，弹出"现结成功"提示对话框，单击"确定"按钮，完成现结操作。

④在销售专用发票中，单击"复核"按钮，弹出"销售管理"对话框，单击"是"按钮，再单击对话框的"确定"按钮，完成发票复核操作（注：复核发票时，也自动生成了发货单）。

⑤单击"退出"按钮，返回销售管理子系统界面。

[步骤二] 核算管理子系统操作：

①选择"核算"菜单中的"凭证→客户往来制单"命令（或直接单击核算管理子系统界面中的"客户往来制单"图标），弹出"客户制单查询"对话框，选中其中的"现结制单"，如图6-157所示。

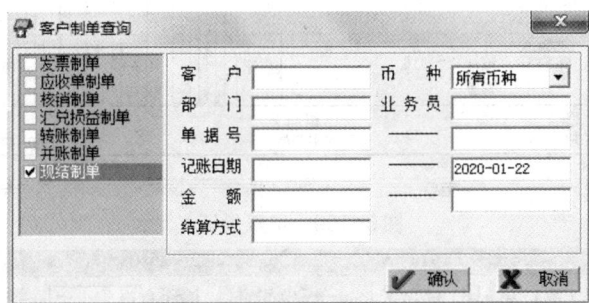

图6-157 客户制单查询

②单击"确认"按钮，进入"现结制单"界面，单击"全选"按钮，选中要制单的单据。选择凭证类别为"收款凭证"，如图6-158所示。

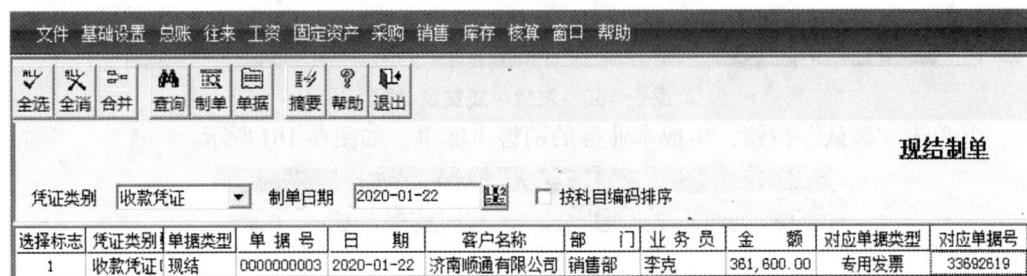

图6-158 现结制单

③单击"制单"按钮，生成本业务的记账凭证，修改附单据数为"3"，在科目名称栏下录入本业务涉及的会计科目，单击弹出的"辅助项"对话框的"确认"按钮。确认无误后，单击"保存"按钮，记账凭证左上角显示红色的"已生成"标志，如图6-159所示。

④连续单击"退出"按钮，返回核算管理子系统界面。

[步骤三] 库存管理子系统操作：

①选择"库存"菜单中的"销售出库单生成/审核"命令（或直接单击库存管理子系统界面中的"销售出库单生成/审核"图标），进入"销售出库单"界面。

单击"生成"按钮，进入"发货单或发票参照"界面，单击"刷新"按钮，表格中显示出可参照单据。

单击"全选"按钮（或直接单击相关单据行）选中本业务相关参照单据，如图6-160所示。

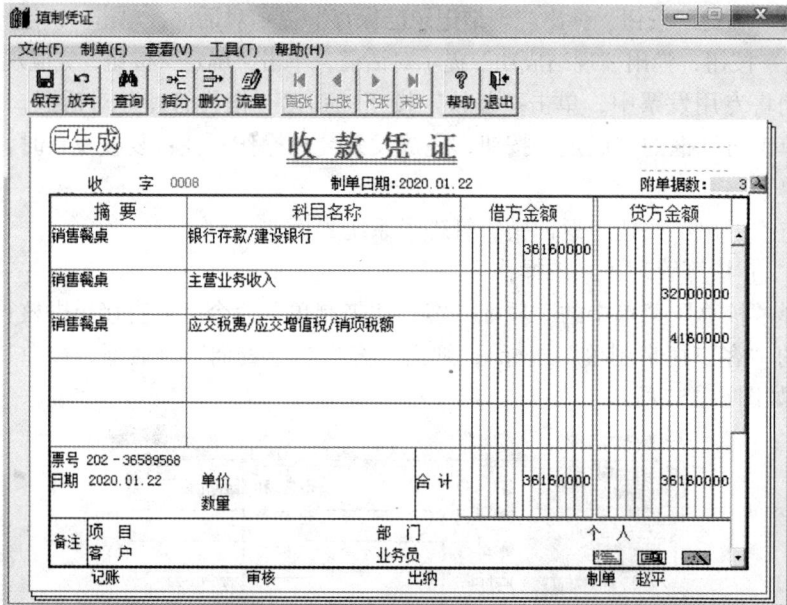

图6-159　记账凭证

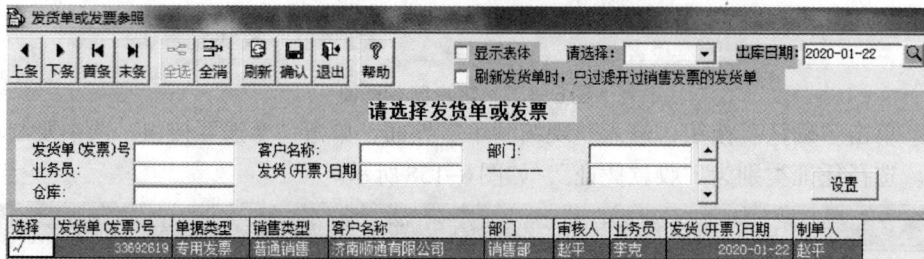

图6-160　发货单或发票参照

②单击"确认"按钮，生成本业务的销售出库单，如图6-161所示。

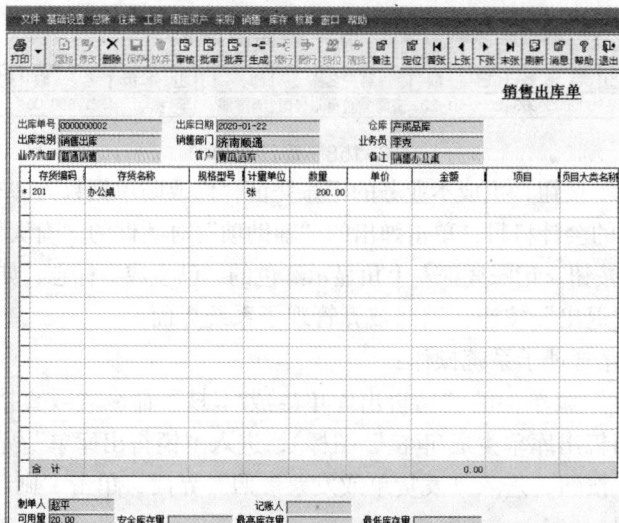

图6-161　销售出库单

③单击"审核"按钮，完成销售出库单审核。

④单击"退出"按钮，返回库存管理子系统界面，完成本业务操作。

要点提示

● 销售现结是指开具销售发票时当即收到全部或部分款项。

● 如果销售发票上的金额只现结了一部分，则余款会被确认为应收账款。

（6）销售退回业务的处理

任务6-37

任务清单

根据以下资料，处理销售退回业务并生成记账凭证。

接【任务6-36】，2020年1月23日，山东华峰家具有限责任公司接到济南顺通有限公司的通知，昨日发出的200张餐桌中，有10张存在质量问题予以退货。当日收到了退回的10张餐桌并入库，山东华峰家具有限责任公司当即向济南顺通有限公司开具了红字增值税专用发票，并且签发了一张金额为18 080元的建设银行转账支票以支付退货款项（转账支票号为26623527，济南顺通公司的银行账号为222111600，附原始凭证3张）。

发票上记载的主要内容见表6-35。

表6-35 增值税专用发票信息

发票号	存货名称	数量	无税单价	金额（元）	增值税税额（元）	增值税税率
33692620	餐桌	-10张	1 600	-16 000	-2 080	13%

任务指导

［步骤一］销售管理子系统操作：

①选择"销售"菜单中的"销售发票"命令（或直接单击销售管理子系统界面中的"销售发票"图标），进入上一笔业务填制的"销售专用发票"界面。

单击"增加"按钮右侧的下拉按钮，选择其中的"专用发票（红字）"，进入红字"销售专用发票"界面。根据资料录入相关信息，如图6-162所示。

②单击"保存"按钮保存发票信息。

因为本业务相关款项已退回，所以再单击"现结"按钮，弹出"销售现结"对话框，录入相关退款信息，如图6-163所示。

③单击"确定"按钮，弹出"现结记录已保存"提示对话框，单击"确定"按钮。再单击"退出"按钮，弹出"现结成功"提示对话框，单击"确定"按钮，完成现结操作。

④在销售专用发票中，单击"复核"按钮，弹出"销售管理"对话框，单击"是"按钮，再单击对话框的"确定"按钮，完成发票复核操作（注：复核发票时，也自动生成了退货单）。

⑤单击"退出"按钮，返回销售管理子系统界面。

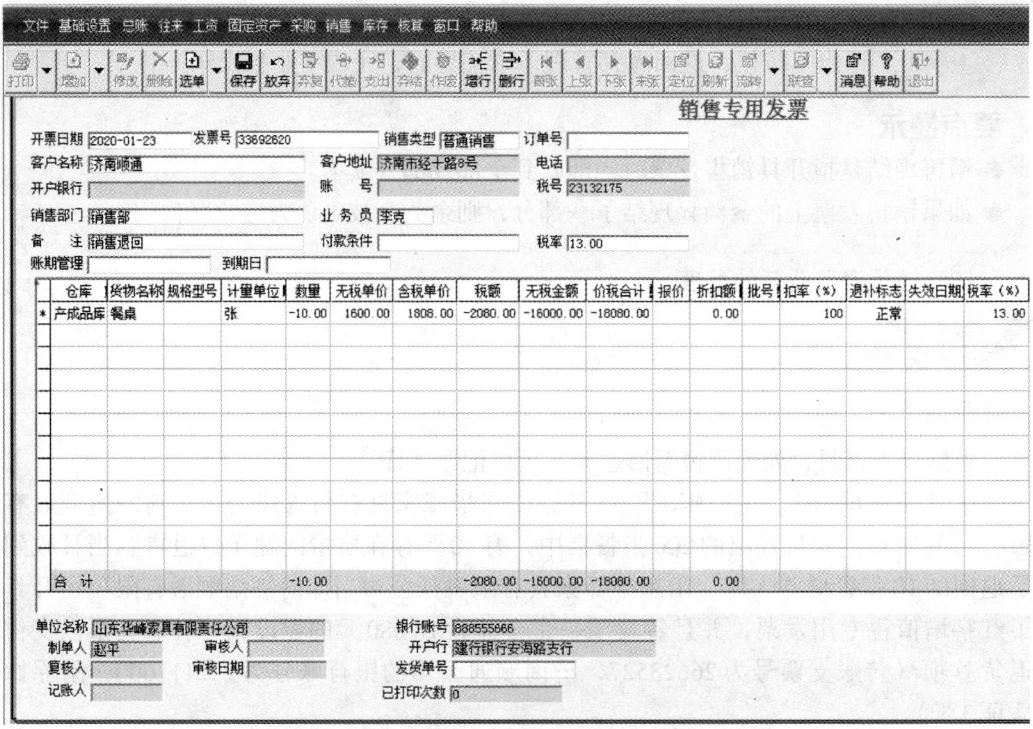

文件 基础设置 总账 往来 工资 固定资产 采购 销售 库存 核算 窗口 帮助

打印 增加 修改 删除 选单 保存 放弃 弃复 代垫 支出 弃结 作废 增行 删行 首张 上张 下张 末张 定位 刷新 冻转 联查 消息 帮助 退出

销售专用发票

开票日期 2020-01-23　　发票号 33692820　　　　销售类型 普通销售　　订单号

客户名称 济南顺通　　　客户地址 济南市经十路8号　　电话

开户银行　　　　　　账　号　　　　　　税号 23132175

销售部门 销售部　　　　　业务员 李克

备　注 销售退回　　　付款条件　　　　　税率 13.00

账期管理　　　到期日

仓库	货物名称	规格型号	计量单位	数量	无税单价	含税单价	税额	无税金额	价税合计	报价	折扣额	批号	扣率（%）	退补标志	失效日期	税率（%）
产成品库	餐桌		张	-10.00	1600.00	1808.00	-2080.00	-16000.00	-18080.00		0.00		100	正常		13.00
合　计				-10.00			-2080.00	-16000.00	-18080.00		0.00					

单位名称 山东华峰家具有限责任公司　　　　银行账号 888555866

制单人 赵平　　审核人　　　　　　开户行 建行银行安海路支行

复核人　　　　审核日期　　　　　　发货单号

记账人　　　　　　　　　　　　已打印次数 0

图6-162　红字销售专用发票

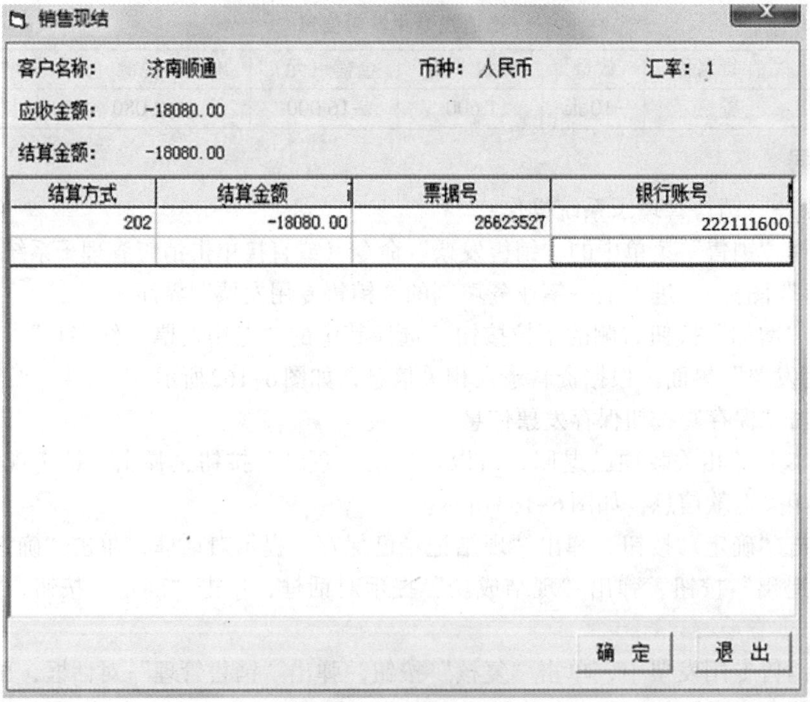

销售现结

客户名称：　济南顺通　　　　币种：人民币　　　汇率：1

应收金额：　-18080.00

结算金额：　-18080.00

结算方式	结算金额	票据号	银行账号
202	-18080.00	26623527	222111600

确　定　　　退　出

图6-163　销售现结

［步骤二］核算管理子系统操作：

①选择"核算"菜单中的"凭证→客户往来制单"命令（或直接单击核算管理子系统界面中的"客户往来制单"图标），弹出"客户制单查询"对话框，选中其中的"现结制单"，如图6-164所示。

图6-164　客户制单查询

②单击"确认"按钮，进入"现结制单"界面，单击"全选"按钮，选中要制单的单据。选择凭证类别为"付款凭证"，如图6-165所示。

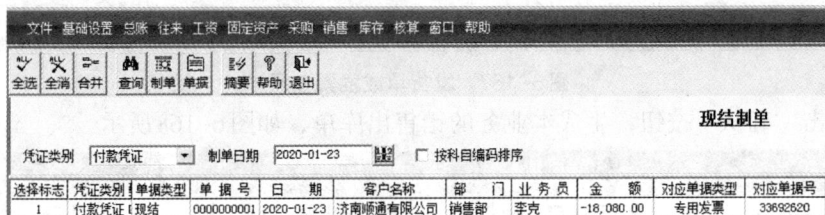

图6-165　现结制单

③单击"制单"按钮，生成本业务的记账凭证，修改附单据数为"3"，在科目名称栏下录入本业务涉及的会计科目，单击弹出的"辅助项"对话框的"确认"按钮（注意：遵循日记账一般不用红字的原则，将借方红字金额修改为贷方蓝字金额）。确认无误后，单击"保存"按钮，记账凭证左上角显示红色的"已生成"标志，如图6-166所示。

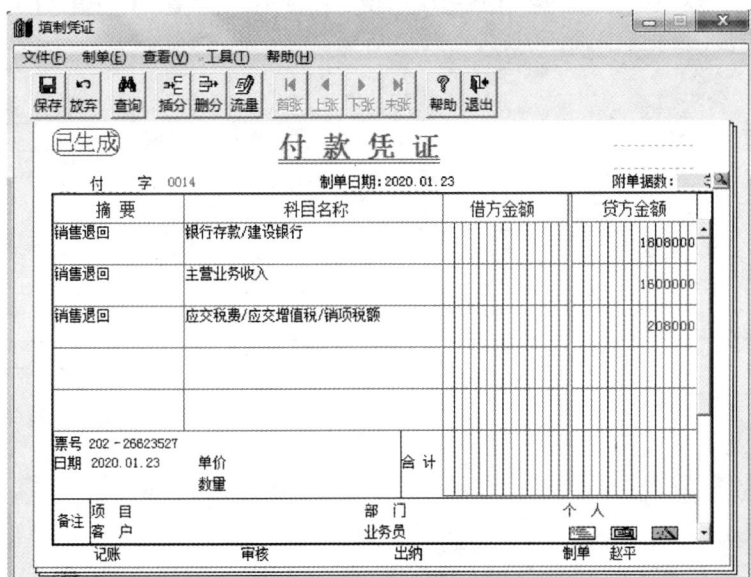

图6-166　记账凭证

④连续单击"退出"按钮，返回核算管理子系统界面。

[步骤三] 库存管理子系统操作：

①选择"库存"菜单中的"销售出库单生成/审核"命令（或直接单击库存管理子系统界面中的"销售出库单生成/审核"图标），进入"销售出库单"界面。

单击"生成"按钮，进入"发货单或发票参照"界面，单击"刷新"按钮，表格中显示出可参照单据。

单击"全选"按钮（或直接单击相关单据行）选中本业务相关参照单据，如图6-167所示。

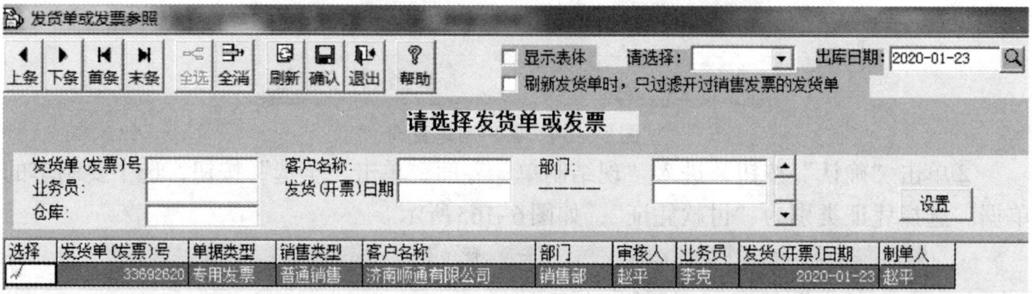

图6-167 发货单或发票参照

②单击"确认"按钮，生成本业务的销售出库单，如图6-168所示。

图6-168 销售出库单

③单击"审核"按钮，完成销售出库单审核。

④单击"退出"按钮，返回库存管理子系统界面，完成本业务操作。

要点提示

● 填制红字销售发票和退货单时，数量和金额必须录入负数，但单价不可以录入负数。

● 如果销售退回发生在货款尚未收取之前，应进行红票对冲，以抵减原应收账款。

（7）预收账款业务的处理

任务6-38

任务清单

根据以下资料，处理预收账款业务并生成记账凭证。

2020年1月25日，山东华峰家具有限责任公司与河北远大有限公司达成销售协议，将销售给远大公司餐桌300张。当日，远大公司交来一张金额为100 000.00元的银行汇票，作为预付账款，山东华峰家具有限责任公司当日持该银行汇票到建设银行办理了转账收款手续（附原始凭证1张）。

任务指导

［步骤一］销售管理子系统操作：

①选择"销售"菜单中的"客户往来→收款结算"命令（或直接单击销售管理子系统界面中的"收款结算"图标），进入"收款单"界面。

②选择客户为"河北远大有限公司"后，单击"增加"按钮。

③根据资料，录入收款单相关信息，如图6-169所示。

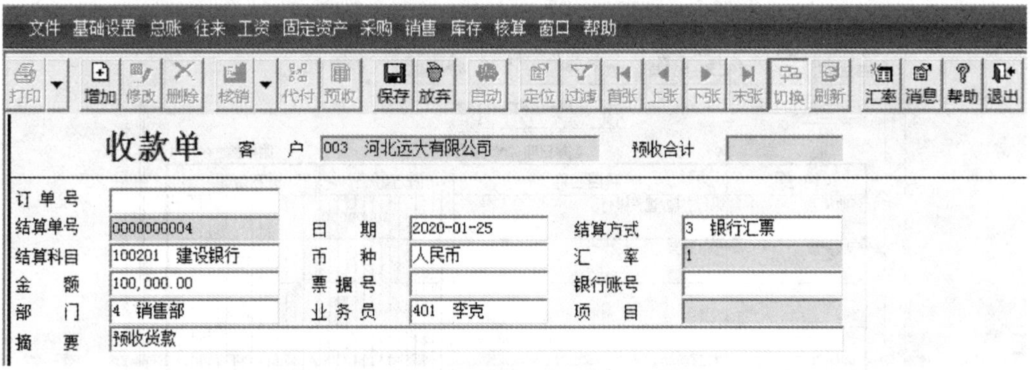

图6-169 收款单

④单击"保存"按钮，保存收款单信息。

⑤单击"预收"按钮，单击"退出"按钮，返回销售管理子系统界面。

［步骤二］核算管理子系统操作：

①选择"核算"菜单中的"凭证→客户往来制单"命令（或直接单击核算管理子系统界面中的"客户往来制单"图标），弹出"客户制单查询"对话框，选中其中的"核

销制单"，如图6-170所示。

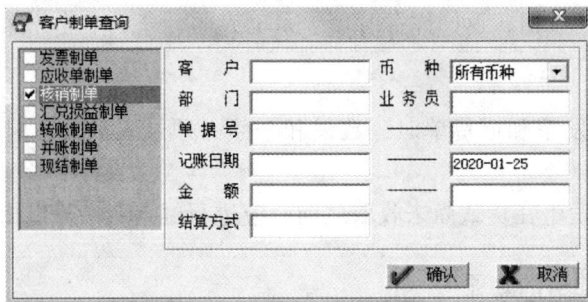

图6-170　客户制单查询

②单击"确认"按钮，进入"核销制单"界面，单击"全选"按钮选中要制单的单据，选择凭证类别为"收款凭证"，如图6-171所示。

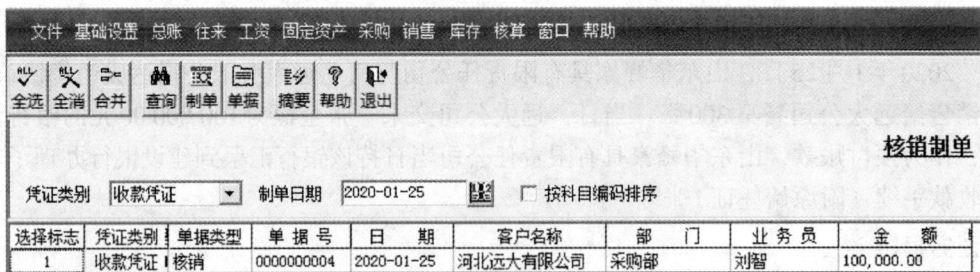

图6-171　核销制单

③单击"制单"按钮，生成本业务的记账凭证，在"科目名称"栏下录入相关会计科目，确认无误后，单击"保存"按钮，记账凭证左上角显示红色的"已生成"标志，完成本业务操作，如图6-172所示。

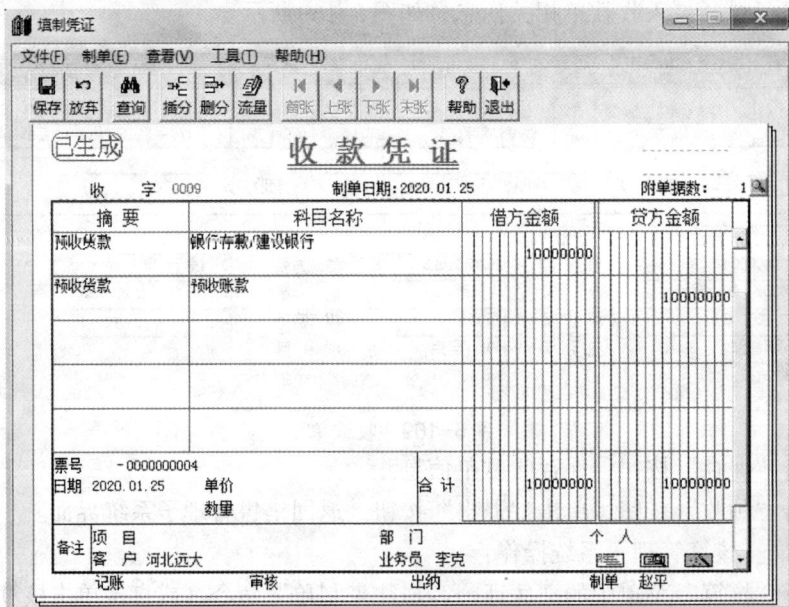

图6-172　记账凭证

（8）销售产品、代垫运费业务的处理

任务 6-39

任务清单

根据以下资料，处理销售产品、代垫运费业务并生成记账凭证。

接【任务6-38】，2020年1月26日，山东华峰家具有限责任公司向河北远大有限公司发出餐桌300张，并开具了增值税专用发票，当日还签发一张金额为7 630.00元的转账支票，替远大公司代垫了300张餐桌的运费，相关款项暂未收回（转账支票号为26623528，附原始凭证2张）。

发票上记载的主要内容见表6-36。

表6-36　　　　　　　　　　增值税专用发票信息

发票号	存货名称	数量	无税单价	金额（元）	增值税税额（元）	增值税税率
33692621	餐桌	300张	1 600	480 000	62 400	13%

任务指导

［步骤一］销售管理子系统操作：

①选择"销售"菜单中的"销售发票"命令（或直接单击销售管理子系统界面中的"销售发票"图标），进入上一笔业务填制的"销售专用发票"界面。

单击"增加"按钮右侧的下拉按钮，选择其中的"专用发票"，进入"销售专用发票"界面。根据资料录入"销售专用发票"相关信息，如图6-173所示。

图6-173　销售专用发票

②单击"保存"按钮保存发票信息。

因为本公司替对方代垫了运费,所以再单击"代垫"按钮,进入"代垫费用单"界面,单击"增加"按钮,录入相关代垫运费的信息,如图6-174所示。

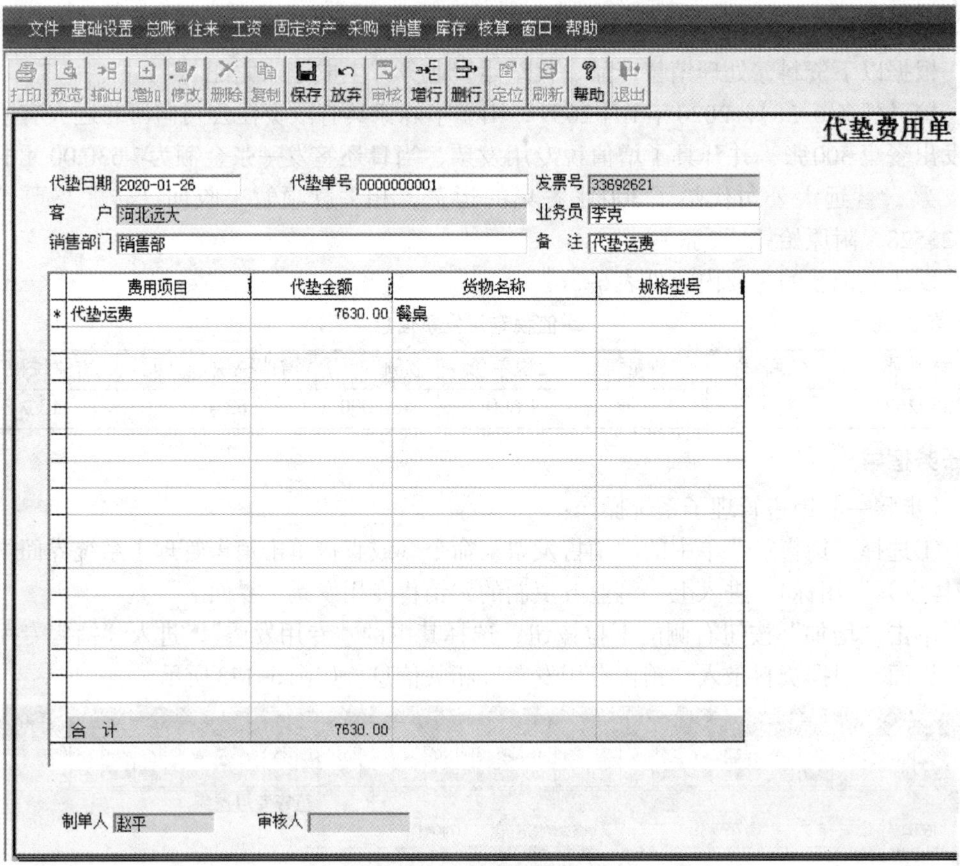

图6-174 代垫费用单

③单击"保存"按钮保存代垫运费信息。

单击"审核"按钮,弹出提示对话框,单击"是"按钮,完成代垫运费审核。

单击"退出"按钮,返回"销售专用发票"界面。

④在销售专用发票中,单击"复核"按钮,弹出"销售管理"对话框,单击"是"按钮,再单击对话框的"确定"按钮,完成发票复核操作(注:复核发票时,自动生成了发货单)。

⑤单击"退出"按钮,返回销售管理子系统界面。

[步骤二] 核算管理子系统操作:

①选择"核算"菜单中的"凭证→客户往来制单"命令(或直接单击核算管理子系统界面中的"客户往来制单"图标),弹出"客户制单查询"对话框,选中其中的"发票制单"和"应收单制单",如图6-175所示。

②单击"确认"按钮,进入"发票、应收单制单"界面,单击"全选"按钮,选中要制单的单据。选择凭证类别为"付款凭证",如图6-176所示。

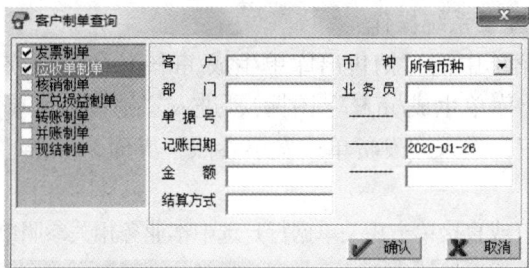

图 6-175　客户制单查询

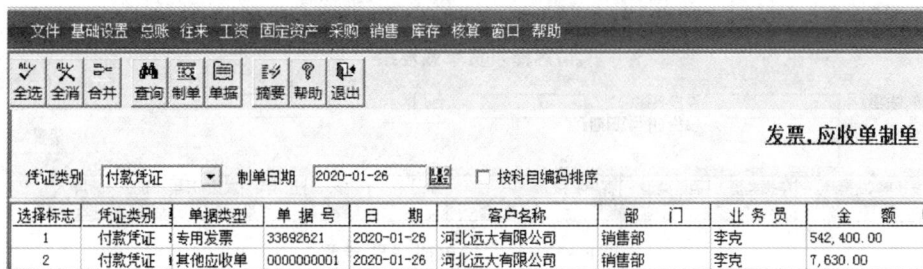

图 6-176　销售发票、应收单制单

③单击"合并"按钮（否则会生成两张记账凭证），再单击"制单"按钮，生成本
业务的记账凭证。修改附单据数为"2"。在"科目名称"栏下录入本业务涉及的会计科
目，借方录入"1122"后单击弹出的"辅助项"对话框的"确认"按钮，贷方录入
"100201"后还需在弹出的"辅助项"对话框中录入"结算方式"和"支票号"后单击
"确认"按钮。确认无误后，单击"保存"按钮，记账凭证左上角显示红色的"已生
成"标志，如图 6-177 所示。

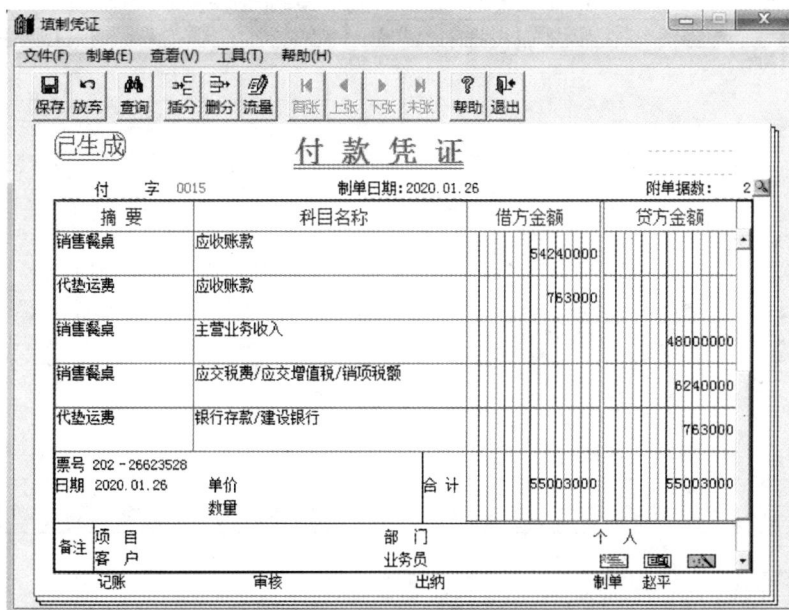

图 6-177　记账凭证

④连续单击"退出"按钮，返回核算管理子系统界面。

[步骤三] 库存管理子系统操作：

①选择"库存"菜单中的"销售出库单生成/审核"命令（或直接单击库存管理子系统界面中的"销售出库单生成/审核"图标），进入"销售出库单"界面。

单击"生成"按钮，进入"发货单或发票参照"界面，单击"刷新"按钮，表格中显示出可参照单据。

单击"全选"按钮（或直接单击相关单据行）选中本业务相关参照单据，如图6-178所示。

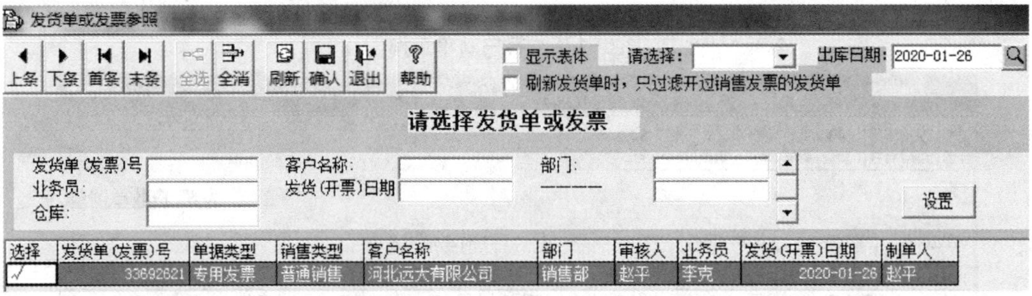

图6-178 发货单或发票参照

②单击"确认"按钮，生成本业务的销售出库单，如图6-179所示。

图6-179 销售出库单

③单击"审核"按钮,完成销售出库单审核(注:因为产成品库计价方式选择的是"全月平均法",所以期末时将根据销售出库单生成结转销售成本的记账凭证)。

④单击"退出"按钮,返回库存管理子系统界面,完成本业务操作。

> **要点提示**
> ● 销售过程中代垫的运输费等,通过销售发票上的"代垫"按钮填制"代垫费用单",在客户往来制单时计入应收账款。
> ● 由销售方承担的运输费等销售费用,可通过销售发票上的"支出"按钮填制"销售支出单"进行记录,但不能在客户往来制单时生成记账凭证,在总账系统中直接填制相关记账凭证即可。

(9)补收货款业务的处理

任务6-40

任务清单

根据以下资料,处理补收货款业务并生成记账凭证。

接【任务6-38】【任务6-39】,2020年1月28日,山东华峰家具有限责任公司接到开户银行通知,河北远大有限公司以电汇方式向本公司支付了所欠余款450 030.00元(附原始凭证1张)。

任务指导

本任务有以下两种处理方法。

方法一:先执行"预收冲应收",再补收余款(生成两张记账凭证)。

[步骤一]销售管理子系统操作:

①选择"销售"菜单中的"客户往来→预收冲应收"命令(或直接单击销售管理子系统界面中的"客户往来"图标后,选择"预收冲应收"),打开"预收冲应收"对话框。

在"预收冲应收"对话框中,进行以下操作:

在对话框右上角的"转账总金额"栏后录入"100000";

在"客户"栏后选择"河北远大",单击"过滤"按钮,显示原预收账款时的收款单信息,如图6-180所示。

②再单击选择以上对话框中的"应收款"选项卡,进行以下操作:

单击"过滤"按钮,显示本业务相关的发票、应收单信息;

单击"分摊"按钮;

单击"确认"按钮,弹出"操作成功"提示对话框,如图6-181所示。

③单击"确定"按钮,再单击"取消"按钮,返回销售管理子系统界面。

[步骤二]核算管理子系统操作:

①选择"核算"菜单中的"凭证→客户往来制单"命令(或直接单击核算管理子系统界面中的"客户往来制单"图标),弹出"客户制单查询"对话框,选中其中的"转账制单",如图6-182所示。

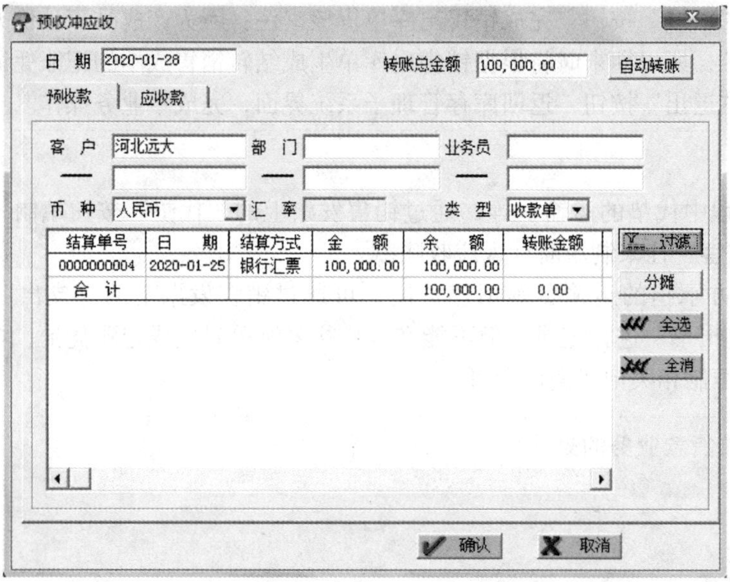

图6-180 预收冲应收

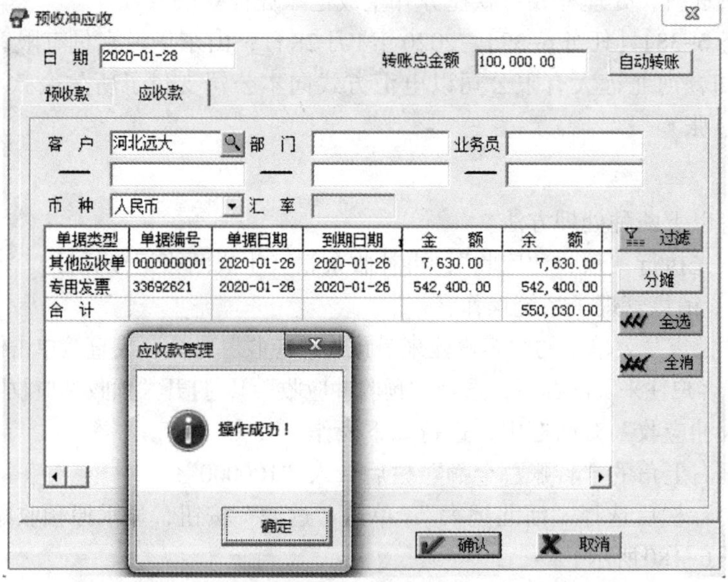

图6-181 预收冲应收

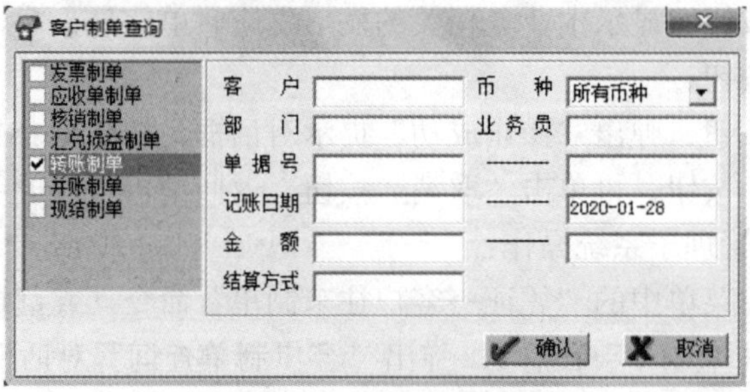

图6-182 客户制单查询

②单击"确认"按钮，进入"转账制单"界面，单击"全选"按钮选中要制单的单据，选择凭证类别为"转账凭证"，如图6-183所示。

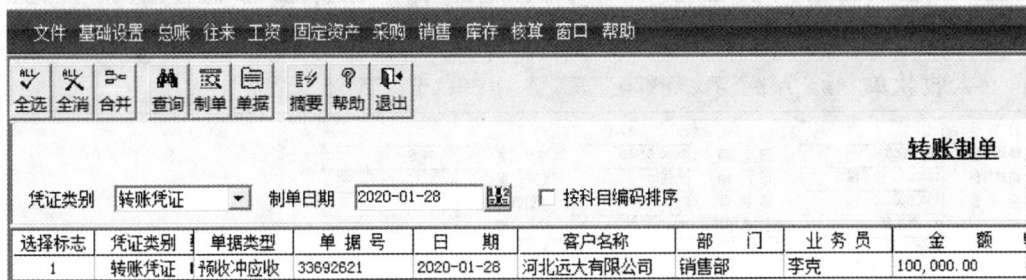

图6-183　转账制单

③单击"制单"按钮，生成本业务的第一张记账凭证，修改附单据数为"0"，在贷方科目栏录入"2203"后，单击弹出的"辅助项"对话框的"确认"按钮。确认其他信息无误后，单击"保存"按钮，记账凭证左上角显示红色的"已生成"标志，如图6-184所示。

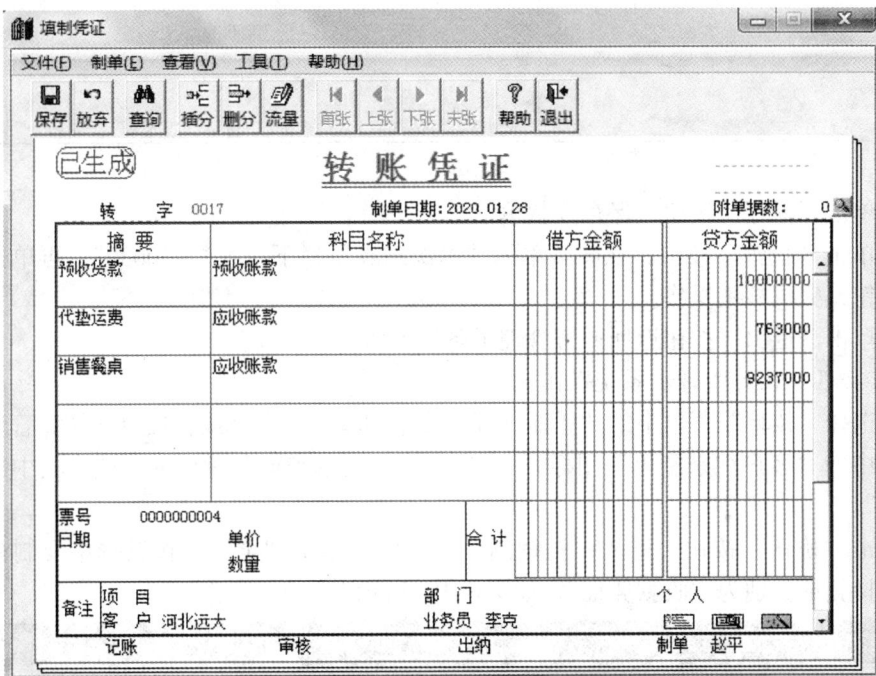

图6-184　记账凭证

④连续单击"退出"按钮，返回核算管理子系统界面。

[步骤三] 销售管理子系统操作：

①选择"销售"菜单中的"客户往来→收款结算"命令（或直接单击销售管理子系统界面中的"收款结算"图标），进入"收款单"界面。

选择客户"河北远大有限公司"后，单击"增加"按钮。

根据资料，录入收款单相关信息（执行"预收冲应收"之后，这里收款单中显示应收款余额为"450 030"元），如图6-185所示。

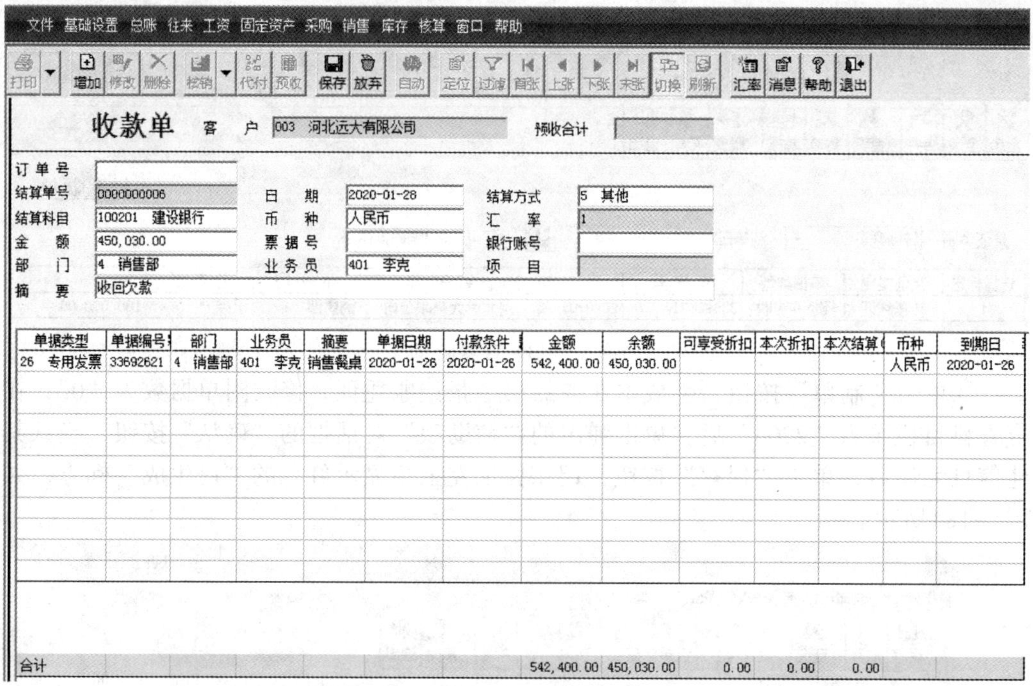

图6-185 收款单

②单击"保存"按钮，保存收款单信息。

③单击"核销"按钮，在收款单的"本次结算"栏下录入"450030"，再单击"保存"按钮，完成核销操作。

④单击"退出"按钮返回销售管理子系统界面。

［步骤四］核算管理子系统操作：

①选择"核算"菜单中的"凭证→客户往来制单"命令（或直接单击核算管理子系统界面中的"客户往来制单"图标），弹出"客户制单查询"对话框，选中其中的"核销制单"。

单击"确认"按钮，进入"核销制单"界面，单击"全选"按钮选中要制单的单据，选择凭证类别为"收款凭证"，如图6-186所示。

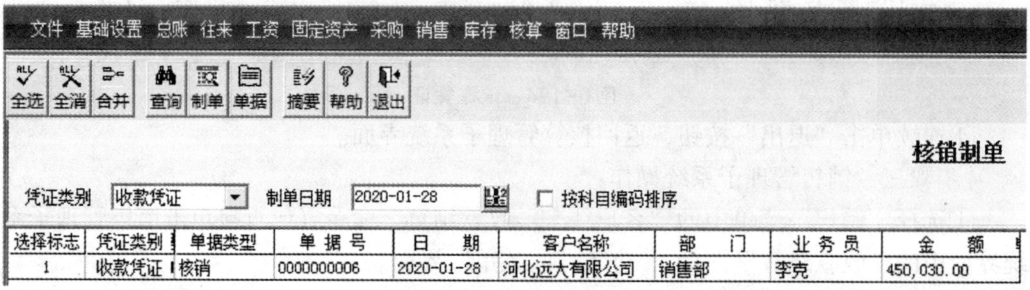

图6-186 核销制单

②单击"制单"按钮，生成本业务的第二张记账凭证，确认无误后，单击"保存"

按钮，记账凭证左上角显示红色的"已生成"标志，完成本业务操作，如图6-187所示。

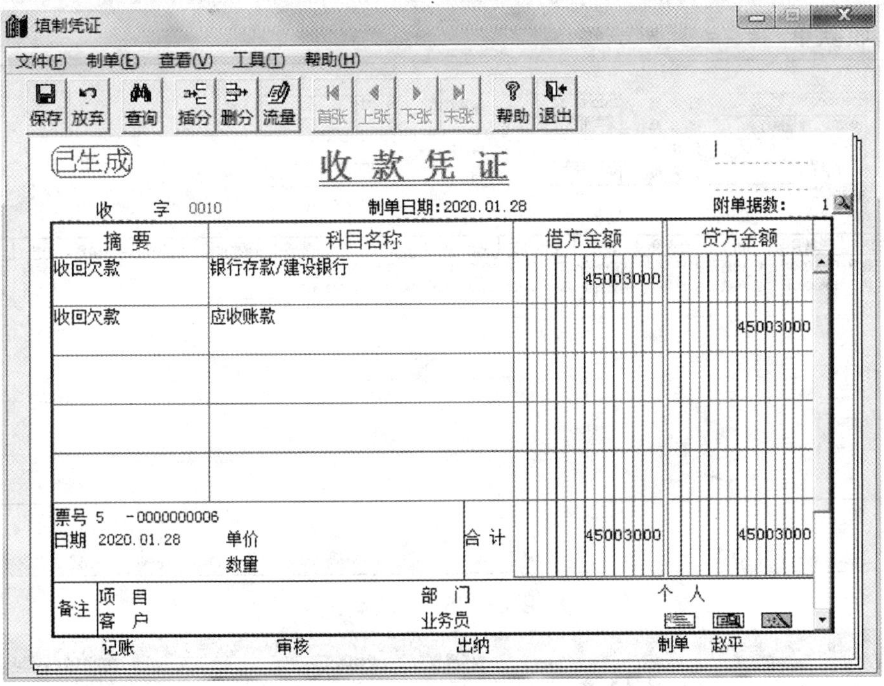

图6-187 记账凭证

> **要点提示**
> ● 预收冲应收是销售方企业的预收账款和应收账款的转账核销业务，即当销售方企业已有预收账款时，可用该企业的预收账款来冲抵其应收账款。
> ● 客户往来中的转账处理，除"预收冲应收"以外，还可以根据实际业务需要进行"应收冲应付""应收冲应收""红票对冲"。

方法二：补收余款时直接冲销已预收账款（生成一张记账凭证）。

［步骤一］销售管理子系统操作：

①选择"销售"菜单中的"客户往来→收款结算"命令（或直接单击销售管理子系统界面中的"收款结算"图标），进入"收款单"界面。

②选择客户为"河北远大有限公司"后，单击"增加"按钮。

③根据资料，录入收款单相关信息，如图6-188所示。

④单击"保存"按钮。再单击"核销"按钮，首先在收款单底部的"使用预收"栏后录入已预收账款"100000"，然后在"本次结算"栏下录入"7630"和"542400"（直接双击"余额"栏下的数字可分别快速录入），如图6-189所示。

⑤再次单击"保存"按钮，保存收款单信息。单击"退出"按钮，返回销售管理子系统界面。

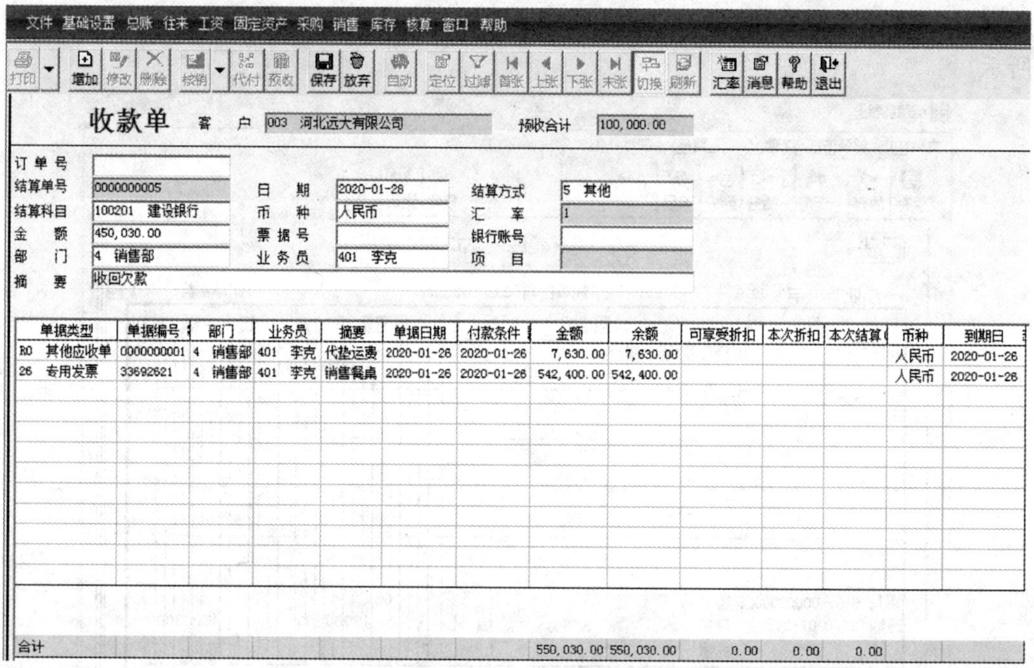

图6-188 收款单

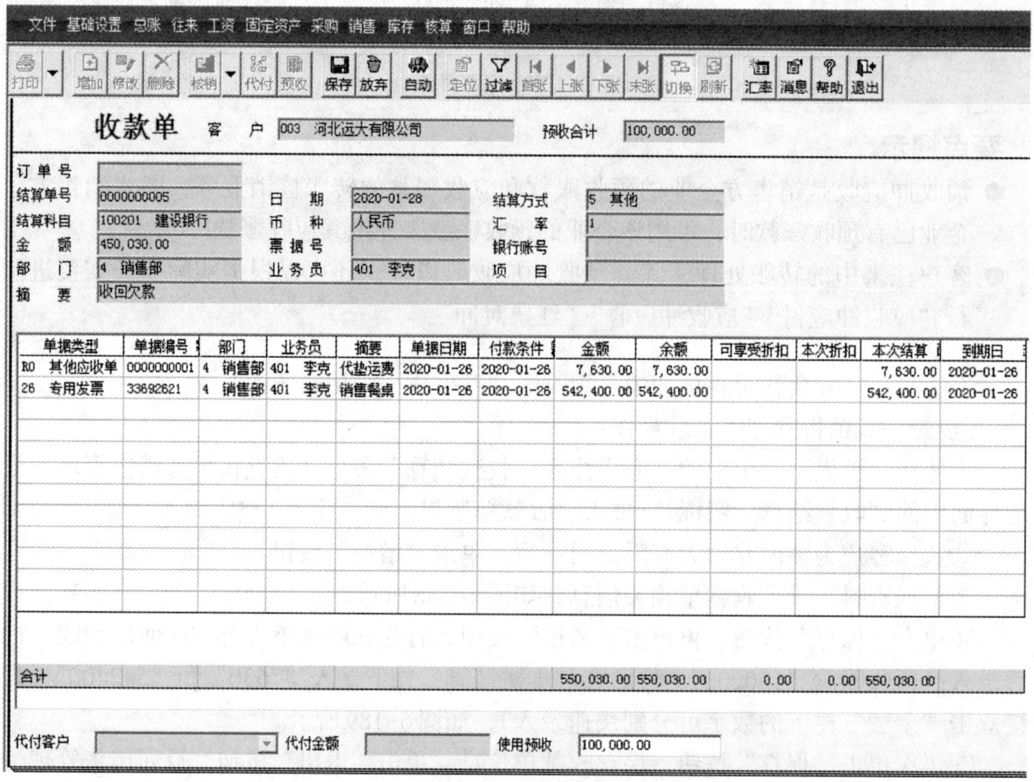

图6-189 收款单

[步骤二] 核算管理子系统操作：

①选择"核算"菜单中的"凭证→客户往来制单"命令（或直接单击核算管理子系统界面中的"客户往来制单"图标），弹出"客户制单查询"对话框，选中其中的"核销制单"，如图6-190所示。

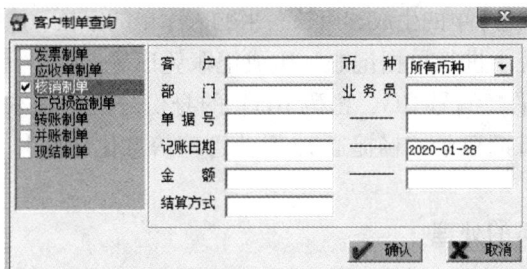

图6-190　核销制单查询

②单击"确认"按钮，进入"核销制单"界面，单击"全选"按钮选中要制单的单据，选择凭证类别为"收款凭证"，如图6-191所示。

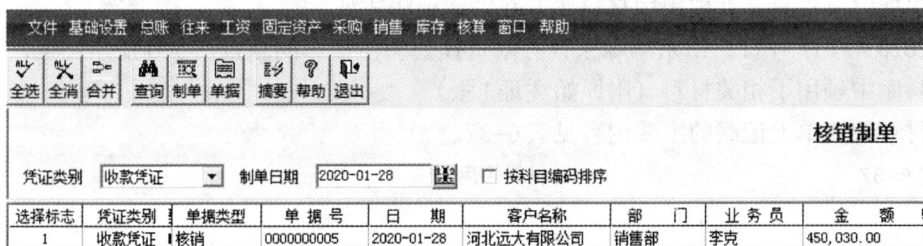

图6-191　核销制单

③单击"制单"按钮，生成本业务的记账凭证，确认无误后，单击"保存"按钮，记账凭证左上角显示红色的"已生成"标志，完成本业务操作，如图6-192所示。

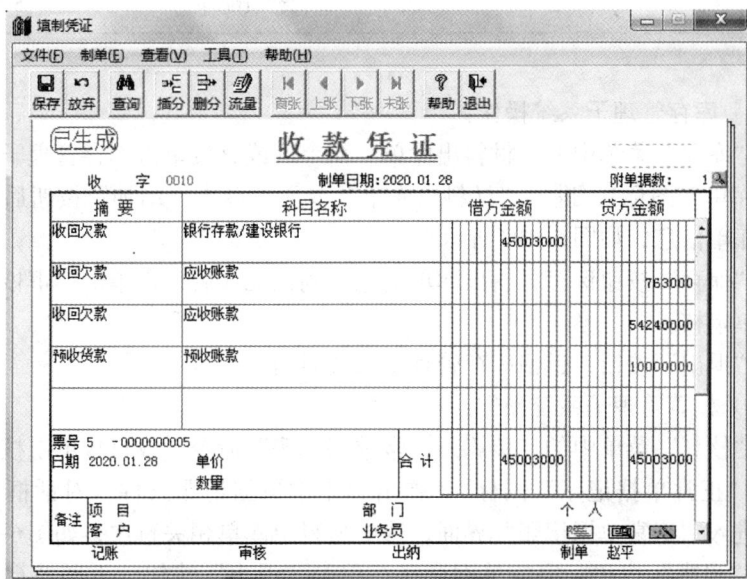

图6-192　记账凭证

3.库存日常业务处理

处理库存日常业务，各个子系统的分工情况如下：

在库存管理子系统中录入材料出库单、其他出库单、生产加工单、产成品入库单、其他入库单等，进行销售出库单的生成和审核、采购入库单的审核、库存盘点、库存调拨等。

在核算管理子系统中进行单据记账、生成记账凭证等。

现以会计人员赵平（编号103、密码103）的身份分别于山东华峰家具有限责任公司各库存业务发生的日期登录"畅捷通T3企业管理信息化软件"，进行库存日常业务的处理。

（1）领用材料业务的处理

任务6-41

任务清单

根据以下资料，处理领用材料业务并生成记账凭证。

2020年1月31日，山东华峰家具有限责任公司生产车间新投产500张办公桌，当日从材料库中领用了相关材料（附原始凭证1张）。

材料领用单上记载的主要内容见表6-37。

表6-37　　　　　　　　　　　　材料领用单信息

发出仓库	领用部门	用途	领用材料种类	领用数量
材料库	生产车间	生产办公桌	实木板	800平方米
			油漆	300桶
			铁质配件	500套

任务指导

［步骤一］库存管理子系统操作：

①选择"库存"菜单中的"材料出库单"命令（或直接单击库存管理子系统界面中的"材料出库单"图标），进入"材料出库单"界面。单击"增加"按钮后，根据资料录入材料出库单信息，如图6-193所示。

②单击"保存"按钮保存材料出库单信息。确认无误后，再单击"审核"按钮，完成材料出库单审核。

③单击"退出"按钮，返回库存管理子系统界面。

［步骤二］核算管理子系统操作：

①选择"核算"菜单中的"核算→正常单据记账"命令（或直接单击核算管理子系统界面中的"正常单据记账"图标），弹出"正常单据记账条件"对话框，单击"确定"按钮，进入"正常单据记账"界面，选中材料出库单相关行次，如图6-194所示。

②单击"记账"按钮，完成单据记账。单击"退出"按钮，返回核算管理子系统界面。

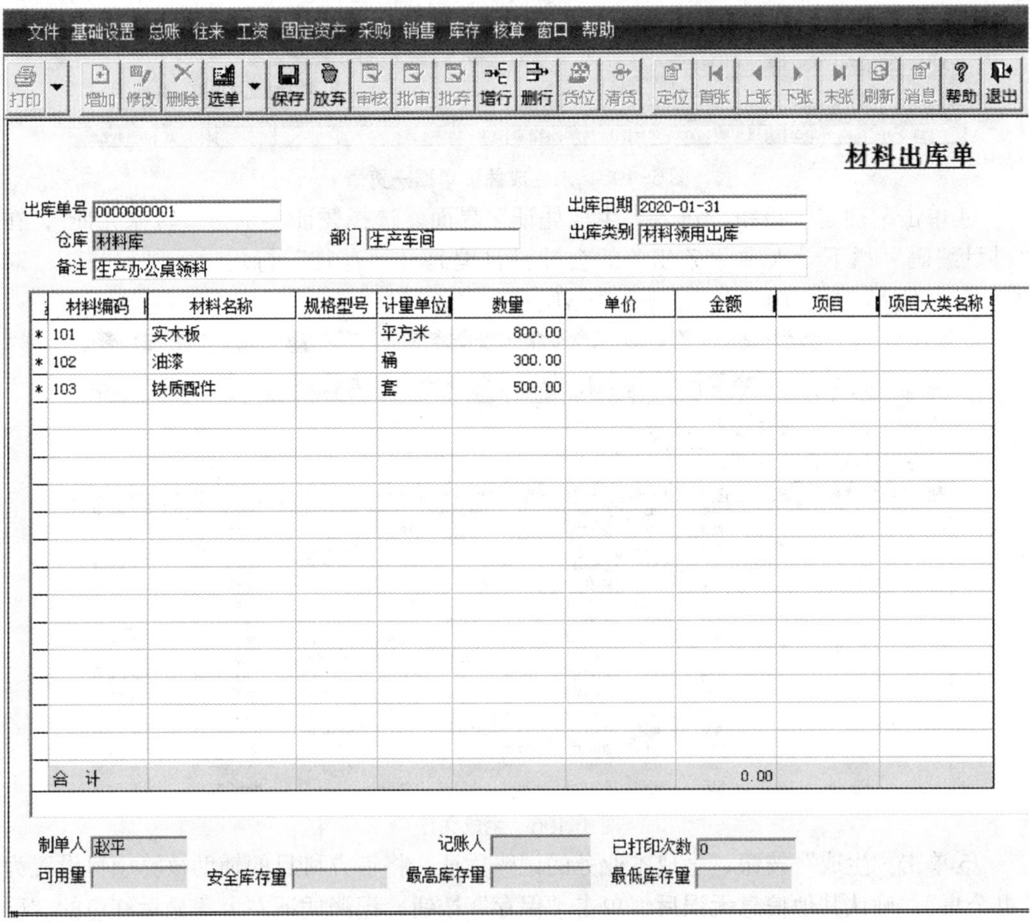

材料编码	材料名称	规格型号	计量单位	数量	单价	金额	项目	项目大类名称
101	实木板		平方米	800.00				
102	油漆		桶	300.00				
103	铁质配件		套	500.00				
合 计						0.00		

图6-193　材料出库单

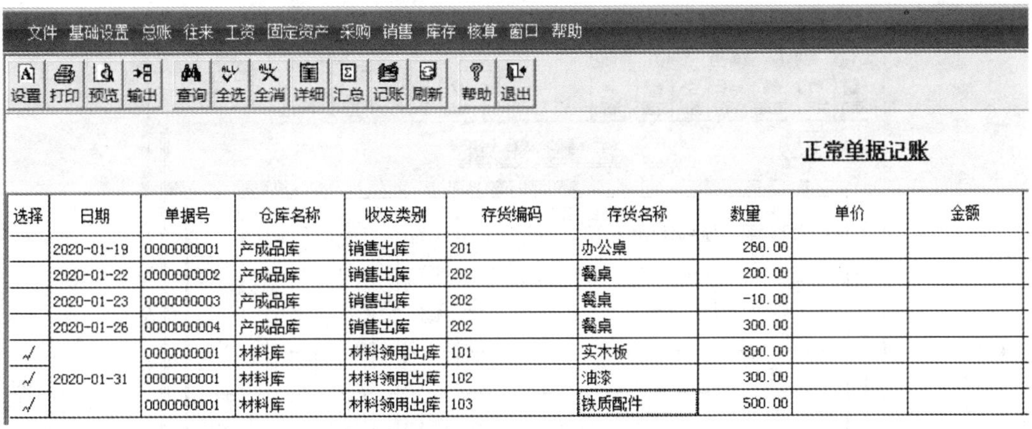

选择	日期	单据号	仓库名称	收发类别	存货编码	存货名称	数量	单价	金额
	2020-01-19	0000000001	产成品库	销售出库	201	办公桌	260.00		
	2020-01-22	0000000002	产成品库	销售出库	202	餐桌	200.00		
	2020-01-23	0000000003	产成品库	销售出库	202	餐桌	-10.00		
	2020-01-26	0000000004	产成品库	销售出库	202	餐桌	300.00		
√	2020-01-31	0000000001	材料库	材料领用出库	101	实木板	800.00		
√		0000000001	材料库	材料领用出库	102	油漆	300.00		
√		0000000001	材料库	材料领用出库	103	铁质配件	500.00		

图6-194　正常单据记账

③选择“核算”菜单中的“凭证→购销单据制单”命令（或直接单击核算管理子系统界面中的“购销单据制单”图标），单击“选择”按钮，弹出“查询条件”对话框，单击“全选”按钮（或直接选中其中的“材料出库单”），再单击“确认”按钮，进入“未生成凭证单据一览表”界面，选中要制单的单据一行，如图6-195所示。

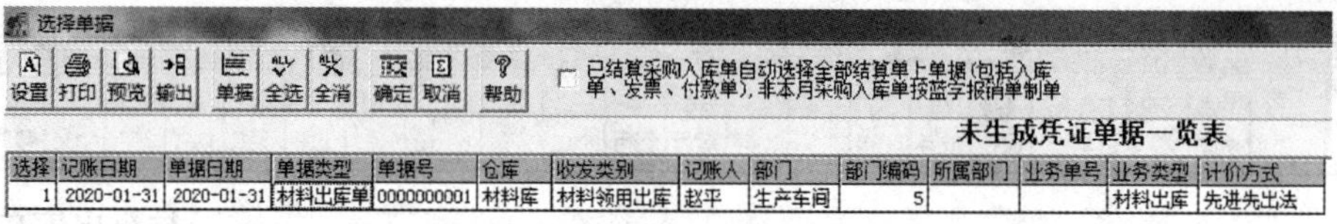

选择	记账日期	单据日期	单据类型	单据号	仓库	收发类别	记账人	部门	部门编码	所属部门	业务单号	业务类型	计价方式
1	2020-01-31	2020-01-31	材料出库单	0000000001	材料库	材料领用出库	赵平	生产车间	5			材料出库	先进先出法

图6-195　未生成凭证单据一览表

④单击“确定”按钮，进入“生成凭证”界面。选择凭证类别为“转账凭证”，在“科目编码”栏下录入本业务相关的会计科目编码（“存货”行均录入“1403”，“对方”行均录入“500101”），如图6-196所示。

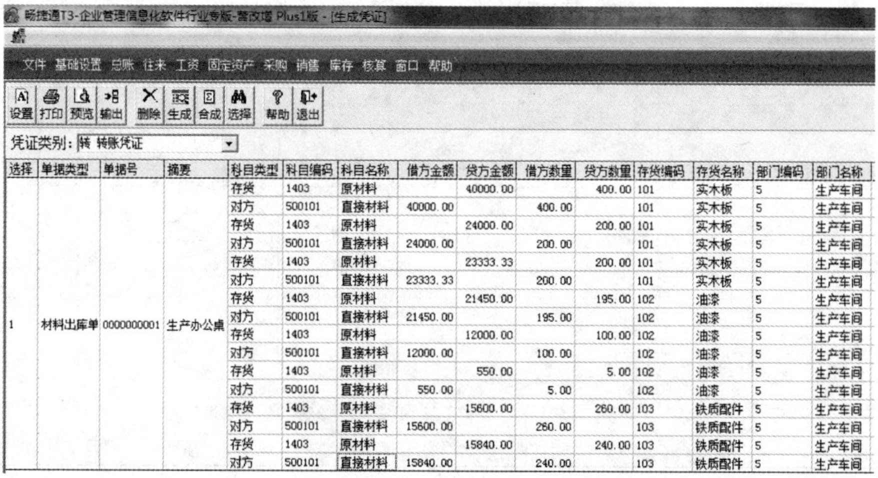

选择	单据类型	单据号	摘要	科目类型	科目编码	科目名称	借方金额	贷方金额	借方数量	贷方数量	存货编码	存货名称	部门编码	部门名称
1	材料出库单	0000000001	生产办公桌	存货	1403	原材料		40000.00		400.00	101	实木板	5	生产车间
				对方	500101	直接材料	40000.00		400.00		101	实木板	5	生产车间
				存货	1403	原材料		24000.00		200.00	101	实木板	5	生产车间
				对方	500101	直接材料	24000.00		200.00		101	实木板	5	生产车间
				存货	1403	原材料		23333.33		200.00	101	实木板	5	生产车间
				对方	500101	直接材料	23333.33		200.00		101	实木板	5	生产车间
				存货	1403	原材料		21450.00		195.00	102	油漆	5	生产车间
				对方	500101	直接材料	21450.00		195.00		102	油漆	5	生产车间
				存货	1403	原材料		12000.00		100.00	102	油漆	5	生产车间
				对方	500101	直接材料	12000.00		100.00		102	油漆	5	生产车间
				存货	1403	原材料		550.00		5.00	102	油漆	5	生产车间
				对方	500101	直接材料	550.00		5.00		102	油漆	5	生产车间
				存货	1403	原材料		15600.00		260.00	103	铁质配件	5	生产车间
				对方	500101	直接材料	15600.00		260.00		103	铁质配件	5	生产车间
				存货	1403	原材料		15840.00		240.00	103	铁质配件	5	生产车间
				对方	500101	直接材料	15840.00		240.00		103	铁质配件	5	生产车间

图6-196　生成凭证

⑤单击“生成”按钮，生成本业务的记账凭证，将借方科目的辅助核算项目设置为“办公桌”，确认其他信息无误后，单击“保存”按钮，记账凭证左上角显示红色的“已生成”标志，完成本业务操作，如图6-197所示。

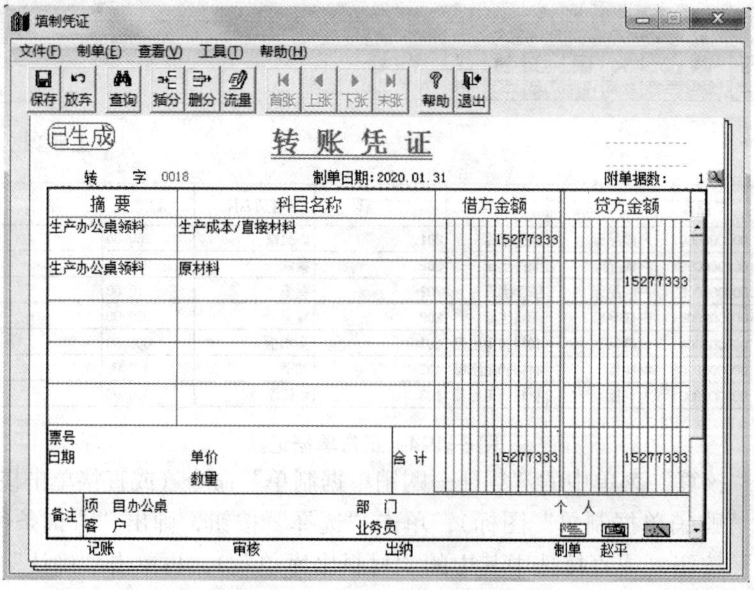

图6-197　记账凭证

任务6-42

任务清单

根据以下资料，处理领用材料业务并生成记账凭证。

2020年1月31日，山东华峰家具有限责任公司为维修生产车间的厂房，从材料库中领用了实木板和油漆（附原始凭证1张）。

材料领用单上记载的主要内容见表6-38。

表6-38 材料领用单信息

发出仓库	领用部门	用途	领用材料种类	领用数量
材料库	生产车间	维修厂房	实木板	30平方米
			油漆	10桶

任务指导

[步骤一] 库存管理子系统操作：

①选择"库存"菜单中的"其他出库单"命令（或直接单击库存管理子系统界面中的"其他出库单"图标），进入"其他出库单"界面。单击"增加"按钮后，根据资料录入其他出库单信息，如图6-198所示。

图6-198 其他出库单

②单击"保存"按钮保存其他出库单信息。确认无误后,再单击"审核"按钮,完成其他出库单审核。

③单击"退出"按钮,返回库存管理子系统界面。

[步骤二] 核算管理子系统操作:

①选择"核算"菜单中的"核算→正常单据记账"命令(或直接单击核算管理子系统界面中的"正常单据记账"图标),弹出"正常单据记账条件"对话框,单击"确定"按钮,进入"正常单据记账"界面,选中其他出库单相关行次,如图6-199所示。

选择	日期	单据号	仓库名称	收发类别	存货编码	存货名称	数量	单价	金额
	2020-01-19	0000000001	产成品库	销售出库	201	办公桌	260.00		
	2020-01-22	0000000002	产成品库	销售出库	202	餐桌	200.00		
	2020-01-23	0000000003	产成品库	销售出库	202	餐桌	-10.00		
	2020-01-26	0000000004	产成品库	销售出库	202	餐桌	300.00		
√	2020-01-31	0000000002	材料库	其他出库	101	实木板	30.00		
√		0000000002	材料库	其他出库	102	油漆	10.00		

图6-199　正常单据记账

②单击"记账"按钮,完成单据记账。单击"退出"按钮,返回核算管理子系统界面。

③选择"核算"菜单中的"凭证→购销单据制单"命令(或直接单击核算管理子系统界面中的"购销单据制单"图标),单击"选择"按钮,弹出"查询条件"对话框,单击"全选"按钮(或直接选中其中的"其他出库单"),再单击"确认"按钮,进入"未生成凭证单据一览表"界面,选中要制单的单据一行,如图6-200所示。

选择	记账日期	单据日期	单据类型	单据号	仓库	收发类别	记账人	部门	部门编码	所属部门	业务单号	业务类型	计价方式
1	2020-01-31	2020-01-31	其他出库单	0000000002	材料库	其他出库	赵平	生产车间	5			其他出库	先进先出法

图6-200　未生成凭证单据一览表

④单击"确定"按钮,进入"生成凭证"界面。选择凭证类别为"转账凭证",在"科目编码"栏下录入本业务相关的会计科目编码("存货"行均录入"1403","对方"行均录入"510107"),如图6-201所示。

凭证类别: 转 转账凭证

选择	单据类型	单据号	摘要	科目类型	科目编码	科目名称	借方金额	贷方金额	借方数量	贷方数量	存货编码	存货名称	部门编码	部门名称
1	其他出库单	0000000002	车间维修领料	存货	1403	原材料		3500.00		30.00	101	实木板	5	生产车间
				对方	510107	其他	3500.00		30.00		101	实木板	5	生产车间
				存货	1403	原材料		1100.00		10.00	102	油漆	5	生产车间
				对方	510107	其他	1100.00		10.00		102	油漆	5	生产车间

图6-201　生成凭证

⑤单击"生成"按钮，生成本业务的记账凭证，确认无误后，单击"保存"按钮，记账凭证左上角显示红色的"已生成"标志，完成本业务操作，如图6-202所示。

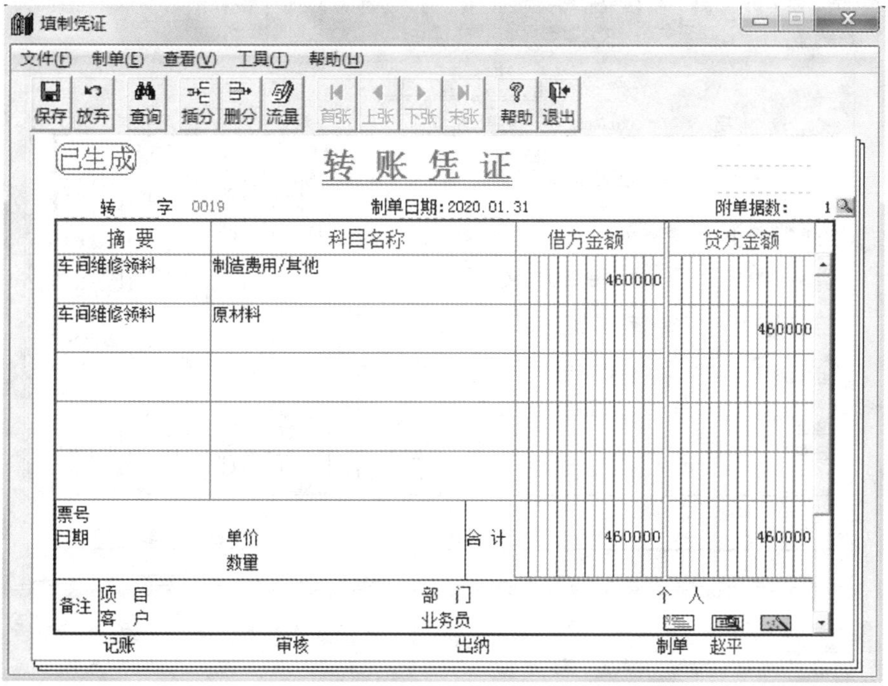

图6-202　记账凭证

要点提示

● 其他出库是指除领用材料出库、销售出库之外的其他存货出库业务，如调拨出库、盘亏出库等。本业务中车间维修领用材料，也可以填制"材料出库单"。

（2）产品完工入库业务的处理

任务6-43

任务清单

2020年1月31日，结转山东华峰家具有限责任公司本月发生的全部制造费用（本月只生产了"办公桌"一种产品，附原始凭证1张）。

需要注意，本任务属于总账系统处理的业务，但是为了方便处理产品完工入库业务，故在本任务中予以处理。

任务指导

在总账系统中查出制造费用各明细科目的月末借方余额后，就可以直接填制本业务的记账凭证，如图6-203所示。

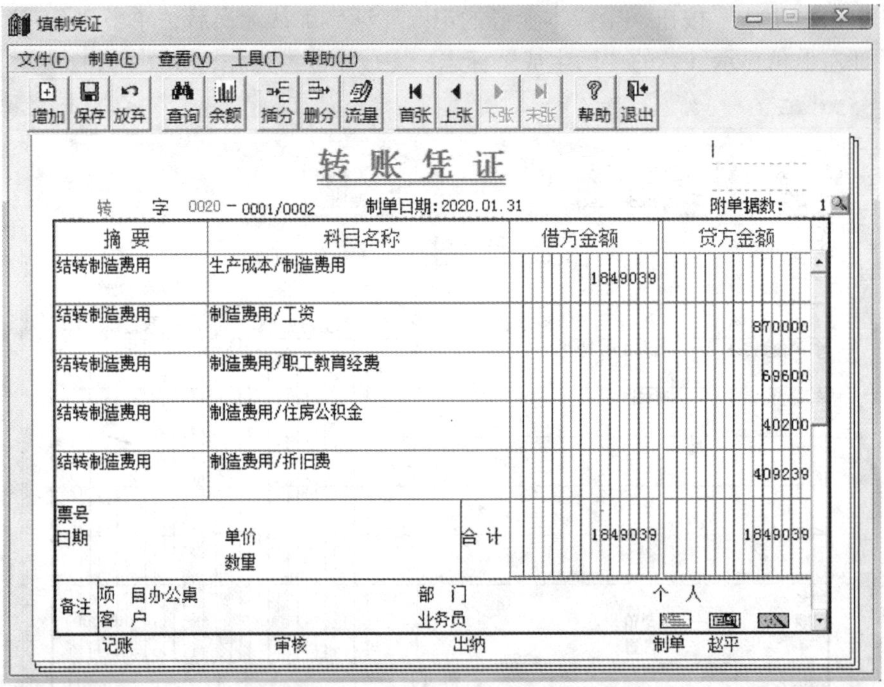

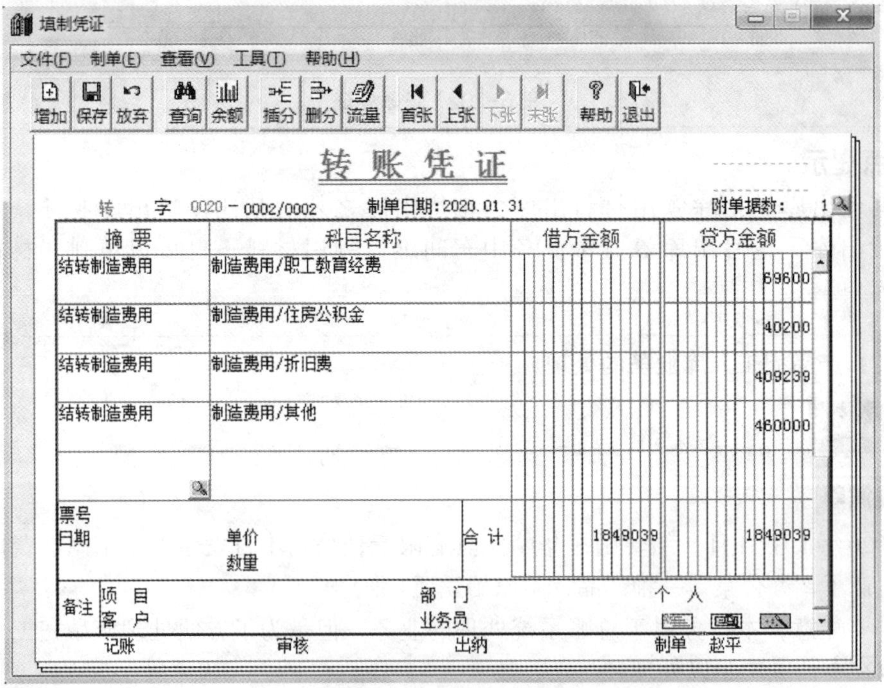

图6-203　记账凭证

任务6-44

任务清单

根据以下资料，处理产品完工入库业务并生成记账凭证。

2020年1月31日，山东华峰家具有限责任公司完工入库20张办公桌（附原始凭证1张）。产成品入库单上记载的主要内容见表6-39。

表6-39　　　　　　　　　　产成品入库单信息

仓库	存货名称	数量	单位成本（元）	总成本（元）	成本构成（元）	
产成品库	办公桌	20张	1 280	25 600.00	直接材料	17 382.00
					直接人工	5 248.00
					制造费用	2 970.00

任务指导

［步骤一］库存管理子系统操作：

①选择"库存"菜单中的"产成品入库单"命令（或直接单击库存管理子系统界面中的"产成品入库单"图标），进入"产成品入库单"界面。单击"增加"按钮后，根据资料录入产成品入库单信息，如图6-204所示。

图6-204　产成品入库单

②单击"保存"按钮保存产成品入库单信息。确认无误后，再单击"审核"按钮，完成产成品入库单审核。

③单击"退出"按钮，返回库存管理子系统界面。

[步骤二]核算管理子系统操作：

①选择"核算"菜单中的"核算→正常单据记账"命令（或直接单击核算管理子系统界面中的"正常单据记账"图标），弹出"正常单据记账条件"对话框，单击"确定"按钮，进入"正常单据记账"界面，选中产成品入库单一行，如图6-205所示。

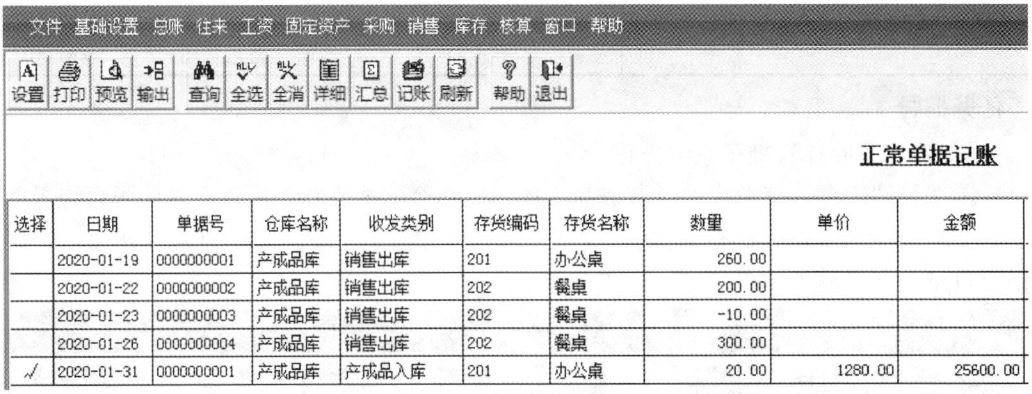

选择	日期	单据号	仓库名称	收发类别	存货编码	存货名称	数量	单价	金额
	2020-01-19	0000000001	产成品库	销售出库	201	办公桌	260.00		
	2020-01-22	0000000002	产成品库	销售出库	202	餐桌	200.00		
	2020-01-23	0000000003	产成品库	销售出库	202	餐桌	-10.00		
	2020-01-26	0000000004	产成品库	销售出库	202	餐桌	300.00		
✓	2020-01-31	0000000001	产成品库	产成品入库	201	办公桌	20.00	1280.00	25600.00

图6-205　正常单据记账

②单击"记账"按钮，完成单据记账。单击"退出"按钮，返回核算管理子系统界面。

③选择"核算"菜单中的"凭证→购销单据制单"命令（或直接单击核算管理子系统界面中的"购销单据制单"图标），单击"选择"按钮，弹出"查询条件"对话框，单击"全选"按钮（或直接选中其中的"产成品入库单"），再单击"确认"按钮，进入"未生成凭证单据一览表"界面，选中要制单的单据一行，如图6-206所示。

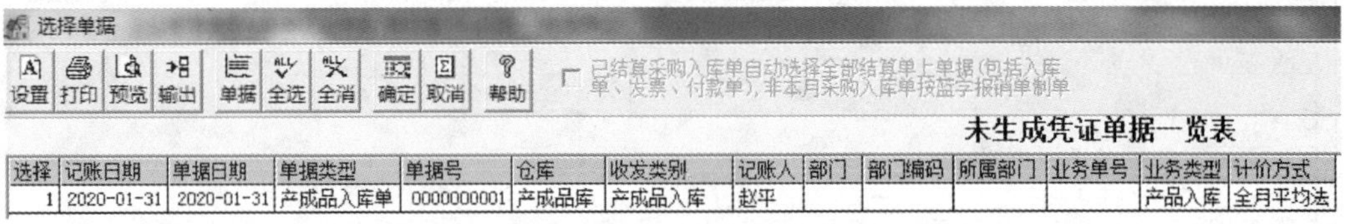

选择	记账日期	单据日期	单据类型	单据号	仓库	收发类别	记账人	部门	部门编码	所属部门	业务单号	业务类型	计价方式
1	2020-01-31	2020-01-31	产成品入库单	0000000001	产成品库	产成品入库	赵平					产品入库	全月平均法

图6-206　未生成凭证单据一览表

④单击"确定"按钮，进入"生成凭证"界面。选择凭证类别为"转账凭证"，在"科目编码"栏下录入本业务相关的会计科目编码（"存货"行录入"1405"，"对方"行暂时录入"500101"），如图6-207所示。

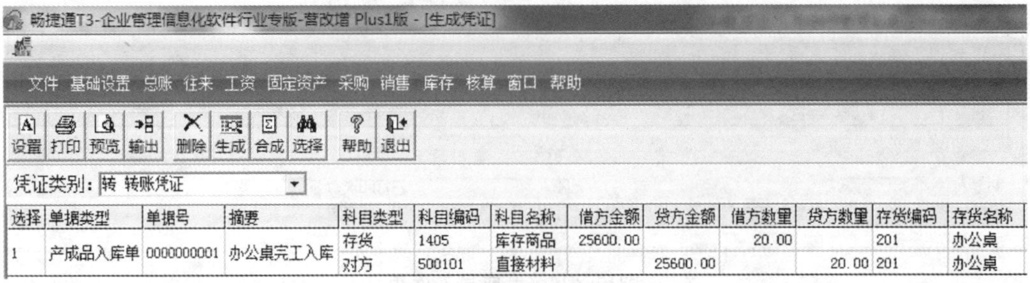

凭证类别：转 转账凭证

选择	单据类型	单据号	摘要	科目类型	科目编码	科目名称	借方金额	贷方金额	借方数量	贷方数量	存货编码	存货名称
1	产成品入库单	0000000001	办公桌完工入库	存货	1405	库存商品	25600.00		20.00		201	办公桌
				对方	500101	直接材料		25600.00		20.00	201	办公桌

图6-207　生成凭证

⑤单击"生成"按钮，生成本业务的记账凭证。

注意，此处还需修改贷方会计科目、金额并设置辅助核算项目。根据资料，分别作如下修改及设置：

修改"500101"的贷方金额为"17382.00"，设置辅助核算项目为"办公桌"；增行录入会计科目"500102"，贷方金额录入"5248.00"，设置辅助核算项目为"办公桌"；再增行录入会计科目"500103"，贷方金额录入"2970.00"，设置辅助核算项目为"办公桌"。

确认无误后，单击"保存"按钮，记账凭证左上角显示红色的"已生成"标志，完成本业务操作，如图6-208所示。

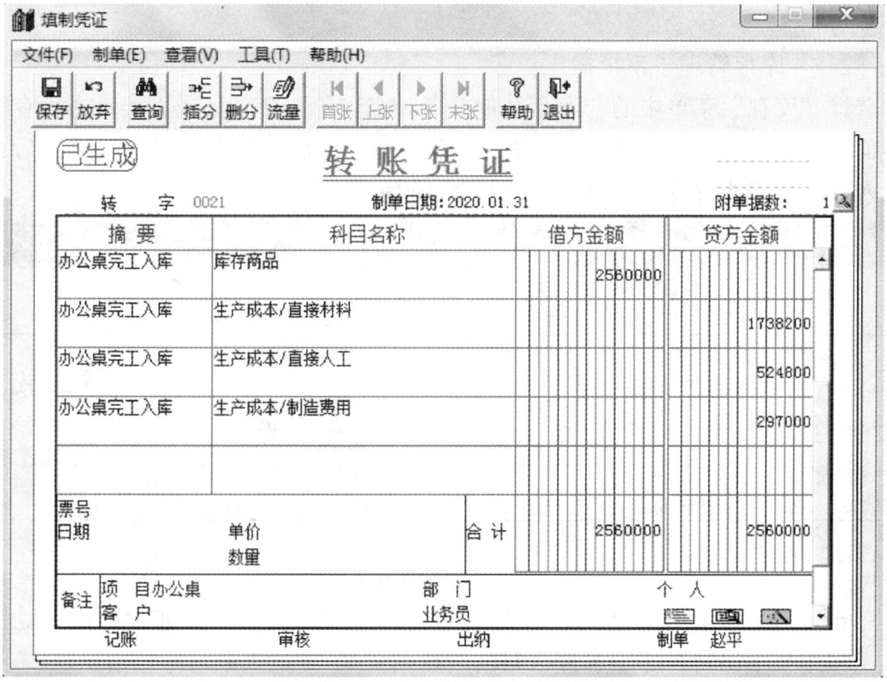

图6-208 记账凭证

要点提示

● 日常录入产成品入库单时，可以只录入产成品的入库数量，而暂时不录入金额。在计算出本期入库产成品总成本时，再补充录入产成品入库单的金额，也可使用核算管理子系统中的"产成品成本分配"功能实现自动计算分配录入产成品入库单的金额。

（3）存货盘点业务的处理

任务6-45

任务清单

根据以下资料，处理存货盘点业务并生成记账凭证。

2020年1月31日，山东华峰家具有限责任公司对材料库进行盘点（附原始凭证2

张)。盘点结果见表6-40。

表6-40　　盘点单信息

仓库	存货名称	盘点数量	备注
材料库	实木板	415平方米	盘亏5平方米
	油漆	295桶	盘盈10桶，按110元/桶估价入库
	铁质配件	160套	账实相符
	钢质配件	600套	账实相符

任务指导

［步骤一］库存管理子系统操作：

①选择“库存”菜单中的“库存其他业务→盘点单”命令（或直接单击库存管理子系统界面中的“库存盘点”图标），进入“盘点单”界面。单击“增加”按钮后，根据资料录入盘点单表头部分的信息，如图6-209所示。

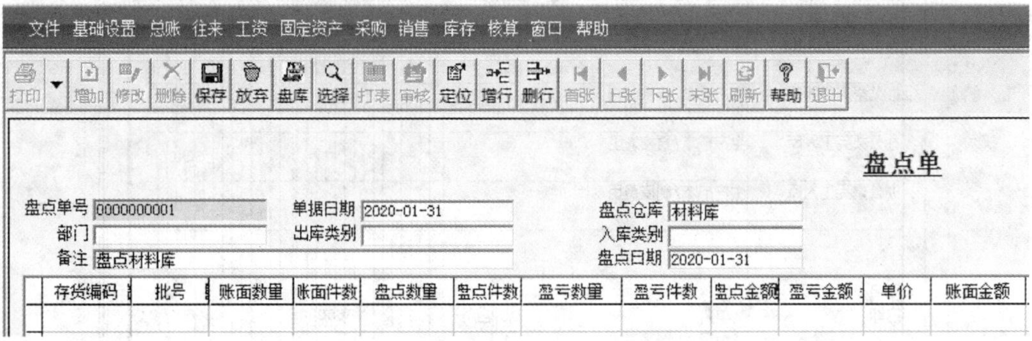
文件 基础设置 总账 往来 工资 固定资产 采购 销售 库存 核算 窗口 帮助
打印 增加 修改 删除 保存 放弃 盘库 选择 打表 审核 定位 增行 删行 首张 上张 下张 末张 刷新 帮助 退出
盘点单
盘点单号 0000000001
单据日期 2020-01-31
盘点仓库 材料库
部门
出库类别
入库类别
备注 盘点材料库
盘点日期 2020-01-31
存货编码 批号 账面数量 账面件数 盘点数量 盘点件数 盘亏数量 盘亏件数 盘点金额 盘亏金额 单价 账面金额

图6-209　盘点单

②单击“盘库”按钮，弹出“库存管理系统”提示对话框，连续单击“是”按钮后，盘点单中显示出材料库中各种材料的“账面数量”“盘点数量”等信息。

根据资料修改各种材料的“盘点数量”（本业务需修改实木板和油漆的盘点数量分别为415平方米和295桶），系统自动计算出“盘亏数量”（盘亏以负数表示，盘盈以正数表示），如图6-210所示。

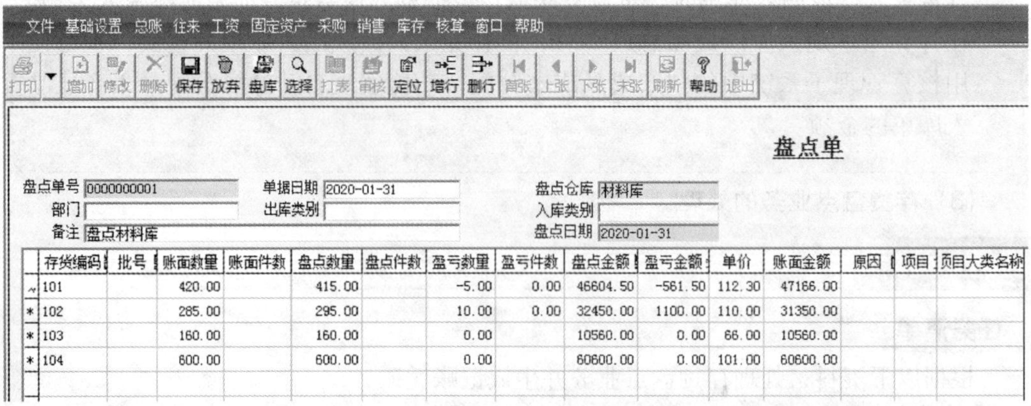
文件 基础设置 总账 往来 工资 固定资产 采购 销售 库存 核算 窗口 帮助
打印 增加 修改 删除 保存 放弃 盘库 选择 打表 审核 定位 增行 删行 首张 上张 下张 末张 刷新 帮助 退出
盘点单
盘点单号 0000000001
单据日期 2020-01-31
盘点仓库 材料库
部门
出库类别
入库类别
备注 盘点材料库
盘点日期 2020-01-31
存货编码 批号 账面数量 账面件数 盘点数量 盘点件数 盘亏数量 盘亏件数 盘点金额 盘亏金额 单价 账面金额 原因 项目 项目大类名称
101 420.00 415.00 -5.00 0.00 46604.50 -561.50 112.30 47166.00
102 285.00 295.00 10.00 0.00 32450.00 1100.00 110.00 31350.00
103 160.00 160.00 0.00 10560.00 0.00 66.00 10560.00
104 600.00 600.00 0.00 60600.00 0.00 101.00 60600.00

图6-210　盘点单

③单击"保存"按钮保存盘点单信息。再单击"审核"按钮，弹出"盘点单审核"提示对话框，单击"确定"按钮完成盘点单审核，此时，对于盘盈存货生成了"其他入库单"，对于盘亏存货则生成了"其他出库单"。

单击"退出"按钮，返回库存管理子系统界面。

④选择"库存"菜单中的"其他入库单"命令（或直接单击库存管理子系统界面中的"其他入库单"图标），进入"其他入库单"界面。单击"审核"按钮，完成其他入库单的审核。

选择"库存"菜单中的"其他出库单"命令（或直接单击库存管理子系统界面中的"其他出库单"图标），进入"其他出库单"界面。单击"审核"按钮，完成其他出库单的审核。

［步骤二］核算管理子系统操作：

①选择"核算"菜单中的"核算→正常单据记账"命令（或直接单击核算管理子系统界面中的"正常单据记账"图标），弹出"正常单据记账条件"对话框，单击"确定"按钮，进入"正常单据记账"界面，选中相关单据行次，如图6-211所示。

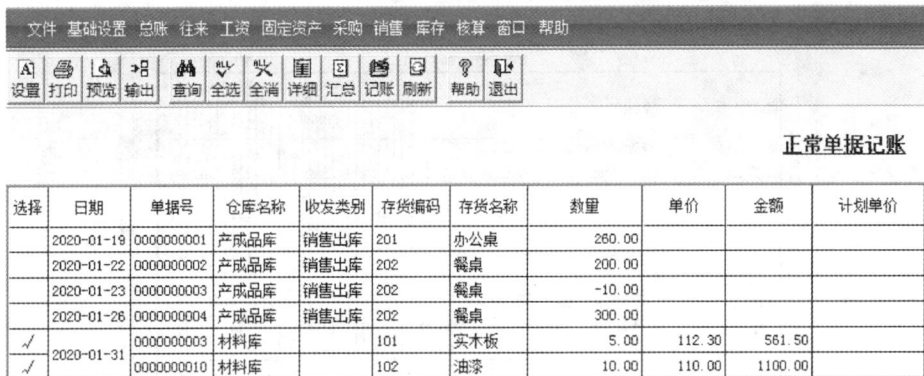

图6-211 正常单据记账

②单击"记账"按钮，完成单据记账。单击"退出"按钮，返回核算管理子系统界面。

③选择"核算"菜单中的"凭证→购销单据制单"命令（或直接单击核算管理子系统界面中的"购销单据制单"图标），单击"选择"按钮，弹出"查询条件"对话框，单击"全选"按钮（或直接选中其中的"其他入库单"和"其他出库单"），再单击"确认"按钮，进入"未生成凭证单据一览表"界面，选中要制单的单据两行，如图6-212所示。

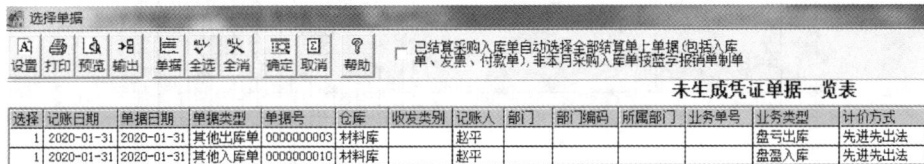

图6-212 未生成凭证单据一览表

④单击"确定"按钮，进入"生成凭证"界面。选择凭证类别为"转账凭证"，在"科目编码"栏下录入本业务相关的会计科目编码（"存货"行均录入"1403"，"对方"行均录入"1901"），如图6-213所示。

⑤单击"生成"按钮，生成本业务的两张记账凭证（盘盈和盘亏各一张）。

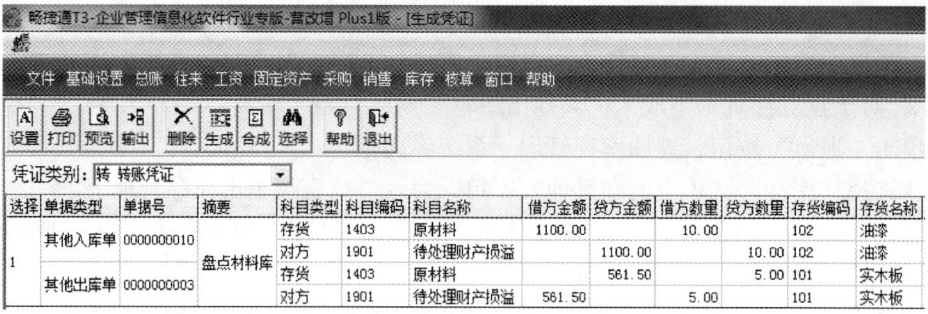

选择	单据类型	单据号	摘要	科目类型	科目编码	科目名称	借方金额	贷方金额	借方数量	贷方数量	存货编码	存货名称
1	其他入库单	0000000010	盘点材料库	存货	1403	原材料	1100.00		10.00		102	油漆
				对方	1901	待处理财产损溢		1100.00		10.00	102	油漆
	其他出库单	0000000003		存货	1403	原材料		561.50		5.00	101	实木板
				对方	1901	待处理财产损溢	561.50		5.00		101	实木板

图6-213 生成凭证

分别确认两张记账凭证信息无误后，单击“保存”按钮，记账凭证左上角显示红色的“已生成”标志，完成本业务操作，如图6-214所示。

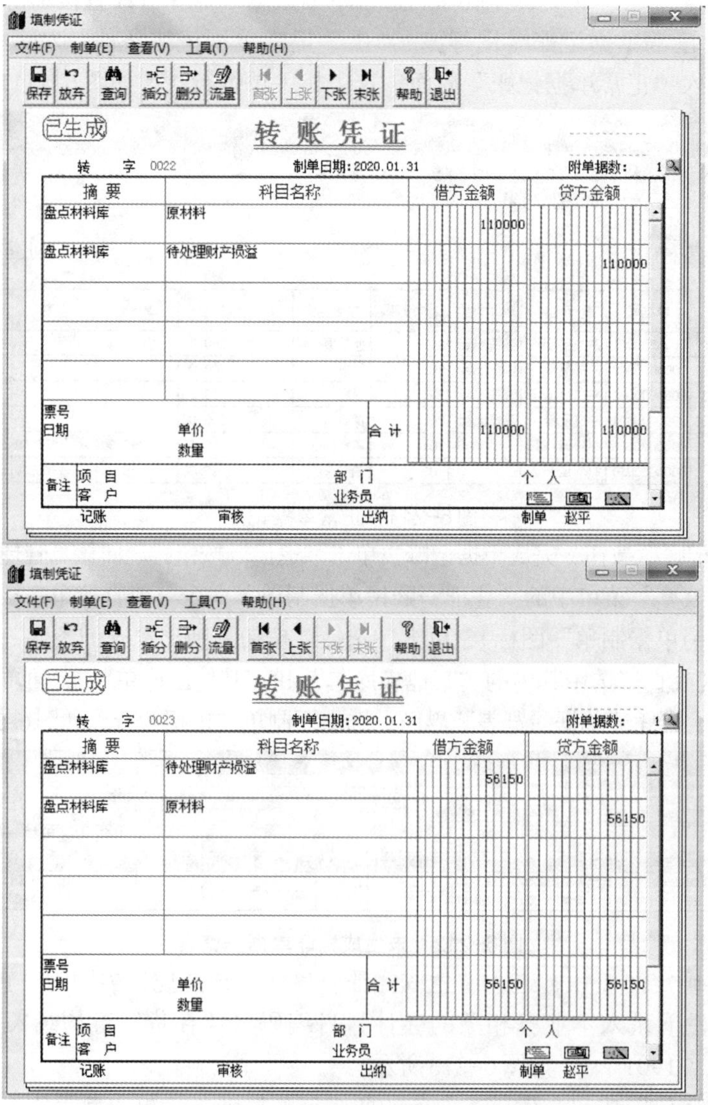

图6-214 记账凭证

要点提示

● 盘点单审核后，系统会自动生成相应的其他入库单（盘盈）和其他出库单（盘亏）。
● 其他入库是指除采购入库、产成品入库之外的其他存货入库业务，如调拨入库、盘盈入库等。
● 经批准结转处理盘亏存货时，如需转出进项税额，在总账系统中直接填制相关记账凭证即可。

（4）结转销售成本业务的处理

任务6-46

任务清单

根据以下资料，处理结转本月销售成本业务并生成记账凭证。

2020年1月31日，山东华峰家具有限责任公司结转本月销售的办公桌和餐桌的销售成本（附原始凭证4张）。

任务指导

本业务相关的销售出库单在处理本月销售业务时已经在库存管理子系统中生成，这里直接在核算管理子系统中进行处理即可。

①选择"核算"菜单中的"核算→正常单据记账"命令（或直接单击核算管理子系统界面中的"正常单据记账"图标），弹出"正常单据记账条件"对话框，单击"确定"按钮，进入"正常单据记账"界面，选中相关的销售出库单，如图6-215所示。

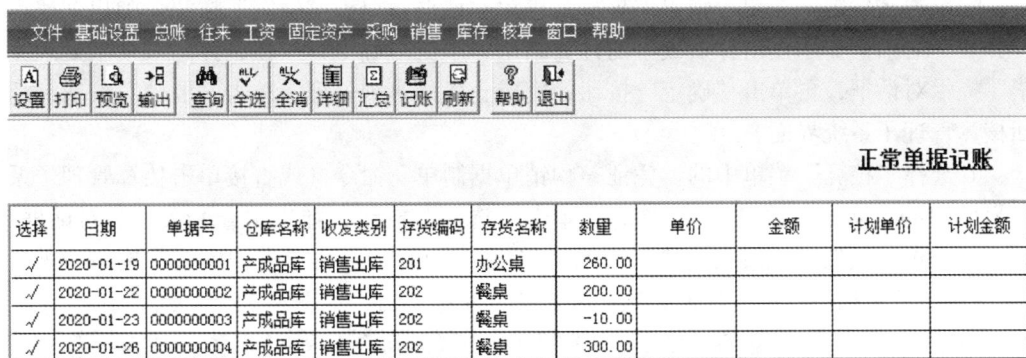

文件 基础设置 总账 往来 工资 固定资产 采购 销售 库存 核算 窗口 帮助

设置 打印 预览 输出 查询 全选 全消 详细 汇总 记账 刷新 帮助 退出

正常单据记账

选择	日期	单据号	仓库名称	收发类别	存货编码	存货名称	数量	单价	金额	计划单价	计划金额
√	2020-01-19	0000000001	产成品库	销售出库	201	办公桌	260.00				
√	2020-01-22	0000000002	产成品库	销售出库	202	餐桌	200.00				
√	2020-01-23	0000000003	产成品库	销售出库	202	餐桌	-10.00				
√	2020-01-26	0000000004	产成品库	销售出库	202	餐桌	300.00				

图6-215 正常单据记账

②单击"记账"按钮，完成单据记账。单击"退出"按钮，返回核算管理子系统界面。

③月末，需要对仓库进行月末处理，由系统自动计算出全月平均法下发出存货的成本。

对仓库进行月末处理之前，需要对采购管理子系统、销售管理子系统、库存管理子系统分别进行月末结账，过程如下：

选择"采购"菜单中的"月末结账"命令（或直接单击采购管理子系统界面中的"月末结账"图标），弹出"月末结账"对话框，单击选中"1"月行，再单击"结账"按钮，弹出"月末结账完毕"对话框，单击"确定"按钮，完成采购管理子系统月末结账。单击"退出"按钮，返回采购管理子系统。

销售管理子系统和库存管理子系统的月末结账可参照上述采购管理子系统的月末结账过程进行，在此不再赘述。

④采购管理子系统、销售管理子系统、库存管理子系统的月末结账完成后，下一步才可在核算管理子系统中进行仓库的月末处理。

选择"核算"菜单中的"月末处理"命令（或直接单击核算管理子系统界面中的"月末处理"图标），弹出"期末处理"对话框，单击"全选"按钮选中所有仓库，如图6-216所示。

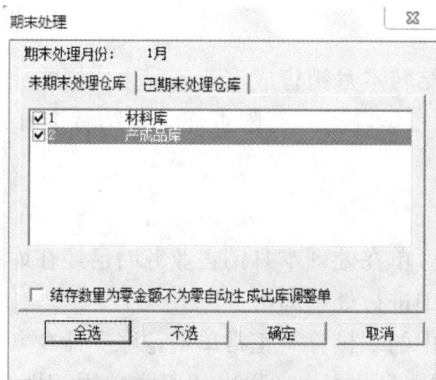

图6-216 期末处理

⑤单击"确定"按钮，弹出"核算"提示对话框，单击"确定"按钮，弹出"成本计算表"对话框显示发出存货成本的计算结果，单击"确定"按钮，弹出"期末处理完毕"提示对话框，再单击"确定"按钮，完成仓库的月末处理。单击"取消"按钮，返回核算管理子系统界面。

⑥选择"核算"菜单中的"凭证→购销单据制单"命令（或直接单击核算管理子系统界面中的"购销单据制单"图标），单击"选择"按钮，弹出"查询条件"对话框，单击"全选"按钮（或直接选中其中的"销售出库单"），再单击"确认"按钮，进入"未生成凭证单据一览表"界面，选中要制单的单据四行，如图6-217所示。

选择	记账日期	单据日期	单据类型	单据号	仓库	收发类别	记账人	部门	部门编码	所属部门	业务单号	业务类型	计价方式
1	2020-01-31	2020-01-19	销售出库单	0000000001	产成品库	销售出库	赵平	销售部	4			普通销售	全月平均法
1	2020-01-31	2020-01-22	销售出库单	0000000002	产成品库	销售出库	赵平	销售部	4			普通销售	全月平均法
1	2020-01-31	2020-01-23	销售出库单	0000000003	产成品库	销售出库	赵平	销售部	4			普通销售	全月平均法
1	2020-01-31	2020-01-26	销售出库单	0000000004	产成品库	销售出库	赵平	销售部	4			普通销售	全月平均法

图6-217 未生成凭证单据一览表

⑦单击"确定"按钮，进入"生成凭证"界面，选择凭证类别为"转账凭证"，在"科目编码"栏下录入本业务相关的会计科目编码（"存货"行均录入"1405"，"对

方”行均录入“6401”），如图6-218所示。

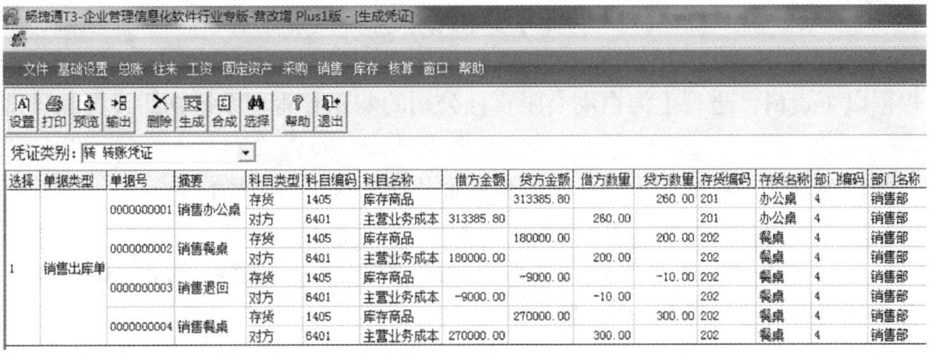

选择	单据类型	单据号	摘要	科目类型	科目编码	科目名称	借方金额	贷方金额	借方数量	贷方数量	存货编码	存货名称	部门编码	部门名称
1	销售出库单	0000000001	销售办公桌	存货	1405	库存商品		313385.80		260.00	201	办公桌	4	销售部
				对方	6401	主营业务成本	313385.80		260.00		201	办公桌	4	销售部
		0000000002	销售餐桌	存货	1405	库存商品		180000.00		200.00	202	餐桌	4	销售部
				对方	6401	主营业务成本	180000.00		200.00		202	餐桌	4	销售部
		0000000003	销售退回	存货	1405	库存商品		-9000.00		-10.00	202	餐桌	4	销售部
				对方	6401	主营业务成本	-9000.00		-10.00		202	餐桌	4	销售部
		0000000004	销售餐桌	存货	1405	库存商品		270000.00		300.00	202	餐桌	4	销售部
				对方	6401	主营业务成本	270000.00		300.00		202	餐桌	4	销售部

图6-218　生成凭证

⑧单击“合成”按钮生成本业务的记账凭证（如果单击“生成”按钮，将会生成四张记账凭证），确认无误后，单击“保存”按钮，记账凭证左上角显示红色的“已生成”标志，完成本业务操作，如图6-219所示。

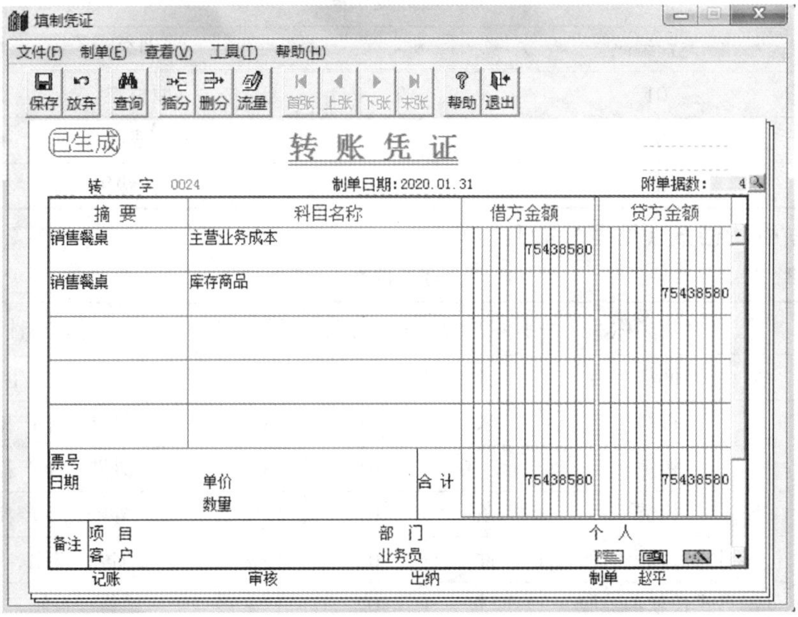

图6-219　记账凭证

要点提示

- 依次进行了采购管理、销售管理、库存管理子系统的月末结账后，才能在核算管理子系统中对仓库进行月末处理。反之，如需取消采购管理子系统的月末结账，则需反向依次取消仓库月末处理、库存管理子系统月末结账、销售管理子系统月末结账后方可进行操作。
- 如果产成品库的计价方式并未选用“全月平均法”，则无须对仓库进行月末处理就可以结转销售成本。

同步训练题

根据以下资料，进行上海白羽有限责任公司的购销存管理系统初始设置和日常业务处理。

1.购销存管理系统初始设置（以账套主管孙朋的身份进行操作）

（1）启用购销存管理系统并授权

①以账套主管孙朋的身份登录"系统管理"，启用"购销存管理"和"核算"系统，启用日期均为"2020年1月1日"。

②将"应付管理""应收管理""核算管理""采购管理""销售管理""库存管理"的全部权限授予会计田原。

（2）购销存管理系统基础档案设置

①设置存货分类档案（见表6-41）：

表6-41 存货分类档案

类别编码	类别名称
01	原材料
02	产成品
03	劳务费用

②设置存货档案（见表6-42）：

表6-42 存货档案

存货编号	存货名称	计量单位	所属分类	税率	存货属性
101	面料	米	01	13%	销售、外购、生产耗用
102	里料	米	01	13%	外购、生产耗用
103	鸭绒	千克	01	13%	外购、生产耗用
104	拉链	条	01	13%	外购、生产耗用
201	男式短款羽绒服	件	02	13%	销售、自制、在制
202	男式长款羽绒服	件	02	13%	销售、自制、在制
203	女式短款羽绒服	件	02	13%	销售、自制、在制
204	女式长款羽绒服	件	02	13%	销售、自制、在制
301	运输费	吨千米	03	9%	外购、劳务费用

③设置仓库档案（见表6-43）：

表6-43 仓库档案

仓库编码	仓库名称	所属部门	负责人	计价方式
1	原材料库	仓储部	方利	移动平均法
2	产成品库	仓储部	方利	全月平均法

④设置费用项目（见表6-44）：

表6-44　　　　　　　　　　　　　费用项目

编码	费用项目名称	备注
01	代垫运费	

⑤设置付款条件（见表6-45）：

表6-45　　　　　　　　　　　　　付款条件

编码	付款条件	备注
01	2/15，n/30	

（3）采购管理系统初始设置

①设置采购管理系统控制参数：

业务控制：增值税专用发票默认税率为13%；采购订单、采购入库单采用默认税率。

应付参数：显示现金折扣。

其余参数均采用默认设置。

②录入期初采购发票数据：

白羽公司于上月28日购买的200米面料在2020年1月1日尚未验收入库，相关发票上的主要信息见表6-46。

表6-46　　　　　　　　　　　　　专用发票信息

单据类型	发票号	时间	供应商	部门	备注
专用发票	66500002	2019-12-28	杭州美锦	采购部	采购面料
存货	数量	无税单价（元）	税率	金额（元）	
面料	200米	160	13%	32 000	

③录入期初采购入库单数据：

白羽公司于上月29日购买的600条拉链在上月月末已暂估入库，但至上月月末尚未收到相关发票，其暂估入库单上的主要信息见表6-47。

表6-47　　　　　　　　　　　　　材料入库单信息

入库单号	入库日期	供应商	仓库	存货	数量	单价（元）	金额（元）	备注
0000000001	2019-12-29	杭州美锦	原材料库	拉链	600条	12	7 200	采购拉链

④录入供应商往来期初数据：

白羽公司于上月30日购买280千克鸭绒的所欠款项在2020年1月1日尚未偿还，相关发票上的主要信息见表6-48。

表6-48   专用发票信息

单据类型	发票号	时间	供应商	部门	备注
专用发票	56000121	2019-12-30	江苏太湖	采购部	采购鸭绒
会计科目	存货	税率	数量（元）	无税单价（元）	价税合计（元）
220201	鸭绒	13%	280	90	28 476

（4）销售管理系统初始设置

①设置销售管理系统控制参数：

应收核销：显示现金折扣。

其余参数均采用默认设置。

②录入客户往来期初数据：

白羽公司于上月30日销售90件羽绒服的相关款项在2020年1月1日尚未收回，相关发票上的主要信息见表6-49。

表6-49   专用发票信息

单据类型	时间	发票号	客户	部门	会计科目
专用发票	2019-12-30	35000116	北京元庆	销售部	1122
备注	存货	税率	数量	无税单价（元）	价税合计（元）
销售产品	女式短款羽绒服	13%	90件	800	81 360

（5）库存管理系统初始设置

①设置库存管理系统控制参数：

库存管理系统控制参数均采用默认设置。

②录入库存期初数据：

2020年1月1日，白羽公司的库存存货情况见表6-50。

表6-50   期初库存存货

存货编号	存货名称	计量单位	数量	单价（元）	金额（元）	合计（元）	仓库
101	面料	米	500	150	75 000		
102	里料	米	560	100	56 000		原材料库
103	鸭绒	千克	600	85	51 000	191 600	
104	拉链	条	800	12	9 600		
203	女式短款羽绒服	件	520	450	234 000		产成品库
204	女式长款羽绒服	件	500	620	310 000	544 000	

（6）核算管理系统初始设置

核算管理系统控制参数均采用默认设置。

（7）设置与购销存管理系统相关的总账系统期初余额

在总账系统中录入以下与购销存管理系统相关的期初余额，见表6-51。

表6-51　　　　　　　　　　与购销存管理系统相关的总账系统期初余额　　　　　　　　单位：元

账户编号	账户名称	期初余额
1122	应收账款	81 360
1402	在途物资	32 000
1403	原材料	191 600
1405	库存商品	544 000
2202	应付账款	35 676
220201	应付货款	28 476
220202	暂估应付账款	7 200

（8）购销存管理系统期初记账

对采购管理系统和库存管理系统进行期初记账。

2.购销存管理系统日常业务处理（以会计田原的身份进行操作）

（1）采购日常业务处理

①2020年1月2日，白羽公司签发一张金额为28 476元的交通银行转账支票给江苏太湖有限公司，用以偿还去年12月30日所欠的货款（转账支票号为53300035，附原始凭证1张）。

②1月3日，白羽公司去年12月28日从杭州美锦有限公司购买的200米面料验收入库，填制材料入库单（附原始凭证1张）。

材料入库单上记载的主要内容见表6-52。

表6-52　　　　　　　　　　　　　　　材料入库单信息

入库日期	供应单位	仓库	存货	数量
2020-01-03	杭州美锦	原材料库	面料	200米

③1月4日，白羽公司采购部的采购员陈明和杭州美锦有限公司签订了购货合同，采购明细见表6-53，要求填制采购订单。

表6-53　　　　　　　　　　　　　　　采购明细表

存货名称	数量	无税单价（元）	增值税税率
里料	250米	105	13%

④1月5日，白羽公司从杭州美锦有限公司订购的250米里料收到，当即验收入库并填制了材料入库单，取得了对方开具的增值税专用发票，当即签发一张金额为29 662.5元的交通银行转账支票支付了全部款项（转账支票号为53300036，附原始凭

证3张）。

增值税专用发票上记载的主要内容见表6-54。

表6-54　　　　　　　　　增值税专用发票信息

发票号	存货名称	数量	无税单价（元）	金额（元）	增值税税额（元）
66500011	里料	250米	105	26 250	3 412.5

材料入库单上记载的主要内容见表6-55。

表6-55　　　　　　　　　材料入库单信息

入库日期	供应单位	仓库	存货	数量
2020-01-05	杭州美锦	原材料库	里料	250米

⑤1月6日，白羽公司发现昨日入库的里料中有50米存在质量问题，经协商，杭州美锦有限公司同意退货，退货后当日收到了对方开具的红字增值税专用发票，对方以电汇方式退回货款5 932.5元（附原始凭证3张）。

退货单上记载的主要内容见表6-56。

表6-56　　　　　　　　　退货单信息

入库日期	供应单位	仓库	存货	数量
2020-01-06	杭州美锦	原材料库	里料	−50米

红字增值税专用发票上记载的主要内容见表6-57。

表6-57　　　　　　　　红字增值税专用发票信息

发票号	存货名称	数量	无税单价（元）	金额（元）	增值税税额（元）
66500012	里料	−50米	105	−5 250	−682.5

⑥1月7日，白羽公司从杭州美锦有限公司同时购入300米面料和200米里料，当日验收入库并填制了材料入库单，取得了对方开具的增值税专用发票，款项暂欠，双方约定的现金折扣条件为（2/15，n/30），现金折扣按不含税价款计算。

同时，签发一张金额为3 270元的交通银行转账支票，支付给上海大通运输有限公司两种材料的运输费，当日取得了运输费增值税专用发票，要求运输费按材料数量进行分摊（转账支票号为53300037，附原始凭证3张）。

材料增值税专用发票上记载的主要内容见表6-58。

表6-58　　　　　　　　　增值税专用发票信息

发票号	供应商	存货名称	数量	无税单价（元）	金额（元）	增值税税额（元）
66500013	杭州美锦	面料	300米	160	48 000	6 240
		里料	200米	110	22 000	2 860

运输费增值税专用发票上记载的主要内容见表6-59。

表6-59　　　　　　　　　　　运输费增值税专用发票信息

发票号	供应商	税率	存货名称	数量	无税单价（元）	金额（元）	增值税税额（元）
67800055	大通运输	9%	运输费	500	6	3 000	270

材料入库单上记载的主要内容见表6-60。

表6-60　　　　　　　　　　　材料入库单信息

入库日期	供应单位	仓库	存货	数量
2020-01-07	杭州美锦	原材料库	面料	300米
			里料	200米

⑦1月10日，白羽公司通过开户银行以电汇方式汇款给杭州美锦77 700元（扣除的现金折扣金额为1 400元），用以偿还本月7日所欠的货款（附原始凭证1张）。

⑧1月11日，白羽公司收到杭州美锦交来的上年12月29日购买拉链应开具的增值税专用发票，相关款项暂欠（附原始凭证1张）。

增值税专用发票上记载的主要内容见表6-61。

表6-61　　　　　　　　　　　增值税专用发票信息

发票号	存货名称	数量	无税单价（元）	金额（元）	增值税税额（元）
66500008	拉链	600条	12.5	7 500	975

⑨1月12日，白羽公司签发一张金额为15 000.00元的交通银行转账支票给江苏太湖有限公司，作为预付的购货款（转账支票号为533 00038，附原始凭证1张）。

⑩1月13日，白羽公司从江苏太湖有限公司购入400千克鸭绒，当日收到了对方开具的增值税专用发票，相关款项暂欠，材料尚在运输途中（附原始凭证1张）。

增值税专用发票上记载的主要内容见表6-62。

表6-62　　　　　　　　　　　增值税专用发票信息

发票号	存货名称	数量	无税单价（元）	金额（元）	增值税税额（元）
82300065	鸭绒	400千克	90	36 000	4 680

⑪1月14日，白羽公司收到了从江苏太湖有限公司购入的400千克鸭绒，当即全部验收入库（附原始凭证1张）。

材料入库单上记载的主要内容见表6-63。

表6-63　　　　　　　　　　　材料入库单信息

入库日期	供应单位	仓库	存货	数量
2020-01-14	江苏太湖	原材料库	鸭绒	400千克

⑫1月15日，白羽公司确认，尚需补付江苏太湖有限公司货款25 680元，当即签发了一张交通银行转账支票支付所欠货款（转账支票号为53300039，附原始凭证1张）。

⑬1月16日，白羽公司从杭州美锦有限公司购入220米面料，取得了对方开具的增值税专用发票。当即签发一张金额为38 533.00元的交通银行转账支票支付了全部款项

（转账支票号为53300040，附原始凭证2张）。

增值税专用发票上记载的主要内容见表6-64。

表6-64 增值税专用发票信息

发票号	存货名称	数量	无税单价（元）	金额（元）	增值税税额（元）
66500016	面料	220米	155	34 100	4 433

⑭1月17日，白羽公司于本月20日从杭州美锦有限公司购入的220米面料验收入库，发现损毁了20米面料，经确认为合理损耗，当即填制材料入库单办理了入库手续（附原始凭证1张）。

材料入库单上记载的主要内容见表6-65。

表6-65 材料入库单信息

入库日期	供应单位	仓库	存货	数量
2020-01-17	杭州美锦	原材料库	面料	200米

⑮1月18日，白羽公司从江苏太湖有限公司购入330千克鸭绒，取得了对方开具的增值税专用发票。当日验收入库时发现短缺了30千克鸭绒，经确认为非合理损耗，原因待查。将其余的300千克鸭绒办理了入库手续，相关款项暂欠（附原始凭证3张）。

增值税专用发票上记载的主要内容见表6-66。

表6-66 增值税专用发票信息

发票号	存货名称	数量	无税单价（元）	金额（元）	增值税税额（元）
82300066	鸭绒	330千克	80	26 400	3 432

材料入库单上记载的主要内容见表6-67。

表6-67 材料入库单信息

入库日期	供应单位	仓库	存货	数量
2020-01-18	江苏太湖	原材料库	鸭绒	300千克

⑯1月29日，白羽公司从杭州美锦有限公司购入800条拉链，当日全部验收入库，但是至本月月末仍未收到相关发票，货款暂欠。1月31日，按单价12元办理暂估入库（附原始凭证1张）。

材料入库单上记载的主要内容见表6-68。

表6-68 材料入库单信息

入库日期	供应单位	仓库	存货	数量	单价（元）
2020-01-31	杭州美锦	原材料库	拉链	800条	12

⑰1月31日，经确认，本月18日购入鸭绒时发生的30千克非合理损耗应由保险公司负责全额赔偿。

（2）销售日常业务处理

①2020年1月9日，白羽公司收到北京元庆有限公司电汇的81 360元，用以偿还上

年12月30日所欠的货款（附原始凭证1张）。

②1月11日，白羽公司销售部的李德与上海中山商业有限公司签订了销售合同（其中现金折扣按不含税价款计算），销售明细见表6-69，要求填制销售订单。

表6-69　　　　　　　　　　　销售明细表

存货名称	数量	无税单价（元）	现金折扣条件	增值税率
女式短款羽绒服	300件	900	(2/15，n/30)	13%

③1月12日，白羽公司依据合同向上海中山商业有限公司发出女式短款羽绒服300件，并开具了增值税专用发票，相关款项未收（附原始凭证1张）。

发票上记载的主要内容见表6-70。

表6-70　　　　　　　　　　增值税专用发票信息

发票号	存货名称	数量	无税单价（元）	金额（元）	增值税税额（元）
18100015	女式短款羽绒服	300件	900	270 000	35 100

④1月16日，白羽公司收到上海中山商业有限公司交来的一张金额为299 700元的转账支票（扣除了现金折扣5 400元），用以偿还本月12日所欠的货款，当日持该转账支票到交通银行办理了转账收款手续（转账支票号为36300085，附原始凭证1张）。

⑤1月18日，白羽公司向广州英石商贸有限公司销售女式长款羽绒服500件，当日发货并开具了增值税专用发票，当日收到广州英石商贸有限公司电汇来的货款678 000元（附原始凭证3张）。

发票上记载的主要内容见表6-71。

表6-71　　　　　　　　　　增值税专用发票信息

发票号	存货名称	数量	无税单价（元）	金额（元）	增值税税额（元）	增值税税率
18100016	女式长款羽绒服	500件	1 200	600 000	78 000	13%

⑥1月21日，白羽公司收到广州英石商贸有限公司退回的30件存在质量问题的女式长款羽绒服，当日收回入库并向对方开具了红字增值税专用发票，当即以电汇方式退回货款40 680元（附原始凭证3张）。

红字发票上记载的主要内容见表6-72。

表6-72　　　　　　　　　　增值税专用发票信息

发票号	存货名称	数量	无税单价（元）	金额（元）	增值税税额（元）	增值税税率
18100017	女式长款羽绒服	-30件	1 200	-36 000	-4 680	13%

⑦1月23日，白羽公司与北京元庆有限公司达成销售协议，将销售给元庆公司女士短款羽绒服200件。当日，收到元庆公司电汇来的50 000元，作为预收账款（附原始凭证1张）。

⑧1月25日，白羽公司向元庆公司发出女士短款羽绒服200件，开具了增值税专用

发票。当日还签发一张金额为2 180元的交通银行转账支票，替元庆公司代垫了200件羽绒服的运费，相关款项暂未收回（转账支票号为53300041，附原始凭证2张）。

发票上记载的主要内容见表6-73。

表6-73 增值税专用发票信息

发票号	存货名称	数量	无税单价（元）	金额（元）	增值税税额（元）	增值税税率
18100018	女式短款羽绒服	200件	900	180 000	23 400	13%

⑨1月29日，白羽公司收到元庆公司电汇来的所欠货款155 580元（附原始凭证1张）。

⑩1月30日，白羽公司向上海中山商业有限公司销售面料150米，当日发货并开具了增值税专用发票。收到对方签发的金额为33 900元的转账支票一张，当即持该转账支票到交通银行办理了转账收款手续（要求分别就确认收入和结转销售成本生成两张记账凭证，转账支票号为26500099，附原始凭证2张）。

发票上记载的主要内容见表6-74。

表6-74 增值税专用发票信息

发票号	存货名称	数量	无税单价（元）	金额（元）	增值税税额（元）	增值税税率
18100019	面料	150米	200	30 000	3 900	13%

（3）库存日常业务处理

①2020年1月19日，白羽公司生产部新投产400件男式短款羽绒服和350件男式长款羽绒服，当日从材料库中领取了相关材料（附原始凭证2张）。

材料领用单上记载的主要内容见表6-75、表6-76。

表6-75 材料领用单信息

发出仓库	领用部门	用途	领用材料种类	领用数量
原材料库	生产部	生产男式短款羽绒服	面料	400米
			里料	400米
			鸭绒	500千克
			拉链	400条

表6-76 材料领用单信息

发出仓库	领用部门	用途	领用材料种类	领用数量
原材料库	生产部	生产男式长款羽绒服	面料	560米
			里料	560米
			鸭绒	700千克
			拉链	350条

②1月31日，按产品生产工时分配结转白羽公司本月的全部制造费用（附原始凭证

1 张），见表 6-77。

表 6-77　　　　　　　　　　制造费用分配表

2020 年 01 月 31 日

产品名称	生产工时（小时）	分配率	分配金额（元）	备注
男式短款羽绒服	800			
男式长款羽绒服	1 200			
合计	2 000			

③ 1 月 31 日，白羽公司本月生产的男式短款羽绒服 520 件和男式长款羽绒服 450 件全部完工入库（附原始凭证 2 张），见表 6-78 和表 6-79。

表 6-78　　　　　　　　　产品成本计算单

部门：生产部　　　　　　　2020 年 01 月 31 日　　　　　　完工产品数量：520 件

产品：男式短款羽绒服　　　　　　　　　　　　　　　　月末在产品数量：0 件

项目	直接材料	直接人工	制造费用	合计
月初在产品成本				
本月生产费用				
生产费用合计				
本月完工产品成本				
月末在产品成本				

表 6-79　　　　　　　　　产品成本计算单

部门：生产部　　　　　　　2020 年 01 月 31 日　　　　　　完工产品数量：450 件

产品：男式长款羽绒服　　　　　　　　　　　　　　　　月末在产品数量：0 件

项目	直接材料	直接人工	制造费用	合计
月初在产品成本				
本月生产费用				
生产费用合计				
本月完工产品成本				
月末在产品成本				

④ 1 月 31 日，白羽公司对原材料库进行盘点（附原始凭证 1 张），盘点结果见表 6-80。

表 6-80　　　　　　　　　　盘点单信息

仓库	存货名称	盘点数量	备注
原材料库	面料	80 米	盘亏 10 米
	里料	0	账实相符
	鸭绒	108 千克	盘盈 8 千克
	拉链	850 条	账实相符

⑤1月31日，白羽公司结转本月销售的女式短款羽绒服和女式长款羽绒服的销售成本（附原始凭证2张）。

⑥1月31日，结转盘亏面料应转出的进项税额（附原始凭证1张）。

⑦1月31日，经确认，盘亏的10米面料是由于仓储部的方利管理不善导致的，确定应由其赔偿800元，其余作一般经营损失处理（附原始凭证1张）。

⑧1月31日，经确认，盘盈的8千克鸭绒是由于计量不准导致的，按会计制度的规定予以结转（附原始凭证1张）。

项目七 期末处理

──────────────────□ 项目概览

本项目系统地介绍了畅捷通 T3 软件中总账系统期末业务处理、总账系统审核、记账及期末结账等主要内容。

本项目的学习目标为：

了解：期末业务处理的主要工作内容。

理解：总账系统期末业务处理的各种操作。

掌握：畅捷通 T3 软件中期末自动转账定义与生成、审核、记账、对账及结账等的操作方法。

期末处理主要指的是总账系统期末业务处理、凭证审核、记账及期末结账等。与日常业务相比，各会计期间的期末业务处理方法规律性较强，因此，在 T3 软件中，可以通过用户设置由计算机来处理有规律的业务，不仅可以提升工作效率，也可以加强财务工作的规范性。

任务一 总账系统期末业务处理

总账系统期末业务处理主要涉及的是每月月末固定发生的费用计提或摊销、汇兑损益结转、期末损益结转、利润分配等业务。

处理总账系统期末业务，经常使用转账定义后，再转账生成相关记账凭证的方法。即把凭证的摘要、会计科目、借贷方向以及金额的计算公式预先设置成凭证模板，待需要转账时调用相应的模板生成记账凭证即可。

常见的转账定义包括自定义转账、对应结转、汇兑损益结转、期间损益结转、销售成本结转等。

现以会计人员赵平（编号 103，密码 103）的身份于 2020 年 1 月 31 日登录"畅捷通 T3 企业管理信息化软件"，进行山东华峰家具有限责任公司的总账系统期末业务处理。

1. 计提借款利息（采用"自定义转账"方法）

自定义转账是适用范围最广的一种转账方式，适用于费用计提、税金计提及各项费用的分配结转等。

任务7-1

任务清单

1月31日，计提华峰公司的本月短期借款利息，该短期借款于2019年12月1日借入，期限为6个月，利率为6%，要求使用"自定义转账"方法（附原始单据1张）。

任务指导

（1）选择"总账"菜单中的"期末→转账定义→自定义转账"命令，弹出"自动转账设置"对话框。

（2）单击"增加"按钮，弹出"转账目录"对话框。录入转账序号为"0001"，转账说明为"计提短期借款利息"，选择凭证类别为"转 转账凭证"，如图7-1所示。

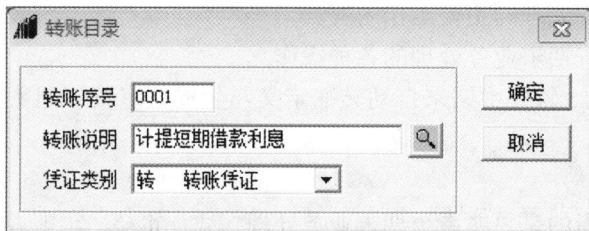

图7-1 转账目录

（3）单击"确定"按钮，继续定义转账凭证的会计分录信息。选择科目编码为"660301"，方向为"借"，录入金额公式"JG（）"，如图7-2所示。

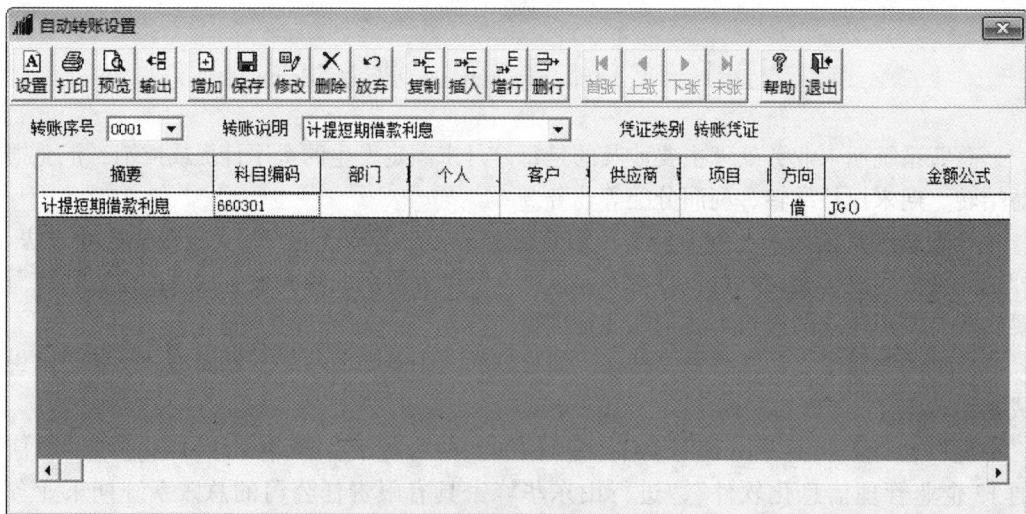

图7-2 自动转账设置-借方设置

（4）单击"增行"按钮，在新增行中录入科目编码为"2231"，方向为"贷"，单击金额公式栏"参照"按钮，弹出"公式向导"对话框，选择"期末余额QM（）"，单击"下一步"按钮，弹出"公式向导"对话框，选择科目为"2001"，期间为"月"，单击"完成"按钮，回到"自动转账设置"对话框，继续在金额公式中录入"*0.06/12"，如图7-3所示。

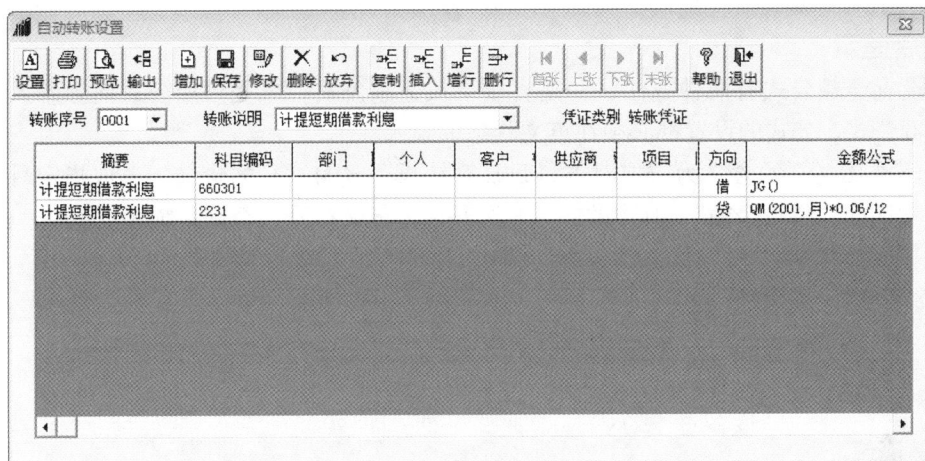

图7-3　自动转账设置-贷方设置

（5）单击"保存"按钮，再单击"退出"按钮，完成计提短期借款利息业务的自定义转账设置。

（6）选择"总账"菜单中的"期末→转账生成"命令（或直接单击总账系统界面中的"月末转账"图标），弹出"转账生成"对话框。选择"自定义转账"，单击"全选"按钮，选中"包含未记账凭证"复选框，单击"确定"按钮，系统自动生成转账凭证。修改附单据数为"1"，单击"保存"按钮，凭证左上方显示红色的"已生成"标志，完成计提短期借款利息业务的处理，如图7-4所示。

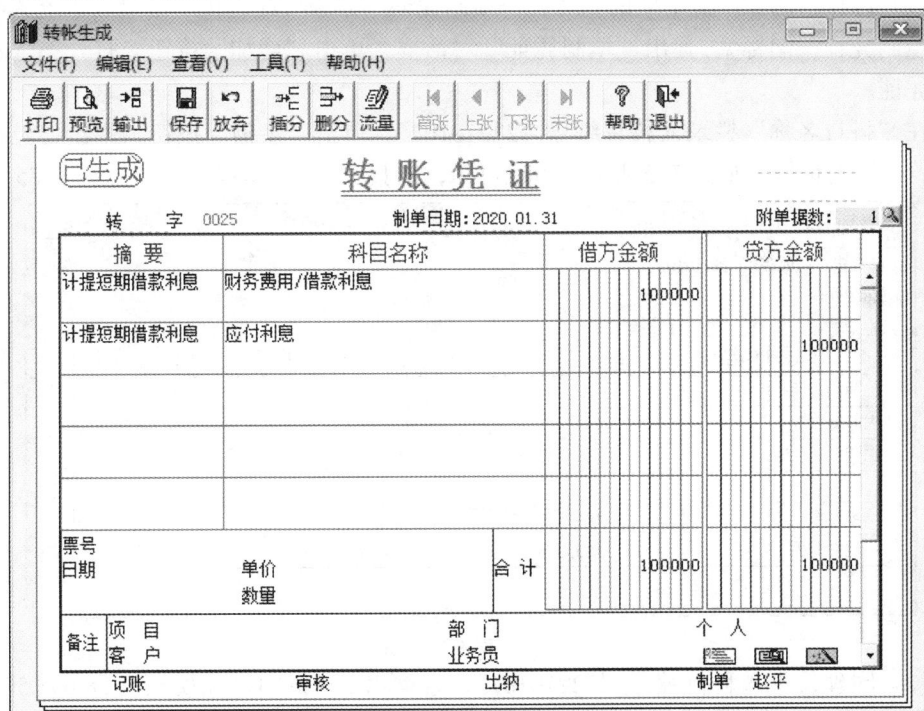

图7-4　转账凭证

要点提示

● 设置金额公式有两种方法：一是直接录入金额公式；二是参照公式向导录入金额公式。公式的设置都必须在英文状态下录入。

● 公式 JG（）的含义为"取对方科目计算结果"，QM（）的含义为"取指定科目和期间的科目余额"，其中的"（）"必须为英文符号，否则系统无法识别。

2.结转未交增值税

任务7-2

任务清单

1月31日，计算并结转华峰公司的本月未交增值税，要求通过记账凭证查询余额功能，自行计算出本月未交增值税金额（附原始单据1张）。

任务指导

根据华峰公司1月份的已发生业务，可知本月未交增值税金额=本月销项税额−本月进项税额+本月转出的进项税额，因此可通过记账凭证查询余额或账簿查询余额两种方法，分别查询本月的销项税额、进项税额、转出的进项税额，从而计算出未交增值税金额。本书只介绍记账凭证查询的方法。

（1）选择"总账"菜单中的"凭证→填制凭证"命令（或直接单击总账系统界面中的"填制凭证"图标），弹出"填制凭证"对话框，单击"增加"按钮，打开一张新的记账凭证。

在"科目名称"栏录入科目编号"22210102"，单击"余额"按钮，弹出"最新余额一览表"对话框，如图7-5所示。由此可知，1月份华峰公司销项税额为169 585元。

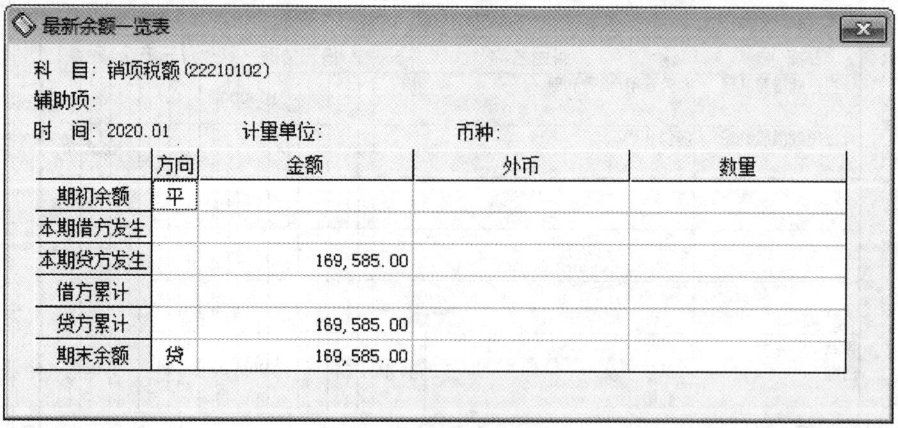

图7-5　销项税额余额

（2）同理，录入科目编号"22210101"，查询出1月份的进项税额为28 694.50元；录入科目编号"22210104"，查询出1月份转出的进项税额为936元。

（3）所以，计算出华峰公司1月的未交增值税为141 826.50元（169 585−28 694.50+936）。

（4）选择"总账"菜单中的"凭证→填制凭证"命令，弹出"填制凭证"对话框，单击"增加"按钮后填制本业务的转账凭证，如图7-6所示。

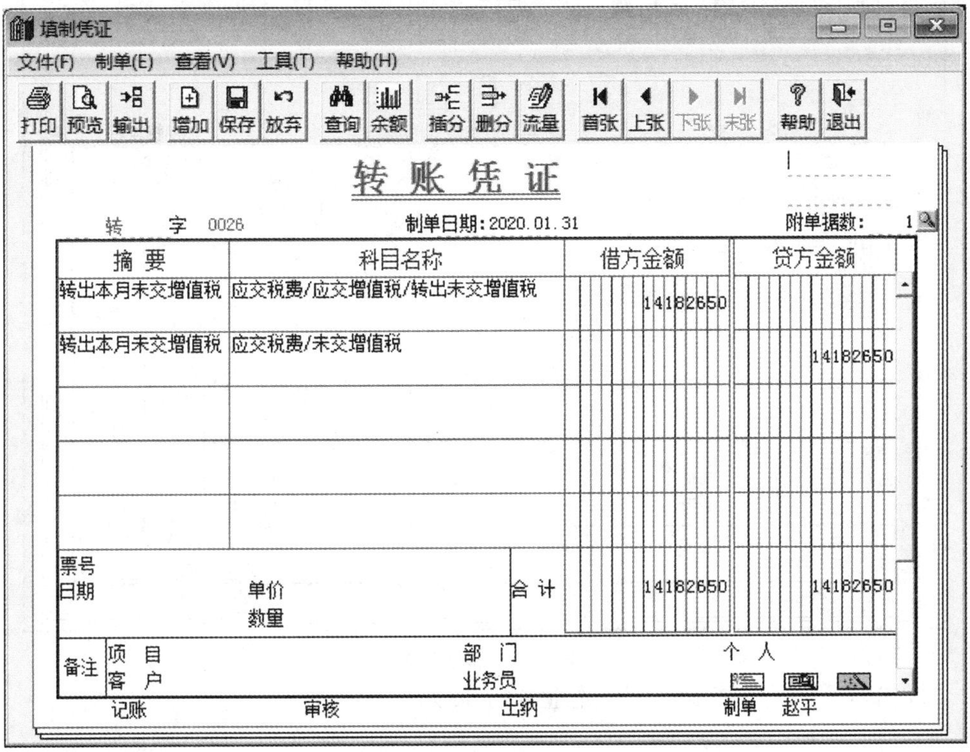

图7-6　转账凭证

（5）单击"保存"按钮，完成本业务的处理。

要点提示

● 本业务也可以采用"自定义转账"的方法进行处理。

3.计提城市维护建设税及教育费附加

任务7-3

任务清单

1月31日，计提华峰公司的本月应交城市维护建设税（税率7%）和教育费附加（征收率3%）（附原始单据1张）。

任务指导

（1）首先计算得出本月应交城市维护建设税为9 927.86元（141 826.50×7%）、应交教育费附加为4 254.80元（141 826.50×3%）。

（2）选择"总账"菜单中的"凭证→填制凭证"命令，弹出"填制凭证"对话框，单击"增加"按钮后填制本业务的转账凭证，如图7-7所示。

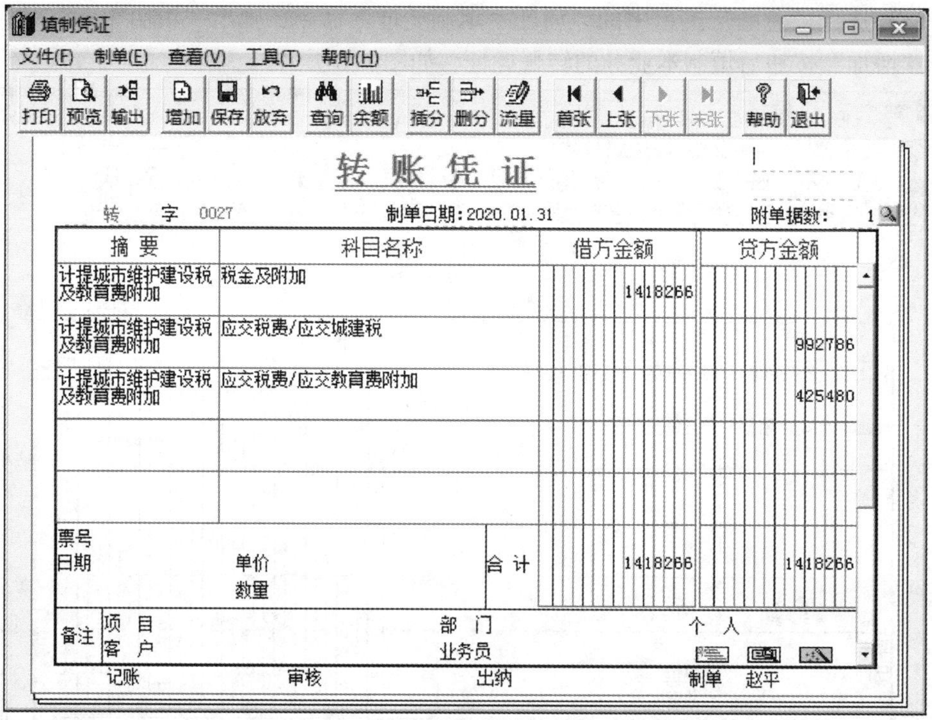

图 7-7　转账凭证

（3）单击"保存"按钮，完成本业务的处理。

要点提示

● 本业务也可以采用"自定义转账"的方法进行处理。

4.结转汇兑损益

结转汇兑损益就是期末自动计算出外币账户的汇兑损益，并自动生成结转汇兑损益的记账凭证。汇兑损益只处理以下外币账户：外币存款户、外币现金、外币结算的各项债权和债务，不包括所有者权益类账户、成本类账户和损益类账户。

任务 7-4

任务清单

1 月 31 日，结转华峰公司的本月外币汇兑损益（期末汇率为 1∶6.9，附原始单据 1 张）。

任务指导

（1）选择"总账"菜单中的"期末→转账定义→汇兑损益"命令，弹出"汇兑损益结转设置"对话框。

（2）因为期末汇率低于期初汇率，所以选择凭证类别为"付款凭证"，设置汇兑损益入账科目为"660302"，双击"是否计算汇兑损益"栏，显示为"Y"，如图 7-8 所示。

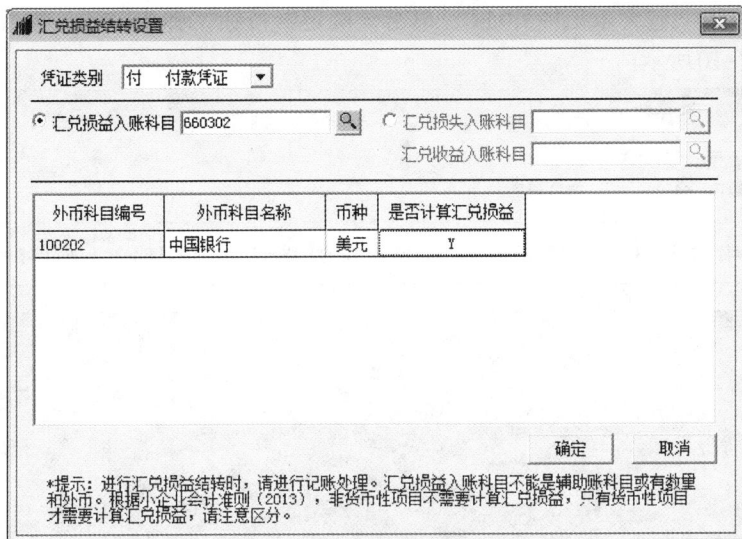

图7-8　汇兑损益结转设置

（3）单击"确定"按钮，完成汇兑损益转账定义。

（4）选择"基础设置"菜单中的"财务→外币种类"命令，弹出"外币设置"对话框。录入1月的"调整汇率"为"6.9"，如图7-9所示。

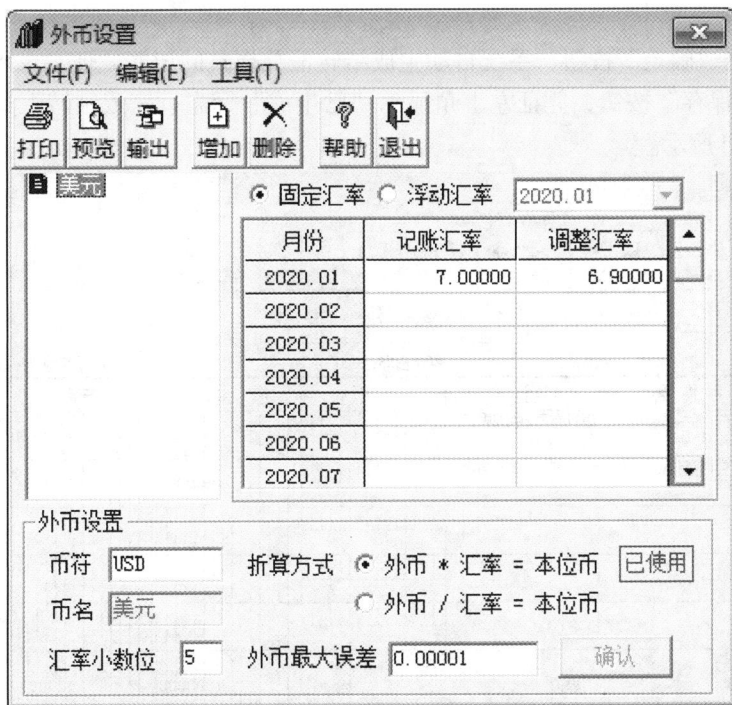

图7-9　外币调整汇率设置

（5）单击"退出"按钮。

（6）选择"总账"菜单中的"期末→转账生成"命令（或直接单击总账系统界面中的"月末转账"图标），弹出"转账生成"对话框。选择"汇兑损益结转"，单击"全选"按钮，选中"包含未记账凭证"，单击"确定"按钮，弹出"汇兑损益试算表"对话框，如图7-10所示。

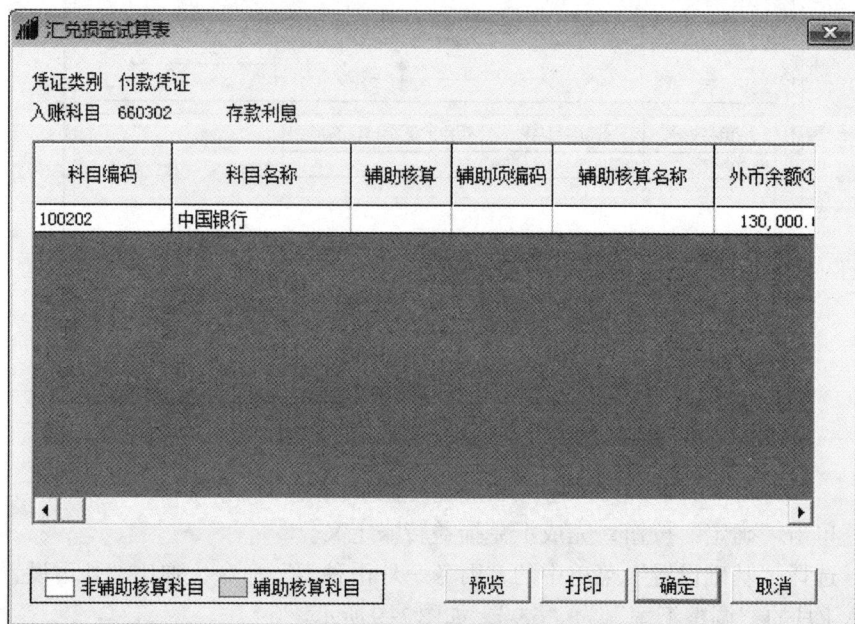

图7-10 汇兑损益试算表

（7）单击"确定"按钮，系统自动生成结转汇兑损益的记账凭证。录入附单据数为"1"，单击"保存"按钮，凭证左上角显示"已生成"标志，完成结转汇兑损益业务处理，如图7-11所示。

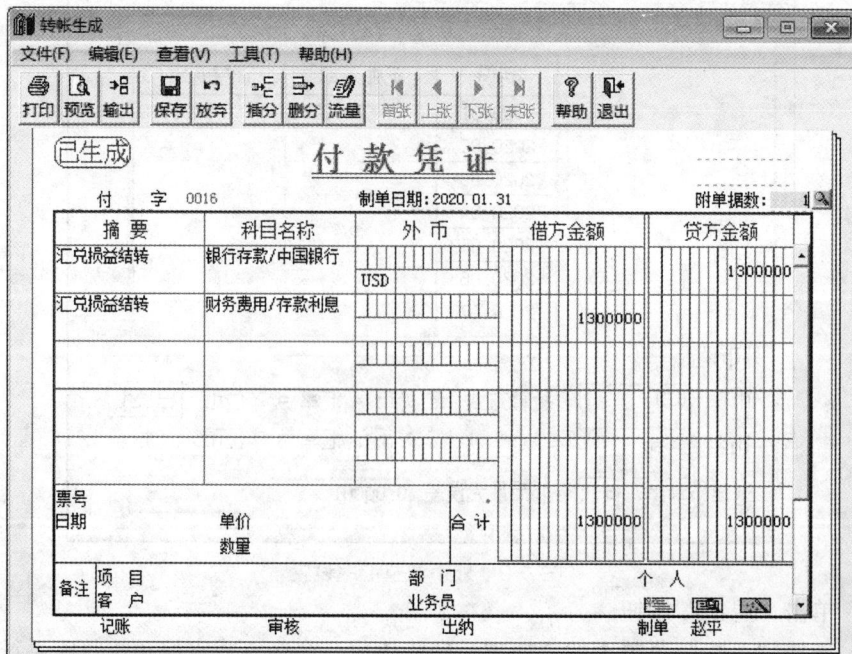

图7-11 付款凭证

5.结转期间损益

结转期间损益就是在一个会计期间终了时，将损益类科目的余额自动结转到"本年利润"科目中，从而及时反映企业的盈亏情况。

任务7-5

任务清单

1月31日，结转华峰公司的本月期间损益（要求使用期间损益转账自定义方法实现自动转账）。

任务指导

（1）选择"总账"菜单中的"期末→转账定义→期间损益"命令，弹出"期间损益结转设置"对话框。

（2）选择凭证类别为"转账凭证"，本年利润科目为"4103"，如图7-12所示，单击"确定"按钮，完成结转期间损益的设置。

图7-12　期间损益结转设置

（3）选择"总账"菜单中的"期末→转账生成"命令（或直接单击总账系统界面中的"月末转账"图标），弹出"转账生成"对话框。选择结转月份为"2020.01"，选中"期间损益结转"，选中"包含未记账凭证"，单击"全选"按钮，如图7-13所示。

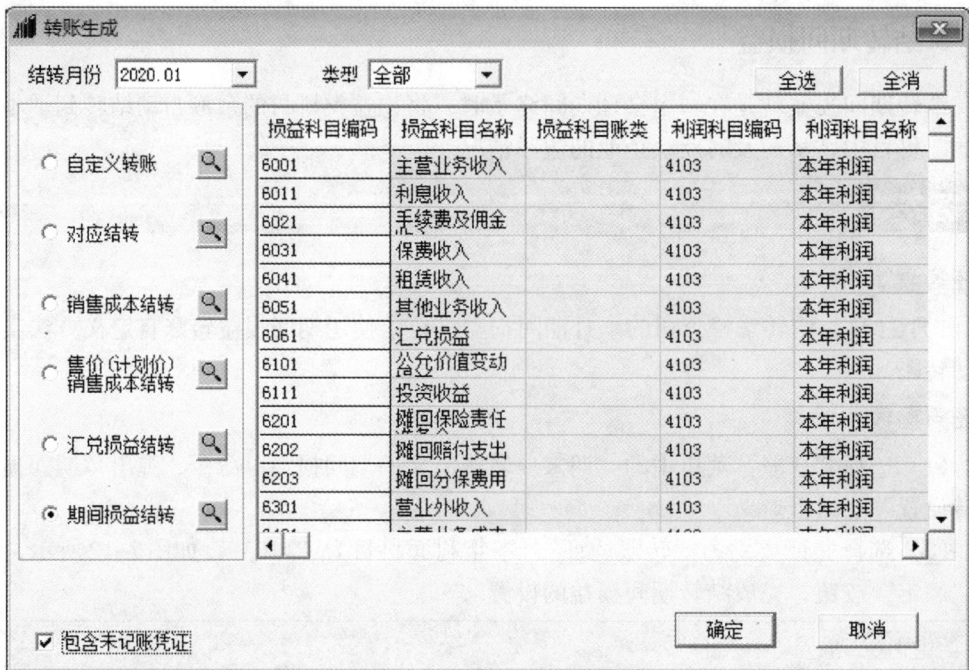

图7-13 转账生成对话框

（4）单击"确定"按钮，系统自动生成结转期间损益的转账凭证。单击"保存"按钮，凭证左上角显示"已生成"标志，完成结转期间损益业务处理，如图7-14所示。

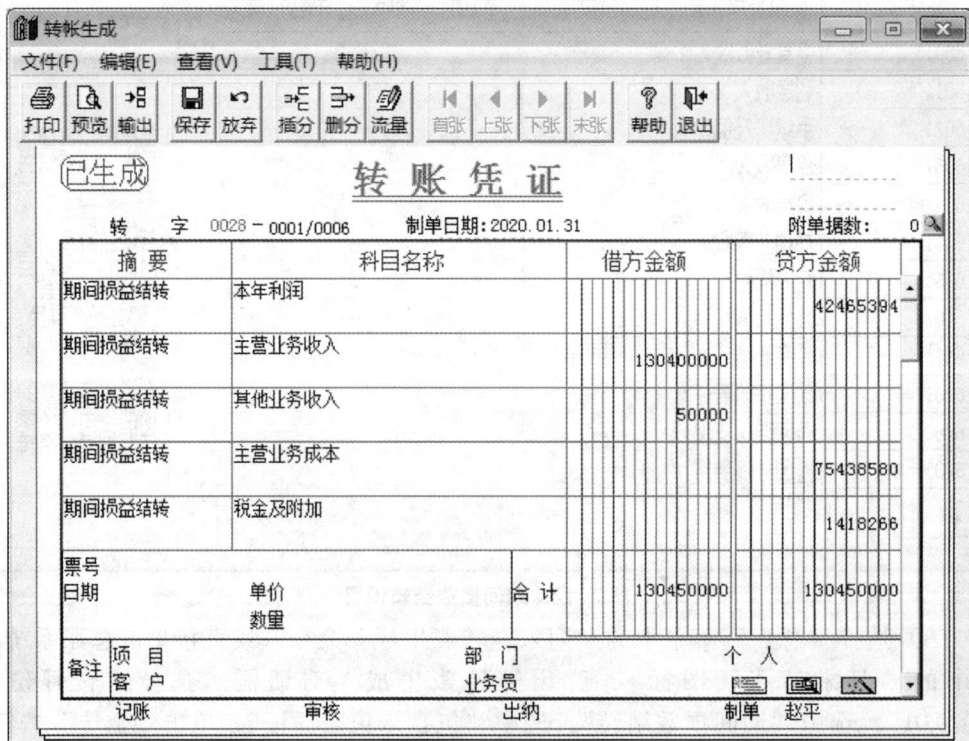

图7-14 转账凭证

要点提示

● 处理本业务时，也可以在"转账生成"对话框中，分别选择"类型"后的"收入"和"支出"选项，生成两张结转期间损益的记账凭证。

6.计提并结转企业所得税

任务7-6

任务清单

1月31日，计提并结转华峰公司的本月应交企业所得税（税率25%）。

要求：

（1）计提本月应交企业所得税（附原始单据1张）。

（2）结转本月所得税费用（采用"对应结转"方法）。

任务指导

（1）计提本月应交企业所得税

①通过查询得知，华峰公司1月份的利润总额为424 653.94元，因此，1月的应交企业所得税税额=424 653.94×25%=106 163.49（元）。

②选择"总账"菜单中的"凭证→填制凭证"命令，弹出"填制凭证"对话框，单击"增加"按钮后填制本业务的转账凭证，如图7-15所示。

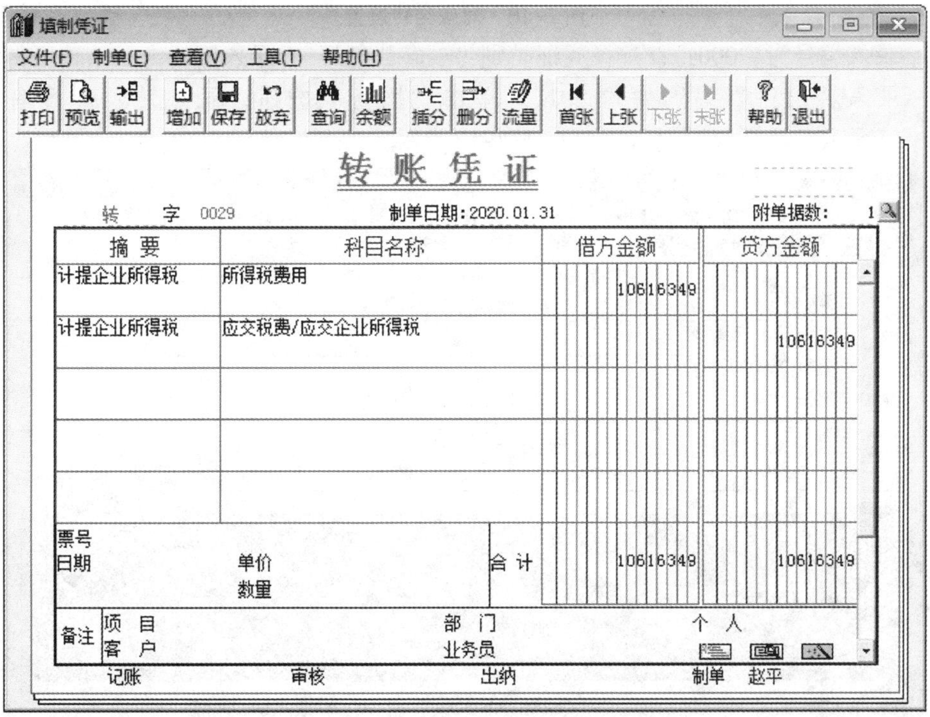

图7-15　计提企业所得税

③单击"保存"按钮，完成本业务的处理。

（2）结转所得税费用（采用"对应结转"方法）

对应结转是指将一个账户的期末余额对应结转到一个或多个账户中。若结转账户的发生额，则需要通过"自定义转账"方法进行。

①选择"总账"菜单中的"期末→转账定义→对应结转"命令，弹出"对应结转设置"对话框，如图7-16所示。

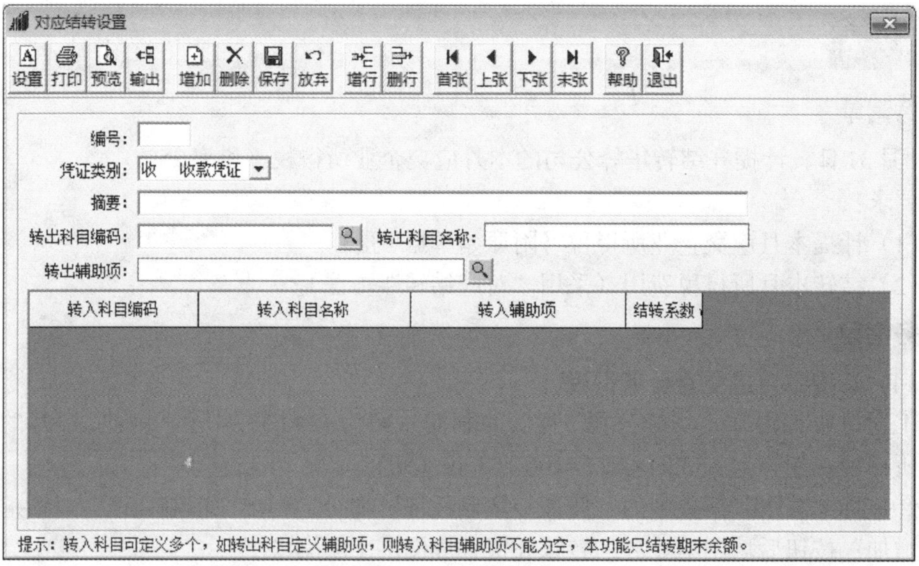

图7-16 对应结转设置

②录入编号为"0001"，选择凭证类别为"转账凭证"，录入摘要为"结转所得税费用"，录入转出科目编码为"6801"。单击"增行"按钮，录入转入科目编码为"4103"，录入结转系数为"1.00"。如图7-17所示。

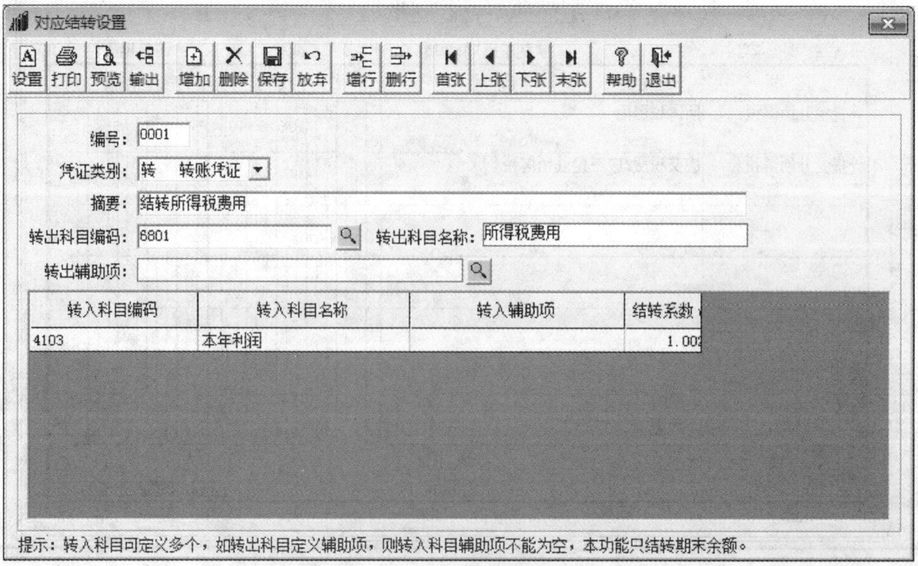

图7-17 对应结转设置

③单击"保存"按钮，再单击"退出"按钮。

④选择"总账"菜单中的"期末→转账生成"命令（或直接单击总账系统界面中的"月末转账"图标），弹出"转账生成"对话框，选择"对应结转"，单击"全选"按钮（或直接双击选中"0001"所在行），选中"包含未记账凭证"，如图7-18所示。

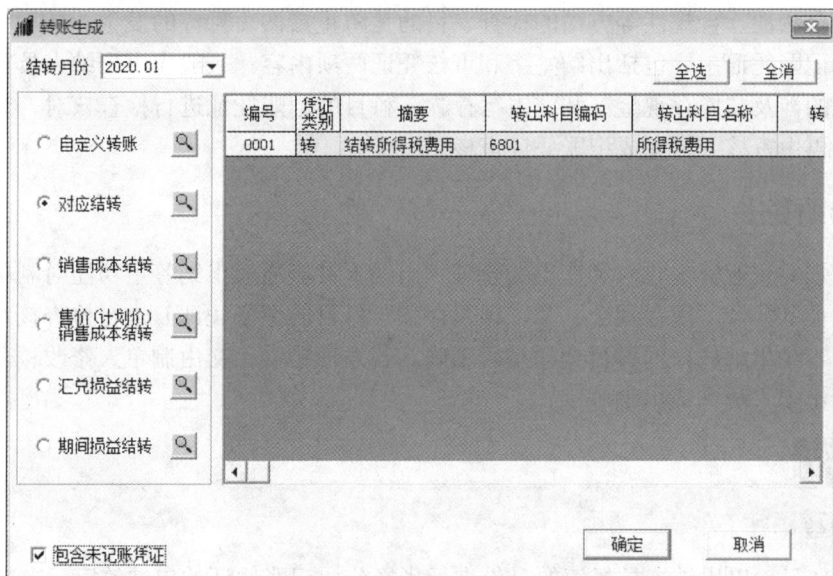

图7-18 转账生成对话框

⑤单击"确定"按钮，系统自动生成结转所得税费用的转账凭证。单击"保存"按钮，凭证左上角显示"已生成"标志，完成结转所得税费用业务处理，如图7-19所示。

图7-19 转账凭证

任务二 总账系统审核凭证与记账

审核凭证是指由具有审核权限的操作员按照会计制度的规定，对制单人填制的记账凭证进行合法性、合规性等方面的检查，目的是防止错误、舞弊的发生。

审核记账凭证主要包括出纳签字和审核凭证两项内容：一般应由出纳人员首先对制单人填制的涉及"库存现金"和"银行存款"科目的记账凭证进行检查核对，完成出纳签字后，再由审核人员完成记账凭证审核。

1.出纳签字

为加强对企业资金收入和支出的管理，出纳人员应通过出纳签字功能对制单人填制的出纳凭证（涉及"库存现金"和"银行存款"科目的记账凭证）进行检查核对，核对的主要内容是出纳凭证的科目金额是否正确。若发现错误，交由制单人修改；若检查无误，则由出纳人员完成出纳签字。

任务7-7

任务清单

1月31日，以出纳人员杨涛的身份进行华峰公司记账凭证的出纳签字。

任务指导

方法一，逐张进行出纳签字：

（1）以出纳人员杨涛（编号：102，密码：102）的身份登录T3软件，选择"总账"菜单中的"凭证→出纳签字"命令，弹出"出纳签字"对话框，如图7-20所示。

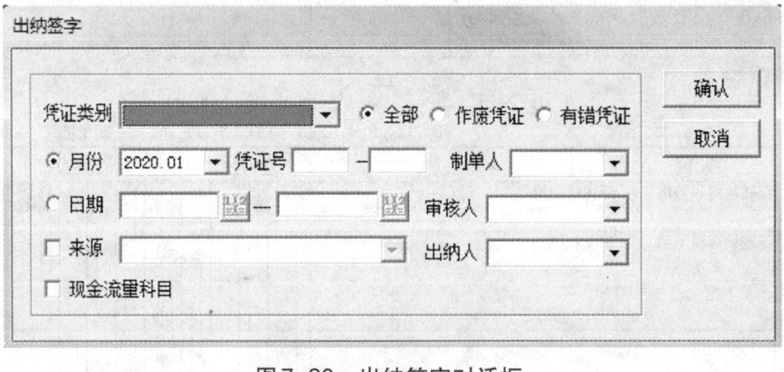

图7-20 出纳签字对话框

（2）单击"确认"按钮，打开"出纳签字凭证列表"对话框，单击"确定"按钮，打开第一张需要出纳人员审核的记账凭证（如果要定向审核某张记账凭证，则可双击该凭证所在行直接打开该凭证）。

（3）对打开的记账凭证审核无误后，选择"出纳"菜单中的"签字"命令，凭证下方"出纳"岗位人员签名位置上显示"杨涛"，完成对该凭证的出纳签字，如图7-21所示。

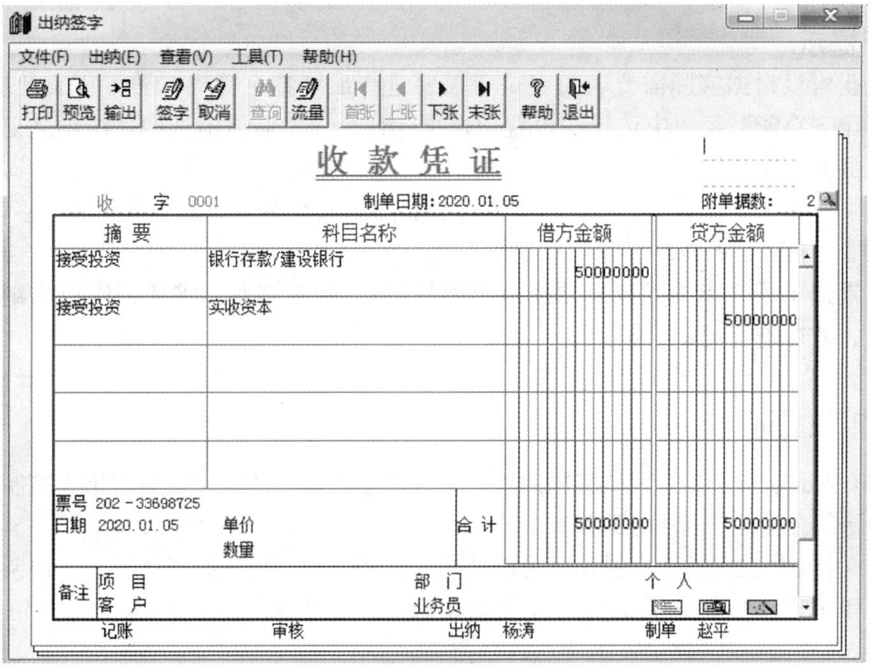

图7-21 出纳签字

（4）单击"下张"按钮，依次逐张完成所有出纳凭证的出纳签字。

方法二，成批进行出纳签字：

为提高工作效率，操作员在确认所有出纳凭证无误后，可以选择"出纳"菜单中的"成批出纳签字"命令，一次性地对所有的出纳凭证完成出纳签字，如图7-22所示。

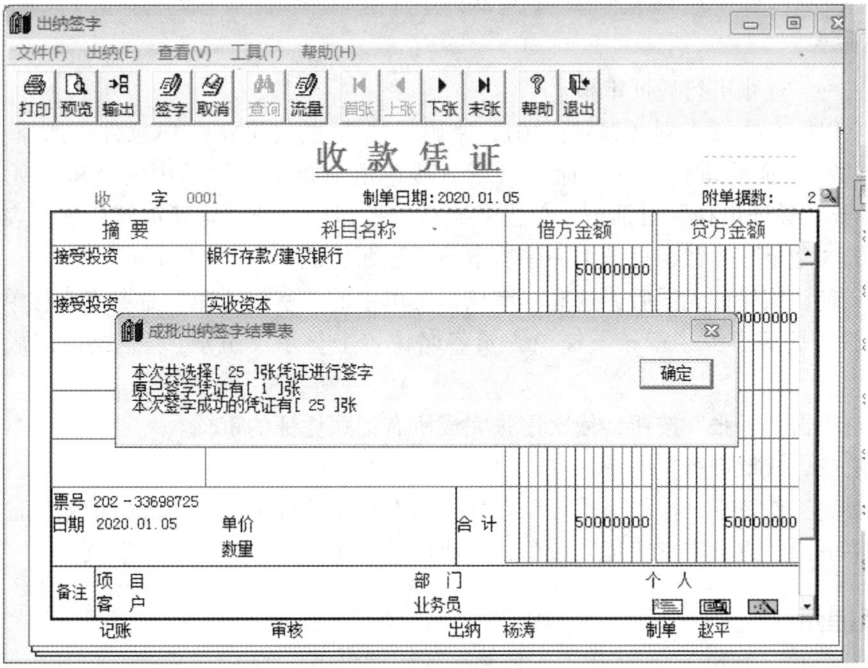

图7-22 成批出纳签字

要点提示

● 企业可以根据实际需要，决定是否需要进行出纳签字管理。若不需要此功能，可在"总账"菜单中选择"设置→选项"命令，然后取消选中"出纳凭证必须经由出纳签字"的选项。

● 记账凭证一经出纳签字，就不能修改、删除。只有在出纳人员本人取消签字后，才能进行凭证的修改、删除等操作。

● 如果选中了"出纳凭证必须经由出纳签字"，则只有对出纳凭证完成出纳签字后，才能进行记账操作。

2.审核凭证

审核凭证是指由具有审核权限的操作员按照会计制度的规定，对制单人填制的记账凭证进行合法性、合规性等的审查。

审核中如果发现凭证有错误，可以使用"标错"功能标注有错凭证，方便制单人快速查询和更正。更正之后的凭证需重新审核。只有审核无误的记账凭证才可以进行记账。

根据不相容岗位分离制度的规定，记账凭证的审核人与制单人不能为同一人。

任务7-8

任务清单

1月31日，以账套主管王刚的身份完成华峰公司记账凭证的审核。

任务指导

方法一，逐张进行凭证审核：

（1）以账套主管王刚（编号：101，密码：101）的身份登录T3软件，选择"总账"菜单中的"凭证→审核凭证"命令（或直接单击总账系统界面中的"审核凭证"图标），打开"凭证审核"对话框。单击"确认"按钮，打开"凭证审核凭证列表"对话框，单击"确定"按钮，打开第一张需审核的记账凭证。

（2）确认该凭证无误后，选择"审核"菜单中的"审核凭证"命令或直接单击"审核"按钮，凭证下方"审核"岗位人员签名位置上显示"王刚"，完成该记账凭证的审核。

（3）单击"下张"按钮，依次逐张完成所有记账凭证的审核。

方法二，成批进行凭证审核：

为提高工作效率，操作员也可以在确认所有记账凭证无误后，选择记账凭证中"审核"菜单下的"成批审核凭证"命令，一次性地对所有记账凭证完成审核。

要点提示

● 若要取消"标错"，二次单击"标错"按钮即可。

- 单击记账凭证中的"取消"按钮或选择"审核"菜单下的"成批取消审核"命令,可以对已审核凭证取消审核。
- 只有取消审核后,才能对记账凭证进行修改和删除。

3. 记账

在总账系统中,完成记账凭证的审核之后就可以执行记账了。在传统的手工会计环境下,记账是由人工将审核后的记账凭证平行登记到总账、明细账和日记账中的,但是由于业务、金额繁杂,记账效率低且容易出错。在会计信息化环境下,由计算机按照预先设定的程序自动快速完成记账,大大提高了记账的效率和准确性。

任务7-9

任务清单

1月31日,以账套主管王刚的身份完成华峰公司的凭证记账。

任务指导

(1) 以账套主管王刚(编号:101,密码:101)的身份登录T3软件,选择"总账"菜单中的"凭证→记账"命令(或直接单击总账系统界面中的"记账"图标),打开"记账-1.选择本次记账范围"对话框,如图7-23所示。

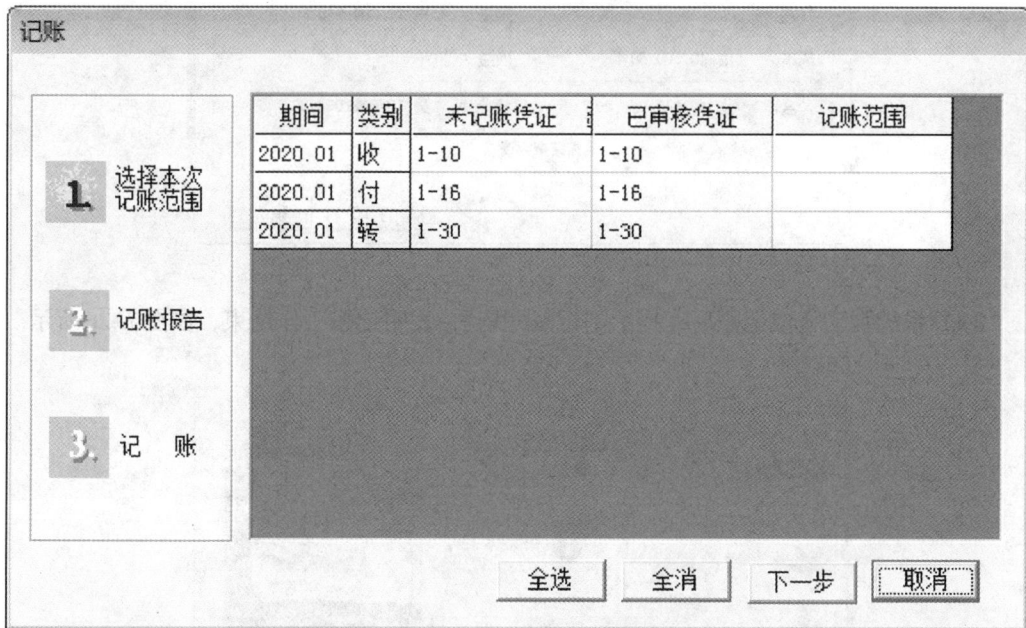

期间	类别	未记账凭证	已审核凭证	记账范围
2020.01	收	1-10	1-10	
2020.01	付	1-16	1-16	
2020.01	转	1-30	1-30	

全选　全消　下一步　取消

图7-23 "记账-1.选择本次记账范围"对话框

(2) 单击"全选"按钮,单击"下一步"按钮,打开"记账-2.记账报告"对话框,如图7-24所示。

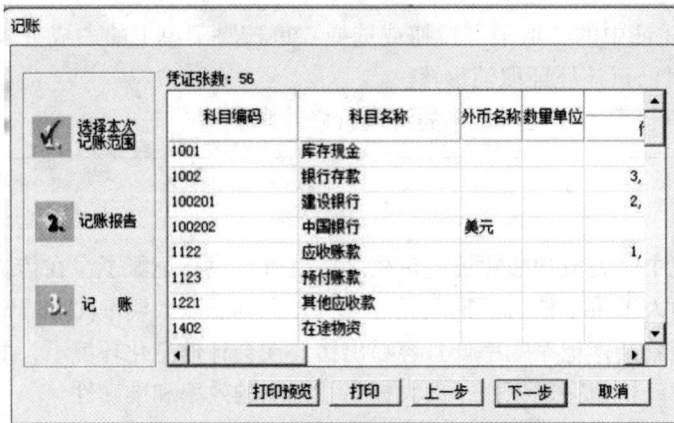

图7-24 "记账-2.记账报告"对话框

（3）单击"下一步"按钮，打开"记账-3.记账"对话框。单击"记账"按钮，弹出"期初试算平衡表"对话框，提示期初余额试算结果是否平衡，如图7-25所示。若提示不平衡，则不能记账；若提示平衡，则单击"确认"按钮，系统便开始自动登记有关总账、明细账等账簿。

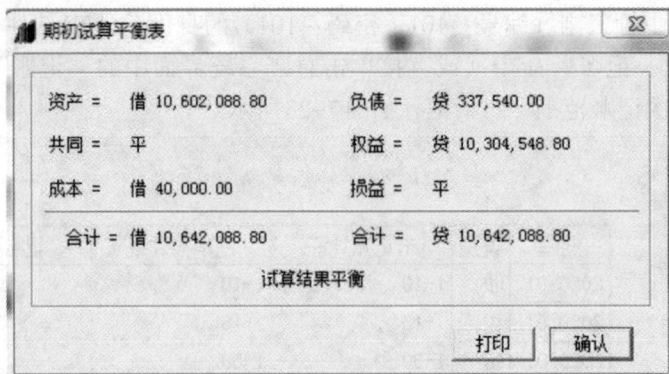

图7-25 期初试算平衡表

（4）系统自动完成记账后，提示"记账完毕"，表明记账工作结束，如图7-26所示。

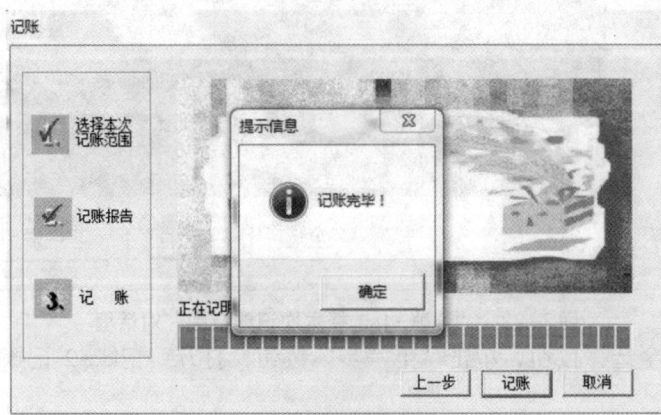

图7-26 记账完毕

（5）单击"确定"按钮，完成记账工作。

如果记账后，发现记账凭证有误，若不想通过其他修改方式（如"红字冲销法"等）来修改，就可以通过选择"总账"菜单下的"凭证→恢复记账前状态"命令，回到记账前状态（称为"取消记账"或"反记账"），然后修改相关记账凭证后再重新记账。

> **要点提示**
> ● 上月未记账或结账，本月不能记账。
> ● 未审核的记账凭证不能记账。
> ● 已结账的月份不能取消记账，未结账的月份可以取消记账。
> ● 恢复记账前状态（即取消记账）有两种选择：一是恢复到最近一次记账前状态；二是恢复到本月月初的状态，可根据实际情况进行选择。

任务三 期末结账

1.月末结账

在T3软件中，月末结账的顺序是：先对固定资产、工资管理、采购管理、销售管理、库存管理、核算管理等子系统进行月末结账，再对总账系统进行月末结账。

因为山东华峰家具有限责任公司的产成品库选用的计价方式是"全月平均法"，在对产成品库进行月末处理时，已经进行采购管理、销售管理、库存管理子系统的月末结账（见项目六中的【任务6-46】），故在此只需对固定资产、工资管理、核算管理三个子系统和总账系统进行月末结账。

现以账套主管王刚（编号101，密码101）的身份于2020年1月31日登录T3软件，进行月末结账。

任务7-10

任务清单

1月31日，以账套主管王刚的身份完成各系统月末结账（其中工资管理子系统月末处理时不进行清零处理）。

任务指导

（1）固定资产子系统月末结账

①选择"固定资产"菜单中的"处理→月末结账"命令（或直接单击固定资产子系统界面中的"月末结账"图标），弹出"月末结账"对话框，如图7-27所示。

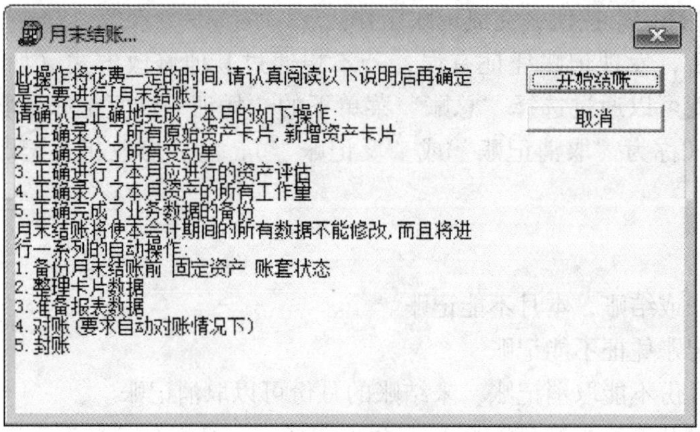

图 7-27 月末结账对话框

②单击"开始结账"按钮，系统自动检查与总账系统的对账结果，弹出"与账务对账结果"对话框，如图7-28所示。

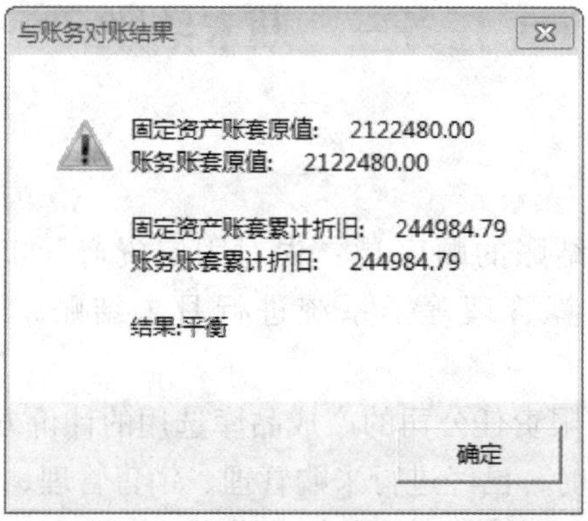

图 7-28 与账务对账结果对话框

③单击"确定"按钮，弹出"月末结账成功完成"对话框。单击"确定"按钮，完成固定资产子系统的月末结账。

（2）工资管理子系统月末结账

①选择"工资"菜单中的"业务处理→月末处理"命令（或直接单击工资管理子系统界面中的"月末处理"图标），弹出"月末处理"对话框，如图7-29所示。

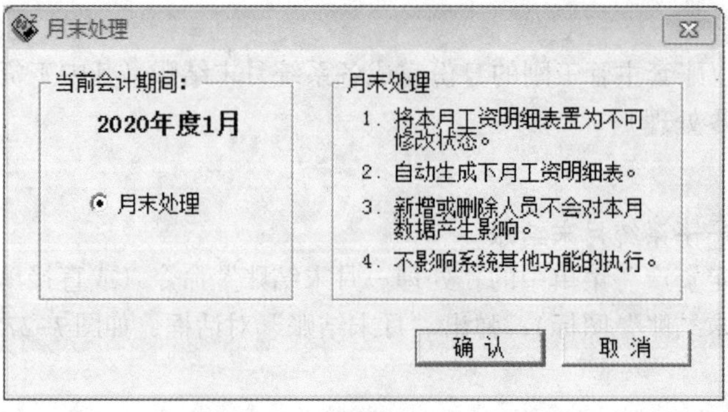

图 7-29 月末处理对话框

②单击"确认"按钮，弹出提示对话框，如图7-30所示。

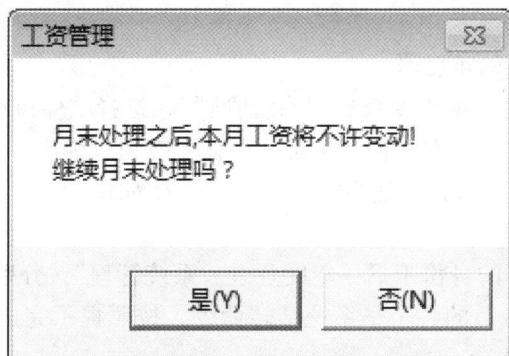

图7-30 提示对话框

③单击"是"按钮，弹出"是否选择清零项？"提示对话框，根据本任务清单要求"不清零"，单击"否"按钮，弹出"月末处理完毕"提示对话框，完成工资管理子系统的月末结账。

（3）核算管理子系统月末结账

①选择"核算"菜单中的"月末结账"命令，弹出"月末结账"对话框，如图7-31所示。

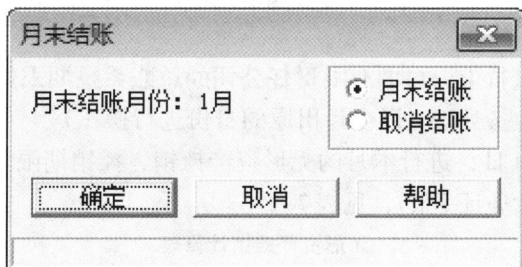

图7-31 月末结账对话框

②单击"确定"按钮，弹出提示对话框，单击"确定"按钮，完成核算管理子系统的月末结账。

（4）总账系统月末结账

①选择"总账"菜单中的"期末→结账"命令，弹出"结账"对话框。选中要结账的月份"2020.01"，单击"对账"按钮，开始核对账簿。

②单击"下一步"按钮，系统显示"2020年01月工作报告"，查看工作报告后，再单击"下一步"按钮，单击"结账"按钮，完成总账系统结账工作。

如果存在不符合结账要求的问题，系统会提示"未通过工作检查，不可以结账！"，需要改正相关问题后，再重新进行结账操作。

2.年度结转

每年12月末，全年业务结束后，需要建立下一年度的年度账并将数据结转到下一年度，才能开始处理下一年的业务。

在进行年度结转之前，应将本年度的账套做好备份。

年度结转的步骤为：

（1）建立下一年度的年度账

以账套主管的身份于本年度登录"系统管理"，选择"年度账"菜单中的"建立"命令，打开"建立年度账"对话框，单击"确认"按钮，弹出"确认建立下一年度账"提示对话框，单击"是"按钮，建立完成后，系统会提示"建立下一年度账成功"。

（2）结转上年数据

再重新以账套主管的身份于下一年度登录"系统管理"，分别选择"年度账"菜单中的"结转上年数据"后的各个子系统结转命令，按照提示完成各子系统上年数据的结转。

结转上年数据时，应先结转总账以外各子系统的上年数据，再结转总账系统的上年数据。

需要注意，工资管理系统在12月份没有月末结账，需要建立年度账后直接进行工资管理系统的上年数据结转，然后进行上一年度12月总账系统的结账，最后结转总账系统的上年数据。

同步训练题

根据以下资料，进行上海白羽有限责任公司的总账系统期末处理。

1.总账系统期末业务处理（以会计田原的身份进行操作）

（1）2020年1月31日，进行本月的无形资产摊销，摊销期限均为5年（要求使用自定义转账功能，附原始凭证1张），见表7-1。

表7-1 无形资产摊销计算表

2020年1月31日

无形资产名称	原值（元）	摊销期数（月）	每月摊销额（元）
专利权	240 000	60	
商标权	72 000	60	
合计	312 000	—	

（2）1月31日，计算并结转本月未交增值税（要求通过记账凭证查询余额功能，自行计算出本月未交增值税金额，附原始凭证1张）。

（3）1月31日，计提本月应交城市维护建设税（税率7%）和教育费附加（征收率3%）（要求使用自定义转账功能，附原始凭证1张）。

（4）1月31日，结转本月外币汇兑损益（期末美元汇率为1：6.85）。

（5）1月31日，结转本月期间损益（要求使用期间损益转账自定义方法实现自动转账，附原始凭证0张）。

（6）1月31日，计提本月应交企业所得税（税率为25%，附原始凭证1张）。

（7）1月31日，结转本月所得税费用（要求采用对应结转功能，附原始凭证0张）。

2.总账系统期末审核凭证与记账

（1）1月31日，以出纳员华泉的身份完成记账凭证的出纳签字。

（2）1月31日，以账套主管孙朋的身份完成记账凭证的审核。

（3）1月31日，以账套主管孙朋的身份完成记账。

3.期末结账

1月31日，以账套主管孙朋的身份完成各系统的月末结账（其中工资管理系统月末处理时不进行清零处理）。

项目八　财务报表系统

─────────────────────□ 项目概览

　　本项目主要介绍了财务报表系统的基本概念、使用报表模板生成基本会计报表、自定义报表等主要内容。

　　本项目的学习目标为：

　　了解：财务报表系统的基本概念。

　　掌握：使用报表模板生成基本会计报表、自定义报表的基本操作。

　　财务报表系统的主要作用是帮助用户及时、方便地编制需要的各种会计报表。用户可以使用报表模板生成常用会计报表或根据需要自定义报表。

　　财务报表系统的主要功能有：提供各行业报表模板、文件管理功能、格式管理功能、数据处理功能、图表功能等。

任务一　了解财务报表系统的基本概念

学习财务报表系统，首先需要了解以下基本概念。

1.报表格式

报表的格式包括以下几个方面：

（1）表头：用来表示报表的名称及报表的编制单位、编制日期、使用的货币单位等基本内容，可能有一行，也可能有若干行。

（2）表体：是报表的主体，由横向的若干栏和纵向的若干行组成。纵向的表格线和横向的表格线将表体部分划分成一些方格用于填写表中的数据，这些方格称为表单元。表单元是组成报表的最小基本单位，每一个表单元都可以用它所在的列坐标和行坐标来表示。

（3）表尾：是指表格线以下进行辅助说明的部分。

表头、表体和表尾是组成报表的基本要素，不同报表的区别实际上是报表中各要素的内容不同。财务报表子系统的基本工作原理就是T3软件提供给用户设置表头、表体和表尾的功能，用户只要运行这些功能，就能得到满足需要的报表。

2.报表公式

在财务报表系统中，报表的格式和报表的数据是分开处理和管理的。其中报表的格式起着说明数据的经济含义和管理数据的作用，而报表的数据则起到反映各期相应经济指标大小的作用。在使用计算机进行报表编制时，表中数据由计算机根据设置好的报表单元公式自动从指定的文件中调取。

报表公式除了报表单元公式外还有报表审核公式和报表舍位平衡公式。其中报表审核公式的作用是根据报表数据间的钩稽关系检查报表数据是否正确。报表舍位平衡公式是将以元为单位的报表转换为以千元或万元为单位的报表时，为保持报表数据的平衡而使用的公式。

在报表的编制过程中，虽然报表中的数据在每个会计期间并不同，但同一报表中各个单元填列数据的规律一般是不变的，如资产负债表中货币资金项目总是调取"库存现金"、"银行存款"和"其他货币资金"的数据。因此在编制不同会计期间的同一会计报表时，报表公式一经设定，其内容一般是固定不变的，每次编制报表时通常不需要重新设定。

报表的格式和公式在编制不同期间的会计报表时通常是不变的，所以表格式和表公式构成了同一会计报表的基本结构，因此在财务报表系统中一般将它们合称为表结构。软件运行表结构文件得到的、填列好具体数字的报表则被称为数字表。

3.报表关键字

报表关键字实质上是一个计算机的取值函数，是表页定位的特定标识。

报表关键字在报表系统中的主要作用是在编制报表时由系统自动地在报表相应位置填列报表编制的年、季、月、日等日期和报表编制单位的名称等内容。报表关键字通常在设置表格式时进行设置。

报表关键字主要包括：单位名称、单位编号、年、季、月、日等，另外还可以根据自己的需要自定义关键字。

任务二　编制基本会计报表

会计工作中的基本报表主要是指资产负债表、利润表、现金流量表等。

这些基本会计报表的格式和公式基本是固定的，为了简化基本报表的编制，T3软件的财务报表系统为用户提供了多个行业的各种财务报表模板，用户可以直接调用系统内的相关报表模板来编制基本会计报表。

1.资产负债表的编制

资产负债表是反映企业在某一特定日期（如月末、季末、年末）全部资产、负债和所有者权益情况的会计报表，是企业经营活动的静态体现。资产负债表是根据"资产=负债+所有者权益"这一会计平衡公式，将某一特定日期的资产、负债、所有者权益的具体项目予以适当排列编制而成的。

任务 8-1

任务清单

2020年1月31日，以账套主管王刚（编号：101，密码：101）的身份利用"资产负债表"模板生成山东华峰家具有限责任公司2020年1月31日的资产负债表。

任务指导

（1）以王刚的身份登录T3软件后，单击T3软件窗口左边的"财务报表"系统名称，点击弹出的提示对话框中的"确定"按钮，进入"财务报表"界面。

（2）选择"文件"菜单中的"新建"命令，弹出"新建"对话框，单击选择对话框左侧"模板分类"栏中的"一般企业（2007年新会计准则）"，再单击选中对话框右侧的"资产负债表"模板，如图8-1所示。

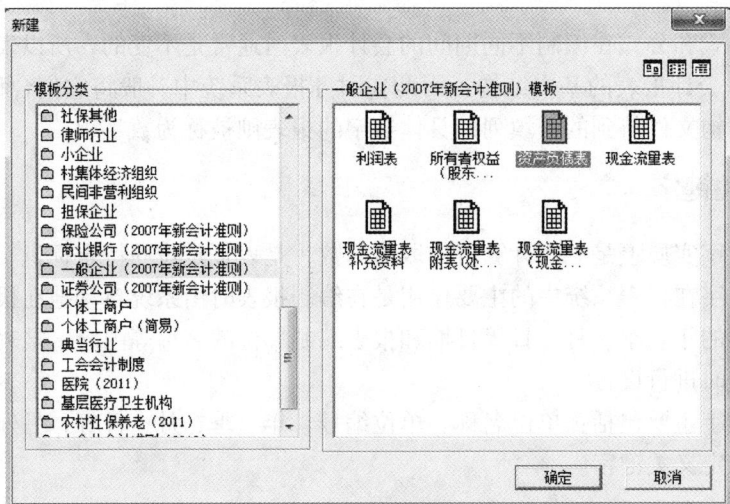

图8-1　"新建"对话框

（3）单击"确定"按钮，打开"资产负债表"模板窗口。单击窗口左下角的"格式/数据"状态切换按钮可以使资产负债表在"格式"或"数据"状态之间切换。请注意，只有在"格式"状态下，才能对单元格中的公式进行编辑。

在"本年利润"账户的期末余额未结转为零的情况下，使用"资产负债表"模板时，需要对表中"未分配利润"项目期末余额的公式进行补充定义，其方法是：

在"资产负债表"模板的"格式"状态下，单击选中"未分配利润"项目的"期末余额"栏，然后选择"数据"菜单中的"编辑公式→单元公式"命令，打开"定义公式"对话框，对其中的公式进行补充定义，如图8-2所示。

图8-2　"定义公式"对话框

（4）单击"确认"按钮，完成公式定义。再单击"格式/数据"状态切换按钮，使资产负债表切换到"数据"状态。

（5）选择"数据"菜单中的"关键字→录入"命令，打开"录入关键字"对话框，录入单位名称为"山东华峰家具有限责任公司"，再分别录入年为"2020"、月为"1"、日为"31"，如图8-3所示。

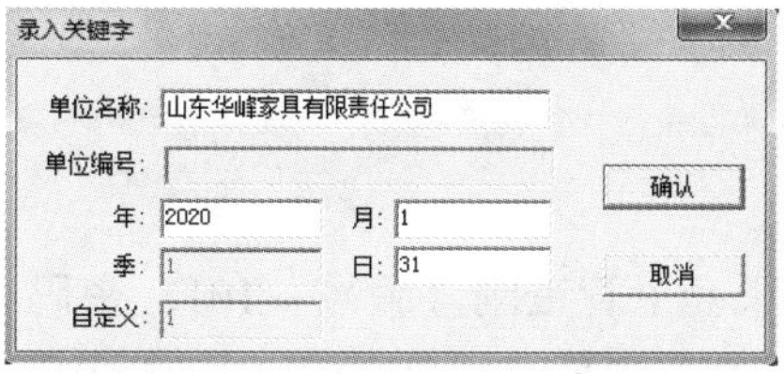

图8-3 "录入关键字"对话框

（6）单击"确认"按钮，再单击弹出的提示对话框中的"是"按钮，系统自动生成华峰公司2020年1月31日的资产负债表，如图8-4所示。

资产负债表

会企01表
单位：元

单位名称：山东华峰家具有限责任公司 2020 年 1 月 31 日

资　产	期末余额	年初余额	负债及所有者权益（或股东权益）	期末余额	年初余额
流动资产：			流动负债		
货币资金	9,753,226.50	6,996,950.00	短期借款	200,000.00	200,000.00
交易性金融资产			交易性金融负债		
应收票据			应付票据		
应收账款		339,000.00	应付账款	50,256.00	40,340.00
预付款项			预收款项		
应收利息			应付职工薪酬	198,000.40	86,200.00
应收股利			应交税费	273,172.65	11,000.00
其他应收款		7,600.00	应付利息	1,000.00	
存货	427,149.09	935,600.00	应付股利		
一年内到期的非流动资产	7,597.50		其他应付款		
其他流动资产			一年内到期的非流动负债		
流动资产合计	10,187,973.09	8,279,150.00	其他流动负债		
非流动资产：			流动负债合计	722,429.05	337,540.00
可供出售金融资产			非流动负债：		
持有至到期投资			长期借款		
长期应收款			应付债券		
长期股权投资			长期应付款		
投资性房地产			专项应付款		
固定资产	1,877,495.21	1,882,938.80	预计负债		
在建工程			递延所得税负债		
工程物资			其他非流动负债		
固定资产清理			非流动负债合计		
生产性生物资产			负债合计	722429.05	337540.00
油气资产			所有者权益（或股东权益）：		
无形资产	480,000.00	480,000.00	实收资本（或股本）	8,700,000.00	7,200,000.00
开发支出			资本公积	500,000.00	800,000.00
商誉			减：库存股		
长期待摊费用			盈余公积		
递延所得税资产			未分配利润	2623039.25	2304548.80
其他非流动资产			所有者权益（或股东权益）合计	11,823,039.25	10,304,548.80
非流动资产合计	2357495.21	2362938.80			
资产总计	12545468.30	10642088.80	负债和所有者权益（或股东权益）总计	12545468.30	10642088.80

图8-4 资产负债表

（7）最后，单击"文件"菜单中的"保存"按钮，将该报表保存到相关的文件夹中即可。

2.利润表的编制

利润表是反映企业在一定期间经营成果的报表。我国的利润表采取多步式结构。

任务 8-2

任务清单

2020年1月31日，以账套主管王刚（编号：101，密码：101）的身份利用"利润表"模板生成山东华峰家具有限责任公司2020年1月的利润表。

任务指导

在财务报表系统中生成利润表的操作过程和生成资产负债表的操作过程基本相同，操作步骤如下：

（1）以王刚的身份登录 T3 软件后，单击 T3 软件窗口左边的"财务报表"系统名称，点击弹出的提示对话框中的"确定"按钮，进入"财务报表"界面。

（2）选择"文件"菜单中的"新建"命令，弹出"新建"对话框，单击选择对话框左侧"模板分类"栏中的"一般企业（2007年新会计准则）"，再单击选中对话框右侧的"利润表"模板，如图 8-5 所示。

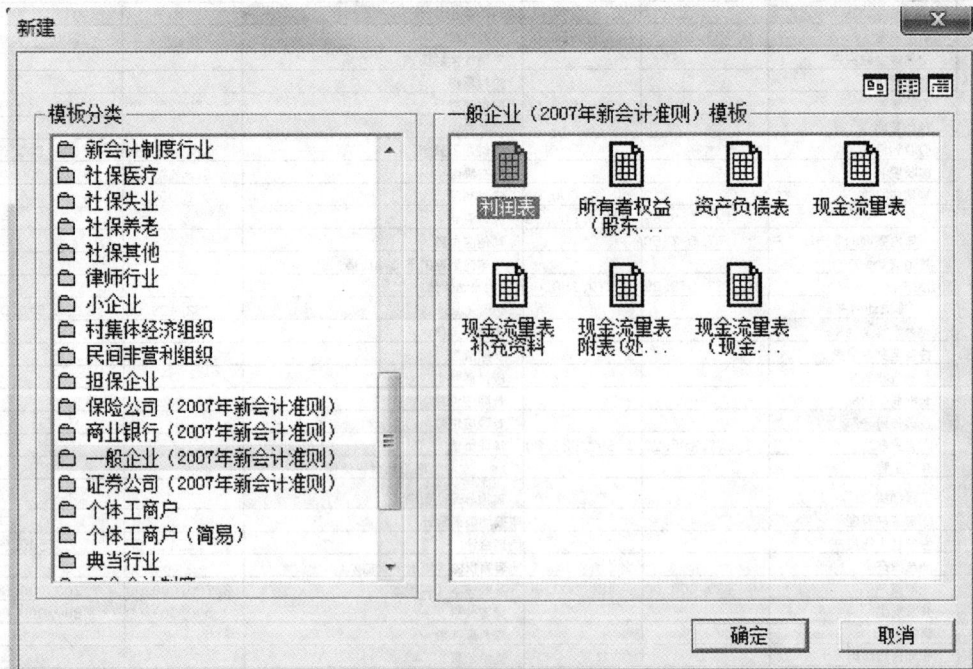

图 8-5 "新建"对话框

（3）单击"确定"按钮，打开"利润表"模板窗口。单击窗口左下角的"格式/数据"状态切换按钮，使利润表切换到"数据"状态。

（4）选择“数据”菜单中的“关键字→录入”命令，打开“录入关键字”对话框，录入单位名称为“山东华峰家具有限责任公司”，再分别录入年为“2020”、月为“1”，如图8-6所示。

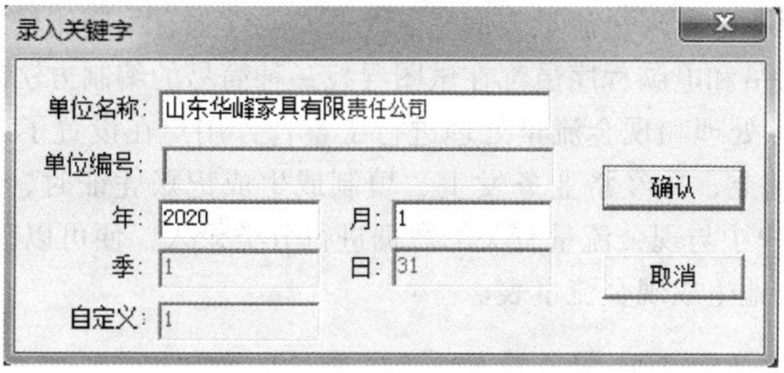

图8-6　“录入关键字”对话框

（5）单击“确认”按钮，再单击弹出的提示对话框中的“是”按钮，系统自动生成华峰公司2020年1月的利润表，如图8-7所示。

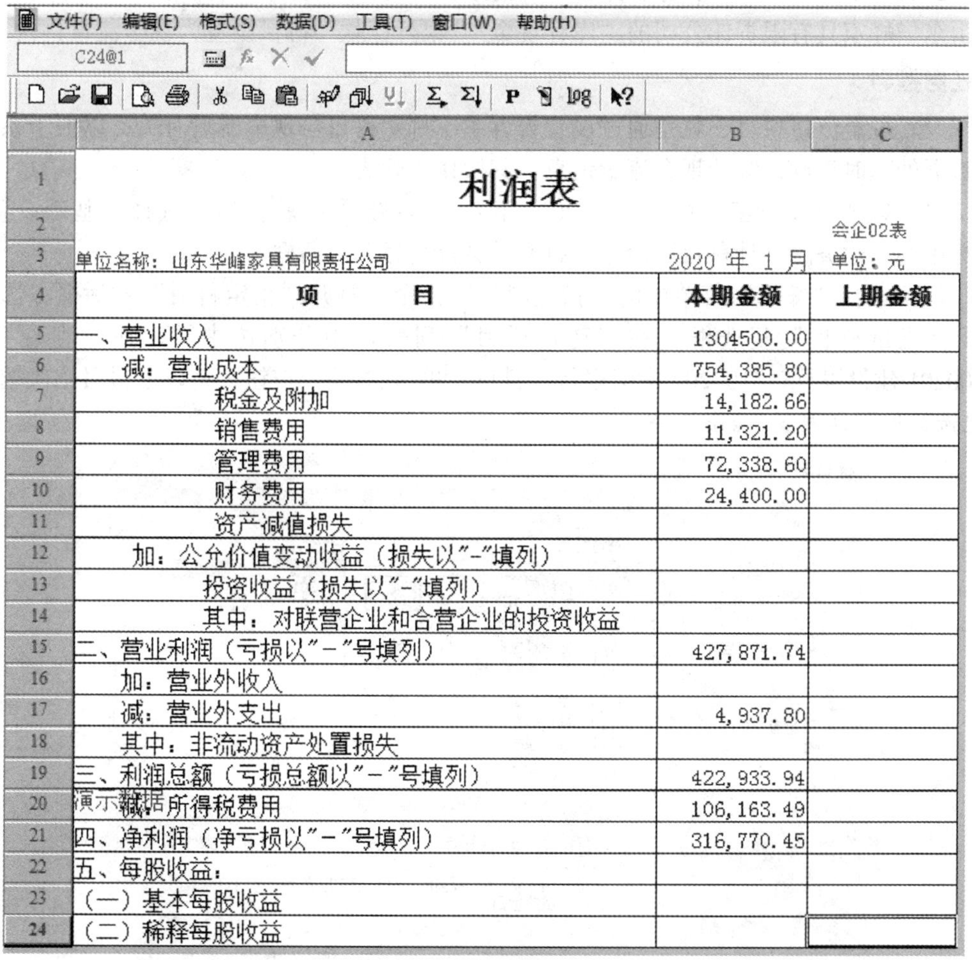

利润表

会企02表

单位名称：山东华峰家具有限责任公司　　2020 年 1 月　　单位：元

项　　目	本期金额	上期金额
一、营业收入	1304500.00	
减：营业成本	754,385.80	
税金及附加	14,182.66	
销售费用	11,321.20	
管理费用	72,338.60	
财务费用	24,400.00	
资产减值损失		
加：公允价值变动收益（损失以"-"填列）		
投资收益（损失以"-"填列）		
其中：对联营企业和合营企业的投资收益		
二、营业利润（亏损以"-"号填列）	427,871.74	
加：营业外收入		
减：营业外支出	4,937.80	
其中：非流动资产处置损失		
三、利润总额（亏损总额以"-"号填列）	422,933.94	
减：所得税费用	106,163.49	
四、净利润（净亏损以"-"号填列）	316,770.45	
五、每股收益：		
（一）基本每股收益		
（二）稀释每股收益		

图8-7　利润表

（6）最后，单击“文件”菜单中的“保存”按钮，将该报表保存到相关的文件夹中即可。

3.现金流量表的编制

现金流量表反映的是企业一定时期内现金和现金等价物流入和流出的信息，是以收付实现制为基础编制的。现金流量表信息量大、专业性强、编制比较困难且容易出现差错，大多数会计人员和电脑程序员都在试图寻找一种简易的编制方法。

T3软件将账务处理和现金流量处理进行了整合，用户在设置了现金流量科目和现金流量项目的基础上，在经济业务发生、填制或生成记账凭证时，再将"库存现金""银行存款"等账户中与现金流量有关的数据进行分类录入，便可以借助T3软件的财务报表系统比较方便地生成现金流量表。

任务 8-3

任务清单

2020年2月1日，以账套主管王刚（编号：101，密码：101）的身份登录T3软件，将山东华峰家具有限责任公司的"库存现金""银行存款"科目设置为现金流量科目。

任务指导

设置现金流量科目，就是通过设置告诉系统哪些科目与现金流量有关，以便于系统在数据处理时正确地统计现金流量信息。其操作步骤为：

（1）以账套主管王刚的身份于2020年2月1日登录T3软件后，选择"基础设置"菜单中的"财务→会计科目"命令，打开"会计科目"对话框。

（2）选择"编辑"菜单中的"指定科目"命令，打开"指定科目"对话框，选中"现金流量科目"复选框，在"待选科目"列表框中分别选中"1001 库存现金""100201 建设银行""100202 中国银行"科目，单击" > "按钮，将以上科目依次选入"已选科目"列表框，如图8-8所示。

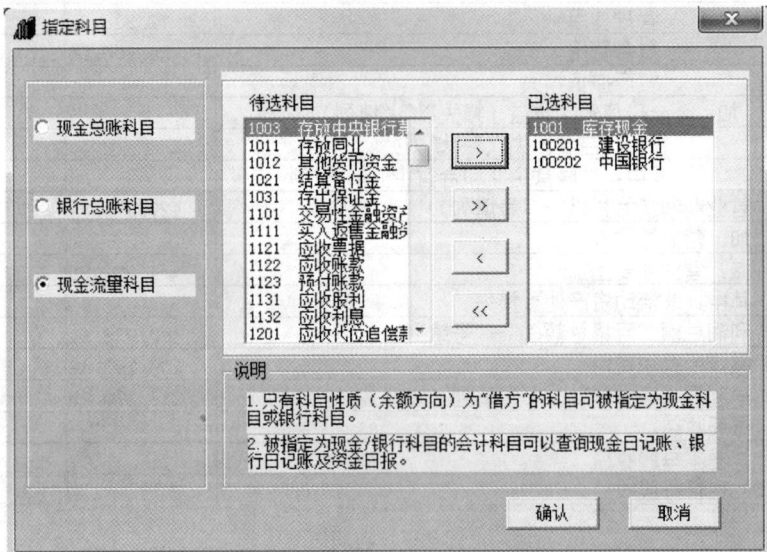

图8-8 "指定科目"对话框

（3）单击"确认"按钮，完成现金流量科目的设置。

任务 8-4

任务清单

2020年2月1日，以账套主管王刚（编号：101，密码：101）的身份登录T3软件，设置山东华峰家具有限责任公司的现金流量项目。

任务指导

（1）以账套主管王刚的身份于2020年2月1日登录T3软件后，选择"基础设置"菜单中的"财务→项目目录"命令，打开"项目档案"对话框。

（2）单击工具栏中的"增加"按钮，弹出"项目大类定义_增加"对话框，选中"现金流量项目"复选框，再在其后的列表框中选择"一般企业（新准则）"选项，如图8-9所示。

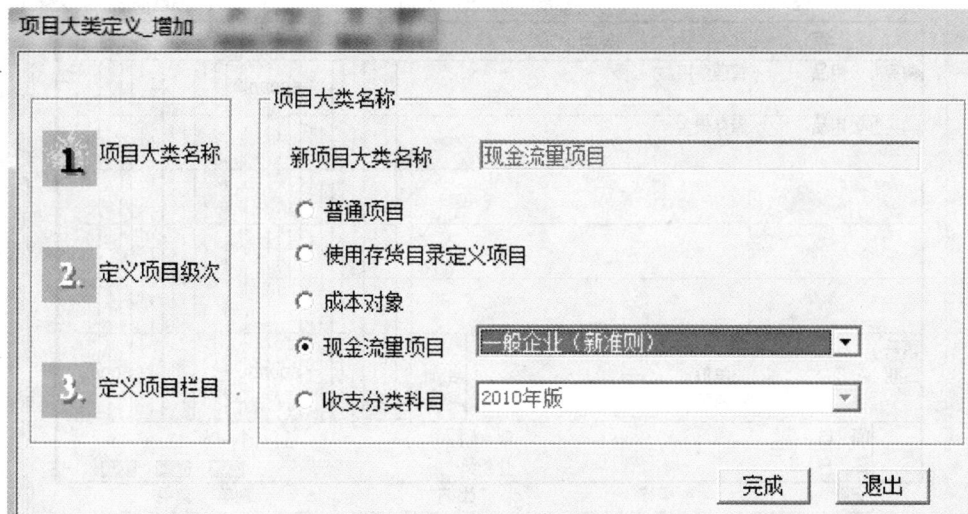

图8-9　"项目大类定义_增加"对话框

（3）单击"完成"按钮，弹出"预置完毕"提示对话框，单击"确定"按钮，返回"项目档案"对话框后，单击"退出"按钮，完成现金流量项目的设置。

设置好以上现金流量科目和现金流量项目之后，在填制或生成记账凭证时，就可以录入现金流量数据了。

任务 8-5

任务清单

以操作员赵平（编号：103，密码：103）的身份登录T3软件，填制以下业务的记账凭证：

2020年2月1日，山东华峰家具有限责任公司的财务部以现金600元购入办公用品一批，取得了对方开具的增值税普通发票（附原始凭证1张）。

会计分录提示如下：

借：管理费用——办公费　　　　　　　　　　　　　　　　　　　　　600

　　贷：库存现金　　　　　　　　　　　　　　　　　　　　　　　　　　600

任务指导

（1）以赵平的身份登录T3软件后，进入总账系统，选择"填制凭证"命令，弹出"填制凭证"对话框后，单击工具栏中的"增加"按钮，然后填制该业务的记账凭证，如图8-10所示。

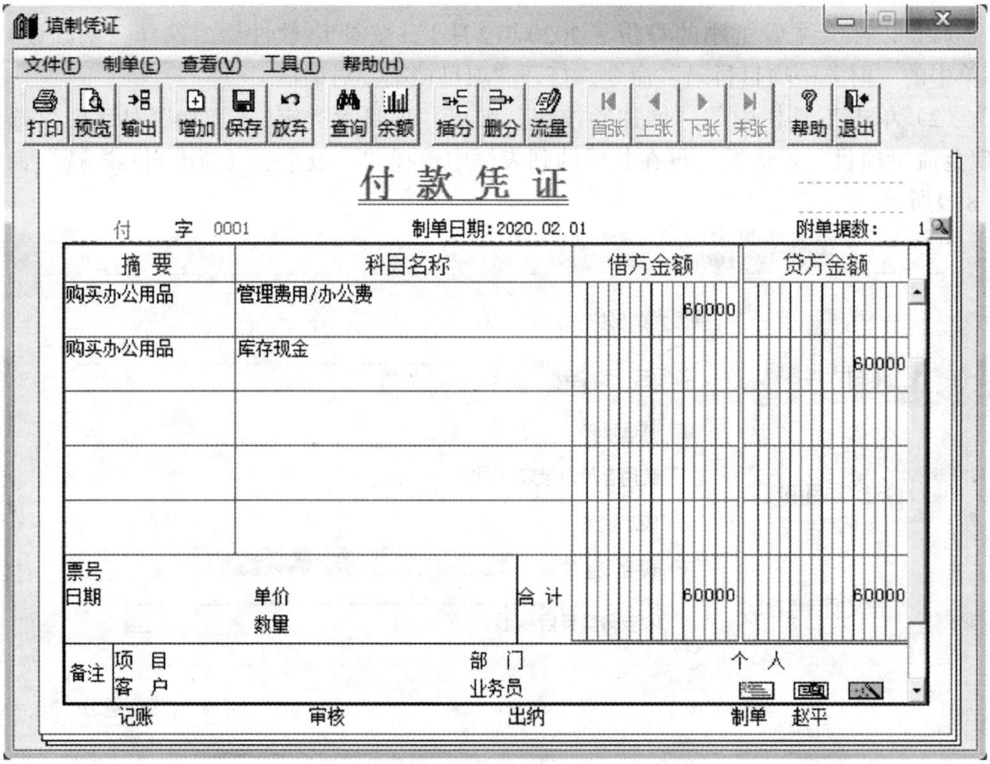

图8-10　记账凭证

（2）单击"保存"按钮时（或者先单击选择"库存现金"科目，再单击"流量"按钮），会弹出"现金流量表"对话框。

单击对话框中的"增加"按钮后，在该对话框的新增行中，单击"项目编码"栏中的"$\mathbb{Q}$（浏览）"按钮，在弹出的"参照"对话框中通过双击选择"07 支付其他与经营活动有关的现金"项目，如图8-11所示。

（3）单击"保存"按钮，将该笔业务的现金流量信息予以保存。然后再单击"填制凭证"对话框中的"保存"按钮，单击弹出的提示对话框中的"确定"按钮，完成该记账凭证的填制。

其他业务情况下的现金流量信息处理本书不再举例说明，请读者结合以上操作步骤，运用现金流量表编制的原理进行相关处理。

通过这种方法，就可以将现金流量的归集处理工作分解到日常记账凭证填制中，为

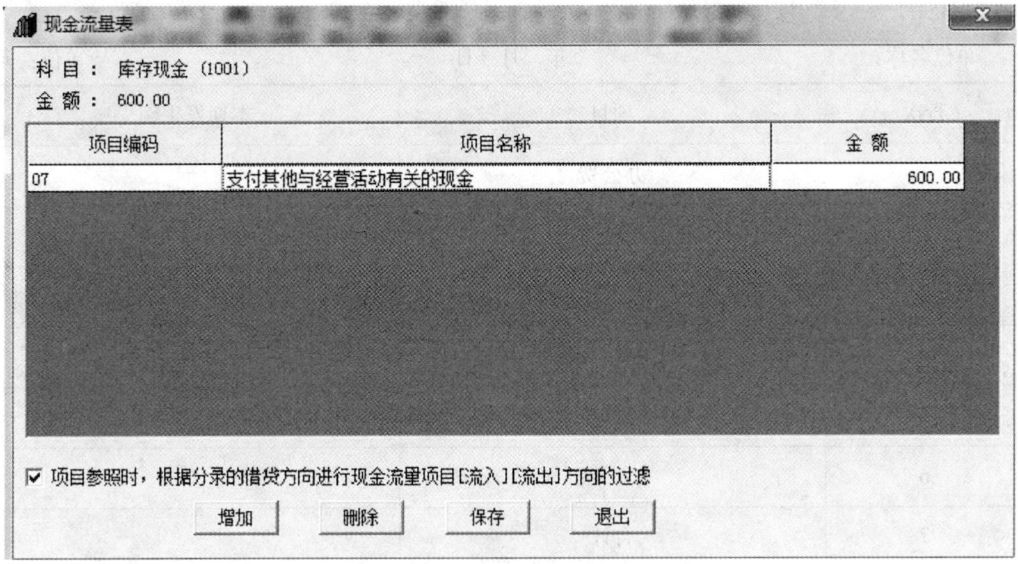

图 8-11 "现金流量表"对话框

期末编制现金流量表打下基础。

在财务报表系统中，期末生成现金流量表的操作步骤和前述生成资产负债表及利润表的操作步骤是基本相同的，本书不再赘述。

要点提示
● 在期初余额、记账凭证、记账等无错误的前提下，如果资产负债表中的资产与权益的期末余额仍然不平衡，一般需要修改"未分配利润"项目的公式。
● 在会计报表的"格式"状态下，才可以编辑、修改单元公式；在"数据"状态下，才可以录入关键字生成会计报表。

任务三　编制自定义报表

自定义报表，是用户根据自己的实际需要来定义、生成一张报表。

编制自定义报表，首先应该定义报表数据的载体——报表格式。不同的报表，其格式定义的具体内容也会不同，但是一般情况下，需要定义的报表格式应该包括表头、表体、表尾等内容。

本任务通过自定义一张"管理费用统计表"的过程，简要介绍自定义报表的基本操作步骤。

任务 8-6

任务清单

以账套主管王刚（编号：101，密码：101）的身份于 2020 年 1 月 31 日登录 T3 软件，定义并生成山东华峰家具有限责任公司的"管理费用统计表"（见表 8-1）。

表8-1 管理费用统计表

单位名称： 年 月 日 单位：元

行次	项目	本期发生额
1	办公费	
2	差旅费	
3	工资	
4	职工教育经费	
5	住房公积金	
6	折旧费	
7	合计	

制表人：王刚

格式要求：

1.表头两行的行高设置为"7毫米"，其他行的行高采用默认值；"行次"列的列宽设置为"20毫米"，其他各列的列宽设置为"60毫米"。

2.表头中的第一行标题"管理费用统计表"设置为"宋体、14号、水平和垂直方向居中"，第二行的"单位：元"设置为"宋体、12号、水平方向居右、垂直方向居中"。

表体内文字均设置为"宋体、12号、水平和垂直方向居中"。

表尾的"制表人：王刚"设置为"宋体、12号、水平方向居右、垂直方向居中"。

3.将"单位名称"和"年"、"月"、"日"设置为关键字，并分别设置"年"的偏移量为"-130"、"月"的偏移量为"-100"、"日"的偏移量为"-70"。

任务指导

（1）以账套主管王刚的身份于2020年1月31日登录T3软件后，单击T3软件窗口左边的"财务报表"系统名称，单击弹出的提示对话框中的"确定"按钮，进入"财务报表"界面。

（2）选择"文件"菜单中的"新建"命令，弹出"新建"对话框，选择左侧"模板分类"栏中的"常用"类别选项，再单击选中右侧"常用模板"栏中的"空报表"，如图8-12所示。

（3）单击"确定"按钮，系统打开一张默认名为"report1"的空白报表。

（4）选择"数据"菜单下的"账套初始"命令，打开"账套及时间初始"对话框，如图8-13所示。

（5）确认账套号为"001"、会计年度为"2020"后，单击"确认"按钮，完成账套初始设置。

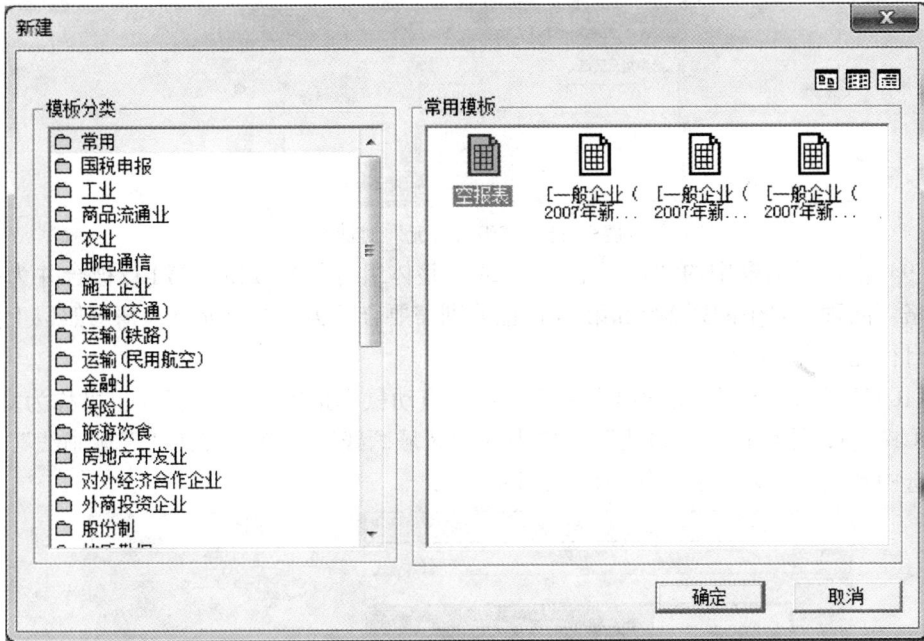

图8-12 "新建"对话框

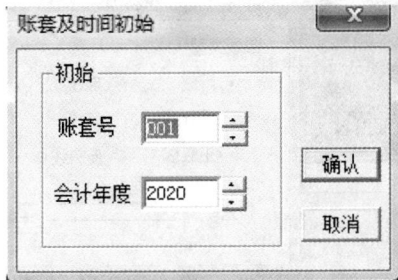

图8-13 "账套及时间初始"对话框

（6）确认当前报表状态为"格式"状态后，选择"格式"菜单中的"表尺寸"命令，打开"表尺寸"对话框，根据任务清单资料，将"行数"设置为"11"、"列数"设置为"3"，如图8-14所示。

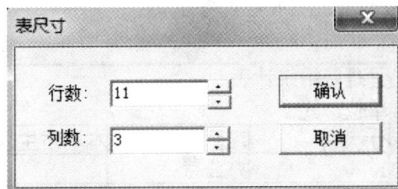

图8-14 "表尺寸"对话框

（7）单击"确认"按钮，系统生成一张"11行3列"的空报表。

（8）根据任务清单资料，需要将报表第1行合并为一个单元格。首先拖动鼠标选中第1行，然后选择"格式"菜单中的"组合单元"命令，打开"组合单元"对话框，如图8-15所示。

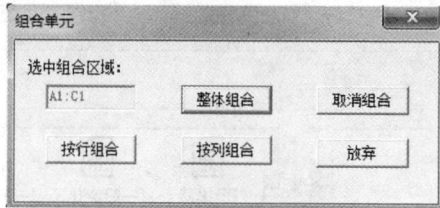

图8-15 "组合单元"对话框

（9）单击对话框中的"按行组合"（或"整体组合"）按钮，第1行被合并为一个单元格。同理，表中的第2行和第11行也分别需要合并为一个单元格，请参照以上操作步骤自行完成合并操作。

（10）表体部分还需要画出表格线，首先拖动鼠标选中第3~10行（也可称为"A3：C10区域"），然后选择"格式"菜单中的"区域画线"命令，打开"区域画线"对话框，选中"网线"复选框，如图8-16所示。

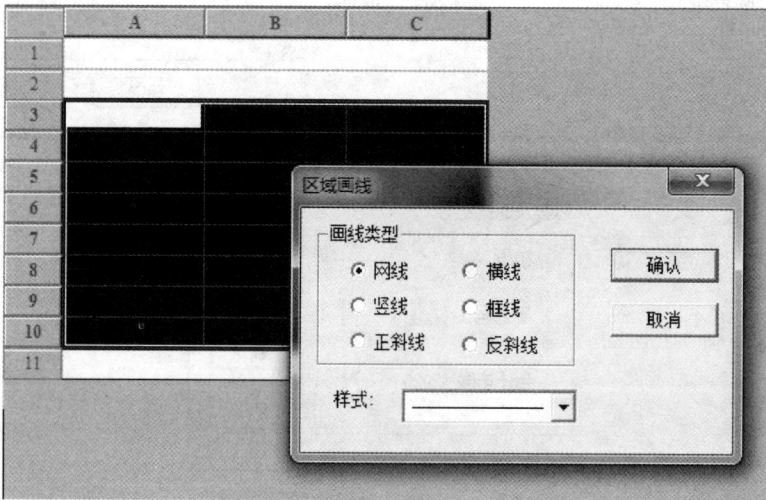

图8-16 "区域画线"对话框

（11）单击"确认"按钮，完成表体部分的画线操作。然后分别选中相关单元格，录入任务清单资料中的各单元格内文字（请注意，需要设为关键字的"单位名称"和"年"、"月"、"日"不需录入），如图8-17所示。

图8-17 管理费用统计表

（12）然后根据任务清单资料调整行高。选中表格第1、2行后，选择"格式"菜单中的"行高"命令，打开"行高"设置对话框，将行高调整为"7毫米"，如图8-18所示。

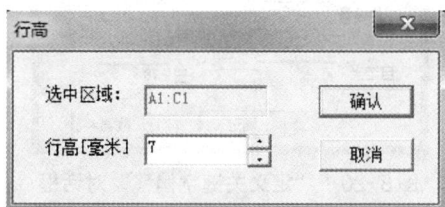

图8-18　"行高"对话框

（13）单击"确认"按钮，完成第1行的行高设置。其他各行的行高则采用默认值。

（14）根据任务清单资料调整各列的宽度。首先拖动鼠标选中A列，然后选择"格式"菜单下的"列宽"命令，打开"列宽"设置对话框，将列宽调整为"20毫米"；同理，将其余两列的宽度设置为"60毫米"。

（15）进行报表中文字字体和对齐方式的设置。选中第1行（标题行），然后选择"格式"菜单中的"单元属性"命令，打开"单元格属性"对话框，选择"字体图案"选项卡，根据任务清单资料，将字体设置为"宋体、14号"，再选择"对齐"选项卡，将"水平方向"和"垂直方向"均选择设置为"居中"，单击"确定"按钮，完成第1行字体和对齐方式的设置。请参照以上步骤，继续完成报表中其他各行文字字体和对齐方式的设置，设置完成后的报表如图8-19所示。

	A	B	C
1		管理费用统计表	
2			单位：元
3	行次	项目	本期发生额
4	1	办公费	
5	2	差旅费	
6	3	工资	
7	4	职工教育经费	
8	5	住房公积金	
9	6	折旧费	
10	7	合计	
11			制表人：王刚

图8-19　管理费用统计表

（16）进行关键字的设置。先选中第2行，然后选择"数据"菜单中的"关键字→设置"命令，打开"设置关键字"对话框，单击选中"单位名称"复选框，单击"确定"按钮，将"单位名称"设为关键字。参照此步骤，将"年""月""日"也分别设置为关键字。

（17）设置关键字的偏移量，以使关键字移动到合适的位置。选择"数据"菜单中的"关键字→偏移"命令，打开"定义关键字偏移"对话框，并根据任务清单资料，分别在"年"后录入"-130"、在"月"后录入"-100"、在"日"后录入"-70"，如图8-20所示。

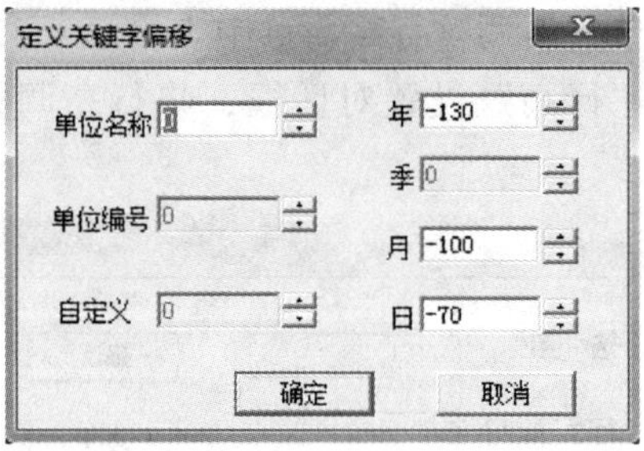

图8-20　"定义关键字偏移"对话框

（18）单击"确定"按钮，完成关键字的偏移设置，如图8-21所示。

	A	B	C
1		管理费用统计表	
2	单位名称：xxxxxxxxxxxxxxxxxxxxxxxxxxxxx 年xx 月xx 日		单位：元
3	行次	项目	本期发生额
4	1	办公费	
5	2	差旅费	
6	演示数据	工资	
7	4	职工教育经费	
8	5	住房公积金	
9	6	折旧费	
10	7	合计	
11			制表人：王刚

图8-21　管理费用统计表

（19）进行相关单元公式的设置。C4至C9各单元格中，各单元公式应定义为取"管理费用"各相关明细科目的借方发生额，C10单元格的公式应定义为取C4至C9各单元格数据的和。

先单击选中"C4"单元格，然后选择"数据"菜单中的"编辑公式→单元公式"命令（或直接单击"fx"按钮），打开"定义公式"对话框，单击其中的"函数向导"按钮，打开"函数向导"对话框，选择"用友账务函数"→"发生（FS）"，如图8-22所示。

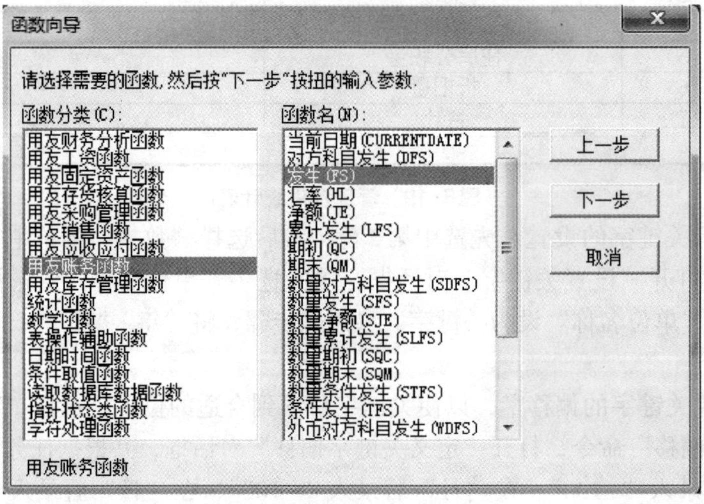

图8-22　"函数向导"对话框

（20）单击"下一步"按钮，打开"用友账务函数"对话框，再单击"参照"按钮，打开"账务函数"对话框，选择"科目"为"660205"，其他选项均采用默认项，如图8-23所示。

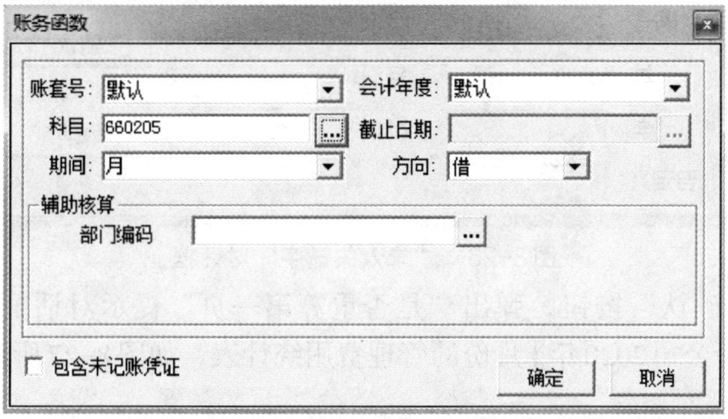

图8-23 "账务函数"对话框

（21）单击"确定"按钮，返回"用友账务函数"对话框，再单击"确认"按钮，返回"定义公式"对话框，如图8-24所示。

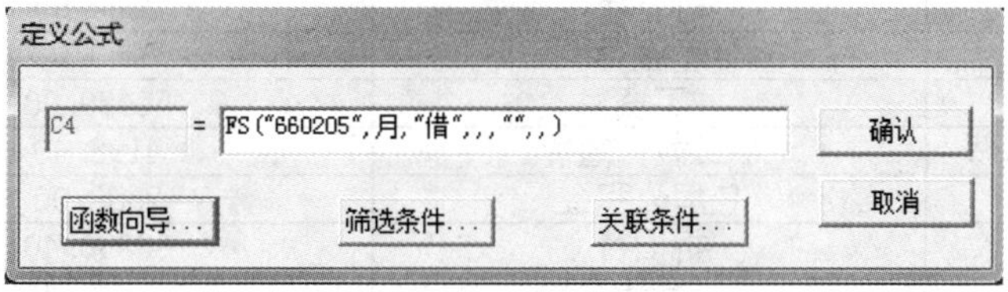

图8-24 "定义公式"对话框

（22）单击"确认"按钮，完成"C4"单元格的公式定义。

（23）请参照以上步骤，自行完成C5至C9各单元格的公式定义，在此不再赘述。

（24）再选中"C4：C9"区域，单击工具栏上的"∑↓"（向下求和）命令，将C10单元格的公式定义为取"C4：C9"区域的和。完成格式定义后的"管理费用统计表"（格式状态）如图8-25所示。

图8-25 管理费用统计表（格式状态）

（25）单击窗口左下角的"数据/格式"切换按钮，将该表切换到"数据"状态。

（26）选择"数据"菜单中的"关键字→录入"命令，打开"录入关键字"对话框，录入"单位名称"和"年"、"月"、"日"关键字，如图8-26所示。

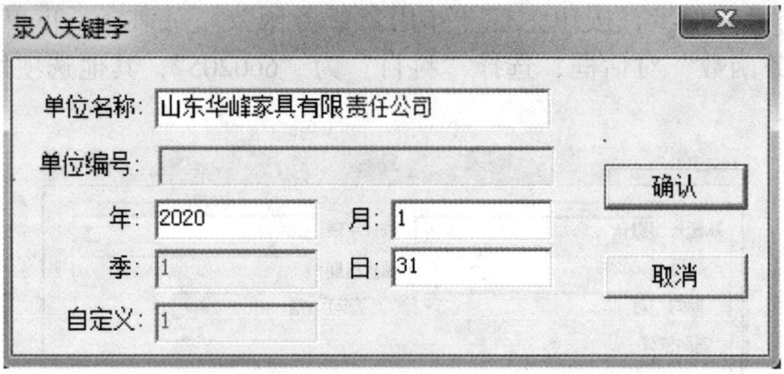

图8-26 "录入关键字"对话框

（27）单击"确认"按钮，弹出"是否重算第一页"提示对话框，单击"是"按钮，系统生成华峰公司2020年1月份的管理费用统计表，如图8-27所示。

	A	B	C
1		管理费用统计表	
2	单位名称：山东华峰家具有限责任公司	2020 年 1 月 31 日	单位：元
3	行次	项目	本期发生额
4	1	办公费	2000.00
5	2	差旅费	7800.00
6	3	工资	52480.00
7	演示数据	职工教育经费	4198.40
8	5	住房公积金	2358.00
9	6	折旧费	68836.40
10	7	合计	137672.80
11			制表人：王刚

图8-27 管理费用统计表（数据状态）

（28）最后，单击"文件"菜单中的"保存"按钮，将该报表保存到相关的文件夹中即可。

> **要点提示**
>
> ● 进行账套及时间初始设置，可以简化报表公式设置时的参数设置。
> ● 报表的格式和公式设置都必须在其"格式"状态下进行。
> ● 单位名称、日期一般不作为文字内容输入，而是设置为关键字。
> ● 关键字的偏移量单位为像素，负数值表示向左移动，正数值表示向右移动。
> ● 单元公式中涉及的字符均为英文半角字符。
> ● 追加表页和插入表页均需在"数据"状态下进行，表页排序也需在"数据"状态下进行。

同步训练题

以账套主管孙朋的身份，生成上海白羽有限责任公司2020年1月31日的资产负债表和2020年1月的利润表。

综合训练题

企业基本情况及主要会计政策：

1.山东华阳有限公司是一家制造业企业，执行2007年新企业会计准则。

2.公司基本存款账户开户银行为中国工商银行青岛市人民路支行，账号为666555321，纳税人识别号为37006628。

3.该公司是增值税一般纳税人，生产并销售的产品适用的增值税税率为13%，适用的城市维护建设税税率为7%、教育费附加征收率为3%、企业所得税税率为25%。

4.生产中使用的原材料有A、B、C三种。生产的产品有甲、乙两种，采用品种法计算产品成本。

5.原材料库采用"先进先出法"、产成品库采用"移动平均法"计算发出存货的成本。

6.存货的暂估成本处理采用"单到回冲"方式。

7.采用的凭证类别是通用记账凭证。

一、账套初始化资料

（一）系统管理部分（以系统管理员admin的身份进行操作）

1.增加操作员（见表综-1）

表综-1　　　　　　　　　　　　　　操作员资料

编号	姓名	口令	所属部门
301	赵凯	301	财务部
302	郑慧	302	财务部
303	陈杰	303	财务部

2.建立账套

（1）账套信息

账套号：003；账套名称：山东华阳有限公司；采用默认账套路径；启用会计期：2020年6月；会计期间设置：6月1日至12月31日。

（2）单位信息

单位名称：山东华阳有限公司；单位简称：华阳公司。

（3）核算类型

该企业的记账本位币为人民币（RMB）；企业类型为工业；行业性质为2007年新会

计准则；账套主管为赵凯；按行业性质预置科目。

（4）基本信息

该企业有外币核算，需要对存货进行分类，不需要对客户、供应商进行分类。

（5）分类编码方案

科目编码级次：4222；其他：默认。

（6）数据精度

默认。

（7）系统启用

"固定资产""总账""核算管理""工资管理""购销存管理"模块，启用日期为
2020年6月1日。

3.授权给各操作员（见表综-2）

表综-2　　　　　　　　　　　　　　各操作员的权限

姓名	岗位	具有权限
赵凯	财务主管	设为"账套主管"
郑慧	出纳	"现金管理"的全部操作权限、"总账"中的"出纳签字"权限
陈杰	会计	"公共目录设置"、"往来"、"固定资产"、"总账"（除"审核凭证""出纳签字"以外）、"财务报表"、"工资管理"、"应付管理"、"应收管理"、"核算管理"、"采购管理"、"销售管理"、"库存管理"的全部权限

（二）基础档案部分（以账套主管赵凯的身份于2020年6月1日进行操作）

1.设置部门档案（见表综-3）

表综-3　　　　　　　　　　　　　　部门档案

部门编码	部门名称
1	管理部
2	财务部
3	采购部
4	仓储部
5	销售部
6	制造部

2.设置职员档案（见表综-4）

表综-4 职员档案

职员编号	职员名称	所属部门
101	张方	管理部
102	孙辰	管理部
201	赵凯	财务部
202	郑慧	财务部
203	陈杰	财务部
301	陆海	采购部
401	贺强	仓储部
501	赵龙	销售部
601	杨远	制造部
602	安平	制造部
603	姜伟	制造部
604	方成	制造部
605	齐名	制造部
606	范伟	制造部
607	刘立	制造部
608	李全	制造部
609	田原	制造部

3.设置客户档案（见表综-5）

表综-5 客户档案

编号	客户名称	客户简称	纳税人识别号	开户银行	银行账号	地址	邮政编码
001	山东科明有限公司	科明公司	78096006	交通银行三山路支行	230999123	青岛市三山路6号	266028
002	山东佳元有限公司	佳元公司	56782731	建设银行望亭路支行	370666789	济南市望亭路3号	250012
003	山东易方有限公司	易方公司	57897997	工商银行中海路支行	230888567	青岛市中海路9号	266020

4.设置供应商档案（见表综-6）

表综-6　　　　　　　　　　　供应商档案

编号	供应商名称	供应商简称	纳税人识别号	开户银行	银行账号	地址	邮政编码
001	山东大川有限公司	大川公司	23977007	农业银行秀月路支行	230666221	青岛市秀月路6号	266015
002	山东灵克有限公司	灵克公司	65321953	工商银行福山路支行	330555233	烟台市福山路2号	264006
003	山东英特有限公司	英特公司	27631023	交通银行西川路支行	550999776	济南市西川路9号	250036
004	青岛电力股份有限公司	电力公司	96889112	建设银行武胜路支行	770666131	青岛市武胜路8号	266026
005	山东顺行运输有限公司	顺行公司	56500919	工商银行平安路支行	990888790	青岛市平安路5号	266018

5.设置明细科目及相关辅助核算信息（见表综-7）

表综-7　　　　　　　　明细科目及相关辅助核算信息

科目编码	科目名称	辅助核算	受控系统
1001	库存现金	日记账	
1002	银行存款		
100201	工商银行	日记账、银行账	
100202	中国银行	外币核算币种：美元 日记账、银行账	
1121	应收票据	客户往来	
1122	应收账款	客户往来	应收
1123	预付账款	供应商往来	应付
1221	其他应收款	个人往来	
1402	在途物资		
1403	原材料		
1405	库存商品		
1601	固定资产		
1602	累计折旧		
1701	无形资产		

续表

科目编码	科目名称	辅助核算	受控系统
170101	专利权		
170102	商标权		
170103	非专利技术		
1702	累计摊销		
2001	短期借款		
2201	应付票据	供应商往来	
220201	应付货款	供应商往来	应付
220202	暂估应付账款	供应商往来	
2203	预收账款	客户往来	应收
2211	应付职工薪酬		
221101	工资		
221102	职工福利		
221103	职工教育经费		
221104	工会经费		
221105	单位社会保险费		
221106	单位住房公积金		
2221	应交税费		
222101	应交增值税		
22210101	进项税额		
22210102	销项税额		
22210103	已交税金		
22210104	进项税额转出		
22210105	转出未交增值税		
22210106	转出多交增值税		
222102	未交增值税		
222103	应交城市维护建设税		
222104	应交教育费附加		
222105	应交个人所得税		

科目编码	科目名称	辅助核算	受控系统
222106	应交企业所得税		
2231	应付利息		
2241	其他应付款		
224101	个人养老保险费		
224102	个人医疗保险费		
224103	个人失业保险费		
224104	个人住房公积金		
4001	实收资本		
4002	资本公积		
4103	本年利润		
4104	利润分配		
410401	未分配利润		
5001	生产成本		
500101	直接材料	项目核算	
500102	直接人工	项目核算	
500103	制造费用	项目核算	
5101	制造费用		
510101	工资		
510102	职工福利费		
510103	工会经费		
510104	职工教育经费		
510105	社会保险费		
510106	住房公积金		
510107	水电费		
510108	折旧费		
510109	其他		
6601	管理费用		
660101	工资		

科目编码	科目名称	辅助核算	受控系统
660102	职工福利费		
660103	工会经费		
660104	职工教育经费		
660105	社会保险费		
660106	住房公积金		
660107	折旧费		
660108	水电费		
660109	运费		
660110	广告费		
660111	其他		
6602	销售费用		
660201	工资	部门核算	
660202	职工福利费	部门核算	
660203	工会经费	部门核算	
660204	职工教育经费	部门核算	
660205	社会保险费	部门核算	
660206	住房公积金	部门核算	
660207	办公费	部门核算	
660208	差旅费	部门核算	
660209	业务招待费	部门核算	
660210	折旧费	部门核算	
660211	水电费	部门核算	
660212	无形资产摊销	部门核算	
660213	其他	部门核算	
6603	财务费用		
660301	借款利息		
660302	存款利息		
660303	现金折扣		
660304	汇兑损益		
660305	其他		

6.修改会计科目

修改账套中的"营业税金及附加"科目名称为"税金及附加"。

7.设置凭证类别

设置为：记账凭证。

8.设置项目目录（见表综-8）

表综-8　　　　　　　　　　　　　　项目目录

项目设置步骤	设置内容
项目大类	生产成本
核算科目	直接材料（500101） 直接人工（500102） 制造费用（500103）
项目分类定义	1.内销类 2.出口类
项目目录	101　甲产品（所属分类：1）（是否结算：否） 102　乙产品（所属分类：1）（是否结算：否）

9.设置外币及汇率

币符：USD；币名：美元；固定汇率1：6.80。

10.指定会计科目

指定"库存现金"为现金总账科目，指定"银行存款"为银行总账科目。

11.设置结算方式（见表综-9）

表综-9　　　　　　　　　　　　　　结算方式

结算方式编码	结算方式名称	票据管理
1	现金	否
2	支票	否
201	现金支票	是
202	转账支票	是
3	银行汇票	否
4	商业汇票	否
5	电汇	否
6	其他	否

12.设置付款条件（见表综-10）

表综-10　　　　　　　　　　　　　　付款条件

编码	付款条件	备注
01	2/10，1/20，n/30	

13.设置开户银行（见表综-11）

表综-11　　　　　　　　　　　　　　开户银行

编码	开户银行	银行账号
1	工商银行青岛市人民路支行	666555321
2	中国银行青岛市平山路支行	333222160

14.设置仓库档案（见表综-12）

表综-12　　　　　　　　　　　　　仓库档案

仓库编码	仓库名称	所属部门	负责人	计价方式
1	原材料库	仓储部	贺强	先进先出法
2	产成品库	仓储部	贺强	移动平均法

15.设置收发类别（见表综-13）

表综-13　　　　　　　　　　　　　收发类别

所属类别	编码	类别名称	收发标志
入库类别	17	盘盈入库	收
出库类别	26	盘亏出库	发

16.设置费用项目（见表综-14）

表综-14　　　　　　　　　　　　　费用项目

编码	费用项目名称	备注
01	代垫运费	

17.设置存货分类档案（见表综-15）

表综-15　　　　　　　　　　　　　存货分类档案

类别编码	类别名称
01	原材料
02	产成品
03	劳务费用

18.设置存货档案（见表综-16）

表综-16　　　　　　　　　　　　　存货档案

存货编号	存货名称	计量单位	所属分类	税率	存货属性
101	A材料	千克	01	13%	外购、生产耗用
102	B材料	吨	01	13%	外购、生产耗用
103	C材料	千克	01	13%	外购、生产耗用
201	甲产品	件	02	13%	销售、自制、在制
202	乙产品	件	02	13%	销售、自制、在制
301	运费	吨千米	03	9%	外购、劳务费用

（三）固定资产系统初始设置（以账套主管赵凯的身份于2020年6月1日进行操作）

1.设置固定资产系统控制参数

（1）启用月份：2020年6月。

（2）折旧方法：本账套计提折旧，采用平均年限法（一）。

（3）折旧分配汇总周期：一个月；当（月初已计提折旧月份=可使用月份-1）时，将剩余折旧全部提足（工作量法除外）。

（4）固定资产编码方式：2112；采用自动编码，选择"类别编号+部门编号+序号"，卡片序号长度设定为"3"。

（5）固定资产对账科目：1601固定资产；累计折旧对账科目：1602累计折旧

（6）补充控制参数：

①业务发生后立即制单；

②月末结账前一定要完成制单登账业务；

③固定资产可纳税调整的增加方式：直接购入；

固定资产缺省入账科目：1601　固定资产；

累计折旧缺省入账科目：1602　累计折旧；

可抵扣税额入账科目：22210101　应交税费——应交增值税（进项税额）。

2.设置固定资产类别（见表综-17）

表综-17　　　　　　　　固定资产类别

编码	类别名称	净残值率	单位	计提属性
01	设备类	5%		正常计提
011	生产设备	5%	台	正常计提
012	办公设备	5%	台	正常计提
02	房屋类	5%	幢	正常计提
03	车辆类	5%	辆	正常计提

3.设置部门对应折旧科目（见表综-18）

表综-18　　　　　　　　部门对应折旧科目

部门	对应折旧科目
管理部、财务部、采购部、仓储部	管理费用/折旧费
销售部	销售费用/折旧费
制造部	制造费用/折旧费

4.设置固定资产增减方式的对应科目（见表综-19）

表综-19　　　　　　　　固定资产增减方式的对应科目

增减方式	对应入账科目
增加方式：直接购入	100201，工商银行
减少方式：出售	1606，固定资产清理
减少方式：毁损	1606，固定资产清理

5.录入固定资产原始卡片（见表综-20）

表综-20　　　　　　　　固定资产原始卡片

固定资产名称	类别编码	部门名称	使用年限	开始使用日期	原值	累计折旧	对应折旧科目名称
计算机	012	管理部	5	2018-01-10	8 000	3 547	管理费用/折旧费
办公楼	02	管理部	30	2018-01-18	1 500 000	110 833	管理费用/折旧费
仓库	02	仓储部	30	2018-01-16	500 000	36 944	管理费用/折旧费
卡车	03	销售部	10	2018-01-10	168 000	37 240	销售费用/折旧费
机床	011	制造部	10	2018-01-13	850 000	188 417	制造费用/折旧费
厂房	02	制造部	30	2018-01-12	600 000	44 333	制造费用/折旧费
合计					3 626 000	421 314	

注：表中固定资产的净残值率均为"5%"，使用状况均为"在用"，折旧方法均采用"平均年限法（一）"，增加方式均为"直接购入"。

（四）工资管理系统初始设置（以账套主管赵凯的身份于2020年6月1日进行操作）

1.设置工资账套控制参数

工资类别个数设置为"单个"，核算币种设为"人民币RMB"，要求代扣个人所得税，不进行扣零处理，人员编码长度设为"3位"，启用日期设为"2020年6月"。

2.设置工资管理系统基础信息

（1）人员类别：管理人员、经营人员、生产主管、甲产品生产工人、乙产品生产工人。

（2）人员附加信息设置：增加"性别""身份证号"作为人员附加信息。

（3）银行名称：工商银行青岛市人民路支行，账号定长为11，录入时自动带出的账号长度为"7"。

（4）工资项目（见表综-21）：

表综-21　　　　　　　　工资项目

项目名称	类型	长度	小数位数	增减项
基本工资	数字	8	2	增项
岗位补贴	数字	8	2	增项
奖金	数字	8	2	增项
应发合计	数字	10	2	增项
日工资	数字	8	2	其他
病假天数	数字	8	2	其他
事假天数	数字	8	2	其他
病假扣款	数字	8	2	减项
事假扣款	数字	8	2	减项
应付工资	数字	8	2	增项
缴费基数	数字	8	2	其他
养老保险费	数字	8	2	减项
医疗保险费	数字	8	2	减项
失业保险费	数字	8	2	减项
住房公积金	数字	8	2	减项
税前工资	数字	10	2	增项
代扣税	数字	10	2	减项
实发合计	数字	10	2	增项

（5）人员档案（代发银行均为工商银行青岛市人民路支行）（见表综-22）：

表综-22 人员档案

人员编码	人员姓名	部门名称	人员类别	账号	是否中方人员	是否计税
101	张方	管理部	管理人员	20180010001	是	是
102	孙辰	管理部	管理人员	20180010002	是	是
201	赵凯	财务部	管理人员	20180010003	是	是
202	郑慧	财务部	管理人员	20180010004	是	是
203	陈杰	财务部	管理人员	20180010005	是	是
301	陆海	采购部	经营人员	20180010006	是	是
401	贺强	仓储部	经营人员	20180010007	是	是
501	赵龙	销售部	经营人员	20180010008	是	是
601	杨远	制造部	生产主管	20180010009	是	是
602	安平	制造部	甲产品生产工人	20180010010	是	是
603	姜伟	制造部	甲产品生产工人	20180010011	是	是
604	方成	制造部	甲产品生产工人	20180010012	是	是
605	齐名	制造部	甲产品生产工人	20180010013	是	是
606	范伟	制造部	乙产品生产工人	20180010014	是	是
607	刘立	制造部	乙产品生产工人	20180010015	是	是
608	李全	制造部	乙产品生产工人	20180010016	是	是
609	田原	制造部	乙产品生产工人	20180010017	是	是

（6）工资计算公式（见表综-23）：

表综-23 工资计算公式

工资项目	定义公式
岗位补贴	管理人员为2 200元，生产主管为1 800元，其余人员为1 500元
奖金	管理部为1 600元，财务部为1 500元，仓储部为1 300元，其余部门为1 200元
应发合计	基本工资+岗位补贴+奖金
日工资	基本工资÷30
病假扣款	病假天数×日工资×0.4
事假扣款	事假天数×日工资
应付工资	应发合计-病假扣款-事假扣款
养老保险费	缴费基数×0.08
医疗保险费	缴费基数×0.02
失业保险费	缴费基数×0.01
住房公积金	缴费基数×0.09
税前工资	应付工资-养老保险费-医疗保险费-失业保险费-住房公积金
实发合计	税前工资-代扣税

（7）将会计陈杰（303）设置为工资类别主管。

（五）购销存管理系统初始设置（以账套主管赵凯的身份于2020年6月1日进行操作）

1.采购管理系统初始设置

（1）设置控制参数

①业务控制：专用发票默认税率为"13%"；选中"采购订单、采购入库单默认税率"。

②应付参数：选中"显示现金折扣"。

③其余参数均采用默认设置。

（2）录入期初采购发票数据

上月25日购买的20吨B材料在2020年6月1日尚未验收入库，相关发票上的主要信息见表综-24。

表综-24　　　　　　　　　　期初采购发票数据

单据类型	发票号	时间	供应商	部门	备注
专用发票	57887776	2020-05-25	灵克公司	采购部	采购B材料
存货	数量	无税单价（元）	税率	金额（元）	
B材料	20吨	1 000	13%	20 000	

（3）录入期初采购入库单数据

上月26日购买的500千克A材料在上月月末已暂估入库，但至2020年6月1日尚未收到相关发票，其入库单上的主要信息见表综-25。

表综-25　　　　　　　　　　期初采购入库单数据

入库单号	入库日期	供应单位	仓库	存货	数量	单价	金额	备注
0000000001	2020-05-26	大川公司	原材料库	A材料	500千克	80	40 000	采购材料

（4）录入供应商往来期初数据

上月28日购买600千克C材料的所欠款项在2020年6月1日尚未偿还，相关发票上的主要信息见表综-26。

表综-26　　　　　　　　　　供应商往来期初数据

单据类型	发票号	时间	供应商	部门	备注
专用发票	98633301	2020-05-31	英特公司	采购部	采购C材料
会计科目	存货	税率	数量	无税单价（元）	价税合计（元）
220201	C材料	13%	600千克	60	40 680

2.销售管理系统初始设置

（1）设置控制参数

①业务范围：选中"销售生成出库单"。

②应收核销：选中"显示现金折扣"。

③其余参数均采用默认设置。

（2）录入客户往来期初数据

上月29日销售200件甲产品的相关款项在2020年6月1日尚未收回，相关发票上的主要信息见表综-27。

表综-27　　　　　　　　　客户往来期初数据

单据类型	时间	发票号	客户	部门	会计科目
专用发票	2020-05-29	67663391	佳元公司	销售部	1122
备注	存货	税率	数量	无税单价（元）	价税合计（元）
销售产品	甲产品	13%	200件	1 100	248 600

3.库存管理系统初始设置

（1）设置控制参数

库存管理系统控制参数均采用默认设置。

（2）录入库存期初数据

2020年6月1日，华阳公司的库存存货情况见表综-28。

表综-28　　　　　　　　　库存存货期初数据

存货编号	存货名称	计量单位	数量	单价（元）	金额（元）	合计（元）	仓库
101	A材料	千克	1 000	85	85 000		原材料库
102	B材料	吨	30	1 020	30 600	145 600	原材料库
103	C材料	千克	500	60	30 000		原材料库
201	甲产品	件	300	600	180 000	530 000	产成品库
202	乙产品	件	500	700	350 000		产成品库

4.核算管理系统初始设置

核算管理系统控制参数均采用默认设置。

5.购销存管理系统期初记账

2020年6月1日，对采购管理系统和库存管理系统进行期初记账。

（六）总账系统初始设置（以账套主管赵凯的身份于2020年6月1日进行操作）

1.总账控制参数：

选中"出纳凭证必须经由出纳签字"参数；

2.录入总账系统期初余额

（1）总账及明细账期初余额（见表综-29）

表综-29　　　　　　　　　　总账及明细账期初余额

科目编码	科目名称	方向	期初余额
1001	库存现金	借	5 000.00
1002	银行存款	借	3 272 000.00
100201	工商银行	借	3 000 000.00
100202	中国银行	借	人民币数：272 000.00 美元数：40 000.00
1122	应收账款	借	248 600.00
1221	其他应收款	借	3 500.00
1402	在途物资	借	20 000.00
1403	原材料	借	145 600.00
1405	库存商品	借	530 000.00
1601	固定资产	借	3626 000.00
1602	累计折旧	贷	421 314.00
1701	无形资产	借	480 000.00
170101	专利权	借	300 000.00
170102	商标权	借	180 000.00
1702	累计摊销	贷	160 000.00
2001	短期借款	贷	500 000.00
2202	应付账款	贷	80 680.00
220201	应付货款	贷	40 680.00
220202	暂估应付账款	贷	40 000.00
2211	应付职工薪酬	贷	220 790.00
221101	工资	贷	136 000.00
221102	职工福利	贷	19 800.00
221103	职工教育经费	贷	12 000.00

科目编码	科目名称	方向	期初余额
221104	工会经费	贷	3 500.00
221105	单位社会保险费	贷	38 000.00
221106	单位住房公积金	贷	11 490.00
2221	应交税费	贷	74 300.00
222102	未交增值税	贷	66 000.00
222103	应交城市维护建设税	贷	4 620.00
222104	应交教育费附加	贷	1 980.00
222105	应交个人所得税	贷	1 700.00
2231	应付利息	贷	7 500.00
2241	其他应付款	贷	23 620.00
224101	个人养老保险费	贷	8 800.00
224102	个人医疗保险费	贷	2 230.00
224103	个人失业保险费	贷	1 100.00
224104	个人住房公积金	贷	11 490.00
4001	实收资本	贷	5 000 000.00
4002	资本公积	贷	560 000.00
4103	本年利润	贷	685 120.00
4104	利润分配	贷	675 876.00
410401	未分配利润	贷	675 876.00
5001	生产成本	借	78 500.00

（2）辅助账期初余额

①"其他应收款"期初余额（见表综-30）。

表综-30　　　　　　　　　　　"其他应收款"期初余额

会计科目	日期	部门	个人	摘要	方向	期初余额（元）
其他应收款	2020-05-28	采购部	陆海	出差借款	借	3 500.00

② "生产成本"期初余额（见表综-31）。

表综-31 "生产成本"期初余额 单位：元

科目名称	甲在产品（125件）	乙在产品（120件）	合计
直接材料（500101）	17 500	19 500	37 000
直接人工（500102）	14 000	16 500	30 500
制造费用（500103）	5 000	6 000	11 000

③ "应付账款——暂估应付账款"期初余额（见表综-32）。

表综-32 "应付账款——暂估应付账款"期初余额

账户编号	账户名称	日期	供应商	摘要	金额（元）
220202	暂估应付账款	2020-05-31	大川公司	购买A材料	40 000

（3）损益类账户本年1月至5月的累计发生额（见表综-33）

表综-33 损益类账户本年1月至5月的累计发生额 单位：元

科目编码	科目名称	方向	辅助核算	1—5月累计借方发生额	1—5月累计贷方发生额
6001	主营业务收入	贷		1 580 000	1 580 000
6051	其他业务收入	贷		18 000	18 000
6301	营业外收入	贷		2 000	2 000
6401	主营业务成本	借		360 000	360 000
6402	其他业务成本	借		11 000	11 000
6403	税金及附加	借		12 680	12 680
6601	销售费用	借		79 700	79 700
660101	工资	借		39 800	39 800
660102	职工福利费	借		5 500	5 500
660103	工会经费	借		800	800
660104	职工教育经费	借		3 200	3 200
660105	社会保险费	借		11 600	11 600
660106	住房公积金	借		4 800	4 800
660107	折旧费	借		7 000	7 000
660108	水电费	借		5 000	5 000

续表

科目编码	科目名称	方向	辅助核算	1~5月累计借方发生额	1~5月累计贷方发生额
660109	运费	借		2 000	2 000
660110	广告费	借		0	0
660111	其他	借		0	0
6602	管理费用	借		368 100	368 100
660201	工资	借	部门核算	160 000	160 000
660202	职工福利费	借	部门核算	22 000	22 000
660203	工会经费	借	部门核算	4 000	4 000
660204	职工教育经费	借	部门核算	16 000	16 000
660205	社会保险费	借	部门核算	58 000	58 000
660206	住房公积金	借	部门核算	24 000	24 000
660207	办公费	借	部门核算	8 000	8 000
660208	差旅费	借	部门核算	6 500	6 500
660209	业务招待费	借	部门核算	2 600	2 600
660210	折旧费	借	部门核算	21 000	21 000
660211	水电费	借	部门核算	6 000	6 000
660212	无形资产摊销	借	部门核算	40 000	40 000
660213	其他	借	部门核算	0	0
6603	财务费用	借		12 600	12 600
660301	借款利息	借		12 500	12 500
660302	存款利息	借		−9 800	−9 800
660303	现金折扣	借		6 200	6 200
660304	汇兑损益	借		3 700	3 700
660305	其他	借		0	0
6711	营业外支出	借		2 800	2 800
6801	所得税费用	借		68 000	68 000

二、2020年6月经济业务资料（以会计陈杰的身份于各业务发生日期登录T3软件进行处理）

1.2日，管理部购入办公用打印纸。

青岛增值税专用发票　№ 56215629

发票联

开票日期：2020年06月02日

购买方	名称：山东华阳有限公司 纳税人识别号：37006628 地址、电话：青岛市北区人民路26号 83735668 开户行及账号：中国工商银行人民路支行 666555321	密码区	2<>30-2+8+9<+6-1+874< 5>+5960/4326776-/-+/93< 11/5<1++/22028*44/05>5< 22->>2*09/>>29>>2-	加密版本： 01 37006966 06958528

货物或应税劳务、服务名称	规格型号	单位	数量	单价	金额	税率（%）	税额
打印纸		包	5	60	300.00	13	39.00
合计					300.00		39.00

价税合计（大写）叁佰叁拾玖元整　　　　　　　　　（小写）￥339.00

销售方	名称：青岛利安百货有限公司 纳税人识别号：37078329 地址、电话：青岛市北区人民路8号 83735897 开户行及账号：中国建设银行人民路支行 266678229	备注	

收款人：李强　　　复核：　　　开票人：高亭　　　销售方（盖章）：

2.3日，偿还上月所欠货款。

中国工商银行电汇凭证（回单）

委托日期：2020年06月03日

汇款人	全称	山东华阳有限公司	收款人	全称	山东英特有限公司
	账号	666555321		账号	550999776
	汇出地点	青岛市北区		汇入地点	济南市天桥区
汇出行名称		中国工商银行人民路支行	汇入行名称		交通银行西川路支行

人民币（大写）	肆万零陆佰捌拾元整	百	十	万	千	百	十	元	角	分
			￥	4	0	6	8	0	0	0

汇出行签章　　　　　　附加信息及用途：付货款

3.5日，上月25日从山东灵克有限公司购买的B材料验收入库。

收料单

供货单位：灵克公司　　　　　2020年06月05日　　　　　　　仓库：材料库

材料编号	材料名称	计量单位	数量		入库单价	实际成本		
			应收	实收		买价	运杂费	金额合计
102	B材料	吨	20	20	1 000	20 000		20 000
合计			20	20		20 000		20 000
备注：								

采购员：陆海　　　　　记账员：陈杰　　　　　保管员：贺瑶

4.6日，支付广告费。

青岛增值税专用发票　　№ 36210086

发票联

开票日期：2020年06月06日

购买方	名　　称：山东华阳有限公司 纳税人识别号：37006628 地址、电话：青岛市北区人民路26号 83735668 开户行及账号：中国工商银行人民路支行 666555321	密码区	2<>30-2+8+9<+6-1+874< 5>+5960/4326776-/-+/93< 11/5<1++/22028*44/05>5< 22->>2*09/>>29>>2-	加密版本：01 37006966 06958528

货物或应税劳务、服务名称	规格型号	单位	数量	单价	金额	税率（%）	税额
广告费			1	10 000	10 000.00	6	600.00
合计					10 000.00		600.00

价税合计（大写）壹万零陆佰元整　　　　　　　　（小写）￥10 600.00

销售方	名　　称：青岛名石广告有限公司 纳税人识别号：37009363 地址、电话：青岛市北区人民路19号 83739909 开户行及账号：中国建设银行人民路支行 266653233	备注	青岛名石广告有限公司 37009363 发票专用章

收款人：张元　　　　复核：　　　　开票人：赵江　　　　销售方（盖章）

第三联 发票联 购货方记账凭证

中国工商银行
转账支票存根
NO.51265526

附加信息 _____

出票日期：2020年06月06日

收 款 人：	青岛名石广告有限公司
金 额：	￥10 600.00
用 途：	支付广告费

单位主管：赵凯　会计：陈杰

5.6日，收到上月26日所购A材料的增值税专用发票。

青岛增值税专用发票　№ 37788003
发票联

开票日期：2020年06月06日

| 购买方 | 名 称：山东华阳有限公司
纳税人识别号：37006628
地址、电话：青岛市北区人民路26号 83735668
开户行及账号：中国工商银行人民路支行 666555321 | 密码区 | 2<>30-2+8+9<+6-1+874<
5>+5960/4326776-/-+/93<
11/5<1++/22028*44/05>5<
22->>2*09/>>29>>2- | 加密版本：
01
37006966
06958528 |

货物或应税劳务、服务名称	规格型号	单位	数量	单价	金额	税率（%）	税额
A材料		千克	500	80	40 000.00	13	5 200.00
合计					40 000.00		5 200.00

| 价税合计（大写）肆万伍仟贰佰元整 | | | | （小写）￥45 200.00 | |

| 销售方 | 名 称：山东大川有限公司
纳税人识别号：23977007
地址、电话：青岛市秀月路6号 85666032
开户行及账号：中国农业银行秀月路支行 230666221 | 备注 | 山东大川有限公司
23977007
发票专用章 |

收款人：郭亮　　复核：　　开票人：刘科　　销售方（盖章）：

6.7日，与山东科明有限公司签订了销售合同（节选），填制销售订单。

第三联 发票联 购货方记账凭证

购销合同

甲方（购货单位）：山东科明有限公司

乙方（销货单位）：山东华阳有限公司

根据平等自愿、互利互惠的原则，经友好协商，达成如下协议：

1.甲方购货明细如下表：

存货名称	数量	无税单价	备注
甲产品	200件	1 500元	

2.现金折扣条件商定为（2/10，1/20，n/30），折扣金额按不含税价款计算。

3.乙方应开具增值税专用发票，并按期交货，货物的运输费用由乙方承担，

……（以下略）

7.8日，依据本月7日签订的合同向山东科明有限公司发出甲产品200件。

青岛增值税专用发票   № 26210097

此联不作报销、扣税凭证使用

开票日期：2020年06月08日

购买方	名　　称：山东科明有限公司 纳税人识别号：78096006 地址、电话：青岛市三山路6号 86735603 开户行及账号：交通银行三山路支行 230999123	密码区	2<>30-2+8+9<+6-1+874< 5>+5960/4326776-/-+/93< 11/5<1++/22028*44/05>5< 22->>2*09/>>29>>2-	加密版本： 01 37006966 06958528

货物或应税劳务、服务名称	规格型号	单位	数量	单价	金额	税率（%）	税额
甲产品		件	200	1 500	300 000.00	13	39 000.00
合计					300 000.00		39 000.00

价税合计（大写）叁拾叁万玖仟元整　　　　　　　（小写）￥339 000.00

销售方	名　　称：山东华阳有限公司 纳税人识别号：37006628 地址、电话：青岛市北区人民路26号 83735668 开户行及账号：中国工商银行人民路支行 666555321	备注	山东华阳有限公司 37006628 发票专用章

收款人：郑慧　　复核：　　　　开票人：陈杰　　销售方（盖章）：

第一联 记账联 销售方记账凭证

产品出库单

客户单位：科明公司　　　　　　　2020年06月08日　　　　　　　仓库：产成品库

产品编号	产品名称	计量单位	发出数量	单价	金额	用途	备注
201	甲产品	件	200				
	合计						

备注：

销售员：赵龙　　　　　记账员：陈杰　　　　　保管员：贺碣

8.8日，支付本公司承担的销售运费。

青岛增值税专用发票　№ 37710609

发票联

开票日期：2020年06月08日

购买方	名　　　称：山东华阳有限公司 纳税人识别号：37006628 地址、电话：青岛市北区人民路26号　83735668 开户行及账号：中国工商银行人民路支行　666555321	密码区	2<>30-2+8+9<+6-1+874< 5>+5960/4326776-/-+/93< 11/5<1++/22028*44/05>5< 22->>2*09/>>29>>2-	加密版本： 01 37006966 06958528

第三联　发票联　购货方记账凭证

货物或应税劳务、服务名称	规格型号	单位	数量	单价	金额	税率（%）	税额
运输费		千米	200	15	3 000.00	9	270.00
合计					3 000.00		270.00

价税合计（大写）叁仟贰佰柒拾元整　　　　　　　　　　　（小写）￥3 270.00

销售方	名　　　称：山东顺行运输有限公司 纳税人识别号：56500919 地址、电话：青岛市平安路5号　83788196 开户行及账号：中国工商银行平安路支行　990888790	备注	山东顺行运输有限公司 56500919 发票专用章

收款人：方平　　　　复核：　　　　开票人：刘畅　　　　销售方（盖章）：

中国工商银行

转账支票存根

NO.51265527

附加信息 _____

出票日期：2020年06月08日

收款人：	山东顺行运输有限公司
金额：	￥3 270.00
用途：	支付运输费

单位主管：赵凯 会计：陈杰

9.9日，缴纳上月的增值税、城建税、教育费附加、个人所得税。

中华人民共和国

税收缴款书

纳税人识别号：37006628　　日期：2020年06月09日　　　　　№ 20060553

收款人	全称	青岛市北区税务局	纳税人	全称	山东华阳有限公司
	预算级次	区级		账号	666555321
	收缴金库	市北-1		开户银行	工商银行人民路支行

| 税款所属期：2020年05月 | | 税款限缴日期：2020年06月15日 | | | | | | | | |

税种名称	税率	已交或扣除项	实缴金额							
			百	十	万	千	百	十	元	角	分
增值税	13%				6	6	0	0	0	0	0
城市维护建设税	7%					4	6	2	0	0	0
教育费附加	3%					1	9	8	0	0	0
个人所得税						1	7	0	0	0	0
合计				￥	7	4	3	0	0	0	0

人民币（大写）：柒万肆仟叁佰元整

备注：　　　　　　　　　　　　　代扣银行盖章：_____

10.9日，通过银行代发上月工资。

2020年5月份工资发放表

2020年06月09日

人员编码	人员姓名	基本工资	岗位补贴	奖金	...	应付工资	养老保险	医疗保险	...	实发合计
101	张方	6 600	2 200	1 600	...	10 200	500	125	...	8 100
102	孙辰	6 600	2 200	1 600	...	10 100	500	125	...	8 050
201	赵凯	6 300	2 200	1 500	...	9 800	480	120	...	7 760
...	...	...	...	...	...	...	...	...	...	...
...	...	...	...	...	...	...	...	...	...	...
609	田原	5 850	1 500	1 200	...	8 550	450	113	...	6 800
合计		102 000	36 000	28 000		162 000	8 800	2 230		136 000

中国工商银行

转账支票存根

NO.51265528

附加信息

出票日期：2020年06月09日

收 款 人：山东华阳有限公司
金 额：￥136 000.00
用 途：发放工资

单位主管：赵凯 会计：陈杰

11.9日，上交社会保险费。

社会保险费电子转账凭证

日期：2020年06月09日 　　　　　　　　　　　　　　　No 20060123

付款人	全称	山东华阳有限公司	收款人	全称	青岛市劳动和社会保障局
	账号	666555321		账号	660522136
	开户行	工商银行人民路支行		开户行	建设银行中山路支行

金额大写	（人民币）伍万零壹佰叁拾元整	金额小写：￥50130.00

项目	单位养老：23 000.00 单位医疗：10 240.00 单位失业：2 800.00 单位工伤：1 960.00 合计：38 000.00	个人养老：8 800.00 个人医疗：2 230.00 个人失业：1 100.00 合计：12 130.00	养老小计：31 800.00 医疗小计：12 470.00 失业小计：3 900.00 工伤小计：1 960.00 合计：50 130.00

备注：	代扣银行盖章：_____

12.9日，上交住房公积金。

住房公积金电子转账凭证

日期：2020年06月09日　　　　　　　　　　　　　　　　　　　　No 20060256

<table>
<tr><td rowspan="3">付款人</td><td>全称</td><td>山东华阳有限公司</td><td rowspan="3">收款人</td><td>全称</td><td>青岛市住房公积金管理中心</td></tr>
<tr><td>账号</td><td>666555321</td><td>账号</td><td>660522136</td></tr>
<tr><td>开户行</td><td>工商银行人民路支行</td><td>开户行</td><td>建设银行中山路支行</td></tr>
<tr><td colspan="3">金额大写 （人民币）贰万贰仟玖佰捌拾元整</td><td colspan="3">金额小写：￥22980.00</td></tr>
<tr><td rowspan="2">缴存人数</td><td colspan="2">上月人数</td><td>本月新增</td><td>本月减少</td><td>本月人数</td></tr>
<tr><td colspan="2">17</td><td></td><td></td><td>17</td></tr>
<tr><td rowspan="2">缴存金额</td><td colspan="3">单位公积金金额</td><td colspan="2">个人公积金金额</td></tr>
<tr><td colspan="3">11490.00</td><td colspan="2">11490.00</td></tr>
<tr><td>备注：</td><td colspan="2">代扣银行盖章：</td><td colspan="3"></td></tr>
</table>

13.10日，管理部购买空调一台。

青岛增值税专用发票　No 56215629

发票联

开票日期：2020年06月10日

<table>
<tr><td rowspan="4">购买方</td><td colspan="4">名　　称：山东华阳有限公司</td><td rowspan="4">密码区</td><td>2<>30-2+8+9<+6-1+874<
5>+5960/4326776-/-+/93<
11/5<1++/22028*44/05>5<
22->>2*09/>>29>>2-</td><td>加密版本：
01
37006966
06958528</td></tr>
<tr><td colspan="4">纳税人识别号：37006628</td></tr>
<tr><td colspan="4">地址、电话：青岛市北区人民路26号 83735668</td></tr>
<tr><td colspan="4">开户行及账号：中国工商银行人民路支行 666555321</td></tr>
<tr><td colspan="2">货物或应税劳务、服务名称</td><td>规格型号</td><td>单位</td><td>数量</td><td>单价</td><td>金额</td><td>税率（%）</td><td>税额</td></tr>
<tr><td colspan="2">空调</td><td>KDR-5</td><td>台</td><td>1</td><td>7 600</td><td>7 600.00</td><td>13</td><td>988.00</td></tr>
<tr><td colspan="2">合计</td><td></td><td></td><td></td><td></td><td>7 600.00</td><td></td><td>988.00</td></tr>
<tr><td colspan="5">价税合计（大写）捌仟伍佰捌拾捌元整</td><td colspan="4">（小写）￥8 588.00</td></tr>
<tr><td rowspan="4">销售方</td><td colspan="5">名　　称：青岛利丰电器有限公司</td><td rowspan="4">备注</td><td colspan="2" rowspan="4">青岛利丰电器有限公司
37967369
发票专用章</td></tr>
<tr><td colspan="5">纳税人识别号：37967369</td></tr>
<tr><td colspan="5">地址、电话：青岛市北区丰和路12号 83735329</td></tr>
<tr><td colspan="5">开户行及账号：中国建设银行丰和路支行 532353270</td></tr>
</table>

收款人：张尚　　　复核：　　　开票人：赵德　　　销售方（盖章）：

第三联 发票联 购货方记账凭证

中国工商银行

转账支票存根

NO.51265529

附加信息

出票日期：2020年06月10日

收款人：	青岛利丰电器有限公司
金　额：	￥8 588.00
用　途：	购买空调

单位主管：赵凯　会计：陈杰

固定资产交接验收单

单位：山东华阳有限公司　　　　日期：2020年06月10日

固定资产名称	计量单位	数量	使用部门	预计使用年限	净残值率	折旧方法
空调	台	1	管理部	10年	5%	平均年限法（一）
使用状况	原始价值					
在用	7 600.00 元					
合计人民币（大写）：柒仟陆佰元整						
备注：交管理部使用						

会计主管：赵凯　　　　会计：陈杰　　　　保管人：孙辰

14.13日，科明公司偿还本月8日所欠的甲产品货款（已扣除现金折扣）。

中国工商银行进账单（收账通知）　3

2020年06月13日

付款人	全称	山东科明有限公司	收款人	全称	山东华阳有限公司
	账号	230999123		账号	666555321
	开户银行	交通银行三山路支行		开户银行	工商银行人民路支行

金额	人民币（大写）	叁拾叁万叁仟元整	千	百	十	万	千	百	十	元	角	分
				￥	3	3	3	0	0	0	0	0

票据种类	转账支票	票据张数	1	银行签章：
票据号码		67653372		
备注：收回货款				

复核：崔明　　　记账：张丽

此联是收款人开户行交给收款人的收账通知

15. 15日，购入B材料，材料尚在运输途中。

青岛增值税专用发票 №37651060

发票联

开票日期：2020年06月15日

购买方	名　　称：山东华阳有限公司 纳税人识别号：37006628 地址、电话：青岛市北区人民路26号 83735668 开户行及账号：中国工商银行人民路支行 666555321	密码区	2<>30-2+8+9<+6-1+874< 5>+5960/4326776-/-+/93< 11/5<1++/22028*44/05>5< 22->>2*09/>>29>>2-	加密版本：01 37006966 06958528

货物或应税劳务、服务名称	规格型号	单位	数量	单价	金额	税率（%）	税额
B材料		吨	16	1 185	18 960.00	13	2 464.80
合计					18 960.00		2 464.80

价税合计（大写）贰万壹仟肆佰贰拾肆元捌角整　　　　　　（小写）￥21 424.80

销售方	名　　称：山东灵克有限公司 纳税人识别号：65321953 地址、电话：烟台市福山路2号 67882333 开户行及账号：中国工商银行福山路支行 330555233	备注	

收款人：张娟　　复核：　　开票人：刘浩　　销售方（盖章）：

第三联 发票联 购货方记账凭证

中国工商银行电汇凭证 （回单）

委托日期：2020年06月15日

汇款人	全称	山东华阳有限公司	收款人	全称	山东灵克有限公司
	账号	666555321		账号	330555233
	汇出地点	青岛市北区		汇入地点	烟台市福山区
汇出行名称	中国工商银行人民路支行		汇入行名称	中国工商银行福山路支行	

人民币 （大写）	贰万壹仟肆佰贰拾肆元捌角整	百	十	万	千	百	十	元	角	分
			￥	2	1	4	2	4	8	0

汇出行签章	附加信息及用途：付货款

16. 17日，本月15日购买的B材料验收入库。

收料单

供货单位：灵充公司　　　　　2020年06月17日　　　　　　仓库：材料库

材料编号	材料名称	计量单位	数量		入库单价	实际成本		
			应收	实收		买价	运杂费	金额合计
102	B材料	吨	16	15.8	1 200	18 960		18 960
	合计		16	15.8		18 960		18 960

备注：损耗的0.2吨属于合理损耗

采购员：陆海　　　　记账员：陈杰　　　　保管员：贺瑶

17.17日，领用材料。

领料单

用途：生产甲产品　　　　　2020年06月17日　　　　　　仓库：材料库

材料编号	材料名称	计量单位	数量		单价	金额	备注
			请领	实发			
101	A材料	千克	450	450			
102	B材料	吨	26	26			
103	C材料	千克	230	230			
	合计						

领料人：杨远　　　　记账员：陈杰　　　　保管员：贺瑶

领料单

用途：生产乙产品　　　　　2020年06月17日　　　　　　仓库：材料库

材料编号	材料名称	计量单位	数量		单价	金额	备注
			请领	实发			
101	A材料	千克	520	520			
102	B材料	吨	33	33			
103	C材料	千克	260	260			
	合计						

领料人：杨远　　　　记账员：陈杰　　　　保管员：贺瑶

18.18日，支付业务招待费。

青岛增值税专用发票　№ 56335319
发票联

开票日期：2020年06月18日

购买方	名　　　称：山东华阳有限公司 纳税人识别号：37006628 地址、电话：青岛市北区人民路26号 83735668 开户行及账号：中国工商银行人民路支行 666555321	密码区	2<>30-2+8+9<+6-1+874< 5>+5960/4326776-/-+/93< 11/5<1++/22028*44/05>5< 22->>2*09/>>29>>2-	加密版本：01 37006966 06958528

货物或应税劳务、服务名称	规格型号	单位	数量	单价	金额	税率（%）	税额
餐饮费			1	600	600.00	6	36.00
合计					600.00		36.00

价税合计（大写）陆佰叁拾陆元整				（小写）￥636.00

销售方	名　　　称：青岛美达餐饮有限公司 纳税人识别号：370098607 地址、电话：青岛市北区昌平路7号 86775821 开户行及账号：中国建设银行昌平路支行 276788210	备注	青岛美达餐饮有限公司 370098607 发票专用章

收款人：李明　　　复核：　　　开票人：张尧　　　销售方（盖章）：

第三联 发票联 购货方记账凭证

19.20日，从英特公司购入A、C材料，对方代垫了运输费，款项暂未支付。

青岛增值税专用发票　№ 37110085
发票联

开票日期：2020年06月20日

购买方	名　　　称：山东华阳有限公司 纳税人识别号：37006628 地址、电话：青岛市北区人民路26号 83735668 开户行及账号：中国工商银行人民路支行 666555321	密码区	2<>30-2+8+9<+6-1+874< 5>+5960/4326776-/-+/93< 11/5<1++/22028*44/05>5< 22->>2*09/>>29>>2-	加密版本：01 37006966 06958528

货物或应税劳务、服务名称	规格型号	单位	数量	单价	金额	税率（%）	税额
A材料		千克	600	90	54 000.00	13	7 020.00
C材料		千克	400	65	26 000.00	13	3 380.00
合计					80 000.00		10 400.00

价税合计（大写）玖万零肆佰元整				（小写）￥90 400.00

销售方	名　　　称：山东英特有限公司 纳税人识别号：27631023 地址、电话：济南市西川路9号 68982331 开户行及账号：交通银行西川路支行 550999776	备注	山东英特有限公司 27631023 发票专用章

收款人：张娟　　　复核：　　　开票人：刘浩　　　销售方（盖章）：

第三联 发票联 购货方记账凭证

青岛增值税专用发票 № 37710612

开票日期：2020年06月20日

购买方	名　　　称：山东华阳有限公司 纳税人识别号：37006628 地址、电话：青岛市北区人民路26号 83735668 开户行及账号：中国工商银行人民路支行 666555321	密码区	2<>30-2+8+9<+6-1+874< 5>+5960/4326776-/-+/93< 11/5<1++/22028*44/05>5< 22->>2*09/>>29>>2-	加密版本： 01 37006966 06958528

货物或应税劳务、服务名称	规格型号	单位	数量	单价	金额	税率（%）	税额
运输费		吨千米	400	15	6 000.00	9	540.00
合计					6 000.00		540.00

价税合计（大写）陆仟伍佰肆拾元整		（小写）￥6 540.00

销售方	名　　　称：山东顺行运输有限公司 纳税人识别号：56500919 地址、电话：青岛市平安路5号 83788196 开户行及账号：中国工商银行平安路支行 990888790	备注	山东顺行运输有限公司 56500919 发票专用章

收款人：方平　　　复核：　　　开票人：刘畅　　　销售方（盖章）：

收料单

供货单位：英特公司　　　2020年06月20日　　　仓库：原材料库

材料编号	材料名称	计量单位	数量		入库单价	实际成本		
			应收	实收		买价	运杂费	金额合计
101	A材料	千克	600	600	96	54 000	3 600	57 600
103	C材料	千克	400	400	71	26 000	2 400	28 400
合计			1 000	1 000		80 000	6 000	86 000

备注：运输费按材料重量比例进行分配

采购员：陆海　　　记账员：陈杰　　　保管员：贺瑶

20.21日，从山东易方有限公司预收货款。

中国工商银行**进账单**（收账通知）　**3**

2020年06月21日

付款人	全称	山东易方有限公司	收款人	全称	山东华阳有限公司	此联是收款人开户行交给收款人的收账通知
	账号	230888567		账号	666555321	
	开户银行	工商银行中海路支行		开户银行	工商银行人民路支行	

金额	人民币（大写）	壹拾伍万元整	千 百 十 万 千 百 十 元 角 分 ￥ 1 5 0 0 0 0 0 0

票据种类	转账支票	票据张数	1	银行签章：
票据号码		22313396		

备注：预收货款

复核：崔明　　　记账：张丽

21.23日，向山东易方有限公司销售发出乙产品350件。

青岛增值税专用发票　№ 26210098

此联不作报销、扣税凭证使用　　　开票日期：2020年06月23日

购买方	名称	山东易方有限公司	密码区	2<>30-2+8+9<+6-1+874< 5>+5960/4326776-/-+/93< 11/5<1++/22028*44/05>5< 22->>2*09/>>29>>2-	加密版本：01 37006966 06958528	第一联　记账联　销售方记账凭证
	纳税人识别号：57897997					
	地址、电话：青岛市中海路9号 81766326					
	开户行及账号：中国工商银行中海路支行 230888567					

货物或应税劳务、服务名称	规格型号	单位	数量	单价	金额	税率（%）	税额
乙产品		件	350	1 800	630 000.00	13	81 900.00
合计					630 000.00		81 900.00

价税合计（大写）柒拾壹万壹仟玖佰元整　　　　（小写）￥711 900.00

销售方	名称	山东华阳有限公司	备注	山东华阳有限公司 37006628 发票专用章
	纳税人识别号：37006628			
	地址、电话：青岛市北区人民路26号 83735668			
	开户行及账号：中国工商银行人民路支行 666555321			

收款人：　　　　复核：赵凯　　　　开票人：陈杰　　　　销售方（盖章）：

产品出库单

客户单位：易方公司 　　　　2020年06月23日　　　　　　仓库：产成品库

产品编号	产品名称	计量单位	发出数量	单价	金额	用途	备注
202	乙产品	件	350				
	合计						

备注：

销售员：赵龙　　　　记账员：陈杰　　　　保管员：贺瑶

22.26日，收到易方公司补付的货款。

中国工商银行进账单（收账通知）　3

2020年06月26日

付款人	全称	山东易方有限公司	收款人	全称	山东华阳有限公司
	账号	230888567		账号	666555321
	开户银行	工商银行中海路支行		开户银行	工商银行人民路支行

金额	人民币（大写）	伍拾陆万壹仟玖佰元整	千	百	十	万	千	百	十	元	角	分
				¥	5	6	1	9	0	0	0	0

票据种类	转账支票	票据张数	1	银行签章：
票据号码		22313398		

备注：补收货款

复核：崔明　　　　记账：张丽

此联是收款人开户行交给收款人的收账通知

23.30日，分摊本月应付工资（要求：①设置代扣个人所得税的有关参数为：扣除费用基数是5 000元，附加费用为0；②分配到部门；③明细到工资项目；④合并科目相同、辅助项相同的分录）。

2020年6月工资基础数据表

2020年06月30日

人员编码	人员姓名	部门名称	人员类别	基本工资	缴费基数	病假天数	事假天数
101	张方	管理部	管理人员	6 600	6 200		
102	孙辰	管理部	管理人员	6 600	6 200		
201	赵凯	财务部	管理人员	6 300	6 100		
202	郑慧	财务部	管理人员	6 000	5 800	2	
203	陈杰	财务部	管理人员	6 000	5 800		
301	陆海	采购部	经营人员	6 000	5 800		3
401	贺强	仓储部	经营人员	6 000	5 800		
501	赵龙	销售部	经营人员	6 000	5 800		
601	杨远	制造部	生产主管	6 300	6 100		
602	安平	制造部	甲产品生产工人	5 700	5 500		
603	姜伟	制造部	甲产品生产工人	5 700	5 500	2	
604	方成	制造部	甲产品生产工人	5 700	5 500		
605	齐名	制造部	甲产品生产工人	5 700	5 500		
606	范伟	制造部	乙产品生产工人	5 850	5 600		
607	刘立	制造部	乙产品生产工人	5 850	5 600		
608	李全	制造部	乙产品生产工人	5 850	5 600		
609	田原	制造部	乙产品生产工人	5 850	5 600		

24. 30日，结转本月代扣款项。

25. 30日，本月实际发生的职工福利费占应付工资的14%（要求：①分配到部门；②明细到工资项目；③合并科目相同、辅助项相同的分录）。

26. 30日，按缴费基数的26%计提分摊本月公司负担的社会保险费（要求：①分配到部门；②明细到工资项目；③合并科目相同、辅助项相同的分录）。

27. 30日，按缴费基数的9%计提分摊本月公司负担的住房公积金（要求：①分配到部门；②明细到工资项目；③合并科目相同、辅助项相同的分录）。

28. 30日，计提本月固定资产折旧。

29. 30日，支付并分配本月电费。

青岛增值税专用发票　№ 37733093

发票联

开票日期：2020年06月30日

购买方			
名　　称：山东华阳有限公司		密码区	2<>30-2+8+9<+6-1+874< 5>+5960/4326776-/-+/93< 11/5<1++/22028*44/05>5< 22->>2*09/>>29>>2-
纳税人识别号：37006628			加密版本：01 37006966 06958528
地　址、电话：青岛市北区人民路26号　83735668			
开户行及账号：中国工商银行人民路支行　666555321			

货物或应税劳务、服务名称	规格型号	单位	数量	单价	金额	税率（%）	税额
电费		度	10 000	1.2	12 000.00	13	1 560.00
合计					12 000.00		1 560.00

价税合计（大写）壹万叁仟伍佰陆拾元整　　　　　　　　　　（小写）￥13 560.00

销售方			
名　　称：青岛电力股份有限公司		备注	青岛电力股份有限公司 96889112 发票专用章
纳税人识别号：96889112			
地　址、电话：青岛市武胜路8号　83909908			
开户行及账号：中国建设银行武胜路支行　770666131			

收款人：孙平　　　　　复核：　　　　　开票人：孙顺　　　　　销售方（盖章）：

第三联　发票联　购货方记账凭证

中国工商银行

转账支票存根

NO.51265530

附加信息

出票日期：2020年06月30日

收　款　人：青岛电力股份有限公司
金　　额：￥13 560.00
用　　途：支付电费

单位主管：赵凯　会计：陈杰

电费分配表

2020年06月30日

部门	用电数量（度）	单价	分配金额（元）	备注
管理部	600			
财务部	400			
采购部	400			
仓储部	1 000			
销售部	400			
制造部	600			车间一般耗用
	3 100			生产甲产品耗用
	3 500			生产乙产品耗用
合计	10 000			

30.30日，按产品生产工时分配结转本月的制造费用（要求使用"自定义转账"功能）。

制造费用分配表

2020年06月30日

产品名称	生产工时（小时）	分配率	分配金额（元）	备注
甲产品	900			
乙产品	1 100			
合计	2 000			

31.30日，计算结转本月完工的甲、乙产品成本（甲、乙在产品成本均按定额成本计算，单位甲在产品定额成本为：直接材料140元、直接人工112元、制造费用40元，单位乙在产品定额成本为：直接材料162.5元、直接人工137.5元、制造费用50元）。

产品成本计算单

部门：制造部　　　　2020年06月30日　　　　完工产品数量：350件
产品：甲产品　　　　　　　　　　　　　　　月末在产品数量：50件

项目	直接材料	直接人工	制造费用	合计
月初在产品成本				
本月生产费用				
生产费用合计				
本月完工产品成本				
月末在产品成本				

产品成本计算单

部门：制造部　　　　　　　　2020年06月30日　　　　　　　完工产品数量：270件

产品：乙产品　　　　　　　　　　　　　　　　　　　　　　月末在产品数量：30件

项目	直接材料	直接人工	制造费用	合计
月初在产品成本				
本月生产费用				
生产费用合计				
本月完工产品成本				
月末在产品成本				

产品入库单

部门：制造部　　　　　　　　2020年06月30日　　　　　　　仓库：产成品库

产品编号	产品名称	计量单位	入库数量	单价	金额	备注
201	甲产品	件				
202	乙产品	件				
合　计						

生产主管：杨远　　　　　　记账员：陈杰　　　　　　保管员：贺瑶

32. 30日，进行本月的无形资产摊销（管理部负责无形资产的管理使用）。

无形资产摊销计算表

2020年06月30日

无形资产名称	原值（元）	摊销期数（月）	每月摊销额（元）	累计摊销额（元）	净值（元）	备注
专利权	300 000	60				
商标权	180 000	60				
合计	480 000	—				

33. 30日，结转本月外币汇兑损益（期末美元汇率为1：6.7）。

34. 30日，结转本月未交增值税（要求使用"自定义转账"功能）。

未交增值税计算表

2020年06月30日

行次	项目	金额（元）	备注
1	本月销项税额		
2	本月进项税额		
3	本月进项税额转出金额		
⋮			
10	本月未交（多交）增值税金额		

35. 30 日，计提本月应交城市维护建设税（7%）和教育费附加（3%）。

应交城市维护建设税、教育费附加计算表

2020 年 06 月 30 日

项目	金额（元）	备注
应交增值税		
应交消费税		
合计		
应交城市维护建设税		税率：7%
应交教育费附加		征收率：3%

36. 30 日，计提本月应交企业所得税（税率25%）。

应交企业所得税计算表

2020 年 06 月 30 日

行次	项目	金额（元）	备注
1	本月利润总额		
⋮	⋮		
9	应纳税所得额		
10	应交企业所得税税额		税率：25%

37. 30 日，结转本月期间损益。

38. 30 日，以出纳员郑慧的身份完成收付款记账凭证的出纳签字。

39. 30 日，以账套主管赵凯的身份完成记账凭证的审核、记账和各系统月末结账（其中工资管理模块月末处理时不进行清零处理）。

三、生成财务报表

6 月 30 日，以账套主管赵凯的身份调用相关财务报表模板生成华阳公司 2020 年 6 月末的资产负债表和 2020 年 6 月的利润表。

主要参考文献

［1］财政部财会〔2013〕20号. 企业会计信息化工作规范［S］.

［2］财政部、国家税务总局财税〔2016〕36号. 关于全面推开营业税改征增值税试点的通知［S］.

［3］财政部会计资格评价中心. 初级会计实务［M］. 北京：经济科学出版社，2020.

［4］陈琰. 会计电算化［M］. 北京：中国劳动社会保障出版社，2009.

［5］孙莲香. 财务业务一体化技能实训教程［M］. 北京：清华大学出版社，2013.

［6］张燕，叶贞，张洪蕾. 会计信息化实用教程［M］. 北京：电子工业出版社，2019.

［7］曾红卫. 购销存核算系统实训教程［M］. 北京：北京理工大学出版社，2011.

［8］孙莲香. 财务软件实用教程［M］. 北京：清华大学出版社，2012.

［9］罗绍明. 企业会计岗位综合实训［M］. 上海：立信会计出版社，2018.